LE BRÉVIAIRE
DE PHILIPPE LE BON

ŒUVRE NATIONALE
POUR LA REPRODUCTION DE MANUSCRITS A MINIATURES
DE BELGIQUE
(SOCIÉTÉ DES BIBLIOPHILES ET ICONOPHILES DE BELGIQUE)

Cet ouvrage a été tiré à 900 exemplaires numérotés :

N°s 1 à 42 : sur papier d'Arches fort,
avec une suite de décomposition des couleurs de la planche II,
imprimés pour les Membres protecteurs de
l'Œuvre Nationale pour la Reproduction de Manuscrits à Miniatures de Belgique;

N°s 43 à 270 : sur papier d'Arches,
imprimés pour les Membres
de la Société des Bibliophiles et Iconophiles de Belgique;

N°s 271 à 900 : sur papier vélin fort.

EXEMPLAIRE N° 432

ŒUVRE NATIONALE
POUR LA REPRODUCTION DE MANUSCRITS A MINIATURES
DE BELGIQUE
(SOCIÉTÉ DES BIBLIOPHILES ET ICONOPHILES DE BELGIQUE)

LE BRÉVIAIRE DE PHILIPPE LE BON

Bréviaire parisien du XVe siècle

Étude du Texte et des Miniatures

PAR

L'ABBÉ V. LEROQUAIS

Paris
MAURICE ROUSSEAU
25, Rue de Châteaudun

Bruxelles
CH. WECKESSER
103, Rue Keyenveld

New York
G. E. STECHERT & Co
31-33, East 10th Street

MDCDXXIX

Le Bréviaire de Philippe le Bon

Le bréviaire de Philippe le Bon est connu depuis longtemps des liturgistes et des historiens de la miniature. En 1849, le comte Léon de Laborde attirait l'attention sur ce manuscrit dans son histoire des ducs de Bourgogne; mais tout se réduisait à une note érudite au bas d'une page (1). Le P. J. Van den Gheyn l'a soigneusement décrit, en 1901, dans le catalogue des manuscrits de la Bibliothèque royale de Belgique (2). Quelques années après, en 1909, le même savant lui consacrait une importante notice accompagnée de soixante et une planches en phototypie (3). Entre temps, Léopold Delisle s'était intéressé à ce manuscrit, et nous lui devons quelques-unes de ces pages substantielles, nourries de faits et de doctrine, où le maître excellait (4). Notons en passant un compte rendu de la notice du P. J. Van den Gheyn par le comte Vitzthum, en 1910 (5).

Plus près de nous, en 1921, le comte Paul Durrieu réservait à notre manuscrit une place de choix dans son étude sur la miniature flamande au temps de la cour de Bourgogne (6). Auparavant, l'éminent érudit avait essayé d'identifier l'auteur des grandes peintures et il avait cru le reconnaître dans un miniaturiste de Bruges : Guillaume Vrelant (7). A différentes reprises, un savant critique, M. Friedrich Winkler a traité, lui aussi, de la décoration du manuscrit. Avec un sens artistique très affiné au service d'une vaste érudition, il a reconstitué d'une façon presque toujours heureuse l'œuvre des deux miniaturistes qui auraient travaillé à l'illustration

(1) Laborde (Comte Léon de), *Les Ducs de Bourgogne*. 1849. Preuves, I, p. LXXXIV.

(2) Van den Gheyn (J.), *Catalogue des Manuscrits de la Bibliothèque royale de Belgique*, t. I, p. 326-328.

(3) Van den Gheyn (J.), *Le Bréviaire de Philippe le Bon*. 1909.

(4) Delisle (Léopold), *Recherches sur la librairie de Charles V*. 1907. 1re partie, p. 197-198.

(5) Vitzthum (Comte), *Monatshefte für Kunstwissenschaft*, III. Jahrgang. 1910, p. 246.

(6) Durrieu (Comte Paul), *La miniature flamande au temps de la cour de Bourgogne*. 1921, p. 17, 44-45 et pl. X et XII.

(7) Id., *L'histoire du bon roi Alexandre*, dans *Revue de l'art ancien et moderne*. 1903, p. 49 à 64 et 103 à 121.

de notre bréviaire : Jean Tavernier d'Audenarde et Guillaume Vrelant de Bruges (1). Citons encore les pages très suggestives que M. Frédéric Lyna vient de consacrer à notre manuscrit dans son étude sur *Le Mortifiement de vaine plaisance* (2), et nous connaîtrons à peu près toute la littérature du sujet.

L'*OEuvre nationale pour la reproduction de manuscrits à miniatures de Belgique* a jugé ces travaux insuffisants, malgré leurs mérites respectifs, très réels pour la plupart, et elle a conçu l'ambition de les dépasser. D'une part, elle a décidé de publier l'illustration du bréviaire de Philippe le Bon d'après la méthode la plus objective, celle qui représente le plus grand effort pour atteindre la réalité : reproduction de toutes les peintures et miniatures du manuscrit, reproduction à grandeur d'original donnant exactement les dimensions des différentes compositions, grandes et petites, reproduction en toutes couleurs, la seule qui donne une image fidèle du tableau, la seule qui permette de juger non seulement du dessin, mais aussi de cet élément capital en peinture : le coloris.

D'autre part, l'*OEuvre nationale* a voulu que l'étude du bréviaire de Philippe le Bon (description matérielle, histoire, texte, date, décoration, etc.) fût renouvelée et conduite de façon à donner, elle aussi, une idée aussi complète que possible de l'original. A défaut d'une édition intégrale, elle a désiré une analyse détaillée du texte, analyse assez poussée pour atteindre à la valeur d'un document. Avec un sens artistique très délicat, elle a émis le vœu que la liturgie parisienne, dont notre bréviaire est un témoin, fût replacée dans son cadre historique et archéologique, qu'elle fût présentée non pas comme une institution morte, mais bien telle qu'elle était il y a cinq cents ans : une réalité vivante dans le Paris du XVe siècle.

Le plan de cette étude n'est donc que le programme de l'*OEuvre nationale*; il comprendra six chapitres de longueur fort inégale :

1. Les bréviaires manuscrits de la Bibliothèque de Bourgogne;
2. Le bréviaire de Philippe le Bon (description des manuscrits 9511 et 9026 de la Bibliothèque royale de Belgique);
3. La liturgie parisienne au XVe siècle :
    a. Le milieu historique et archéologique;
    b. Le propre du temps ou temporal du bréviaire de Philippe le Bon;
    c. Le propre des saints ou sanctoral du bréviaire de Philippe le Bon;
4. La décoration du bréviaire de Philippe le Bon;
5. La date du bréviaire de Philippe le Bon;
6. Le maître du bréviaire de Philippe le Bon.

(1) Winkler (Fr.), *Die Künstler des Gebetbuches Karls des Kühnen und ihre Werke (Studien zur Geschichte der niederländischen Miniaturmalerei des XV. und XVI. Jahrhunderts)* dans *Jahrbuch der kunsthistorischen Sammlungen des A. H. Kaiserhauses*. 1915, p. 295. — Du même : *Die Flaemische Buchmalerei des XV. und XVI. Jahrhunderts*. 1925, p. 166.

(2) Lyna (Frédéric), *Le mortifiement de vaine plaisance de René d'Anjou*. 1926, p. LI à LIX.

I

Les Bréviaires manuscrits de la Bibliothèque de Bourgogne

L'amour des manuscrits a été le trait distinctif de tous les ducs de Bourgogne; mais aucun d'eux n'a poussé plus loin cette noble passion que le « très haut et très puissant » Philippe le Bon. L'inventaire de sa librairie dressé au lendemain de sa mort (1467), étonne par le nombre, la variété, l'importance et la beauté des volumes. A vrai dire, la collection avait été commencée par ses prédécesseurs, par son grand père Philippe le Hardi et surtout par son père Jean sans Peur, mais c'est sous le règne du «grand duc d'Occident» qu'elle apparaît dans toute sa richesse et sa splendeur. Il suffit de comparer l'inventaire dressé au début de son règne en 1420 à celui de 1467 rédigé au lendemain de sa mort : le premier se compose de deux cent quarante-huit articles, le second en contient près de neuf cents.

David Aubert, un des copistes du duc, n'exagérait pas lorsqu'il écrivait en 1463, en tête de sa *Chronique de Naples* : « A cestuy présent volume esté grossé et ordonné pour le mettre en sa librairie ou autrement. Et nonobstant que ce soit le prince sur tous autres garny de la plus riche et noble librairie du monde, si est il moult enclin et désirant de chascun jour l'accroistre comme il fait; pourquoy il a journellement et en diverses contrées grans clercs, orateurs, translatteurs et escripvains à ses propres gaiges occupés à ce. Prions donc au créateur et rédempteur de tout le monde que à celluy très excellent prince doinst bonne vie et longue, et l'accomplissement de ses très haulx et très nobles désirs » (1).

Avant d'aborder les inventaires de la librairie de Bourgogne, on me pardonnera de rappeler ici quelques notes biographiques. Elles nous serviront de fil conducteur au cours de ce travail et nous aurons maintes fois l'occasion de nous y reporter.

Philippe le Bon naquit à Dijon, le 30 mai 1396. Ce que nous savons de son éducation première, du programme de ses études, de ses goûts artistiques et littéraires, se réduit à peu de chose. Nous ignorons qui fut son « maistre en doctryne d'école ».

(1) Paris, Bibl. nat., ms. fr., 92, fol. 1vo.

Les renseignements que nous possédons tiennent dans ces quelques lignes du chroniqueur Philippe Wielant : « Le ducq Philippe prennoit en sa jeunesse son passetemps à danser, bancquetter, jouster, voler [chasser au vol du faucon], jouer à barres, jouer à la palme, tirer de l'arcq et en telz aultres esbatemens que tous lui afféroient bien, et en avoit bonne grâce, parce qu'il avoit à ce esprit et corps de mesmes... » (1). Nous savons de plus, par un compte de Guiot le Jay, qu'à l'âge de quatorze ans, « Monseigneur de Charrolois apprenoit à jouer de la harpe » (2).

Marié une première fois à la fille de Charles VI, Michelle de France, qui mourut en 1422, il épousa, en 1424, Bonne d'Artois, fille du comte d'Eu et veuve du comte de Nevers. Bonne mourut en 1425. Quelques années après, en 1430, Philippe contractait un troisième mariage avec Isabelle de Portugal. C'est alors qu'il adopta la devise à laquelle il devait rester si peu fidèle : « Aultre n'aray ». C'est également à cette occasion qu'il institua l'Ordre de la Toison d'Or. De sa dernière union naquirent trois enfants dont un seul survécut : Charles le Téméraire, né à Dijon, en 1433.

Philippe mourut à Bruges, le 15 juin 1467. Autant qu'on peut en juger par les documents, il ne semble pas qu'il ait été lui-même un lettré, qu'il ait cultivé la poésie ou quelque autre genre littéraire; mais il a été le patron et le protecteur des poètes, des miniaturistes et des peintres, et il l'a été par tradition de famille, par goût de grand seigneur, par amour du faste, par tempérament d'homme politique à qui rien de ce qui contribue à la grandeur de l'Etat ne demeure étranger.

Le premier inventaire de la librairie de Philippe le Bon a été dressé quelques mois après l'assassinat de Jean sans Peur. Commencé à Dijon, le 12 juillet 1420, il a été continué ou repris en 1424. Il énumère les joyaux, les tapisseries, les armes, les livres et la vaisselle d'or et d'argent. L'original se trouve à Paris à la Bibliothèque nationale : c'est le numéro 127 des *Cinq cents de Colbert*. Des extraits en ont été donnés par le comte Léon de Laborde (*Les ducs de Bourgogne*, t. II, p. 235-278). Ce qui concerne les livres a été publié intégralement par M. Georges Doutrepont, en 1906 (3). Les manuscrits s'y trouvent répartis en quatre catégories, sous les titres suivants :

1. « S'ensuivent les livres comme bréviaires, messelz, heures et autres livres de dévocions » (n°s 1 à 36);
2. « Autres livres d'église pour chappelle » (n°s 37 à 50);
3. « Messelz et autres livres servant au service de messes » (n°s 51 à 67);
4. « Librairies » (n°s 68 à 248).

Le second inventaire a été dressé, à Bruges, au lendemain de la mort de Philippe le Bon (1467). Le manuscrit original se trouve à Lille, aux Archives du Nord

(1) De Smet (J.-J.), *Recueil des antiquités de Flandre de Philippe Wielant* dans *Corpus Chronicorum Flandriae*. 1865, IV, p. 56.

(2) Petit (Ern.), *Itinéraires de Philippe le Hardi et de Jean sans Peur, ducs de Bourgogne, 1363-1419*, p. 594, dans *Documents inédits sur l'histoire de France*. 1888.

(3) Doutrepont (Georges), *Inventaire de la librairie de Philippe le Bon (1420)*. 1906, p. 1 à 172.

(Série B — 3501, fol. 35 à 170). Il a été publié par J. Barrois, en 1830 (1). L'essai de classement est plus complet que dans le premier. Les manuscrits y sont répartis en huit catégories :

1. Sans titre dans l'inventaire (n°s 705 à 909);
2. « Bonnes meurs, étiques et politiques » (n°s 910 à 1102);
3. « Chapelle » (n°s 1103 à 1199);
4. « Librairie meslée » (n°s 1200 à 1233);
5. « Livres de gestes » (n°s 1234 à 1306);
6. « Livres de balades et d'amours » (n°s 1307 à 1409);
7. « Croniques de France, [voyages] oultremer, médecine et astrologie » (n°s 1410 à 1594);
8. « Livres non parfaits » (n°s 1595 à 1612).

Pas plus dans le premier que dans le second inventaire, ces classifications ne sont très rigoureuses. Chaque catégorie comprend des manuscrits dont le contenu ne répond pas aux titres des chapitres. Des ouvrages encyclopédiques comme le *Catholicon,* des virelaiz et des ballades s'y trouvent égarés parmi les livres liturgiques (Inventaire de 1420, n°s 62 et 63). Réciproquement, on rencontre dans la « librairie meslée », des bibles, des vies de saints, des ouvrages de piété, voire des traités ascétiques. Des psautiers voisinent avec des livres de chasse, des évangiles avec des livres de médecine. Dans l'inventaire de 1467, on trouve rangées parmi les manuscrits une mappemonde et une dent d'olifant (n°s 1521 et 1612). En outre, divisions et subdivisions ne correspondent pas à l'extrême variété des manuscrits qui composaient la bibliothèque de Philippe le Bon.

Seul le détail, article par article, de l'inventaire de 1467, peut donner une idée de la richesse de cette librairie : bibles latines, bibles historiales, bibles moralisées, livres de la Bible, chroniques, vies de saints, Légende dorée, écrits des Pères et particulièrement de saint Augustin (la Cité de Dieu), miracles de notre Dame, commentaires de l'Ecriture, bréviaires, missels, livres d'heures, légendes des saints, méditations de saint Bonaventure, traités des vertus et des vices, ouvrages de droit civil ou de droit ecclésiastique, histoire profane (Tite-Live, Valère Maxime), traités de philosophie (Aristote), romans de chevalerie, chansons de gestes, « livres de ballades et d'amours », chroniques de France, chroniques de Froissard, chroniques de Hollande, ouvrages de médecine et d'astrologie : telles sont les principales catégories d'ouvrages qui composaient la librairie de Philippe au moment de sa mort.

La comparaison des inventaires de 1420 et 1467, permettrait d'établir la liste exacte des volumes entrés sous le règne de Philippe le Bon. Ainsi se révèlerait à nous son activité intellectuelle et artistique. Malheureusement, l'identification des manuscrits est rendue difficile par les titres vagues et incomplets, par les renseignements

(1) Barrois (J.), *Bibliothèque protypographique,* 1830, p. 121-226.

laconiques et parfois inexacts donnés par les rédacteurs des inventaires. Toute l'attention de ces derniers s'est portée sur l'état matériel des volumes : format, reliure, armoiries, fermoirs, etc. C'est le contenant, beaucoup plus que le contenu, qu'ils ont décrit. Pour retrouver dans la collection de 1467 les manuscrits qui composaient la librairie de 1420, il faudrait dresser un tableau synoptique avec le signalement exact et détaillé des volumes : précisions qui ne sont pas toujours réalisées dans l'un ou l'autre inventaire.

Une autre cause empêche souvent de suivre les manuscrits d'une collection dans l'autre : c'est que les inventaires sont parfois incomplets. Pour des raisons que nous ne discernons pas, au dénombrement de 1420 manque tel volume qui faisait sûrement partie de la librairie du duc de Bourgogne à cette date. C'est le cas de la belle bible historiale, connue aujourd'hui sous les numéros 9024 et 9025 de la Bibliothèque royale de Belgique. Deux documents d'archives nous apprennent qu'en 1415, à la demande de la duchesse de Bourgogne, Marguerite de Bavière, mère de Philippe le Bon, le duc Jean sans Peur avait acquis de Jean Chousat, un de ses conseillers, une bible historiale, richement historiée et enluminée, que des détails précis et circonstanciés permettent d'identifier avec les manuscrits ci-dessus désignés (1). Or, cette bible n'est pas portée à l'inventaire de 1420, alors qu'elle faisait partie de la bibliothèque du duc depuis plusieurs années. Il faut en dire autant, selon toute probabilité, du bréviaire à l'usage de Paris qui fut égaré quelque temps, lors de l'assassinat de Jean sans Peur au pont de Montereau (2).

On voudrait également savoir ce que sont devenus les manuscrits dénombrés dans les inventaires de 1420 et de 1467 et les suivre à la trace dans les collections publiques et privées. Travail très long, très minutieux, et qui supposerait d'immenses recherches. Je ne sache pas qu'il ait été jusqu'ici entrepris ni conduit d'une façon méthodique. Pareille enquête serait ici hors de propos. Pour nous, l'intérêt des inventaires de 1420 et de 1467 se borne aux renseignements qu'ils contiennent sur les bréviaires manuscrits de la librairie de Philippe le Bon, et, tout particulièrement, sur celui qui fait l'objet de la présente étude. Aussi, et sans préjuger les résultats de notre enquête, je crois utile de donner ci-après les passages des inventaires qui se rapportent à cet objet.

Inventaire de 1420

1. « Premièrement, ung bréviaire en II volumes, à l'usaige de Paris, pour Monseigneur, commençant le premier volume à l'Avent, ouquel après le kalendrier, est escript ou premier fueillet du psaultier : *Invitatone* (sic) *Preoccupemus* et se fine ou derrenier fueillet : *O dulcis Maria*; et ou IIe volume, est escript ou pre-

(1) Durrieu (Comte Paul), *Manuscrits de luxe exécutés pour des princes et des grands seigneurs français,* dans *Le manuscrit,* 1895, p. 83-87.

(2) Doutrepont (Georges), *La littérature française à la cour des ducs de Bourgogne.* 1909, p. 202.

mier fueillet du psaultier : *Nocte surgentes,* et se [fine] ou derrenier fueillet : *O dulcis Maria* comme dessus. Et en chascun volume a deux fermouers d'or armoiez des armes feu Monseigneur le grant père cui Dieu pardoint, et ausdiz deux volumes sert une pipe d'or où sont les signaulx, et une couverture de satin figuré noir ». (Colbert, ms. 127, fol. 31vo).

9. « Item un bréviaire à l'usaige de Romme, couvert de drap de soye bleu figuré, à II fermouers d'or en manière de porte, et y a dedans l'un des fermouers I crucef-fiement eslevé, et en l'autre un couronnement, et sur chascun des tissus a III losanges de perles brutes; et y a une pipe d'or à laquelle a à chascun bout une perle; et se commencent après le kalendrier par *Pater noster,* et se finent par : *Oraciones ut supra* ». (Colbert, ms. 127, fol. 33).

37. « Premièrement, ung gros bréviaire entier, noté, couvert de cuir blanc; et se commence au IIe fueillet : *Ou brief de l'Avend, Feriales,* et se fine : *Viderunt ipsum*; duquel bréviaire le kalendrier, le psaultier et le commun des saints sont ou milieu dudit livre; et est ledit bréviaire à l'usaige de Paris, lequel servait continuelment à la chapelle pour matines, vespres et les autres heures ». (Colbert, ms. 127, fol. 37 et 37vo).

38. « Item, ung autre bréviaire en deux volumes, noté, à l'usaige de Paris, couvert de cuir blanc; et se commence le premier volume, qui se commence à l'Avent, ou premier fueillet escript : *Officium beate Barbare* de lettre rouge, et se fine : *Nunc jam,* noté; et le second volume, qui se commence à la Trinité, est escript ou tiers fueillet du saultier : *Confitebor Domino,* et se fine : *Qui tecum vivit,* etc.; et est de la fin des commandaces de mors ». (Id., fol. 38vo).

39. « Item, un autre bréviaire en II volumes, noté, audit usaige de Paris, couvert de cuir blanc; et se commence, ou volume commençant à l'Avent, après le kalendrier : *Servite Domino,* noté, et sont les vigiles de mors entre le psaultier et l'Avend, et se fine : *Aperiat nobis. Amen*; et le second volume, qui se commence au dyemanche après la Trinité, se commence après le kalendrier : *Ecce in nubibus,* noté, et se fine : Virgo mater Dei ». (Id., fol. 38vo).

40. « Item, un autre bréviaire en II volumes, noté, audit usaige de Paris, couvert de cuir blanc, et se commence, ou volume commençant à l'Avent, ou second fueillet du psaultier : *Oblitus clamorem pauperum,* et se fine : *Misericordia Ihesu Christi;* et le second volume qui se commence à la Trinité, se commence après le kalendrier, ou second fueillet du psaultier : *Nequando rapiat,* et se fine : *Nos Deus, salutaris, noster* ». (Id., fol. 39).

41. « Item, un grant demi-bréviaire noté, audit usaige de Paris, escript en grosse lettre qui est du temps de l'Avant jusques à la Trinité; et se commence tantost après le kalendrier : *Sabbato in adventu,* et se fine : *Quesumus, omnipotens, ut supra*; et est le psaultier ou milieu dudit livre ». (Id., fol. 39).

42. « Item, ung grant volume, noté, sanz psaultier, où sont les légendes, respons et autres de pluseurs sains, commençant après le kalendrier : *In vigilia sancti Andree,* et se fine : *Ipse conspicit* ». (Id., fol. 39).

43. « Item, un autre viez volume, noté, en manière de demi-bréviaire noté, sanz psaultier, et [mot laissé en blanc] *sanctorum* du temps d'esté, qui se commence au premier fueillet : *Sabbato post octavas Penthecostes,* et se fine : *Animabus vestris* ». (Id., fol. 39vo).

Une remarque s'impose : sur sept bréviaires identifiés, six sont à l'usage de Paris et un seul à celui de Rome. Aucun d'eux ne peut être reconnu avec certitude parmi ceux de l'inventaire de 1467 mentionnés ci-après.

1118. « Ung autre gros livre de bréviaire en parchemin, couvert d'ais noirs à cloans d'argent doré, comançant au second feuillet après le kalendriel : *Quoniam tu percussisti omnes,* et au dernier : *veritas tua* ».

1119. « Ung autre gros bréviaire en parchemin, couvert d'ais rouges à cloans d'or commençant au second feuillet : *Dn* [*Domine*] *susceptor meus,* et au dernier : [*A*]*ve regina celorum* ».

1120. « Ung autre bréviaire de plusieurs oroisons en parchemin, à cloans d'or couvert de baudequin figuré violet, comançant au second feuillet : *Quoniam exaudivit,* et au dernier : *in manibus* ».

1136. « Ung bréviaire en parchemin, couvert de saye bleue à cloans d'or et de perles, dont l'un est rompu, comançant au second feuillet après le kalendriel : *et aucunes ystoires,* et au dernier : *quare persequimini* ».

1159. Ung bréviaire en parchemin, couvert de cuir blanc, escript en deux coulombes, contenues en plusieurs parties, *La sainte messe a notte,* quemenchant le premier feuillet après le calendrier : *mater Dei sis,* et le dernier : *nutritor minorum* ».

1166. « Ung bréviaire comançant au second feuillet du psaultier après le kalendriel : *eorum veritas,* et au dernier : *cum autem* ».

1190. « Ung bréviaire couvert de cuir rouge, en parchemin, comançant ou second feuillet : *me fac,* et au dernier : *sponsis quoque redis* » (1).

Constatons une lacune dans nos documents, notamment dans le second : en vain chercherait-on le bréviaire manuscrit de la Bibliothèque royale dans les inventaires de 1420 et de 1467. Il est absent du premier : à cela rien d'étonnant, puisque comme on le verra plus loin, la décoration de ce manuscrit a été exécutée après 1433. A la rigueur, le texte pourrait avoir été copié sur un bréviaire plus ancien. Mais il n'en est rien : aucun des *incipit* ni des *desinit* mentionnés dans l'inventaire de 1420 ne correspond à ceux de notre manuscrit. Même constatation pour l'inventaire de 1467. Et cependant, le bréviaire a sûrement été exécuté pour Philippe le Bon : les obits du calendrier, le portrait du duc qui orne le début du sanctoral (Ms. 9511, fol. 398, pl. VI), les deux miniatures où il est représenté à genoux devant le Saint-Sacrement ou devant la croix (Ms. 9026, fol. 258 et 425; pl. XII et XIV), ne laissent place à aucun doute. Dès lors, une question se pose : où se trouvait le manuscrit au moment de l'inventaire? Faisait-il partie, ce qui semble peu probable, de la « chapelle » d'Isabelle de Portugal? Etait-il déjà entré dans la librairie de Charles le Téméraire? Se trouvait-il entre les mains de la femme de ce dernier, Marguerite d'York, dont on connaît le goût pour les beaux livres de piété? C'est ce que je ne saurais affirmer : je constate seulement qu'il est absent de l'inventaire de 1467.

Plusieurs années après la mort de Marie de Bourgogne (1482), sous le règne de Philippe le Beau (1482-1506), un nouvel inventaire était dressé à Bruxelles (1487). Il débute par ces lignes : « C'est l'inventaire fait par nous, Martin Steenberch, doyen, et Charles Soillet, escolâtre de l'église colégiale Sainte-Goudele de Brouxelles,

(1) BARROIS (J.), *Bibliothèque protypographique,* p. 169 à 177.

secrétaires du roy nostre seigneur, à ce comis par l'ordonnance du roy nostre dit seigneur, et par le comandement de monseigneur l'abbé de Saint-Bertin, conseiller du roy et chancelier du noble ordre de le Thoyson d'Or, des livres et volumes par nous trouvez en la chambre de la garde des joyaulx, en l'hostel du roy, en la ville de Brouxelles, comenchié par nous comis dessus nomez, en la dite chambre, le 15me jour du mois de novembre, l'an 1487 » (1).

Dans la dernière partie de cet inventaire, sont mentionnés une soixantaine de manuscrits avec cette note intéressante : « Ces livres sont à la chapelle fort anciens et caducques, et se trouveront en ung coffre à part qui en aura à faire... » Suit la description des volumes. Sous les nos 2026-2027, on trouve ce signalement : « Ung autre [volume] couvert de cuir blanc, à deux cloans et cinq boutons de léton sur chacun costé, intitulé : Demy-temps servant à la chapelle, començant à l'Avent, et quemenchant au second feuillet : *Exaudi, Domine, preces,* et finissant au derrenier : *mane nobiscum in secula.* — Ung autre tout semble couvert de cuir blanc, à deux cloans et cincq boutons de léton sur chacun costé, historié et intitulé : Demy-temps servant à la chapelle, quemenchant à la Trinité, et quemechant ou second feuillet : *us carissima sancti Spiritus. Amen,* et finissant au derrenier : *perducat nos regina angelorum. Amen* ». Le mot *carissima* est une mauvaise lecture pour *karisma.*

Or, si nous appliquons ce signalement aux deux volumes du bréviaire de Philippe le Bon, nous constatons qu'il correspond exactement à l'un et à l'autre. Le second feuillet du manuscrit 9511 commence par les mots *Exaudi, Domine, preces. Ad matutinas de Adventu,* et le dernier se termine par *dicens : Mane nobiscum in secula.* Quant au manuscrit 9026, le deuxième feuillet commence par *[Fili]us karisma sancti Spiritus. Amen*, et le dernier se termine par les mots *perducat nos regina angelorum. Amen.* L'identité du bréviaire avec les deux manuscrits de la Bibliothèque royale de Bruxelles paraît donc démontrée : à moins d'un hasard extraordinaire, il est bien difficile d'admettre que dans deux copies d'un bréviaire, les deuxièmes feuillets aient commencé, et, les derniers fini, de la même manière. L'inventaire nous renseigne en outre sur la reliure originale des manuscrits : elle était en cuir blanc, pourvue de deux fermoirs et de cinq cabochons sur les plats. Il nous apprend également que le bréviaire était conservé à la chapelle, dans un coffre, avec d'autres livres liturgiques : graduels, psautiers, livres d'heures, bibles et aussi quelques livres profanes. Nous avons maintenant retrouvé la trace de notre bréviaire dans la bibliothèque de Bourgogne; nous connaissons l'antique reliure dont il était paré; nous savons même la place où il était rangé habituellement : il ne nous reste plus qu'à le décrire.

(1) Barrois (J.), *Bibliothèque protypographique*, p. 233.

II

Description du Bréviaire de Philippe le Bon

Comme beaucoup d'anciens bréviaires, manuscrits ou imprimés, le bréviaire de Philippe le Bon se compose de deux grands volumes. Il convient de lui appliquer ce signalement que l'on rencontre dans les inventaires du XVe siècle : « Uns grant bréviaire sans note, très bien escript et très noblement ystorié et enluminé, en deux volumes ». Les deux manuscrits sont conservés à la Bibliothèque royale de Belgique; le premier (ms. 9511) contient le bréviaire d'hiver (*tempus hiemale*), l'autre (ms. 9026) celui d'été (*tempus aestivale*). Ils sont décrits au catalogue du R. P. J. Van den Gheyn dans la notice 516. Pour plus de facilité, je les désignerai par leur cote habituelle. Par ailleurs, l'année liturgique commençant avec l'Avent, il est préférable d'intervertir l'ordre numérique et de décrire d'abord le bréviaire d'hiver, et, en second lieu, celui d'été.

I. — LE BRÉVIAIRE D'HIVER (Ms. 9511)

Le bréviaire d'hiver (ms. 9511) se compose de 528 feuillets à deux colonnes, mesurant 296 millimètres sur 213 et répartis en 68 cahiers de huit feuillets chacun. Par exception, les 2e, 31e, 61e et 68e cahiers (fol. 9 à 14, 238 à 243, 469 à 474, 523 à 528) ne comptent que six feuillets; le 51e (fol. 396 et 397), deux seulement; par contre, le 60e (fol. 462 à 468) en contient sept; en outre, le fol. 153 est double. Les feuillets 14, 243, 244ro, 250vo, 251ro, 362, 363, 397, 527 et 528 sont restés blancs. Chaque feuillet compte vingt-quatre lignes par page. L'écriture, d'une merveilleuse régularité, présente la double brisure de la gothique. Le texte se répartit ainsi :

1. *Ordo officii* pour le temps de l'Avent (fol. 1 à 13);
2. Propre du temps ou temporal; il va de la vigile de l'Avent à celle de la Trinité (fol. 15 à 242);

3. Le calendrier (fol. 244vo à 250);
4. Le psautier férial suivi des cantiques et des litanies (fol. 251vo à 361);
5. Le commun des saints (fol. 364 à 396);
6. Le propre des saints ou sanctoral; il s'étend de la vigile de saint André (29 novembre) à la fête de saint Urbain, pape, au 25 mai (fol. 398 à 526).

Analysons rapidement chacune de ces divisions.

§ I. — *ORDO OFFICII* POUR LE TEMPS DE L'AVENT

Les premières pages du bréviaire donnent une série d'indications pour la liturgie de l'Avent. Cette partie de l'année liturgique est en effet conditionnée par la fête de Noël, ou, plus exactement, par le jour de la semaine où cette solennité est célébrée. De ce jour dépendent des modifications plus ou moins importantes dans la composition et la récitation de l'office. Cette sorte de préface est un *ordo officii*, un calendrier perpétuel pour le temps de l'Avent.

Les différents cas sont prévus. Ainsi, lorsque Noël tombera un dimanche, le premier dimanche de l'Avent sera célébré le 5 des calendes de novembre, c'est-à-dire le 27 novembre. Le samedi précédent (26 novembre) aura lieu la fête de sainte Geneviève. Remarquons, en passant, ce détail qui nous révèle à lui seul que le bréviaire de Philippe le Bon est à l'usage de Paris : il s'agit en effet du miracle des Ardents, fête instituée par le pape Innocent II, en 1132. Viennent ensuite les autres modifications à introduire dans la liturgie de l'Avent, soit pour les fêtes du temps (dimanches et féries), soit pour celles des saints de décembre : fête de saint Eloi (1er déc.), des saintes reliques (4 déc.), de saint Nicolas (6 déc.), de sainte Fare et de l'octave de saint André (7 déc.), de la conception de la sainte Vierge (8 déc.), de saint Nicaise et de sainte Eulalie (10 déc.), etc.

Suit une série d'indications analogues pour les différents jours de la semaine où tombe la fête de Noël : « *In anno quo Nativitas Domini die lune evenerit...* » (fol. 4vo). — « *In anno quo Nativitas Domini die Martis evenerit...* » (fol. 6vo). — « *In anno quo Nativitas Domini erit die Mercuri...* » (fol. 7vo). — « *In anno quo Nativitas Domini feria quinta evenerit...* » (fol. 9). — « *In anno quo Nativitas Domini feria sexta evenerit...* » (fol. 10vo). — « *In anno quo Nativitas Domini sabbato evenerit...* » (fol. 12). L'*ordo officii* pour le temps de l'Avent prend fin avec le dernier jour de la semaine.

§ II. — LE TEMPORAL DU BRÉVIAIRE D'HIVER

Ici commence à proprement parler l'office divin. Le temporal du bréviaire d'hiver embrasse la première moitié de l'année liturgique; il s'étend du premier dimanche de l'Avent au samedi de la Pentecôte. Les quatre dimanches de l'Avent vont du fol. 15 : « Sabbato in adventu Domini... » au fol. 36vo : « Dominica IIII ». Ils aboutissent à la fête de Noël précédée de sa vigile : « In vigilia natalis Domini... » (fol. 40). Suivent à des intervalles plus ou moins rapprochés la Circoncision : « In vigilia natalis Circumcisionis... » (fol. 55), l'Epiphanie : « In vigilia Epiphanie... (fol. 60), l'octave de l'Epiphanie : « In octava Epiphanie » (fol. 70) et, en dernier lieu, les dimanches après l'Epiphanie : « Dominica I post octavas » (fol. 75) et : « Dominica IIII » (fol. 82).

A la fête de Pâques se rattachent d'une façon plus ou moins éloignée les dimanches de la Septuagésime : « Dominica in LXX » (fol. 89vo), de la Sexagésime : « Dominica in LX » (fol. 95vo), de la Quinquagésime : « Dominica in Quinquagesima » (fol. 99). Viennent ensuite les quatre dimanches du Carême, précédés du mercredi des Cendres : « Feria IIII in capite ieiunii » (fol. 103); « Dominica quadragesima » (fol. 108vo); « Dominica secunda » (fol. 120); « Dominica III » (fol. 130vo); « Dominica IIII » (fol. 140vo). Puis se succèdent le dimanche de la Passion : « Dominica in passione Domini » (fol. 151vo) et celui des Rameaux : « Dominica in ramis palmarum » (fol. 160vo) suivis des jours de la semaine sainte : « Feria secunda » (fol. 164vo), « Feria tercia » (fol. 165vo), « Feria IV » (fol. 167), « Feria V [in Cena Domini] » (fol. 169), « Feria sexta [in Parasceve] » (fol. 173), « In vigilia Pasche » (fol. 176).

Avec Pâques nous atteignons le sommet de l'année liturgique; c'est la fête suprême autour de laquelle gravitent toutes les autres : « In die sancto Pasche » (fol. 180vo). Les dimanches qui suivent en dépendent étroitement; ils la prolongent et forment une période spéciale et déterminée : le temps pascal, « Dominica in octavis Pasche » (fol. 193). Une fête particulière à l'ancienne liturgie, la Pâque anniversaire, vient immédiatement après : « In crastino octavarum Pasche, de annotino Pascha » (fol. 193vo). Puis se succèdent les dimanches après Pâques « Dominica secunda post octavas Pasche » (fol. 208); « Dominica tercia » (fol. 210); « Dominica IIII » (fol. 211); « Dominica V » (fol. 215). Les processions des Rogations précèdent et annoncent la fête de l'Ascension : « Feria II in rogationibus » (fol. 216); « Feria III » (fol. 217); « In vigilia Ascensionis » (fol. 218); [In die Ascensionis] (fol. 219vo); « Dominica infra octavam Ascensionis » (fol. 224vo). Le propre du temps ou temporal du bréviaire d'hiver s'arrête au samedi qui suit la fête de la Pentecôte : « Sabbato » (fol. 241vo).

§ III. — LE CALENDRIER

Dans la plupart des livres liturgiques, bréviaires, missels, psautiers, sacramentaires, le calendrier se trouve en tête du volume. Cette règle ne va pas sans exceptions. Dans un certain nombre de bréviaires notamment, le calendrier a pris place au milieu du livre, presque toujours entre le propre du temps et le psautier férial.

Plusieurs manuscrits de Rome, de Coutances, de Limoges, du Mans, de Paris et de Tours, et sans doute beaucoup d'autres, présentent cette particularité. Le calendrier de notre bréviaire a été transcrit avec une élégante simplicité. Les principales fêtes sont indiquées en bleu; de même les titres des mois, les fêtes doubles et semi-doubles; le rouge et le noir ont été réservés aux fêtes simples et aux mémoires; cependant la règle n'est pas absolue. On trouvera plus loin, parmi les planches documentaires (pl. 73 à 84), le texte même du calendrier. Je puis donc me contenter ici des explications essentielles. Notons d'abord qu'il s'agit du calendrier de Paris. On y voit en effet les saints caractéristiques de cette église.

(3 janvier) : « Genovefe virg. *IX lect.* Oct. s. Johannis. *Memoria* ».

(30 janvier) : « Batildis regine. *III lect. Si dominica fuerit, IX lect.* ».

(22 avril) : « Inventio corporum Dyonisii sociorumque eius. *Semid.* Oportune virg. *Memoria* ».

(28 mai) : « Germani ep. et conf. Parisiensis. *Semid.* Carauni mart. *Memoria* ».

(10 juin) : « Landerici ep. et conf. *IX lect.* ».

(24 juin) : « Nativitas s. Johannis Baptiste. *Dupl.* Agoaldi et Gilberti (*sic*) mart. *Memoria* ».

(26 juillet) : « Translatio s. Marcelli ep. et conf. *Duplum* ».

(4 août) : « *In prima dominica huius mensis fit duplum in ecclesia Parisiensi de cruce* ».

(8 août) : Justini mart. *IX lect...* ».

(11 août) : Sollempnitas sancte corone. *Semid.* ».

(25 août) : « Ludovici regis et conf. *Duplum.* Genesii mart. *Memoria* ».

(27 août) : « Georgii et Aurelii mart. *IX lect.* Rufi mart. *Memoria* ».

(7 septembre) : « Clodoaldi conf. *IX lect.* Evurcii ep. et conf. *Memoria* ».

(4 octobre) : « Auree virg. *IX lect.* ».

(9 octobre) : « Dyonisii, Rustici et Eleutherii mart. *Duplum* ».

(16 octobre) : « Oct. Dyonisii. *Dup.* Luciani, Maximiani et Juliani mart. *Memoria* ».

(28 octobre) : « Symonis et Jude apost. *Dup.* Pharonis ep. *Memoria.* Translatio sancte Genovefe. *Memoria* ».

(3 novembre) : « Marcelli ep. Parisiensis. *Duplum.* Guinaili abb. *Memoria* ».

(8 novembre) : « Oct. s. Marcelli. *IX lect.* Quatuor Coronatorum. *Memoria* ».

(12 novembre) : « Leonii conf. *Memoria* ».

(18 novembre) : « Oct. s. Martini. *IX lect.* Aude virg. *Memoria* ».

(26 novembre) : « Genovefe virginis de miraculo. *IX lect.* Marcelli ep. et conf. *Memoria.* Lini pape et mart. *Memoria* ».

(4 décembre) : « Parisius, susceptio reliquiarum. *Duplum* ».

Les deux fêtes en l'honneur de saint Denis et de ses compagnons : celle du martyre (9 octobre) et celle de l'Invention des corps (22 avril); les trois fêtes en l'honneur de sainte Geneviève : celle de la mort (3 janvier), de la translation (28 octobre) et du miracle des Ardents (26 novembre); la fête de sainte Bathilde, reine de France (30 janvier); celles de saint Germain, évêque de Paris (28 mai), de saint Landry, autre évêque de Paris (10 juin), des saints Agoard et Aglibert, martyrisés à Corbeil-en-Parisis (24 juin); les deux fêtes en l'honneur de saint Marcel, évêque de Paris : celle de la mort (3 novembre) et celle de la translation (26 juillet); la fête de saint Justin, martyrisé à Louvres-en-Parisis (8 août); la réception de la sainte couronne d'épines (11 août); les fêtes de saint Louis, roi de France (25 août), de saint Cloud (7 septembre), de sainte Aure, abbesse de Saint-Martial de Paris (4 oct.), de sainte Aude, compagne de sainte Geneviève (18 nov.), et, en dernier lieu, la réception à Notre-Dame, vers 1218, des reliques provenant de Saint-Etienne-des-Grès; les octaves de saint Denis (16 oct.) et de saint Marcel (8 nov.) : tout indique qu'il s'agit du calendrier de l'église métropolitaine.

A vrai dire, un doute pourrait s'élever. A la date du 26 avril, se trouve en effet la mention suivante, en lettres bleues : « Dedicatio sancte capelle Parisiensis ». C'est la dédicace de la Sainte-Chapelle, en 1248. On sait l'importance des indications de ce genre dans les livres liturgiques où elles prennent la valeur d'une pièce d'identité. Ne s'agirait-il pas du calendrier, et, par suite, du bréviaire de la Sainte-Chapelle? Dans ses *Recherches sur la librairie de Charles V*, Léopold Delisle s'exprime en ces termes : « Je rattache à la série des manuscrits, dont je m'occupe ici, un magnifique bréviaire de la Sainte-Chapelle, sorti des ateliers parisiens dont les enlumineurs travaillaient pour les princes de la maison royale, au commencement du XVe siècle : c'est le manuscrit de la Bibliothèque royale de Belgique N° 516, consistant en deux volumes jadis cotés 9511 et 9026 » (1).

Il est toujours dangereux de s'inscrire en faux contre une assertion de Léopold Delisle : très souvent il y a lieu de s'en repentir. Pourtant, ici, je crains que le grand savant n'ait pas eu le temps d'examiner à loisir le manuscrit de Bruxelles et de vérifier le bien fondé de son attribution. Il n'aura pas remarqué qu'aucun office ne correspondait, dans le sanctoral du bréviaire, à la fête inscrite, au calendrier, à la date du 26 avril. En outre, il n'aura pas pris garde que dans les livres liturgiques à l'usage de la Sainte-Chapelle, se trouvent presque toujours deux autres fêtes spéciales à cet établissement : la translation du chef de saint Louis (le mardi après l'Ascension), et la fête des reliques (30 septembre, avec octave le 7 octobre). Or, toutes les deux font ici défaut, aussi bien au calendrier qu'au propre des saints.

Du reste, l'analyse du bréviaire montre évidemment que la liturgie est celle de Notre-Dame et non celle de la Sainte-Chapelle. Prenons la fête du 2 février. L'*ordo officii* (ms. 9511, fol. 89) prescrit que si la Purification tombe le lundi après la Septuagésime, la messe de la Septuagésime sera dite au maître-autel; quant à celle de la vigile, elle sera chantée en arrière, à l'autel de Saint-Marcel : « *Missa vero de vigilia festi cantabitur retro, ad altare sancti Marcelli...* ». Ce seul détail indique clairement que nous sommes à Notre-Dame : là, en effet, — et là seulement — l'autel de Saint-Marcel s'élevait derrière le maître-autel. Un peu plus loin, en cette même fête de la Purification, nous lisons ce qui suit : « *Tercia cantata, conveniunt*

(1) Delisle (L.), *Recherches sur la librairie de Charles V*. Partie I, p. 198.

clerici in ecclesia sancti Johannis; ibi ab episcopo vel ab alio sacerdote fit benedictio cereorum sicut in libro processionum continetur in hunc modum : cereos positos super altare benedicit episcopus vel alius per has orationes... Tunc redditur (sic) *processionaliter ad ecclesiam beate Marie et fit statio ante crucem* » (ms. 9511, fol. 483vo et 484). Il est clair que la cérémonie décrite a pour théâtre Notre-Dame et non la Sainte-Chapelle : l'office de Tierce vient d'être chanté; le clergé s'est rassemblé dans la vieille église Saint-Jean-le-Rond; l'évêque officie; il bénit les cierges conformément au livre des processions; enfin, détail qui, à lui seul, emporte la conviction : la procession rentre à Notre-Dame et la station a lieu devant la croix du jubé. Notre manuscrit est donc un bréviaire à l'usage de Paris et non de la Sainte-Chapelle.

Ce qui aura peut-être contribué à induire Léopold Delisle en erreur, ce sont les notes nécrologiques du calendrier en lettres rouges ou noires :

(8 février) : « Obitus Roberti, comitis Attrebatensis ».

(14 juillet) : « Obitus Philippi, regis Francorum ».

(8 novembre) : « Obitus Ludovici, regis Francorum... ».

(27 novembre) : « Obitus Blanche, regine Francorum ».

Il s'agit des anniversaires de Robert d'Artois (1250), de Philippe-Auguste (1223), de Louis VIII (1225) et de Blanche de Castille (1252), parents, frère et grand père de saint Louis. Tous ces noms se lisent dans le psautier de saint Louis de la Bibliothèque nationale (ms. lat. 10525, fol. 79) et dans un autre psautier qui a fait partie de la collection Yates Thompson. Leur mention dans le calendrier de notre bréviaire prouve qu'ils ont été copiés sur un calendrier semblable, mais ne prouve pas que le manuscrit ait appartenu à la Sainte-Chapelle.

Du reste, il ne faut pas l'oublier : Philippe le Bon était de la maison de France, et, comme nous l'apprend Philippe Wielant, le chroniqueur déjà cité, « il aymoit la maison de France et se tenoit fort heureux et bien honnoré d'en estre venu et sorty ». Et ailleurs : « Depuis ladicte paix d'Arras, le ducq Philippe portoit tousjours grand honneur à la personne du roy de France... » (1). La mention des anniversaires de ses ancêtres dans un bréviaire qui lui était destiné s'explique fort bien.

Notons encore quelques détails du calendrier. Quatre colonnes précèdent les noms des saints. La première (III, XI, XIX, etc.) indique le nombre d'or, c'est-à-dire, cette période de dix-neuf ans au bout de laquelle l'année lunaire commence le même jour que l'année solaire. La seconde colonne (A, b, c, d, e, f, g...) désigne la lettre dominicale, c'est-à-dire celle qui servait à indiquer le dimanche dans le calendrier religieux. La troisième colonne : «*Kalendas ianuarii...*», indique les calendes, les nones et les ides, c'est-à-dire la manière de compter les jours d'après l'usage romain. Au début de chaque mois se lit un vers d'allure énigmatique. Voici celui de janvier : « *Iani prima dies et septima fine timetur* ». Pourquoi ces deux jours

(1) De Smet (J.-J.), *Recueil des antiquités de Flandre de Philippe Wielant*, dans *Corpus Chronicorum Flandriae*, 1865, IV, p. 52-53.

sont-ils objet d'appréhension et de crainte? L'explication se trouve un peu plus loin. En regard de la fête de la Circoncision, se lit : « *Hora XI^a D[ies]* »; à la date du 25, on lit également : « *Hora VI^a D[ies]* ». Il s'agit des jours égyptiens ou égyptiaques. Au moyen âge, on appelait ainsi certains jours réputés funestes, pendant lesquels il ne fallait rien entreprendre sous peine d'insuccès ou de malheur : en janvier, c'était le premier jour et « le septième en commençant par la fin », c'est-à-dire le 25. En outre, chaque jour égyptiaque comptait une heure particulièrement dangereuse : le 1er janvier, c'était la onzième heure; le 25, la sixième. En février, les jours égyptiaques étaient le 4 et le 26; les heures néfastes, la huitième et la dixième. Les copistes reproduisaient ces différentes mentions comme ils faisaient des indications astronomiques, sans prendre garde à leur caractère superstitieux.

Les autres annotations du calendrier se rapportent presque toutes à la liturgie de l'office. Elles concernent le degré de la fête : « *Annuale festum. — Duplum. — Semiduplum* ». D'autres donnent le nombre de leçons à réciter : « *IX lectiones. — III lectiones* », ou seulement la mémoire de la fête : « *M^a = Memoria* ». Joignons-y quelques indications astronomiques : « *Sol in aquario. — Sol in piscibus. — Sol in ariete...* », etc.; ou d'autres comme celles-ci : « *Primus dies seculi* » (18 mars); « *Adam creatus est* » (23 mars); « *Crucifixio Domini* » (25 mars); « *Resurrectio Domini* » (27 mars). Cette dernière mention a failli induire en erreur quelques érudits qui ont été tentés d'y voir un élément de datation du manuscrit. L'explication est tout autre : au moyen âge on croyait que la mort de Jésus avait eu lieu le jour anniversaire de l'Annonciation, c'est-à-dire un 25 mars, et, tout naturellement, on plaçait la Résurrection le surlendemain 27 mars. Il n'y a donc aucune indication à retenir de cette dernière mention quant à la date du manuscrit.

§ IV. — LE PSAUTIER FÉRIAL

Le psautier est la partie la plus ancienne, il est le fond même de l'office divin. De la liturgie de la synagogue dont il constituait l'élément principal, il est entré dans celle de l'Eglise primitive. Il a été la cellule autour laquelle s'est formé, par l'adjonction des lectures et des chants, l'ensemble de l'office. Sa place dans le bréviaire, et une place d'honneur, était donc tout indiquée. Mais en passant dans celui-ci, il a reçu quelques additions (invitatoires, hymnes et antiennes) et aussi un certain nombre de modifications : il est devenu le *psautier férial*. Celui-ci est l'ensemble des psaumes répartis entre les jours de la semaine en vue de la récitation de l'office. Il n'est pas le psautier de la Bible tel quel, mais l'utilisation de ces mêmes psaumes groupés de façon plus ou moins inégale, précédés d'invitatoires, d'hymnes et d'antiennes, suivis de versets, de capitules et d'oraisons : c'est le psautier de la Bible qui a subi préalablement la toilette de l'office.

Un principe a présidé à cette répartition dès l'origine : c'est que le psautier devait être récité en entier chaque semaine. L'ordre numérique a été maintenu, sauf pour les petites Heures des jours autres que le dimanche. Le tableau ci-dessous montre mieux que de longues descriptions la façon dont les psaumes ont été distribués en vue de l'office (bréviaire d'hiver, ms. 9511, fol. 252 à 352).

Die dominico.	*Ad Matutinum*	: Ps.	I	à	XX.
»	*Ad Primam*	: »	XXI	à	XXV.
Feria II	*Ad Matutinum*	: »	XXVI	à	XXXVII.
» III	»	: »	XXXVIII	à	LI.
» IV	»	: »	LII	à	LXVII.
» V	»	: »	LXVIII	à	LXXIX.
» VI	»	: »	LXXX	à	XCVI.
Sabbato	»	: »	XCVII	à	CVIII.
Die dominico.	Ad Vesperas	: »	CIX	à	CXIII.
Feria II	»	: »	CXIV	à	CXX.
» III	»	: »	CXXI	à	CXXV.
» IV	»	: »	CXXVI	à	CXXX.
» V	»	: »	CXXXI	à	CXXXVI.
» VI	»	: »	CXXXVII	à	CXLII.
Sabbato	»	: »	CXLIII	à	CXLVII.
»	*Ad Complectorium*	: »	CXLVIII	à	CL.

Plusieurs de ces psaumes se trouvent ainsi répétés aux Heures de la semaine.

Le psautier est suivi des cantiques, c'est-à-dire d'un certain nombre de chants d'action de grâces qui doivent être récités ou chantés pendant l'office.

Au bréviaire d'hiver, ils se présentent dans l'ordre suivant :

1. *Te Deum...* (ms. 9511, fol. 352);
2. *Benedicite, omnia opera...* (fol. 352vo);
3. *Benedictus Dominus Deus Israël...* (fol. 353);
4. *Magnificat...* (fol. 353vo);
5. *Nunc dimittis...* (fol. 354);
6. *Quicumque vult salvus esse...* (fol. 354).

Les cantiques sont suivis des litanies des saints (fol. 355vo à 361). Celles-ci sont nettement caractéristiques de l'usage de Paris. Il est facile de s'en rendre compte en parcourant les noms suivants :

(Fol. 356) : « ... s. Dyonisii cum sociis tuis...; s. Georgi; s. Aureli; s. Justine; s. Lucane; s. Victor; s. Christofore; s. Quintine; s. Firmine; s. Crispine; s. Crispiniane; s. Arnulphe — 356vo — s. Herculane; s. Theodore; s. Marcelle; s. Policarpe; s. Metranne; s. Valentine; s. Gordiane; s. Epimache; s. Donatiane; s. Rogatiane; s. Karanne; s. Carici (*sic*); s. Canciane; s. Nicomedes; s. Victe; s. Modeste; s. Clare...; s. Romane; s. Quiriace; s. Large; s. Smaragde; s. Timothee; s. Simphoriane; s. Hermes...; s. Fusciane c. s. t. — 357 — s. Luciane c. s. t.; s. Ypolite c. s. t.;

s. Eustachi c. s. t.; s. Nichasi c. s. t.; s. Babila c. s. t.; s. Gereon c. s. t.; omnes sancti martires; s. Silvester; s. Leo... s. Marcelle; s. Gendulphe; s. Martine; s. Germane; s. Ludovice; s. Regule; s. Sanson; s. Eligi; s. Maglori; s. Brici; s. Exuperi; s. Evurci; s. Audomare; s. Aniane; s. Leobine; s. Audoene; s. Germane; s. Juliane; s. Nicolae; s. Medarde; s. Gildarde; s. Felix; s. Johannes; s. Vedaste; s. Amande; s. Landerice; s. Fortunate; s. Maiole; — 357vo — s. Urbane; s. Avite; s. Leonori; s. Eusebi; s. Lupe; s. Benedicte; s. Hylari; s. Mederice; s. Maure; s. Leufrede; s. Launomaure; s. Maximiane; s. Egidi; s. Guillerme; s. Francisce; s. Philiberte; s. Bertine; s. Ludovice; omnes sancti confessores; s. Maria Magdalena; s. Maria Egipciaca...; s. Anna...; s. Eulalia; s. Genovefa; s. Marina; s. Oportuna; s. Fara; s. Elysabeth; s. Barbara; s. Scolastica; s. Brigida; s. Aurea; s. Tecla; s. Prothasia; — 358 — s. Fides; s. Spes; s. Caritas; s. Concordia; s. Pacientia; s. Batildis; s. Prisca; s. Potenciana; s. Cristina; s. Auda; s. Radegundis; s. Sapientia; s. Margareta; s. Gertrudis; omnes sancte virgines...; omnes sancti et sancte [Dei...] ». (Les fol. 362 et 363 sont blancs).

Le commun des saints (fol. 364 à 396) est une suite d'offices-types pour chaque catégorie de saints (apôtres, martyrs, confesseurs, vierges), utilisés pour ceux qui n'ont au sanctoral aucun office propre. On y trouve successivement l'office d'un ou de plusieurs apôtres (fol. 364) : « In vigilia unius apostoli vel plurimorum apostolorum »; l'office d'un martyr (fol. 368vo) : « In natali unius martiris »; de plusieurs martyrs (fol. 375vo) : « In natali plurimorum martyrum »; l'office d'un confesseur (fol. 381) : « De uno confessore episcopo »; de plusieurs confesseurs non pontifes (fol. 388) : « Plurimorum confessorum non episcoporum »; et, enfin, l'office des vierges (fol. 389) : « In festivitate unius virginis ».

Le sanctoral du bréviaire d'hiver (fol. 398 à 526) va du 29 novembre au 25 mai : de la vigile de saint André, apôtre, à la fête de saint Urbain, pape. Nous étudierons en détail cette importante partie du bréviaire. Pour en prendre une connaissance sommaire, il suffit d'examiner la partie du calendrier qui lui correspond. Un fait digne de remarque, c'est que les fêtes de saint Etienne (26 déc.), de saint Jean l'évangéliste (27 déc.), des saints Innocents (28 déc.), de saint Thomas de Cantorbery (29 déc.) et de saint Sylvestre (31 déc.), n'y font pas suite à la fête de Noël comme dans l'office moderne. Même pour cette partie de l'année, le temporal et le sanctoral sont nettement distincts dans le bréviaire de Philippe le Bon.

II. — LE BRÉVIAIRE D'ÉTÉ (Ms. 9026)

Le deuxième volume du bréviaire de Philippe le Bon se compose comme le premier de 528 feuillets à deux colonnes; il mesure 295 sur 215 millimètres. Il contient soixante-sept cahiers de huit feuillets chacun. Par exception, le treizième cahier (fol. 97 à 100), ne compte que quatre feuillets, les quatorzième (fol. 101 à 107) et trente-troisième (fol. 253 à 259) en comptent sept; le trente-deuxième (fol. 244 à 252), neuf, et le soixante-septième et dernier (fol. 524 à 528), cinq seulement. Les fol. 219 et 252vo sont blancs. Entre les fol. 252 et 253, un feuillet a disparu.

La réunion des deux volumes forme donc en tout cent trente-cinq cahiers. Ces détails ont leur importance, et ces chiffres pourraient être décisifs au cas où l'on retrouverait une quittance ou un mandat de paiement concernant notre bréviaire. L'écriture est de la même main que celle du premier volume et la justification identique. Le texte est réparti de la même façon que dans le tome premier, à peu de chose près :

1. Le propre du temps ou temporal : il s'étend de la Trinité au dernier dimanche après la Pentecôte (fol. 1 à 100);
2. Le calendrier (fol. 101 à 106);
3. Le psautier suivi des litanies (fol. 107vo à 218);
4. Le commun des saints (fol. 220 à 252);
5. Le propre des saints ou sanctoral, allant de la fête de saint Germain de Paris (28 mai), à celle de saint Saturnin (fol. 253 à 526); il est suivi des bénédictions (fol. 526vo et 527).

Le calendrier, le psautier et le commun des saints sont identiques à ceux du tome premier : nous n'avons à nous occuper ici que du temporal et du sanctoral.

§ I. — LE TEMPORAL DU BRÉVIAIRE D'ÉTÉ

Le temporal ou propre du temps du bréviaire d'été forme la seconde moitié de l'année liturgique. Il embrasse cette longue série de dimanches et de féries qui va de la Pentecôte à l'Avent et qui comble l'intervalle laissé entre ces deux fêtes. Les dimanches s'y succèdent avec toute la monotonie d'un inventaire; ils s'égrènent comme les siècles de l'histoire de l'Eglise que ce temps symbolise, depuis ses origines jusqu'à la fin du monde. Leur suite n'est guère interrompue que par la Fête-Dieu, le jeudi après la Trinité; et encore, par une anomalie qu'il faudra expliquer plus loin, au temporal du bréviaire de Philippe le Bon, cette fête est-elle renvoyée au 5 juin, après la fête de saint Marcellin, prêtre et martyr : [Feria V post Trinitatem.] « *Non hic debet celebrari festum sacramenti. Require illud quinta die iunii post festum sancti Marcelli* » (ms. 9026, fol. 9 et 9vo). Quant à la fête de la Trinité, depuis l'époque carolingienne, en France du moins, et à Rome, depuis Jean XXII, elle s'est substituée, ou, plus exactement, superposée au premier dimanche après la Pentecôte.

L'office de la dédicace suit le temporal du bréviaire d'été. Au XVe siècle, chaque église, chaque cathédrale célébrait l'anniversaire de sa dédicace au jour même où celle-ci avait eu lieu. Par une exception assez surprenante, aucune date n'est indiquée au calendrier (où d'ordinaire elle était transcrite en lettres rouges ou en lettres d'or), aucun office ne se lit dans le sanctoral. Aucune date, du reste, n'est mentionnée par les historiens et les chroniqueurs. Nous savons que les travaux pour la construction de Notre-Dame de Paris ont commencé en 1163, sous l'évêque Maurice de Sully; nous savons que le maître-autel a été consacré en 1182 et que l'édifice a été terminé vers 1245; quant à la date de la dédicace, nous l'ignorons : ni la liturgie ni l'histoire ne la mentionnent. C'est qu'en effet, au XVe siècle, à l'époque du bréviaire de Philippe le Bon, Notre-Dame de Paris n'avait pas encore été consacrée. Pour des raisons qui nous échappent, la dédicace, sans cesse retardée, n'a été célébrée que le 31 mai 1864, par Mgr Darboy.

§ II. — LE SANCTORAL DU BRÉVIAIRE D'ÉTÉ

Le sanctoral du bréviaire d'été s'étend du 28 mai, fête de saint Germain de Paris (fol. 252), au 29 novembre, fête de saint Saturnin (fol. 526). A l'encontre du temporal, il est particulièrement riche et varié. L'ancienne liturgie proscrivait les fêtes des saints pendant le carême; et, en effet, entre le 14 février et le 23 avril, le calendrier n'offre que quelques noms clairsemés. Pour la seconde période de l'année, les restrictions précédentes ne s'imposaient plus. Aussi, bien que le bréviaire d'été n'embrasse que cinq mois, les fêtes des saints y sont beaucoup plus nombreuses que dans celui d'hiver qui en compte sept.

J'ai parlé plus haut de la calligraphie du bréviaire. Elle est, tout au long des deux volumes, d'une régularité et d'une homogénéité parfaites. Le copiste, qui n'a pas signé son œuvre, est demeuré inconnu jusqu'à ce jour. Les fautes de transcription sont assez fréquentes. En voici quelques échantillons :

Manuscrit 9511 (Bréviaire d'Hiver)

Fol. 50 : « cantantur antiphona », au lieu de « cantatur »;
» 56vo : « Beata viscera Maria... », au lieu de « Marie »;
» 71vo : « Venit Jhesus a Galylee », au lieu de « Galylea »;
» 80 : « *Lectio nova* », au lieu de « *nona* »;
» 144 : « Carphanaum », au lieu de « Capharnaum »;
» 193vo : « ... in quadragesima anni sequentes », au lieu de « sequentis »;
» 216vo : « Rogatus ad discipulis », au lieu de « a discipulis »;
» 234vo : « Debet incipere hymnus », au lieu de « hymnum »;
» 247 : « Agoaldi et Gilberti », au lieu de « Agoardi et Agliberti »;
» 356vo : « s. Carici », au lieu de « Canci »;
» 357vo : « s. Launomaure », au lieu de « Launomare »;
» 455 : « Dexteram meam et collum meam », au lieu de « meum ».

Fol. 9 : « ...quam decem felii », au lieu de « filii »;
» 354 : « Adest nona sollempnitas », au lieu de « nova »;
» 428vo : « Terminabuntur festum », au lieu de « terminabitur »;
» 452 : « de una confessore », au lieu de « uno »;
» 462vo : « faciendum et » , au lieu de « est ».

Ces fautes et quelques autres que l'on trouvera soulignées par des *sic*, m'ont fait parfois douter si le copiste savait le latin. Mais en l'absence d'un texte qui nous renseigne sur ce point, je n'ose rien affirmer à cet égard.

Terminons cette description par un bref historique des deux volumes. Notre bréviaire a donc été copié et illustré pour Philippe le Bon : le portrait du duc, ses armes et sa devise l'attestent clairement. L'illustre destinataire s'est-il souvent servi de son livre d'office? Il est permis de se le demander, car les deux manuscrits sont dans un admirable état de conservation, et les miniatures sont d'une fraîcheur telle qu'on les dirait peintes d'hier. Quoi qu'il en soit, vingt ans après la mort de Philippe le Bon, les deux volumes se retrouvent dans l'inventaire dressé à Bruxelles en 1487. A partir de ce moment, leur trace se perd. En 1796, ils sont du nombre des quatre cent quarante manuscrits entrés à la Bibliothèque nationale, à la suite des victoires des armées françaises. Suivant un usage qui nous scandalise aujourd'hui, mais qu'excusait alors le droit de conquête, la Convention avait fait transporter, à Paris, une partie des richesses artistiques des Pays-Bas. Les deux volumes y séjournèrent pendant vingt ans. L'estampille de la Bibliothèque nationale se voit aux folios 1 et 526vo du manuscrit 9511 et aux fol. 1 et 527vo du manuscrit 9026. En 1815, à la suite du traité de Paris, ils reprirent le chemin de la Bibliothèque royale de Belgique, dont ils sont un des plus précieux ornements.

III

La liturgie parisienne au XVe siècle

La liturgie de Paris attend encore son historien. Ni son missel, ni son bréviaire, ni son rituel n'ont fait jusqu'ici l'objet d'une étude méthodique. C'est à peine si la littérature des sources a été effleurée. A l'heure qu'il est, nous ne possédons même pas un inventaire de ses livres liturgiques, soit manuscrits soit imprimés. Les actes de ses évêques, les décisions de ses conciles et de son Chapitre n'ont été ni classés ni catalogués. Non seulement l'édifice n'est pas debout, mais les matériaux n'ont pas même été amenés à pied d'œuvre; la plupart gisent encore dans la carrière. Et pourtant, de quel intérêt passionnant serait cette étude, non seulement pour l'antiquité et le moyen âge, mais aussi pour l'époque moderne. En retraçant dans ses *Institutions liturgiques* les tentatives jansénistes pour la réforme de l'office et de la messe, à Paris et dans les diocèses voisins, à Meaux et à Troyes en particulier, dom Guéranger a écrit les pages, je ne dis pas les plus édifiantes, mais les plus savoureuses de son livre (1). Chaque époque éveillerait un intérêt analogue.

Cette histoire de la liturgie parisienne, il ne faut pas s'attendre à la trouver dans ces pages. Même limitée au seul bréviaire, l'étude de ses transformations depuis les origines jusqu'à l'époque de Philippe le Bon, dépasserait les limites de mon sujet. On peut même dire qu'elle serait hors de propos. Tout au plus, à l'occasion d'un manuscrit déterminé, puis-je donner l'état de la liturgie parisienne, celle de l'office s'entend, à l'époque de la transcription du bréviaire et faire revivre, grâce à lui, la liturgie de Paris, à la fin de la guerre de Cent ans. Même réduit à ces proportions modestes, le sujet demeure très attachant. Indépendamment de l'intérêt qu'il éveille par lui-même, il est impossible d'étudier un document comme le bréviaire de Philippe le Bon, sans évoquer le passé religieux de la grande cité. Et celui-ci a été particulièrement riche en hommes et en faits.

A cet égard, Paris a été une ville unique, l'émule de Rome elle-même. Non seu-

(1). Guéranger (Dom Prosper), *Institutions liturgiques*, 2e éd., 1878-1885; t. II, 125 à 394.

lement elle a inscrit dans son bréviaire les noms de ses saints et de ses martyrs, mais elle les a tracés sur son sol, avec les monuments qu'elle leur a élevés, les rues et les places publiques qu'elle leur a dédiées. Aujourd'hui encore, après tant de bouleversements, tant de révolutions et de ruines, on demeure étonné devant les souvenirs de toute sorte, devant les vestiges sans nombre qui se découvrent à chaque pas. En sorte qu'il est presque impossible de décrire la liturgie du bréviaire de Philippe le Bon sans évoquer en même temps le Paris monumental du XVe siècle.

Ainsi l'étude liturgique se double d'une étude historique et archéologique qui lui sert de cadre et en augmente l'intérêt. Au début de ce chapitre, il paraît superflu d'entrer dans les détails de ce tableau rétrospectif : ils viendront au fur et à mesure de la description du sanctoral. Il y a lieu cependant de faire une exception en faveur de l'église cathédrale, berceau de la liturgie parisienne et témoin de son développement à travers les siècles. Les détails architecturaux importent ici assez peu; je les néglige pour m'attacher uniquement à ceux qui intéressent la liturgie de l'office.

§ I. — LE MILIEU ARCHÉOLOGIQUE

A l'époque du bréviaire de Philippe le Bon, Notre-Dame de Paris était achevée depuis longtemps déjà. Elle s'élevait au centre de la Cité; elle la dominait de sa nef majestueuse, de ses tours robustes et massives. A l'intérieur du vaste édifice, s'adossait au premier pilier de droite un gigantesque saint Christophe portant l'enfant Jésus sur ses épaules, tandis qu'en face se dressait la statue du donateur : Antoine des Essarts, sauvé miraculeusement de la mort par l'intercession du saint. L'entrée du chœur était fermée par un jubé que surmontait un grand Christ, avec la Vierge à sa droite et saint Jean à sa gauche. C'est au pied de cette croix que s'arrêtait la procession dominicale et qu'avait lieu la « station ». Au milieu du jubé, un portique, largement ouvert, laissait entrevoir le sanctuaire. A droite et à gauche de l'entrée, deux autels, dédiés l'un à la sainte Vierge, l'autre à saint Denis, tous deux également chers à la piété parisienne, étaient adossés à la clôture du chœur; celui de la Vierge était illuminé jour et nuit.

Le maître-autel, d'une grande simplicité, se dressait au milieu du chœur; il était revêtu d'un parement ainsi que le retable. De chaque côté, deux anges tenant les attributs de la Passion, s'élevaient sur des colonnes de cuivre, reliées entre elles par des tringles sur lesquelles glissaient des courtines. Derrière l'autel, à cinq mètres au-dessus du sol, un grand baldaquin, surmonté d'une croix, abritait la châsse de saint Marcel. Au fond du chœur, entre deux piliers, se dressait l'autel de la Trinité, appelé aussi l'autel des *Ardents*. On y accédait par deux rampes à balustres de cuivre. Sous cet autel, dans une grande armoire qui servait de tabernacle, étaient enfermées les châsses de saint Séverin, de saint Germain, de saint Gendulphe, de saint Lucien, de sainte Ursule et de ses compagnes (pl. doc. 95).

Trente chapelles s'ouvraient autour de l'édifice (pl. doc. 94). Les plus anciennes dataient de la première moitié du XIIIe siècle; les plus récentes du XIVe siècle. J'en donne ci-après la liste complète. L'énumération commence par le bas-côté sud (épître), fait le tour du chœur et se termine par le bas-côté nord (évangile). Les noms anciens sont en caractères romains, les noms actuels en italique (1).

ANCIENS NOMS	NOMS ACTUELS
BAS-CÔTÉ SUD (ÉPÎTRE)	BAS-CÔTÉ SUD (ÉPÎTRE)
1. Sainte-Anne	... ...
2. Saint-Barthélemy et Saint-Vincent	*Ames du Purgatoire*
3. Saint-Jacques et Saint-Philippe	*Sainte-Geneviève*
4. Saint-Antoine et Saint-Michel	*Saint-Joseph*
5. Saint-Thomas de Cantorbéry	*Saint-Pierre*
6. Saint-Augustin	*Sainte-Anne*
7. Sainte-Marie-Madeleine	*Sacré-Cœur*
8.	*Chapelle de la Vierge*
CHŒUR	CHŒUR
9. Saint-Pierre et Saint-Paul	... ...
	[Passage]
10. Saint-Pierre, martyr	*Saint-Denis*
	[Passage]
11. Saint-Denis et Saint-Georges	*Sainte-Marie-Madeleine*
12. Saint-Géraud	*Saint-Guillaume*
13. Saint-Remi	*Saint-Georges*
14. Saint-Pierre et Saint-Étienne	*Notre-Dame-des-Sept-Douleurs*
15. Saint-Jacques, Saint-Crépin, Saint-Crépinien et Saint-Étienne	*Saint-Marcel*
16. Saint-Nicaise, Saint-Louis et Saint-Rigobert	*Saint-Louis*
17. Saint-Jean-Baptiste, Saint-Eutrope et Sainte-Foi	*Saint-Germain*
18. Saint-Martin, Sainte-Anne et Saint-Michel	*Saint-Ferdinand*
	[Passage]
19. Saint-Ferréol et Saint-Ferrutien	*Saint-Martin*
20. Saint-Jean-Baptiste et Sainte-Madeleine	... ...
21. Saint-Eustache	*Saint-Étienne*
22. Saint-Jean l'évangéliste et Sainte-Agnès	
23. Saint-Denis	
BAS-CÔTÉ NORD (ÉVANGILE)	BAS-CÔTÉ NORD (ÉVANGILE)
24. Saint-Nicolas	*Sainte-Clotilde*
25. Sainte-Catherine	*Saint-Landri*
26. Saint-Julien le Pauvre et Sainte-Marie Égyptienne	*Saint-François-Xavier*
27. Saint-Laurent	*Saint-Vincent de Paul*
28. Sainte-Geneviève	*Sainte-Enfance*
29. Saint-Georges et Saint-Blaise	*Saint-Charles*
30. Saint-Léonard	[Fonts baptismaux]

(1) AUBERT (Marcel), *La cathédrale Notre-Dame de Paris*. 1919, p. 78 à 94.

Tel était l'édifice que deux siècles de foi et d'amour avaient construit, paré, embelli. Vers ses voûtes montait chaque jour la prière officielle de l'Eglise de Paris, l'office divin inscrit aux pages de son bréviaire.

Examinons maintenant les alentours de la cathédrale. Deux modestes églises, souvent mentionnées dans les rubriques du bréviaire, se blottissaient à l'ombre de sa haute silhouette. A gauche de la tour nord, au commencement de la rue actuelle du Cloître-Notre-Dame : la petite église de Saint-Jean-le-Rond, l'ancien baptistère de la cathédrale où se déroulait, le samedi saint et la vigile de la Pentecôte, la la bénédiction des fonts baptismaux. A l'est, derrière l'abside, la modeste église de Saint-Denis-du-Pas, sur l'emplacement actuel du Square de l'Archevêché. Le cloître des chanoines s'étendait au nord et à l'ouest de Notre-Dame; il était entouré d'une enceinte et formait une véritable cité (pl. doc. 87).

De nombreuses églises se pressaient dans le voisinage de la cathédrale. Sur l'emplacement actuel du Parvis-Notre-Dame, de l'Hôtel-Dieu et du Marché-aux-Fleurs, s'élevaient Saint-Christophe, Sainte-Geneviève-la-Petite, Saint-Pierre-aux-Bœufs, Sainte-Marine, Saint-Aignan, Saint-Landry, Saint-Symphorien, Sainte-Madeleine-en-la-Juiverie et Saint-Denis-de-la-Chartre. Une rue, partant du Petit-Pont et aboutissant au Pont-Notre-Dame, séparait la Cité en deux parties presque symétriques. Au delà de cette ligne droite, en s'éloignant de Notre-Dame, on rencontrait les églises de Saint-Germain-le-Vieux, Saint-Martial, Sainte-Croix, Saint-Eloi, Saint-Pierre-des-Arcis et Saint-Barthélemy : elles occupaient l'emplacement actuel de la Caserne de la Cité, du Tribunal de Commerce et du Quai de la Cité. A l'ouest se profilait, dans sa sveltesse incomparable, la Sainte-Chapelle.

En quittant la Cité par le Pont-Notre-Dame, on débouchait sur la rive droite par la Grande-Rue-Saint-Martin. A gauche, s'élevait Saint-Jacques-de-la-Boucherie. Presque en face, derrière l'Hôtel de Ville, se dressait la vieille basilique de Saint-Gervais; un peu à gauche, la petite église des Billettes. Au long de la rue Saint-Martin, on laissait à droite Saint-Merry et l'hôpital Saint-Julien, et, un peu plus loin, dans la même direction, le célèbre prieuré de Saint-Martin-des-Champs. La Porte-Saint-Martin terminait la rue. Au delà de l'enceinte de Charles V, s'étendait le faubourg Saint-Laurent que dominait l'église du même nom. En suivant la ligne des remparts, on rencontrait à une petite distance la Porte-Saint-Denis, point d'aboutissement de la Grande-Rue-Saint-Denis. Sur le parcours de cette dernière s'élevait l'église Saint-Leu-et-Saint-Gilles; un peu plus loin, celle des Saints-Innocents, entourée de son cimetière fameux; à quelque distance de là, la petite église Sainte-Opportune. Plus à l'ouest, se dressaient Saint-Eustache et Saint-Germain-l'Auxerrois, le vieux Louvre, Saint-Honoré et Saint-Thomas-du-Louvre.

Sur la rive gauche, l'entrée du Petit-Pont était défendue par le Petit-Châtelet. Il était flanqué de deux tours entre lesquelles s'ouvrait l'une des deux portes de la Cité; c'était là que s'arrêtait la procession des Rameaux au retour de l'abbaye de Sainte-

Geneviève. La Grande-Rue-Saint-Jacques faisait suite au Petit-Pont. Sur son long parcours, apparaissaient successivement Saint-Julien-le-Pauvre et Saint-Benoît-le Bétourné. Après avoir longé plusieurs collèges de l'Université, dont le collège du Plessis, laissé à droite l'église de la Sorbonne, on arrivait à Saint-Etienne-des-Grès; la rue de ce nom et celle de Saint-Symphorien aboutissaient l'une et l'autre à l'abbaye de Sainte-Geneviève-du-Mont, flanquée à gauche de la petite église Saint-Etienne. Au sud-est, au delà de l'enceinte de Charles V, se profilaient Saint-Marcel et Saint-Hippolyte; au nord-ouest s'étendait la puissante abbaye de Saint-Germain-des-Prés. Tel est, en quelques mots et à grands traits, le milieu archéologique, le cadre dans lequel se déroulait la liturgie inscrite au bréviaire de Philippe le Bon.

§ II. — CARACTÈRES GÉNÉRAUX DE LA LITURGIE PARISIENNE AU XVe SIÈCLE

Que l'on se représente un Parisien de nos jours transporté tout à coup quatre siècles en arrière, au lendemain de la guerre de Cent ans, dans le Paris de Charles VII. L'aspect général de la ville — de celle qu'entourait l'enceinte de Charles V s'entend — est demeuré à peu près le même. Sous les mêmes noms ou sous des noms parfois différents, les grandes voies (les rues Saint-Jacques, Saint-Martin, Saint-Denis, Saint-Honoré), les anciens ponts (Pont-Notre-Dame et Petit-Pont), les quais bordant la Seine, se retrouvent facilement. Les principaux édifices : Notre-Dame, la Sainte-Chapelle, Saint-Gervais, Saint-Séverin, Saint-Julien-le-Pauvre, le Vieux-Louvre, Saint-Germain-des-Prés, Saint-Germain-l'Auxerrois, sont encore debout. Mais, pour quelques monuments qui ont survécu aux injures du temps et à la folie destructrice des hommes, que d'autres ont disparu! Que de vieilles rues aux noms pittoresques ne sont plus qu'un souvenir! Que de transformations! Que de bouleversements de tout genre!

Une constatation analogue s'impose au liturgiste moderne qui parcourt le bréviaire manuscrit du XVe siècle. Entre le bréviaire de Philippe le Bon et notre bréviaire actuel (qui n'est autre que celui de Rome augmenté de quelques fêtes spéciales à Paris), on constate une série de différences semblables. Sans doute les anciennes fêtes, celles du temporal en particulier, sont demeurées les mêmes; mais combien d'autres ont disparu. Combien de saints vénérables, choyés par la piété du moyen âge, ont dû céder la place à des saints plus modernes. Et même pour ceux qui ont survécu à tous ces bouleversements, que de changements dans la composition de leur office : hymnes, antiennes, leçons, répons, répartition des psaumes, lectures de la Bible, légendes, tout a été plus ou moins modifié, tout a subi l'influence corrosive du temps, tout a été entraîné par les divers courants de la piété chrétienne.

Pour mesurer la distance qui sépare le bréviaire du moyen âge et, en l'espèce, le bréviaire parisien du XVe siècle, du bréviaire moderne, il faudrait disposer les deux textes sur deux colonnes parallèles. On se ferait ainsi une idée exacte des changements survenus, de leur importance et de leur nombre. Mais sans pousser la comparaison jusqu'à cette minutie, sans entrer dans des détails qui seraient ici hors de saison, il n'est pas inutile d'en donner un aperçu. Dans ce dessein, j'ai choisi deux offices très connus : celui de la Trinité et celui de l'Assomption. Les deux tableaux ci-après seront plus explicites que de longues considérations. Pour simplifier la comparaison, je n'ai donné que les *incipit* des différentes pièces de chaque office en omettant les psaumes et leurs antiennes.

OFFICE DE LA TRINITÉ

	PARIS	ROME
Ad Matutinum.		
Invit.	Deum verum, unum in Trinitate...	Deum verum, unum in Trinitate...
Ps.	Venite, exultemus...	Venite, exultemus...
Hymnus.	Iam Christus astra ascenderat...	Summae parens clementiae...
Lectio I.	Credimus sanctam Trinitatem...	In anno quo mortuus est...
Resp.	Benedicat nos Deus...	Vidi Dominum...
Lectio II.	Credimus Patrem a semetipso...	Et dixi : Vae michi...
Resp.	Benedictus Dominus...	Benedictus Dominus...
Lectio III.	Pater est plenus Deus in se...	Et dixit : Vade...
Resp.	Quis Deus magnus...	Benedicat nos Deus...
Lectio IV.	Qui totus ubique est...	Fides, quam sancti Patriarchae...
Resp.	Magnus Dominus...	Quis Deus magnus...
Lectio V.	Et idem Deus et Dominus...	Si enim, sicut est Patris...
Resp.	Gloria Patri geniteque proli...	Tibi laus...
Lectio VI.	Nec aliud est Pater in natura...	Per hanc unitatem...
Resp.	Honor, virtus et potestas...	Magnus Dominus...
Lectio VII.	In Patre manet eternitas...	Quis catholicorum ignorat...
Resp.	Summe Trinitati...	Benedicamus Patrem...
Lectio VIII.	Teneamus igitur firmissime...	Nec extensionem...
Resp.	Benedicamus Patrem	Duo Seraphim clamabant...
Lectio IX.	Quod nobis maxime...	Duo sunt opera...
Resp.	O beata Trinitas...	... ...
Ps.	Te Deum laudamus...	Te Deum laudamus...
In Laudibus.		
Ant. I.	O beata et benedicta...	Gloria tibi, Trinitas...
» *II.*	O beata, benedicta...	Laus et perennis gloria...
» *III.*	O vera, summa...	Gloria laudis...
» *IV.*	O vera, summa...	Laus Deo Patri...
» *V.*	Te iure laudant...	Ex quo omnia...
Cap.	Benedictio et claritas...	O altitudo...
Hymnus.	Impleta gaudent viscera...	Tu Trinitatis unitas...
Ant.	Benedicta sit creatrix...	Benedicta sit sancta...

OFFICE DE L'ASSOMPTION

	PARIS	ROME
In Matutinis.		
Invit.	Venite, adoremus regem regum...	Venite, adoremus regem regum...
Hymnus.	O quam glorifica luce...	Quem terra...
Lectio I.	Cogitis me, o Paula...	Osculetur me...
Resp.	Vidi speciosam...	Vidi speciosam...
Lectio II.	Monstratur autem sepulchrum eius	Nolite me considerare...
Resp.	Sicut Cedrus...	Sicut Cedrus...
Lectio III.	Quomodo autem vel quo tempore...	Murenulas aureas...
Resp.	Veni, electa mea...	Quae est ista...
Lectio IV.	Hodie gloriosa virgo Maria...	Hodie sacra...
Resp.	Que est ista...	Ornatam monilibus...
Lectio V.	Exultate, inquam, ac gaudete...	Hodie virgo immaculata...
Resp.	Ista est speciosa...	Beatam me dicent...
Lectio VI.	Nulli dubium...	Heva, quae serpentis...
Resp.	Corde et animo...	Beata es...
Lectio VII.	Textus istius lectionis...	Sanctum evangelium
Resp.	Super salutem...	Diffusa est gratia...
Lectio VIII.	Hee due namque mulieres...	Dominus autem...
Resp.	Beata es, virgo Maria...	Beata es, virgo Maria...
Lectio IX.	Dicendum ergo sigillatim...	Cum ergo Maria...
Resp.	Felix namque es...	... ...
Ps.	Te Deum...	Te Deum...
In Laudibus.		
Cap.	Assumpta est Maria...	In omnibus...
Hymnus.	Virgo Dei genitrix...	O gloriosa virginum...
Vers.	Post partum...	Exaltata est...
Ant.	Que est ista que ascendit...	Que est ista que ascendit...
Oratio.	Veneranda nobis, Domine, huius diei festivitas opem conferat salutarem...	Famulorum tuorum, quæsumus, Domine, delictis ignosce...

La cause de ces différences et de ces changements? D'abord et avant tout : la vie elle-même. Puisque la liturgie est autre chose qu'un corps pétrifié, puisqu'elle est un organisme vivant, elle est par là même vouée à un continuel changement. Elle utilise la Bible, la vie des saints, les écrits des Pères, d'une façon différente, selon les époques. Elle suit les courants qui emportent la piété chrétienne dans un sens ou dans un autre. Elle subit l'influence de certains faits historiques; elle réagit contre ces maladies de la foi qu'on appelle les hérésies. Des événements comme les croisades ou l'arrivée des grandes reliques en France à l'époque carolingienne et, aux XIIe et XIIIe siècles, des hérésies comme celles des Iconoclastes ou des Albigeois, ont inévitablement leur répercussion sur la liturgie et sur l'office divin.

D'autres causes provoquent d'importants changements. Des vérités de foi restées jusque là à l'état latent, des dogmes dont jusqu'alors on s'était moins préoccupé, se découvrent tout à coup aux regards des théologiens, provoquant des réactions dans la piété catholique, et, par voie de conséquence, dans la liturgie où elles donnent naissance à des fêtes nouvelles et à des offices nouveaux. Des saints, jusqu'alors négligés, sortent de l'ombre et reçoivent les hommages et les prières des fidèles. Ajoutons à ces causes le besoin de progrès incessant et de continuel perfectionnement qui est inhérent à toute institution. Au surplus, à force d'être reproduits par les copistes, les textes s'altèrent. La conception que l'on se fait de l'histoire hagiographique se modifie avec les époques : tantôt accueillante aux légendes, tantôt sévère pour elles. De là des différences dans le choix des lectures. Et je ne parle pas des abus de tout genre qui se glissent çà et là et qui appellent d'énergiques réformes, réformes qui ont leur contre-coup dans les manifestations de la piété.

§ III. — LE BRÉVIAIRE DE PHILIPPE LE BON EST UN BRÉVIAIRE PARISIEN

J'ai dit plus haut (p. 22) que le bréviaire de Philippe le Bon était à l'usage de Paris et non de la Sainte-Chapelle. La nuance présente un intérêt réel et doit être soulignée. La liturgie de la chapelle royale — celle du XVe siècle s'entend — empruntait la plupart de ses éléments à celle de Notre-Dame de Paris, et non à celle de Rome, comme on l'a dit quelquefois. A part quelques différences signalées ci-après, le texte des deux bréviaires était identique. Toutefois, il est facile de le comprendre, le service d'une église particulière, comme la Sainte-Chapelle, ne pouvait être le même que celui de la cathédrale. La liturgie d'un établissement desservi par quelques chapelains ne pouvait rivaliser avec celle de la métropole où un chapitre nombreux évoluait sous la présidence de l'évêque. Rien d'étonnant si quelques différences apparaissent dans la composition des deux bréviaires. Essayons de les analyser et de les mettre en relief.

Le manuscrit latin 13238 de la Bibliothèque nationale de Paris est un bréviaire d'été à l'usage de la Sainte-Chapelle. J'y relève un certain nombre de particularités que l'on chercherait en vain dans celui de Philippe le Bon. Dans son calendrier, les fêtes caractéristiques de la chapelle royale sont presque toutes pourvues d'une octave et toutes transcrites en lettres rouges.

(26 avril) : « Dedicatio sacre capelle. *Annuale. Octava sollempnis* ».

(2 mai) : « Octave dedicationis. *Duplum* ».

(17 mai) : « Translatio capitis beati Ludovici quod debet semper fieri die Martis post Ascensionem ».

(20 mai) : « Octave capitis beati Ludovici. *Duplum* ».

(11 août) : « Sollempnitas sancte corone. *Annuale. Octava sollempnis* ».

(18 août) : « Octave sancte corone. *Duplum* ».

(25 août) : « Ludovici regis. *Annuale...* ».

(31 août) : « Octave sancti Ludovici. *Duplum* ».

(14 sept.) : « Exaltacio sancte crucis. *Annuale. Octava sollempnis...* ».

(19 sept.) : « Octave sancti crucis. *Duplum...* ».

(30 sept.) : « Susceptio sanctarum reliquiarum regalis capelle Parisiensis. *Annuale* ».

(7 sept.) : « Octave sanctarum reliquiarum. *Duplum...* ».

Le manuscrit 13238 débute par la fête de saint Germain de Paris (28 mai) : de ce fait la dédicace du 26 avril et la translation du 17 mai sont absentes du sanctoral. En revanche, je trouve au 11 août cette curieuse rubrique : « In sollempnitate sacrosancte corone spinee Domini, festum annuale cum octavis sollempnibus. *Et faciunt officium in sacra capella Fratres Predicatores...* » (fol. 259). A la fête de saint Louis, nous rencontrons une rubrique analogue : « De sancto Ludovico, Francorum rege, festum annuale cum octavis sollempnibus. *Et faciunt in sacra capella Fratres Predicatores et Minores simul* » (fol. 290vo). Semblable indication à la fête de l'Exaltation de la sainte Croix : « In festo Exaltationis sancte crucis quod habet octabas sollempnes. *Et faciunt officium in sacra capella Fratres sancti Maturini et sancte Katherine Valliscollarium Parisiensium* » (fol. 326). Enfin, à la date du 30 septembre nous lisons cette rubrique : « De solemnitate sacrosanctarum reliquiarum sacre capelle Parisiensis; festum annuale cum octabis sollempnibus. *Et faciunt officium in sacra capella Fratres Minores...* » (fol. 351vo).

Signalons en dernier lieu les commémoraisons spéciales qui doivent être dites à la suite des Matines et des Vêpres; elles se lisent à la fin du manuscrit latin 13238 et elles sont de la même écriture que le reste du volume : « *Sequntur memorie sacrosanctarum reliquiarum sacre capelle regalis palacii Parisius et de beato Ludovico per totum annum in ipsa sacra capella. Et primo diebus dominicis. Ad matutinas, de prefatis reliquiis Ant. Jhesu, fidelium spes et gloria...* ». Ces mentions et toutes celles qui précèdent montrent bien que nous avons affaire à un bréviaire de la Sainte-Chapelle; elles révèlent des usages qui conviennent à cet établissement et qui ne conviennent qu'à lui. En vain les chercherait-on dans le bréviaire de Philippe le Bon : ni le calendrier, ni le sanctoral, ni les rubriques éparses dans le manuscrit, n'offrent rien de semblable.

A cette preuve négative s'ajoutent des arguments positifs. J'ai cité plus haut les détails de la fête de la Purification; il faut y joindre ceux du dimanche des Rameaux. Ce jour-là, dans le bréviaire de Philippe le Bon, la procession se rend de Notre-Dame à Sainte-Geneviève-du-Mont. La bénédiction des palmes a lieu dans la vieille église abbatiale; elle est faite par un des chanoines de la cathédrale. Au sortir de Sainte-Geneviève, la procession descend la rue Saint-Jacques et s'arrête à l'entrée du Petit-Pont, devant la porte close de la Cité. Après le *Gloria laus*, elle rentre à Notre-Dame au chant de l'antienne *Tota pulchra es*. Telle est la cérémonie dans le bréviaire de Philippe le Bon (Ms. 9511, fol. 164).

Toute autre est celle qui se déroulait à la Sainte-Chapelle, telle que l'a décrit l'*Ordinaire de la chapelle royale* (Bibl. nat., ms. lat., 1435, fol. 8vo à 10). Ici, pas de procession à Sainte-Geneviève : tout se passe à la Sainte-Chapelle et dans ses alentours immédiats. La bénédiction des rameaux a lieu dans l'église elle-même et elle est faite par un des chapelains. Elle est suivie de l'adoration de la croix, puis d'une procession dans l'enceinte du Palais; cette procession s'arrête devant la porte de l'édifice pour le chant du *Gloria laus*. Celui-ci terminé, elle rentre dans la chapelle en chantant : « Ingrediente Domino... » Ici, nous sommes à la Sainte-Chapelle; avec le bréviaire de Philippe le Bon nous étions, à n'en pas douter, à Notre-Dame. Du reste, celle-ci est parfois désignée en toutes lettres, par exemple, à propos de la procession du jour de l'Ascension. Cette procession, après s'être rendue à l'église Saint-Eloi, rentre à Notre-Dame en chantant l'antienne *Alma redemptoris* : « In introitu ecclesie beate Marie. Ant. *Alma...* » (ms. 9511, fol. 222). Le bréviaire de Philippe le Bon n'est donc pas le bréviaire de la Sainte-Chapelle, mais celui de Notre-Dame de Paris, celui de la cathédrale. C'est ce bréviaire que je voudrais maintenant analyser.

§ IV. — TEMPORAL ET SANCTORAL

A l'origine de la liturgie, nous rencontrons un noyau primitif autour duquel, peu à peu, se cristallise tout le reste : c'est l'ensemble des dimanches et des féries où se détachent bien en lumière les antiques fêtes de Pâques et de la Pentecôte. En réalité, si l'on y regarde de près, ce noyau primitif c'est l'ancienne liturgie de la Synagogue dont l'Eglise a recueilli l'héritage et à qui elle a infusé l'esprit chrétien. Le dimanche a remplacé le sabbat; l'Eglise l'a substitué au samedi en souvenir de la résurrection du Christ. Chez les Juifs, Pâques était l'anniversaire de la sortie d'Egypte; elle est devenue la grande fête chrétienne, le terme de l'œuvre rédemptrice, l'anniversaire de la résurrection du Sauveur. Au jour de la Pentecôte, les Juifs offraient au Seigneur les prémices de la moisson; c'était aussi le jour où Dieu avait remis à Moïse les tables de la Loi. Dans le christianisme, cette fête rappelle la descente du Saint-Esprit sur les Apôtres; elle marque en même temps la fondation de la nouvelle société constituée par Jésus. Ainsi l'Eglise a-t-elle transformé et rajeuni la vieille liturgie de la Synagogue.

Cet ensemble des dimanches et des féries, élément foncier du culte, porte le nom incolore de *propre du temps* ou *temporal,* ou encore de *fêtes mobiles* par opposition aux fêtes à date fixe. Le mot *dominical* conviendrait beaucoup mieux. Il exprimerait plus clairement l'objet propre de cette partie essentielle du culte qui n'est autre que Dieu lui-même : Dieu créateur, rédempteur et sanctificateur. Il s'opposerait mieux au terme *sanctoral* qui désigne le culte des saints.

Quoi qu'il en soit, rien n'est plus vénérable ni plus auguste que cet élément primitif de la liturgie; c'est l'hommage de la créature au Créateur sous la forme la plus élevée et la plus pure; c'est la religion des patriarches et des prophètes; c'est la liturgie des Apôtres et des premières générations chrétiennes, celle qui réalise la parole de Jésus à la Samaritaine : « L'heure vient et elle est proche où les vrais adorateurs adoreront le Père en esprit et en vérité ».

Aujourd'hui comme il y a dix-neuf siècles, la liturgie des dimanches et des féries, la liturgie dominicale subsiste toujours; elle constitue l'élément essentiel du culte chrétien. Aujourd'hui, comme dans l'église apostolique, elle domine et doit dominer le reste de la liturgie, comme le culte de Dieu doit dominer celui des saints. Un des mérites — et non le moindre — de la réforme de Pie X a été de remettre en honneur cette vérité si facilement oubliée et de rendre à la liturgie dominicale tout son prestige et toute son importance.

Au cours des siècles, l'ensemble des dimanches et des féries a subi peu de modifications : tel il était dans les premiers temps de l'Eglise, tel il se retrouve à l'époque de Charlemagne, et tel il est encore aujourd'hui. Elément essentiel du culte, il en est aussi l'élément stable. Alors que la liturgie sanctorale varie sans cesse, s'accroît au point de nécessiter de temps en temps des suppressions impitoyables, de véritables coupes sombres, c'est à peine si la liturgie dominicale du moyen âge s'est enrichie de deux fêtes nouvelles : la Trinité et la Fête-Dieu.

Le sanctoral ou propre des saints est l'ensemble des saints dont l'office est célébré dans le courant de l'année. C'est l'élément le moins ancien, c'est aussi l'élément secondaire de la liturgie. Ses origines se confondent avec le culte des martyrs, et celui-ci remonte à la période des persécutions. D'assez bonne heure, dès le second siècle en Orient, dès le troisième siècle en Occident, l'Eglise rendit un culte public à ceux de ses enfants qui avaient scellé de leur sang le témoignage de leur foi. Le martyre de saint Polycarpe date de l'an 155; dès l'année suivante, les chrétiens de Smyrne se rassemblaient pour célébrer l'anniversaire de ce jour mémorable dans les fastes de leur église. Pour trouver un culte semblable à Rome, il faut attendre la persécution de Valérien (257-259) : le pape saint Sixte et le diacre saint Laurent en furent les premiers objets. A Carthage, les lettres de saint Cyprien montrent que ce culte des martyrs existait déjà. Culte d'une émouvante simplicité : au jour anniversaire de la mort, sur une invitation émanant de l'autorité ecclésiastique, les fidèles se réunissaient près de la tombe du martyr. L'évêque, ou un personnage désigné par lui, prononçait le panégyrique du défunt; on lisait le récit de sa passion; puis le pontife célébrait le sacrifice eucharistique sur le tombeau du saint, ou du moins dans la crypte où il reposait : c'était la *missa ad corpus.*

Pendant les trois premiers siècles, personne n'a été admis aux honneurs d'un culte public en dehors des martyrs. Ceux-là seuls y avaient droit qui avaient souffert pour le Christ et étaient morts pour lui. Leurs noms étaient inscrits sur des listes qui deviendront plus tard des calendriers. Chaque église avait le sien. Ceux des grandes métropoles : Rome, Carthage, Antioche, Alexandrie, honoraient non seulement les martyrs de la localité, mais ceux des églises voisines. Un jour viendra où ces divers calendriers seront réunis et formeront les martyrologes. A la différence des dimanches dont la date était conditionnée par celle de Pâques, les fêtes des martyrs étaient célébrées le jour même de la mort du saint : c'était le *dies natalis*, le jour de la naissance à la vie éternelle, ou la *depositio* dont l'anniversaire avait lieu à date fixe.

Avec l'édit de Milan (313), l'ère des persécutions sanglantes est close, et, en même temps, celle des martyrs. A partir de ce moment en effet, si l'on excepte çà et là quelques soubresauts du paganisme expirant, les occasions se font rares de verser son sang pour la foi. Dorénavant, à défaut de martyrs, la vénération des fidèles s'adressera à ceux qui honorent l'Eglise par la sainteté de leur vie, par la pratique éminente des vertus évangéliques. Ceux-là aussi, d'une certaine façon, méritent d'être appelés les témoins du Christ. Bien qu'inférieurs aux martyrs ils seront admis aux suprêmes honneurs du culte. Ce nouvel élément va bientôt prendre une place considérable dans la liturgie de l'office.

Au début, c'est-à-dire au IVe siècle, ce nouveau culte s'établit assez lentement. Parmi les confesseurs (c'est ainsi qu'ils sont désignés) les plus anciens noms que l'on rencontre en Orient sont ceux de saint Antoine ermite (356), de saint Hilarion (372), saint Basile (379), saint Pierre de Sébaste (391); en Occident, ceux de saint Silvestre pape (335), de saint Ambroise (397), de saint Martin de Tours (397). A l'exemple des martyrs, la date choisie pour célébrer leur mémoire est le jour anniversaire de leur mort, c'est-à-dire celui de leur entrée dans la vie éternelle : c'est leur *dies natalis*. Ce jour-là, l'assemblée chrétienne se réunit près des restes du saint; le sacrifice eucharistique est célébré sur son tombeau et les fidèles se retirent après avoir invoqué la protection du bienheureux.

D'abord réduit à quelques noms, le sanctoral se développa rapidement, surtout à une époque où les procès de canonisation n'existaient pas encore et où les suffrages de la foule en tenaient lieu. Sous Pépin le Bref et les successeurs de Charlemagne, il a pris une place considérable dans la liturgie de l'office et de la messe. Les sacramentaires de la fin du VIIIe siècle, du début et surtout de la fin du IXe siècle, en témoignent. A l'analyse, il est facile d'y reconnaître deux éléments : les saints romains, ou, plus exactement, les saints spécialement honorés à Rome à l'époque de Charlemagne (outre la sainte Vierge, les Apôtres et les évangélistes : saint Etienne, saint Laurent, saint Silvestre, sainte Lucie, saint Fabien, saint Sébastien, sainte Agnès, etc.) et les saints honorés dans l'église franque (saint Denis, saint Martin, saint Eloi, saint Gilles, saint Remi, saint Germain, sainte Geneviève, etc.).

Si nous franchissons quelques siècles pour arriver à la Renaissance, nous constatons que le nombre de saints s'est encore accru, au point de dépasser celui des dimanches et des féries. Aux saints romains, aux saints mérovingiens et carolingiens, sont venus s'ajouter ceux du moyen âge : saint Nicolas, saint Edouard, saint Thomas Becket, saint Bernard, saint François d'Assise, saint Antoine de Padoue, saint Dominique, sainte Elisabeth, saint Pierre de Vérone, saint Louis, etc. J'aurai du reste l'occasion d'y revenir.

Liturgie dominicale et liturgie sanctorale, il nous faut maintenant les étudier en détail dans le bréviaire de Philippe le Bon. Nous allons donc suivre l'année liturgique, semaine par semaine, jour par jour, depuis le premier dimanche de l'Avent jusqu'au dernier dimanche après la Pentecôte et depuis la fête de saint André (30 novembre), jusqu'à celle de saint Saturnin (29 novembre). Le meilleur terme de comparaison eût sans doute été le bréviaire parisien à la veille de la réforme de Pie V (1570); mais en l'absence d'une édition moderne de ce bréviaire, il a semblé préférable de choisir le bréviaire romain actuel augmenté des offices spéciaux au diocèse de Paris. C'est de ce point de vue qu'il sera possible d'apprécier la piété naïve, les légendes pittoresques et le charme savoureux du bréviaire de Philippe le Bon.

§ V. — LE TEMPORAL DU BRÉVIAIRE DE PHILIPPE LE BON

L'Avent

L'année liturgique commence avec l'Avent (fol. 15). L'office débute par les premières vêpres; elles sont empruntées au psautier férial. Le capitule et l'antienne de *Magnificat* diffèrent de ceux du bréviaire romain : « *Capitulum.* Ecce dies veniunt, dicit Dominus... — *Ymnus.* Conditor alme syderum... — *Ad* Magnificat. *Ant.* Ecce nomen Domini de longinquo... » (fol. 15 et 15vo). Les complies viennent ensuite. Il est à remarquer que l'office s'étend des premières vêpres aux secondes vêpres : cette organisation correspond à l'ancienne manière de compter les jours d'un coucher de soleil à l'autre. Les divergences avec le bréviaire romain sont assez nombreuses; dans l'impossibilité de les signaler toutes, je me contenterai des plus intéressantes, parce que plus caractéristiques.

Les matines du premier dimanche débutent par le gracieux invitatoire : « Ecce venit rex : occurramus obviam Salvatori nostro... » (fol. 16). Quelle différence entre cet appel si alerte et celui du bréviaire romain lourd et pesant : « Regem venturum Dominum, venite, adoremus ». Les leçons sont empruntées au prophète Isaie; les répons sont les mêmes dans les deux bréviaires. L'évangile et l'homélie diffèrent : au lieu du passage relatif à la fin du monde suivi de l'homélie de saint Grégoire, nous lisons celui de l'entrée à Jérusalem le jour des Rameaux et la curieuse homélie de saint Jean Chrysostome : « Asina et pullus quibus sedens Dominus Jherosolimam venit... » (fol. 18). Le capitule de Laudes : « In diebus illis salvabitur Juda... » (fol. 18vo), diffère du bréviaire romain : «Fratres, hora est jam nos de somno surgere... »; l'hymne se présente sous sa forme ancienne : « Vox clara ecce intonat... » (fol. 18vo), au lieu de : « En clara vox redarguit... ».

Les Laudes sont suivies de deux commémoraisons que nous retrouverons dans presque tous les offices : la première en l'honneur des reliques conservées à Notre-Dame, la seconde en l'honneur de tous les saints. Voici le texte de l'une et de l'autre.

Fol. 19. « *Sequitur memoria de reliquiis. Antiphona.* Isti etenim maximo digni sunt honore venerari in terris quos in celis rex regum immensa cumulavit gloria. *Vers.* Iusti autem in perpetuum vivent. *Oracio.* Propitiare, quesumus, Domine, nobis famulis tuis per sanctorum tuorum quorum corpora vel reliquie in presenti requiescunt ecclesia merita gloriosa, ut eorum pia intercessione ab omnibus semper protegamur adversis. Per Christum... » — « *Ad memoriam sanctorum per ant.* Ecce Dominus veniet. *Vers.* Iustorum anime... *Oracio.* Conscientias nostras, quesumus, Domine, visitando purifica, ut veniens Jhesus Christus Filius tuus Dominus noster cum omnibus sanctis, paratam sibi in nobis inveniat mansionem... » Nous retrouverons les deux commémoraisons à la fin des vêpres.

Chaque dimanche, entre Prime et Tierce, a lieu une procession dans la cathédrale. Elle est précédée de la bénédiction de l'eau. L'aspersion suit aussitôt, composée, comme aujourd'hui, de l'antienne *Asperges* et de l'oraison *Exaudi nos.* La procession se met ensuite en marche; au chant des antiennes, des versets et des oraisons, elle se déroule dans la nef et les collatéraux. Au retour on chante les antiennes : *Missus est angelus Gabriel* (fol. 19vo) et *Ecce Dominus veniet,* le verset et l'oraison. La célébration de la messe a lieu après; elle est suivie de la récitation du reste de l'office. Les capitules des petites Heures et des Vêpres diffèrent de ceux du bréviaire romain : «*Ad Terciam... Cap.* De celo veniet dominator Dominus... — *Ad Sextam... Cap.* Docebit nos Dominus vias suas... — *Ad Nonam... Cap.* Dominus legifer noster... — *Ad Vesperas... Cap.* Qui venturus est... » La semaine qui suit le premier dimanche, les leçons des féries sont tirées du prophète Isaïe.

L'invitatoire du deuxième dimanche de l'Avent fait allusion à saint Jean-Baptiste : « Rex noster adveniet Christus quem Johannes predicavit agnum esse venturum » (fol. 22vo). D'ailleurs, chacun des dimanches de l'Avent a son invitatoire spécial. Les leçons suivantes sont empruntées à Isaïe : « *Lectio prima.* Et factus est sermo Domini ad me dicens : Sume tibi librum grandem... » (fol. 22vo). Au lieu de l'évangile du précurseur comme dans le bréviaire romain, nous avons celui de la fin du monde : « Erunt signa in sole... » De même, au lieu des antiennes de *Benedictus* et de *Magnificat* du bréviaire romain nous lisons les suivantes : « *Ad* Benedictus. *Ant.* Super solium David... — *Ad* Magnificat. *Ant.* Beata es Maria... » (fol. 24vo et 25). Les leçons des féries sont empruntées au prophète Isaïe.

A mesure que la fête de Noël approche, les exhortations de la liturgie se font plus pressantes. L'invitatoire du troisième dimanche de l'Avent est conçu en ces termes : « Surgite, vigilemus... quia nescitis horam quando veniet Dominus... » (fol. 27). La première leçon débute ainsi : « Hec dicit Dominus : Egeni et pauperes querunt aquas... » L'évangile relatif à la mission de saint Jean-Baptiste est emprunté à saint Mathieu et non à saint Jean, comme dans le bréviaire romain : « Cum audisset Johannes in vinculis opera Christi... » (fol. 28vo). L'antienne de *Benedictus* est tirée de ce même évangile « Johannes autem cum audisset in vinculis opera Christi... » (fol. 29vo). De même celle de *Magnificat* : « Tu es qui venturus est, an alium expectamus... ? » Les Quatre-Temps de l'Avent font suite au troisième dimanche; une rubrique spécifie que l'évangile du mercredi est lu par le diacre, revêtu de la dalmatique, accompagné du sous-diacre, en tunique blanche, deux clercs portant des cierges et un troisième l'encensoir (fol. 31vo).

Les antiennes qui débutent par l'interjection latine *O* et qu'on appelle les *O* de Noël sont ici au nombre de neuf, au lieu de sept dans le bréviaire romain. Le calendrier (planche documentaire 84), indique la première à la date du 15 décembre. Les cinq premières, la septième et la huitième sont les mêmes qu'au bréviaire romain : la sixième et la neuvième sont spéciales (fol. 36 et 36vo).

(15 déc.) « *Ant.* O sapiencia, que ex ore Altissimi prodisti *(sic)*... »
(16 déc.) « *Ant.* O Adonay et dux domus Israël... »
(17 déc.) « *Ant.* O radix Iesse, qui stas in signum populorum... »
(18 déc.) « *Ant.* O clavis David et sceptrum domus Israël... »
(19 déc.) « *Ant.* O oriens, splendor lucis eterne... »
(20 déc.) « *Ant.* O Thoma Didime, per Christum quem meruisti tangere, te precibus rogamus Altissonis succurre nobis miseris ne dampnemur cum impiis in adventu iudicis ».
(21 déc.) « *Ant.* O rex gencium et desideratus earum... »
(22 déc.) « *Ant.* O Emmanuel, lex et legifer noster... »
(23 déc.) « *Ant.* O Virgo virginum, quomodo fiet istud quia nec primam similem visa es nec habere sequentem ? Filie Iherusalem, quid me admiramini ? Divinum est misterium hoc quod cernitis ».

Voici l'invitatoire du quatrième dimanche de l'Avent : « Ecce venit plenitudo temporis in quo misit Deus Filium suum natum de virgine, factum sub lege. *Ps.* Venite adoremus » (fol. 36vo). La première leçon empruntée au prophète Isaïe débute ainsi : « Et nunc, audi, Jacob, serve meus... » Au lieu de l'évangile : « Anno quintodecimo... », le bréviaire de Philippe le Bon nous offre le passage de saint Jean : « Miserunt Iudei ab Iherosolimis sacerdotes et levitas ad Johannem... » (fol. 38). C'est maintenant la vigile de la Nativité. Une rubrique (fol. 39vo) spécifie que la première leçon doit être lue par le diacre de semaine, les deux autres par des prêtres. Les antiennes des premières vêpres se présentent dans un autre ordre qu'au bréviaire romain. Le capitule « Populus gentium qui ambulabat in tenebris... » est suivi du répons : « Iudea et Iherusalem... » (fol. 42). Au lieu de l'hymne : « Ihesu redemptor omnium... », on lit : « A solis ortus ordine... » (fol. 42).

L'Office de Noël.

Jusqu'au troisième répons de Matines, le bréviaire de Philippe le Bon concorde avec le bréviaire romain. A partir de là, les différences apparaissent. Le troisième répons est suivi de tropes intitulées proses : « *Prosa.* Fac, Deus, munda corpora nostra... — *Prosa.* Familiam, Christe, custodi, tuam... — *Resp.* Descendit... — *Prosa.* Facinora nostra relaxari mundi gloria petimus mente devota... » (fol. 45). Les différences s'accusent davantage pour les leçons du second nocturne. Au lieu de l'homélie de saint Léon : « Salvator noster, dilectissimi... », nous avons deux sermons de saint Augustin et un troisième de saint Fulgence. Le premier débute ainsi : « *Lectio IIII.* Legemus sanctum Moysen populo Dei precepta dantem... » (fol. 45). C'est un sermon sur la Trinité et l'Incarnation attribué à l'évêque d'Hippone. Il est suivi du répons : « Quem vidistis, pastores, dicite... » (fol. 45vo).

La cinquième leçon de Noël est restée célèbre : c'est le fameux sermon attribué à saint Augustin contre les Juifs : « Vos, inquam, convenio, o Iudei, qui usque in hodiernum negatis Filium Dei... » (fol. 45vo). La rubrique du bréviaire demande de le lire tout entier, sans omettre les vers de la Sibylle : « *Et legentur versus Sibille, et legitur totus sermo* » (fol. 43). C'est en effet vers la fin du sermon que le pseudo-Augustin appelle la sibylle Erythrée à témoigner en faveur du Christ dans les vers bien connus :

« *I*udicii signum, tellus sudore madescet,
E coelo rex adveniet per saecla futurus,
*S*cilicet in carne praesens ut iudicet orbem.
*U*nde Deum cernent incredulus atque fidelis
*C*elsum cum sanctis, ocvi iam termino in ipso... »

La pièce est acrostiche : les initiales des cinq premiers vers forment tant bien que mal le mot IESUS. Assez souvent, le morceau était chanté et il n'est pas rare de le trouver pourvu d'une notation neumatique à la suite du sermon (Paris, Bibl. nat., ms. lat., 781, fol. 187). La sixième leçon est une homélie attribuée à saint Fulgence; elle débute par ces mots : « Cupientes aliquid de huius diei sollempnitate narrare... » (fol. 46vo). Les répons des dernières leçons se succèdent dans un autre ordre qu'au bréviaire romain (fol. 45vo à 48) :

« *Resp. IV.* Quem vidistis, pastores, dicite...
» *V.* O magnum misterium...
» *VI.* Beata Dei genitrix, Maria...
» *VII.* Sancta et immaculata virginitas...
» *VIII.* In principio erat Verbum...
» *IX.* Verbum caro factum est... »

Ce répons à la fin des Matines est digne de remarque; dans notre bréviaire, il se lit même aux jours où l'on récite le *Te Deum*. Le neuvième répons de Noël est suivi de la généalogie selon saint Matthieu; celle-ci est chantée par un prêtre en chasuble; un sous-diacre en tunique, deux enfants de chœur portant des cierges, un autre tenant l'encensoir, l'assistent. Actuellement, le chant de la généalogie s'arrête aux mots : « ... de qua natus est Iesus qui vocatur Christus ». Dans le bréviaire de Philippe le Bon, il contient deux versets de plus (Matt., I, 16 et 17). Le *Te Deum* qui vient après est suivi de la messe de minuit et celle-ci des Laudes sans capitule et sans hymne. La messe de l'aurore suit aussitôt. Les petites Heures qui lui succèdent sont pourvues d'antiennes et de capitules différents de ceux du bréviaire romain.

Entre Tierce et Sexte, la procession se rend devant la croix du jubé au chant du fameux répons : « Descendit de celis Deus verus a Patre genitus, introivit in uterum virginis, nobis ut appareret visibilis, indutus carne humana protoparentis edita. Et exivit per clausam portam Deus et homo, lux et vita, conditor mundi... » (fol. 49vo et 52vo). Au retour, la procession chante l'antienne : « Alma redemptoris... »

L'office du dimanche dans l'octave de la Nativité diffère de celui du bréviaire romain. Les trois premières leçons sont empruntées au sermon de saint Isidore : « Natalis Domini dies ea de causa a patribus votiva sollemnitate institutus est... » (fol. 52); celles du second nocturne à l'homélie de saint Léon : « Salvator noster, dilectissimi, quia hodie natus est gaudeamus... » (fol. 52vo); celle du troisième nocturne est la même qu'au bréviaire romain en ce qui concerne le texte évangélique, mais l'homélie est celle d'Origène : « Congregemus in unum ea que in ortu Ihesu dicta scripta suntque de eo... » (fol. 53vo, *P. L.*, t. XCV, col. 1179). Quant aux répons de Matines, ils diffèrent tous (fol. 52 à 54) :

« *Resp. I.* Hodie Dominus ex utero virginis nasci dignatus est...
» *II.* Benedictus qui venit in nomine Domini...
» *III.* Descendit de celis Deus verus a Patre genitus...
» *IV.* Ecce agnus Dei, qui tollit peccata mundi...
» *V.* Congratulamini michi omnes qui diligitis Dominum...
» *VI.* Beata et venerabilis virgo que sine tactu pudoris...
» *VII.* O regem celi, cui talia famulantur obsequia...
» *VIII.* Beata viscera Marie virginis...
» *IX.* In Patre manet eternitas et non periit in matre virginitas... »

La Circoncision

Cet office présente plusieurs divergences avec celui du bréviaire romain, à commencer par l'invitatoire : « *Invitatorium.* Natum sub lege Christum, venite cuncti ad collaudandum quos eius incarnatio redemit et passio. *Ps.* Venite... » (fol. 55). Les six premières leçons sont empruntées à l'homélie de saint Maxime de Turin : « Quanquam non dubitem vos, karissimi, per paternam sollicitudinem... » (fol. 55; *P. L.*, t. LVII, col. 255). Les trois dernières sont tirées de Bède le Vénérable : « Sanctam venerandamque diei presentis memoriam paucis quidem verbis evangelista comprehendit... » (fol. 56vo; *P. L.*, t. XCIV, col. 53). Je n'ai trouvé dans l'office de la Circoncision aucune trace de cette fête des Fous, si populaire et si vivace pendant tout le moyen âge. Etait-elle abolie à l'époque du bréviaire de Philippe le Bon? Il est permis de se le demander. En 1198, le légat Pierre de Capoue, de passage à Paris, ému des désordres dont la cathédrale était le théâtre ce jour-là, adressait un mandement à Eudes de Sully et au chapitre de Notre-Dame par lequel il défendait, sous peine d'excommunication, de solenniser cette fête désormais. En 1212, au concile de Paris, nouvelle défense portée par un autre légat, Robert Corçon. Mais les abus ont la vie dure. Deux cents ans après, en 1435, le concile de Bâle portait une nouvelle condamnation. Enfin en 1444, la Faculté de Théologie adressait une lettre à tous les évêques, prélats et chapitres du royaume, leur enjoignant de supprimer la fête des Fous dans leurs cathédrales. On peut donc se demander si le silence du bréviaire de Philippe le Bon signifie que ces réjouissances profanes avaient complètement disparu.

L'Office de l'Épiphanie

Quand la vigile de l'Epiphanie tombe en semaine, les trois leçons sont tirées de l'homélie de saint Maxime de Turin : « Iustissime, fratres, festivitatem presentis diei in omne gaudium totus ubique suscitat mundus... » (fol. 58vo; *P. L.*, t. LVII, col. 243). Si la vigile échoit un dimanche, les six premières leçons sont empruntées à cette même homélie de saint Maxime, la septième et la huitième à l'homélie de Bède : « Pretermisit hoc loco Lucas...» (fol. 59vo) sur l'évangile : « Defuncto Herode... » et la neuvième à saint Maxime : « In adventu Domini, fratres karissimi, solutus est omnis paterne prevaricationis metus... » (*P. L.*, LVII, 247). L'office du jour présente un certain nombre de variantes avec le bréviaire romain; il débute par l'hymne (fol. 60vo) :

« A Patre unigenitus
Ad nos venit per virginem... »

Les leçons sont puisées aux mêmes sources; mais les répons se succèdent dans un ordre tout différent (fol. 61vo sq.) :

« *Resp.* *I.* Hodie in Iordane, baptizato Domino...
» *II.* In columbe specie Spiritus sanctus visus est...
» *III.* Illuminare, illuminare, Iherusalem...
» *IV.* Omnes de Saba venient, aurum et thus...
» *V.* Magi veniunt ab Oriente Iherosolimam querentes...
» *VI.* Interrogabat Magos Herodes...
» *VII.* Stella quam viderant Magi in oriente...
» *VIII.* Videntes stellam Magi gavisi sunt...
» *IX.* Rex magnus natus est in Israël... »

Le dernier répons est suivi du chant de la généalogie selon saint Luc : « Factum est cum baptizaretur omnis populus... » (fol. 64vo). Le *Te Deum* termine les Matines. Le capitule de Laudes débute par ces mots : « Super te, Iherusalem, orietur Dominus... » (fol. 65vo). Antienne de *Benedictus* : « Ab oriente venerunt Magi in Bethleem adorare Dominum... ». Je n'ai pas trouvé trace de cet office de l'étoile qui se rencontre assez souvent après Tierce dans les livres liturgiques du moyen âge. L'office des jours et des dimanches qui suivent l'Epiphanie présente de nombreuses divergences avec le bréviaire romain. Il serait trop long de les énumérer ici;

il suffira de se reporter aux « Textes et documents ». Signalons enfin la rubrique (fol. 72) qui prescrit la récitation du petit office de la Vierge et de l'office des morts depuis l'octave de l'Epiphanie jusqu'à la Purification, en supplément, les jours d'offices à trois leçons.

Septuagésime, Sexagésime, Quinquagésime

Dans notre bréviaire, nulle trace de ces adieux à l'*Alleluia* qui, en certains endroits, agrémentaient d'une note pittoresque les premières vêpres de la Septuagésime. Les leçons de ce dimanche sont fort courtes; elles commencent au premier chapitre de la Genèse. Pendant la procession, entre Prime et Tierce, on chante le répons suivant : « Ecce, karissimi, dies illa iuditii magna et terribilis instat; pretereunt dies nostri et velociter advenit preclarus adventus Domini; iam crebro sono vos hortatur et dicit priusquam ostium paradisi claudatur : unusquisque vestrum cito properet ut introiens in eternum cum Domino regnet. Preparate vosmetipsos ut videatis immortalem sponsum et possideatis regna celorum. *Vers.* Ecce mater nostra Iherusalem cum magno affectu clamat ad nos et dicit : Venite, filii mei dilectissimi, venite ad me. Preparate. *Ad Terciam. Ant.* Laus et perhennis gloria... » (fol. 93).

L'invitatoire du dimanche de la Sexagésime est le même que celui du dimanche précédent : « Quoniam Deus magnus Dominus et rex magnus super omnes Deos... » Les leçons de l'Ecriture nous offrent le récit de la création de la femme et celui de la chute, à la différence du bréviaire romain où il s'agit du déluge. L'invitatoire de la Quinquagésime est spécial : « In manu tua, Domine, omnes fines terre... » (f. 99). Les six premières leçons donnent le récit du déluge au lieu de celui de la vocation d'Abraham comme au bréviaire romain; les répons s'accordent avec les leçons. Les trois dernières leçons sont identiques à celles du bréviaire romain, mais les répons diffèrent, sauf le neuvième. Les divergences continuent pour les jours suivants.

Le Carême

Notre bréviaire ne mentionne ni la bénédiction des cendres ni la cérémonie dramatique de l'expulsion des pénitents; l'une et l'autre avaient lieu après le chant de Sexte. Elles se trouvent dans la plupart des missels parisiens. Chaque dimanche du carême est pourvu d'un invitatoire spécial. Je noterai la leçon du premier dimanche : « *Lectio prima.* Ingressuri, igitur, dilectissimi, dies misticos et purificandis animis et corporibus institutos... » (fol. 108vo). L'invitatoire du second dimanche est ainsi formulé : « Venite, adoremus et procidamus ante Deum : ploremus coram Domino qui fecit nos... » (fol. 120); celui du troisième : « Dominum qui fecit nos, venite, adoremus... » (fol. 130vo); celui du quatrième : « Populus Domini et oves pascue eius... » (fol. 140vo). Leçons et répons diffèrent des leçons et répons du bréviaire romain au moins pour les deux premiers nocturnes.

L'invitatoire du dimanche des Rameaux est ainsi conçu : « Ipsi vero non cognoverunt vias meas quibus iuravi in ira mea si introibunt in requiem meam... » (fol. 160vo). Les premières leçons sont empruntées à l'homélie de Maxime de Turin sur le psaume XXI : « Psalmi vicesimi primi qui lectus est seriem decursuri, diligenter prius debemus intendere quid in superscriptione contineat... » (fol. 160vo; *P. L.*, t. LVII, col. 327). Les répons sont presque tous ceux du bréviaire romain. L'homélie est celle de Bède : « Mediator Dei et hominum, homo Christus Ihesus, qui pro humani generis salute passurus... » (fol. 162vo; *P. L.*, t. XCIV, col. 121). Tout l'intérêt de la journée liturgique se porte sur la procession qui a lieu entre Prime et Tierce. Le bréviaire de Philippe le Bon la mentionne en quelques lignes : « *Ante Terciam facienda est processio ad Sanctam Genovefam. In reditu processionis super Parvum Pontem. Resp.* Ingrediente Domino... » (fol. 164).

Cette pittoresque procession des Rameaux dans le Paris du XVe siècle mérite mieux que ces lignes laconiques. La voici telle qu'elle est décrite dans un missel parisien de la Bibliothèque royale de Belgique (ms. 9125, fol. 114vo à 117). Mais auparavant, il convient de souligner le caractère spécial de la cérémonie : ce n'est pas simplement un cortège religieux, c'est une représentation; c'est la reproduction de l'entrée triomphale de Jésus à Jérusalem, à la veille de sa Passion. La procession est calquée sur la scène évangélique. Elle est d'ailleurs très ancienne et remonte aux premiers siècles du christianisme. De très bonne heure, l'Eglise de Jérusalem l'avait incorporé à sa liturgie. Voici comment elle est décrite dans ce que l'on a coutume d'appeler la *Peregrinatio Silviae,* de la fin du IVe siècle.

« Sur la fin de l'après-midi, la foule se rassemble sur le mont des Oliviers; on lit dans l'évangile le récit de l'entrée du Sauveur à Jérusalem. L'évêque se lève et tout le peuple en même temps que lui. Puis, on se met en route en chantant des hymnes et des antiennes accompagnées de ces paroles qui reviennent comme un refrain : « Benedictus qui venit in nomine Domini ». Tous les enfants, même ceux qui ne peuvent pas encore marcher et qui sont portés dans les bras de leurs parents, ont des rameaux ou des palmes dans les mains. L'évêque, qui représente Jésus, est, comme lui, monté sur un âne. Et on se rend ainsi du mont des Oliviers à l'église de la Résurrection; on avance lentement pour ne pas fatiguer le peuple. Aussitôt arrivé dans la basilique, a lieu l'office du soir; on fait une prière à la croix; après quoi la foule se retire ».

Toutes proportions gardées, nous retrouvons la plupart de ces détails dans la procession parisienne du XVe siècle. Le mont des Oliviers, c'est la montagne Sainte-Geneviève; Jérusalem, la ville sainte, c'est la Cité. Une fois de plus, l'Occident a copié l'Orient. De bonne heure, dans la matinée, la foule se rassemble à Notre-Dame (planche documentaire 87). La procession sort de la cathédrale en silence;

elle se rend à Sainte-Geneviève en portant les saintes châsses. Elle monte lentement la grande rue Saint-Jacques; elle pénètre, toujours en silence, dans la vieille église abbatiale (planche documentaire 90). L'évêque, ou un des membres du clergé de Notre-Dame, bénit les rameaux et les palmes. Un religieux de Sainte-Geneviève lit l'évangile : « Cum appropinquasset Ihesus Iherosolimis et venisset Bethphage ad montem Oliveti... » L'évangile est suivi d'une homélie; puis la procession sort de Sainte-Geneviève en silence. L'action liturgique va commencer.

Aussitôt dans la rue, des chants s'élèvent. C'est d'abord l'antienne : « Cum appropinquasset Ihesus Iherosolimam... » Puis ce sont les premières acclamations : « Hosanna in excelsis. Miserere nobis, fili David ». Un arrêt de quelques instants, et de nouveaux chants reprennent : « Circumdederunt me viri mendaces... » — « Quoniam, tribulatio proxima est... » Ce dernier verset est exécuté par quatre prêtres « selon l'usage parisien ». Nouvel arrêt; nouveaux chants : « Cum audisset populus quia Ihesus venit Iherosolimam... » Et les acclamations redoublent : « Ave, rex noster, fili David, redemptor mundi... — Hosanna filio David. — Benedictus qui venit in nomine Domini. — Hosanna in excelsis ». La procession a maintenant parcouru le chemin triomphal qui la séparait de la ville sainte. Une autre cérémonie va commencer que n'a pas connue la liturgie de Jérusalem.

En arrivant à l'entrée de la Cité, la procession trouve la porte fermée. Au XVe siècle, deux ponts donnaient accès dans la Cité : l'un au nord, le pont Notre-Dame, l'autre au midi, le Petit-Pont; c'est de ce dernier qu'il est ici question (pl. doc. 87). Un ouvrage fortifié en commandait l'entrée : le petit Châtelet (par opposition au grand Châtelet qui commandait l'entrée du pont Notre-Dame). L'ouvrage était peu important : il se réduisait à une porte surmontée d'un logis et flanquée de deux tours. C'est cette porte que la procession trouve fermée. Et aussitôt s'élève l'hymne de Théodulfe d'Orléans chanté alternativement par quatre enfants et par un chantre :

« Gloria, laus et honor tibi sit, rex Christe, redemptor,
Cui puerile decus prompsit hosanna pium... »

L'hymne terminée, la porte de la ville s'ouvre et l'on chante divers morceaux en s'approchant de Notre-Dame : « Ingrediente Domino in sanctam civitatem Hebreorum... — Ceperunt omnes turbe descendentium... — Occurrunt turbe cum floribus et palmis... — Pueri Hebreorum vestimenta prosternebant... — Pueri Hebreorum tollentes ramos olivarum... » Finalement la procession pénètre dans la cathédrale en chantant la gracieuse antienne : « Tota pulcra es, amica mea... »

Les leçons et répons des trois premiers jours de la semaine sainte s'écartent notablement de ceux du bréviaire romain. Notons la récitation des cinquante psaumes à Prime. Les leçons des trois derniers jours sont presque identiques; mais les répons se suivent dans un ordre différent. Le bréviaire de Philippe le Bon ne parle pas du lavement des autels qui avait lieu le jeudi saint après le repas de midi; il ne parle pas non plus du lavement des pieds pendant le chant du *Mandatum*. Par contre, il note que les prières qui suivent le *Benedictus* de Laudes sont récitées le jeudi saint par deux prêtres, le vendredi saint par deux diacres, le samedi saint par deux sous-diacres. Il note également que l'office des ténèbres se termine par la récitation des psaumes de la pénitence.

Pâques

L'office de Pâques diffère de celui du bréviaire romain. On ne chante pas le *Te Deum* après la troisième leçon; il est remplacé par le répons : « Et valde mane una sabbatorum veniunt ad monumentum... » et, immédiatement après, a lieu la « représentation du tombeau ». C'était bien, en effet, une représentation, un « mystère » que cette scène liturgique qui se déroulait dans le chœur de Notre-Dame au matin de Pâques et dont les acteurs n'étaient autres que les membres du clergé. Elle débutait par un dialogue entre l'ange et les saintes femmes (fol. 182). (Les rubriques entre crochets manquent dans notre bréviaire; je les emprunte au manuscrit latin 1024 de la Bibliothèque nationale de Paris).

Angeli ad mulieres
Quem queritis in sepulchro, o christicole ?

[*Mulieres ad angelos:*]
Ihesum Nazarenum crucifixum, o celicole.

[*Angeli :*]
Non est hic : surrexit sicut predixerat; ite, nuntiate quia surrexit.

[*Tunc revertant se mulieres ad chorum et veniant cantando.*]

Prosa. Victime paschali laudes
Immolant *(sic)* christiani.
Agnus redemit oves,
Christus innocens Patri
Reconciliavit peccatores.

Mors et vita duello
Conflixere mirando,
Dux vite mortuus
Regnat vivus.

[*Tunc cantor stet in medio chori et dicat mulieribus:*]
Dic nobis, Maria,
Quid vidisti in via ?

[*Prima mulier respondeat cantori :*]
Sepulchrum Christi viventis
Et gloriam vidi resurgentis.

[*Secunda mulier vero vertit se, et cum manu ostendat sepulchrum dicens :*]
Angelicos testes,
Sudarium et vestes.

[*Tercia mulier :*]
Surrexit Christus spes nostra,
Precedet suos in Galileam (*sic*).

[*Cantor ad chorum :*]
Credendum est magis soli Marie veraci
Quam Iudeorum turbe fallaci.

[*Chorus respondeat :*]
Scimus Christum surrexisse a mortuis vere,
Tu nobis victor rex, miserere ».

Tierce était suivie d'une procession à la croix du jubé; on chantait l'antienne : « Et valde mane una sabbatorum... » puis le verset : « Noli flere, Maria... » suivi d'une oraison. Au retour, l'antienne : « Alma... » Le soir, après les vêpres, avait lieu la procession aux fonts baptismaux. Aussitôt après l'oraison du *Magnificat*, le cortège sortait de Notre-Dame au chant de l'antienne *Christus resurgens* et se dirigeait vers Saint-Jean-le-Rond (pl. doc. 87); l'évêque entonnait le verset : « Dicant nunc Iudei quomodo milites custodientes sepulchrum... ». L'oraison terminée, la procession sortait du baptistère en chantant : « Ego sum alpha et omega... » et se rendait au sépulcre, c'est-à-dire à Saint-Denis-du-Pas. Le verset et l'oraison récités, le cortège quittait l'église, traversait la cour du palais épiscopal au chant de l'antienne : « Sedit angelus ad sepulchrum Domini... » et regagnait Notre-Dame. Devant la croix du jubé, les chantres exécutaient le verset : « Crucifixum in carne... », puis, à l'entrée du chœur, le répons : « Nolite metuere... » et le verset : « Noli flere, Maria... » suivis l'un et l'autre d'une oraison. Cette procession se renouvelait tous les jours de la semaine de Pâques. Ceux qui étaient présents au chœur portaient des aubes blanches; le samedi, ils les déposaient pour prendre des chapes de soie. En réalité, nous avons ici l'antique procession des nouveaux baptisés au sanctuaire où ils avaient reçu le baptême dans la nuit de Pâques, procession qui avait encore lieu à Rome, à l'époque de Charlemagne.

Le dimanche de Quasimodo, aussitôt après Prime, avait lieu la bénédiction de l'eau, suivie du chant de l'*Asperges*. Procession à Saint-Jean-le-Rond, en exécutant le répons : « Virtute magna... »; puis à Saint-Denis-du-Pas, en chantant : « Filie Iherusalem... » Au retour, chant de l'antienne : « Sedit angelus... »; verset : « Crucifixum... » devant la croix du jubé par deux chantres sous-diacres. Fin de l'antienne : « Nolite metuere... » et retour au chœur.

Le lendemain de Quasimodo, avait lieu l'anniversaire de la Pâque précédente : « Pascha annotinum ». L'office était le même que celui de l'octave, avec l'évangile de Nicodème en guise de leçon. Le lundi de Quasimodo et les jours suivants, lecture de l'Apocalypse de saint Jean, au lieu des Actes des Apôtres comme au bréviaire romain.

L'Ascension

Les processions des Rogations, instituées vers 470 par saint Mamert, évêque de Vienne, précèdent la fête de l'Ascension. Notre bréviaire se contente d'indiquer le lieu des différentes stations (ms. 9511, fol. 217, 218 et 219). Mais un processionnal parisien, conservé à la Bibliothèque royale de Belgique (ms. 1799, fol. 73 à 94) retrace l'itinéraire de chaque procession. Comment résister à un guide aussi attrayant ? Comment refuser de le suivre dans ce parcours pittoresque à travers les rues du vieux Paris ?

Le lundi des Rogations, la station avait lieu à l'abbaye de Saint-Pierre de Montmartre. La procession débouchait sur la rive droite par le pont Notre-Dame (ou Grand-Pont), elle longeait le cimetière des Innocents; puis, par la rue Montmartre et la porte de ce nom, elle arrivait devant l'église de Saint-Denis « ad radicem montis », c'est-à-dire à la chapelle du Saint-Martyre. Après avoir chanté une antienne et une oraison en l'honneur de saint Denis et de ses compagnons, le cortège montait à Saint-Pierre de Montmartre où était célébrée la messe de la station. Le retour s'effectuait par un autre chemin. En quittant Saint-Pierre, la procession se rendait à Saint-Ladre (ou Saint-Lazare) où elle entendait un sermon; de là, elle se dirigeait vers Saint-Laurent; puis, après s'être arrêtée à Saint-Martin-des-Champs et à Saint-Merry, elle rentrait à Notre-Dame en chantant l'antienne *Hec est regina.* (Pl. doc. 89, 92, 91, 88 et 89).

Le deuxième jour des Rogations la station avait lieu au prieuré de Notre-Dame-des-Champs, à l'extrémité du faubourg Saint-Jacques. La procession sortait de la cathédrale, traversait le Petit-Pont et montait la longue rue Saint-Jacques. Elle s'arrêtait devant Saint-Benoît-le-Bétourné et Saint-Etienne-des-Grès, puis, au chant des litanies, elle gagnait l'église de Notre-Dame-des-Champs dont elle trouvait les portes fermées. Trois clercs chantaient *Agnus Dei... Suscipe deprecationem nostram* et *Gloria Patri...* Les portes s'ouvraient et la messe de la station était célébrée. Au retour, la procession se dirigeait vers l'église des saints Côme et Damien, longeait les Thermes, repassait le Petit-Pont et rentrait à Notre-Dame en chantant l'antienne *O gloriosa* (pl. doc. 89, 90, 93 et 89).

Le mercredi la station était à Saint-Marcel, à l'extrémité de la rue du même nom. La procession débouchait sur la rive gauche par le Petit-Pont, traversait la place Maubert, suivait la rue et le faubourg Saint-Victor et entrait dans l'église de l'abbaye Saint-Victor; de là, au chant des litanies, elle se dirigeait vers Saint-Marcel. Bien que cette église fût celle de la station, la procession ne s'y arrêtait que pour y chanter un répons et une oraison. Elle sortait aussitôt, passait par Saint-Médard, et, de là, gagnait Sainte-Geneviève-du-Mont où avait lieu la messe. Au sortir de Sainte-Geneviève, la procession descendait la Grande-rue-Saint-Jacques, repassait le Petit-Pont et rentrait à Notre-Dame en chantant l'antienne *Anima mea* (pl. doc. 89 et 90).

Voici l'invitatoire de l'Ascension : « Alleluya. Ascendit Christus in altum. Venite, adoremus. Alleluya. *Ps.* Venite exultemus... » (fol. 219vo). Un seul nocturne suivi de l'évangile de l'Ascension et de l'homélie de saint Grégoire. Les antiennes de Laudes sont disposées dans un ordre différent et plus logique que dans le bréviaire romain. « *I.* Videntibus illis, elevatus est... *II.* Cumque intuerentur in celum... *III.* Viri Galilei... *IV.* Exaltate regem regum... *V.* Elevatis manibus ferebatur in celum... » Ce jour-là, à la suite de Prime, procession à l'église Saint-Eloi en la Cité (pl. doc. 87). Entre l'Ascension et la Pentecôte, lecture des Actes des Apôtres.

La Pentecôte

Même office qu'au bréviaire romain, sauf le troisième répons de Matines qui précède le *Te Deum* : « Advenit ignis divinus non comburens, sed illuminans, non consumens sed lucens... » (fol. 233vo) et l'hymne de Laudes :

> « Impleta gaudent viscera
> Afflata sancto Spiritu... »

A Tierce, chant solennel du *Veni, creator*; celui-ci doit être entonné par l'évêque. Pendant le chant de l'hymne, deux prêtres, en chapes de soie, encensent l'autel. Après Tierce, procession à la croix au chant du répons cité ci-dessus : « Advenit ignis divinus... » Aux vêpres, chant de l'hymne :

> « Beata nobis gaudia
> Anni reduxit orbita... »

A Complies (fol. 235vo), chant de la prose :

> « Alma chorus Domini
> Nunc pangat nomina summi... »

Pendant la semaine, mêmes évangiles qu'au bréviaire romain, sauf pour le jeudi et le vendredi : homélies d'Alcuin et de Bède. Le jeudi et le vendredi, sermons de saint Léon pour la Pentecôte. Fol. 239vo : « *Feria V.* Hodiernam sollempnitatem, dilectissimi, in precipuis festis venerandam... » (*P. L.*, t. LIV, col. 400). — Fol. 240vo : « *Feria VI.* Plenissime quidem, dilectissimi, causam atque rationem sollempnitatis hodierne... » (*P. L.*, t. LIV, col. 404).

L'office de la Trinité diffère notablement de celui du bréviaire romain, pour s'en rendre compte, il suffit de se reporter au tableau ci-dessus (p. 35). Par une particularité digne d'être remarquée et sur laquelle je reviendrai à propos de la date du manuscrit, l'office de la Fête-Dieu au lieu d'avoir pris place au jeudi qui suit la Trinité, est renvoyé au sanctoral à la date du 5 juin : « Non hic debet celebrari festum sacramenti. Require illud quinta die iunii post festum sancti Marcelli ».

L'office des dimanches après la Pentecôte diffère presque continuellement de l'usage romain. Sans entrer dans des détails qui lasseraient le lecteur, disons d'une manière générale que les leçons s'y trouvent réparties de la façon suivante. De l'octave de la Pentecôte aux calendes de juillet : le livre des Rois; des calendes de juillet aux calendes d'août : les paraboles de Salomon; des calendes d'août aux calendes de septembre : le livre de Job; les quinze premiers jours de septembre : le livre de Tobie; du 15 au 30 septembre : les livres de Judith et d'Esther; en octobre : le livre des Machabées; des calendes de novembre à l'Avent : les prophéties d'Ezéchiel. Quant aux évangiles des dimanches après la Pentecôte, la liste parisienne diffère d'un bout à l'autre de la liste romaine. Les textes et documents publiés à la fin de cette étude le montrent suffisamment.

§ VI. — LE SANCTORAL DU BRÉVIAIRE DE PHILIPPE LE BON

L'étude de la formation du sanctoral, dans le bréviaire de Philippe le Bon, discerne trois époques successives correspondant aux trois étapes de son développement depuis la fin du VIIIe siècle jusqu'au milieu du XVe.

A la base se trouve l'ensemble des saints venus de Rome, lors de l'introduction de la liturgie romaine en Gaule, à l'époque de Charlemagne, et qui forme ce que l'on appelle le sanctoral grégorien. La liste a déjà été publiée; mais il ne sera pas inutile de la reproduire.

IANUARIS

Ian. 14. Nat. s. Felicis in Pincis;
» 16. » s. Marcelli papae;
» 18. » sanctae Priscae;
» 20. » ss. Fabiani et Sebastiani;
» 21. » sanctae Agnetis;
» 22. » s. Vincentii;
» 28. » sanctae Agnetis secundo;

FEBRUARIS

Febr. 2. Yppapanti (Purificatio);
» 5. Nat. sanctae Agathae;
» 14. » s. Valentini;

MARTIUS

Mart. 12. Nat. s. Gregorii papae;
» 25. Annuntiatio sanctae Mariae;

APRILIS

Apr. 14. Nat. ss. Tiburtii et Valeriani;
» 23. » s. Georgii;
» 28. » s. Vitalis;

MAIUS

Mai. 1. Nat. apost. Philippi et Iacob;
» 3. » ss. Alexandri, Eventii et Theodoli;
» 6. » s. Iohannis ante Portam latinam;
» 10. » ss. Gordiani et Epimachi;
» 12. » s. Pancratii;
» 13. » sanctae Mariae ad martyres;
» 25. » s. Urbani papae;

IUNIUS

Iun. 1. Dedicatio nat. s. Nicomedis;
» 2. Nat. ss. Marcellini et Petri;
» 18. » ss. Marci et Marcelliani;
» 19. » ss. Gervasii et Protasii;
» 23. Vig. s. Iohannis Baptistae;
» 24. Nat. s. Iohannis Baptistae;
» 26. » ss. Iohannis et Pauli;
» 28. » s. Leonis papae; vig. s. Petri;
» 29. » s. Petri;
» 30. » s. Pauli;

IULIUS

Iul. 2. Nat. ss. Processi et Martiniani;
» 6. In oct. apostolorum;
» 10. Nat. septem fratrum;
» 29. » ss. Felicis, Simplicii, Faustini et Beatricis;
» 30. Nat. ss. Abdon et Sennen;

AUGUSTUS

Aug. 1. Ad s. Petrum ad vincula;
» 2. Nat. s. Stephani ep.;
» 6. » s. Xysti ep.; nat. ss. Felicissimi et Agapiti;
» 8. Nat. s. Ciriaci;
» 9. Vig. s. Laurentii;
» 10. Nat. s. Laurentii;
» 11. » s. Tiburtii;
» 13. » s. Yppoliti;
» 14. » s. Eusebii presb.;
» 14. In vig. Adsumptionis sanctae Mariae;
» 15. Adsumptio sanctae Mariae;
» 18. Nat. s. Agapiti;
» 22. » s. Timothei;
» 28. » s. Hermetis;
» 29. » sanctae Sabinae;
» 30. » ss. Felicis et Adaucti;

SEPTEMBER

Sept. 8. Nativitas sanctae Mariae;
» 11. Nat. ss. Proti et Iacinthi;
» 14. » ss. Cornelii et Cipriani;
» 14. Exaltatio sanctae crucis;
» 15. Nat. s. Nicomedis;
» 16. » sanctae Eufemiae;
» 16. » ss. Luciae et Geminiani;
» 27. » ss. Cosmae et Damiani;
» 29. Dedicatio basilicae sancti Angeli;

OCTOBER

Oct. 7. Nat. s. Marci papae;
» 14. » s. Calisti papae;

NOVEMBER

Nov. 1. Nat. s. Caesarii;
» 8. » ss. Quatuor coronatorum;
» 9. » s. Theodori;
» 11. » s. Mennae; s. Martini;
» 22. » sanctae Ceciliae;
» 23. » ss. Clementis et Felicitatis;
» 24. » s. Chrisogoni;
» 29. » s. Saturnini; vig. s. Andreae;
» 30. » s. Andreae;

DECEMBER

Dec. 13. Nat. sanctae Luciae;
» 24. In vig. Domini;
» 25. Natale Domini;
» 26. Nat. s. Stephani;
» 27. » s. Iohannis ev.;
» 28. » ss. Innocentium;
» 31. » s. Silvestri, papae.

A ce fonds romain, ou, plus exactement, grégorien, ont été ajoutés du IXe au XIe siècle une série de saints dont le culte était florissant en Gaule avant la réforme de Charlemagne et dont l'ensemble forme ce qu'il est convenu d'appeler le sanctoral gélasien de la fin du VIIIe siècle. Evincés quelque temps par la volonté brutale de l'empereur, ils ont peu à peu repris place dans l'ancien calendrier et ne l'ont plus quitté depuis lors. La liste qui suit est empruntée au sacramentaire de Gellone (Paris, Bibl. nat., ms. lat. 12048).

IANUARIUS

Ian. 5. Vig. Epiphaniae;
» 13. Oct. Epiphaniae;
» 19. Marius, Martha;
» 23. Emerantiana et Macharius;
» 25. Conversio s. Pauli; s. Preiectus;

FEBRUARIUS

Feb. 10. Soter; Zoticus, Ireneus et Iacinthus;
» 14. Vitalis, Felicula et Zeno;
» 16. Iuliana;
» 22. Cathedra s. Petri;

MARTIUS

Mart. 7. Perpetua et Felicitas;

APRILIS

Apr. 11. Leo papa;
» 13. Euphemia;

MAIUS

Mai. 3. Iuvenalis. — Ead. die, inventio sancte crucis;
» 12. Nereus et Achilleus;

IUNIUS

Iun. 9. Primus et Felicianus;
» 12. Cyrinus, Nabor et Nazarius; Basilidis;
» 15. Vitus;
» 18. Vig. ss. Gervasii et Protasii;
» 25. Vig. ss. Iohannis et Pauli;

IULIUS

Iul. 11. Benedictus;
» 25. Iacobus;

AUGUSTUS

Aug. 1. Machabei;
» 7. Donatus;
» 17. Oct. s. Laurentii;
» 19. Magnus;
» 24. Bartholomeus;
» 27. Rufus;
» 28. Augustinus;
» 29. Passio s. Iohannis Baptistae;

SEPTEMBER

Sept. 1. Priscus;
» 8. Adrianus;
» 9. Gorgonius;
» 20. Vig. s. Matthei;
» 21. Nat. s. Matthei;
» 30. Hieronimus;

OCTOBER

Oct. 7. Marcellus et Apuleus;
» 18. Lucas;
» 27. Vig. ss. Simonis et Iudae;
» 28. Nat. ss. Simonis et Iudae;

NOVEMBER

Nov. 21. Vig. sanctae Ceciliae;
» 29. Chrysanthus, Maurus et Daria;

DECEMBER

Dec. 6. Oct. s. Andrae;
» 11. Damasus;
» 21. Thomas apost.

A ces deux groupes vient s'ajouter un troisième : c'est l'élément indigène, ce sont les saints du diocèse de Paris. Par diocèse de Paris, il faut entendre non pas la circonscription territoriale actuelle délimitée par le département de la Seine, mais l'ancien diocèse, celui d'avant la Révolution, plus étendu que celui d'aujourd'hui (planche documentaire 85). Il englobait au nord tout le Parisis avec Beaumont-sur-Oise et Luzarches; à l'est, Le Tremblay, Lagny, Tournon-en-Brie et Brie-Comte-Robert; au sud, Corbeil, Morsang-sur-Seine, Bruyère-le-Château et Limours. A l'ouest, il était limité par la forêt de Rambouillet (l'ancienne forêt d'Yvelines), par Poissy et Pontoise; Saint-Germain-en-Laye, Villepreux et Andresy en faisait partie (1). Tous les saints de ce vaste diocèse : ses premiers apôtres, ses

(1) LONGNON (A.), *L'ancien diocèse de Paris et ses subdivisions* dans *Bull. du Comité d'hist. et d'arch. du dioc. de Paris*, 1883, p. 10 à 19.

martyrs, ses anciens évêques, ses docteurs, ses saintes femmes, ceux dont il possédait les reliques, en un mot tous ceux qu'il pouvait revendiquer à un titre quelconque, forment le troisième élément de son calendrier.

Parmi les saints qui en font partie, il faut noter, en commençant par l'Avent, saint Eloi (1er déc.), sainte Fare (7 déc.), saint Nicaise et sainte Eulalie (10 déc.), les saints Gentien, Fuscien et Victoric (11 déc.), saint Maximin (15 déc.), sainte Colombe (31 déc.), sainte Geneviève (3 janv.), saint Siméon stylite (5 janv.), les saints Lucien, Maximien et Julien, saint Rigobert (8 janv.), saint Guillaume de Bourges (10 janv.), saint Hilaire et saint Remi (13 janv.), saint Maur et saint Bonet (15 janvier), saint Fursy (16 janv.), les saints Speusippe, Eleusippe et Méleusippe, saint Sulpice, saint Antoine ermite (17 janv.), saint Laumer (19 janv.), saint Babilas (24 janv.), saint Preject ou saint Priest (25 janv.), saint Polycarpe (26 janv.), saint Julien, évêque, et saint Chrysostome (27 janv.), sainte Paule (29 janv.), sainte Bathilde, reine (30 janv.), saint Metran (31 janv.), etc.

Dans cette troisième liste il faut signaler une catégorie spéciale : ce sont les saints du nord et de l'ouest de la France dont les reliques ont été chassées par les invasions normandes et transportées à Paris ou dans les environs, au IXe et au Xe siècle. La tourmente passée, la plupart des corps saints ont repris le chemin de leurs cathédrales ou de leurs abbayes; mais d'autres sont demeurés dans les églises qui les avaient abrités. En souvenir de leur passage ou de leur séjour, la liturgie parisienne leur a rendu les mêmes honneurs qu'à ses propres enfants; elle leur a donné une place dans son bréviaire et dans son missel. Parmi eux, il faut compter : saint Maur (15 janvier), saint Amand (6 fév.), sainte Honorine (27 février), sainte Opportune (22 avril), saint Leufroy (21 juin), saint Lunaire (1er juillet), saint Turiaf (13 juillet), saint Wandrille (22 juillet), saint Samson (28 juillet), saint Exupère (1er août), saint Philibert (20 août), saint Godegrand (3 sept.), saint Sénateur (26 sept.), saint Magloire (24 oct.), saint Loup (25 oct.), saint Lucain (30 oct), saint Guénault (3 nov.), etc.

Si nous y ajoutons les saints de l'Eglise universelle, comme saint Nicolas (6 déc.), saint Thomas de Cantorbéry (29 déc.), saint Ignace d'Antioche (1er févr.), saint Blaise (3 févr.), sainte Scolastique (10 févr.), sainte Gertrude (17 mars), sainte Marie Egyptienne (2 avril), saint Ambroise (4 avril), saint Pierre de Vérone (29 avril), etc., nous aurons la totalité des saints de notre calendrier.

Il nous faut aborder maintenant cette intéressante partie du bréviaire qui forme le sanctoral. Pour ne pas nous égarer dans les détails, cette étude portera sur deux points seulement : la légende contenue dans l'office et les souvenirs historiques et archéologiques qui se rattachent au culte du saint. Je n'ai pas besoin d'avertir le lecteur que le mot *légende* doit être pris ici dans un sens spécial. Ce ne sont pas des récits historiques au sens moderne du mot; ce ne sont cependant pas non plus des récits purement imaginaires. Il faut laisser ici au mot légende son sens primitif : ce sont des vies de saints destinées à être lues (*legendae*) dans les églises et les monastères, et en particulier lors de la récitation de l'office. Ce sont avant tout des biographies édifiantes rédigées tantôt d'après les actes du martyr, tantôt d'après des documents plus ou moins authentiques.

La valeur historique de ces légendes est très inégale. Quelques-unes ont été composées par des témoins oculaires; d'autres reposent sur des données historiques, mais l'imagination populaire les a transformées et embellies; d'autres enfin sont des récits dépourvus d'authenticité, mais qui cependant à l'origine, ont pour point de départ des faits réels. Ce qui les caractérise, c'est une naïveté charmante, une candeur délicieuse, naïveté et candeur qui ne reculent pas toujours devant les scènes risquées et les détails scabreux. On a le droit certes de les étudier scientifiquement et de les juger d'après les lois de la critique historique, en essayant de déterminer l'authenticité, la sincérité et la valeur des témoignages; mais autant ce droit est légitime, autant il serait injuste de parler de falsification historique.

D'où proviennent les légendes du bréviaire parisien du XVe siècle, comme d'ailleurs des différents bréviaires du moyen âge? La plupart sont tirées des légendaires ou passionnaires, c'est-à-dire, de ces recueils de vies de saints qui existaient dès l'époque mérovingienne et dont nous possédons des manuscrits depuis le VIIe siècle. Primitivement, c'est-à-dire, du VIe au XIIe siècle, les leçons de l'office étaient prises directement dans ces recueils qui contenaient le récit de la vie du saint, de son martyre, de ses miracles et de ses translations. Le lecteur s'arrêtait au signal de celui qui présidait l'office ou sur une indication en marge du manuscrit. Plus tard, c'est-à-dire, vers la seconde moitié ou la fin du XIIe siècle, passionnaires et légendaires furent remplacés par le lectionnaire de l'office, ou recueil d'extraits de ces légendes à lire au cours de l'office (1).

A partir de la seconde moitié du XIIe siècle et surtout à partir du XIIIe, le lectionnaire de l'office a été intercalé au bréviaire; il y a pris place comme le lectionnaire de la messe a pris place dans le missel. Ainsi s'expliquent des faits qui, à première vue, pourraient paraître des anomalies : il est rare que dans notre bréviaire du XVe siècle, les leçons de l'office présentent un ensemble même résumé de la vie du saint. Souvent le récit s'arrête à mi-chemin, comme dans l'office de saint Grégoire (12 mars); parfois aussi on passe brusquement de la jeunesse du saint au récit de ses derniers jours, comme dans l'office de saint Benoît (21 mars). Le récit complet — je n'ai pas besoin d'en souligner l'intérêt hagiographique et iconographique — se trouve dans les légendaires et les passionnaires.

Dans les notices qui suivent, je me contenterai de résumer la légende telle que la donnent les leçons du bréviaire : résumé purement objectif, sans appréciation du

(1). Voir les pages érudites du P. A. Poncelet : *Le légendier de Pierre Calo* dans *Anal. Bolland.*, t. XXIX, 1910, p. 1 à 116 et les savantes études du P. H. Delehaye : *Les origines du culte des martyrs*, 1912. — *Les passions des martyrs et les genres littéraires*, 1921. — *Les légendes hagiographiques*, 3me édit., 1927. — *Sanctus*, 1927.

contenu, sans critique des faits rapportés. Quant aux notes d'histoire et d'archéologie, elles rappelleront les monuments élevés sur le sol parisien en l'honneur des différents saints par la piété du moyen âge : édifices disparus ou encore debout, rues ou places publiques que nous parcourons encore. Elles feront revivre le passé et expliqueront le présent. Ces souvenirs montreront à quel point la religion a imprégné notre vie sociale urbaine et avec quel bonheur elle a inspiré tant de fois le génie des architectes, des sculpteurs et des peintres du moyen âge.

On n'attend pas de moi, je pense, une étude d'après les sources, une documentation originale et des recherches personnelles sur chaque problème relatif aux saints du calendrier parisien. Devant l'immensité d'une telle œuvre, j'ai dû me borner à mettre au point les données de l'histoire et de l'archéologie. Toute ma science est une science d'emprunt. J'ai tâché seulement de me documenter auprès des bons auteurs, dont on trouvera ci-dessous une liste qui est loin d'être complète (1).

Avant d'aborder les notices sur les saints de notre bréviaire, il convient d'avertir le lecteur qu'il constatera maints désaccords entre le calendrier et le sanctoral. Tel saint qui est indiqué par le premier est absent du second et réciproquement. Saint Hilaire et saint Remi sont mentionnés au 13 janvier dans le calendrier, alors que le sanctoral est muet à leur égard; il en est de même des saints Speusippe, Eleusippe et Méleusippe et de saint Antoine ermite, au 17 janvier; de sainte Eulalie de Barcelone au 12 février; de sainte Honorine au 27 février; de saint Aubin d'Angers au 1er mars; de sainte Gertrude au 17 mars; de saint Ambroise, de saint Léon, de

(1). Je citerai en premier lieu le savant ouvrage de l'abbé LEBEUF : *Histoire de la ville et de tout le diocèse de Paris*, 1754-1758. Nouvelle édition par H. COCHERIS, 1863-1867. Rectifications et additions par F. BOURNON, 1890-1892. Je citerai également H.-A. JAILLOT : *Recherches critiques, historiques et topographiques sur la ville de Paris depuis ses commencements*, 1772-1773. Mentionnons ensuite les excellentes notices de l'*Epitaphier du Vieux Paris* par Em. RAUNIÉ, et, d'une manière globale, toute la collection de l'*Histoire générale de Paris*, dite *collection verte*. — A ces travaux d'intérêt général, il faut joindre une série de monographies parues depuis 1890 (on trouvera les autres mentionnées dans Cocheris et dans Bournon) et dont quelques-unes constituent des modèles du genre. Elles sont énumérées dans l'ordre chronologique.

GRENTE (Abbé J.), *Une paroisse de Paris sous l'ancien régime. Saint-Jacques-du-Haut-Pas* (1566-1793). Paris 1897.

GASTON (Abbé Jean), *Une paroisse parisienne avant la Révolution. Saint-Hippolyte*. Paris 1908.

VITRY (Paul) et BRIÈRE (Gaston), *L'église abbatiale de Saint-Denis et ses tombeaux*. Paris, 1908.

LEVILLAIN (Léon), *L'église carolingienne de Saint-Denis*. 1908. — *Les plus anciennes églises abbatiales de Saint-Denis*. 1909. — *Etudes sur l'abbaye de Saint-Denis à l'époque mérovingienne*, dans *Bibliothèque de l'Ecole des chartes*. 1921, p. 5 à 116; 1925, p. 5 à 99; 1926, p. 20 à 97, 245 à 346.

BALOCHE (Abbé C.), *Eglise Saint-Merry de Paris. Histoire de la paroisse et de la collégiale* (700-1910). Paris, 1912.

STEIN (Henri), *Le palais de justice et la Sainte-Chapelle de Paris*. Paris, 1912.

GALTIER (E.), *Histoire de Saint-Maur-des-Fossés depuis les origines jusqu'à nos jours*. Paris 1913.

AUBERT (Marcel), *La cathédrale Notre-Dame de Paris* (Notice historique et archéologique). Paris, 1919. — *Notre-Dame de Paris* (Sa place dans l'architecture du XIIe au XIVe siècle). Paris, 1920. — *La cathédrale Notre-Dame de Paris* (Architecture et sculpture). Paris 1928.

BROCHARD (Louis), *Histoire de la paroisse et de l'église Saint-Laurent à Paris*. Paris, 1923.

ROCHEGUDE (Marquis de) et DUMOULIN (Maurice), *Guide pratique à travers le vieux Paris*. Paris, 1923.

MEURGEY (Jacques), *Histoire de la paroisse Saint-Jacques-de-la-Boucherie*. Paris, 1926.

sainte Euphémie et de saint Eutrope aux 4, 11, 13 et 30 avril, etc. Moins nombreux sont les saints qui possèdent un office dans le sanctoral et dont le nom est absent du calendrier. Citons cependant saint Charlemagne (28 janvier), l'octave de saint Pierre et de saint Paul (6 juillet), saint Louis de Toulouse (19 août), saint Siméon (8 oct.), et saint Eustache (1er nov.). Les notices suivantes sont présentées dans l'ordre même du bréviaire, qui est celui de l'année liturgique. La partie historique et archéologique ne concerne que les édifices parisiens et ceux-là seulement qui étaient déjà debout à l'époque de Philippe le Bon.

Andreas apostolus (30 nov.). — Les six premières leçons de l'office racontent la passion du saint à Patras, en Achaïe. Elle débute par le prologue bien connu : « Passionem sancti Andree apostoli quam coram oculis nostris vidimus, omnes presbiteri et diaconi ecclesiarum Achaie scripsimus... » Ce prologue est suivi du dialogue entre l'apôtre et le proconsul d'Achaïe, Egéas, de la condamnation à mort et du martyre. On attache saint André à la croix; on lui lie les mains, les pieds et le corps tout entier avec des cordes. L'apôtre demeure en croix pendant deux jours, il prêche l'évangile aux vingt mille hommes attirés par son supplice. Le récit s'arrête à cet endroit. Le trois dernières leçons contiennent l'homélie de saint Grégoire sur l'apôtre. Le culte de saint André était florissant à Paris au moyen âge. Une relique importante, un os brachial, était conservée dans une des châsses de Notre-Dame. Elle provenait de l'ancienne cathédrale Saint-Etienne. — Une église en l'honneur de saint André s'élevait sur la rive gauche de la Seine. C'était, au XIe siècle, une chapelle dédiée à saint Andéol, apôtre du Vivarais, dont les reliques avaient été apportées en France au milieu du IXe siècle. Ce nom prononcé à la romane : *Andéeu* avait été confondu de bonne heure avec celui d'*Andrieu* qui était, à cette époque, la forme du nom d'André. La nouvelle église, bâtie entre 1211 et 1215, portait le nom de Saint-André-des-Arcs ou Saint-André-des-Arts. Elle occupait l'emplacement actuel de la place Saint-André-des-Arts. Fermée en 1793, elle fut vendue comme propriété nationale en 1797 et démolie en 1800 (pl. doc. 93).

Eligius ep. et conf. (1er déc.). — Les neuf leçons de l'office racontent les derniers jours de l'évêque de Noyon. Elles débutent par les signes annonciateurs de sa fin prochaine : le mur de la basilique prêt à s'écrouler et la mort de Baldereidus, abbé de Tournai. En dernier lieu, elles décrivent la mort du saint au milieu de ses disciples et de ses compagnons d'apostolat. — L'ancien élève d'Abbon, l'auteur de tant de chefs-d'œuvre d'orfèvrerie, le maître de la monnaie de Clotaire II, le conseiller de Dagobert, l'évêque de Noyon (639-659), occupe une place importante dans la liturgie parisienne. Vers l'an 633, il fonda une abbaye de filles sous le titre de Saint-Martial; après sa mort, elle prit le nom de Saint-Eloi. L'abbaye et l'église abbatiale s'élevaient entre la Sainte-Chapelle et la Madeleine, sur l'emplacement actuel de l'hôtel du préfet de police et de la caserne de la Cité. Au XIIe siècle, les religieuses furent remplacées par des moines de Saint-Maur, puis, en 1631, par les

Barnabites de Saint-Eloi. En 1791, le couvent fut supprimé; les bâtiments furent vendus et détruits en 1797-1798. L'église a été démolie en 1862; sa façade a été réédifiée devant l'église des Blancs-Manteaux. En 1212, le chapitre et l'église de Noyon avaient envoyé un bras de saint Eloi à Notre-Dame de Paris.

Susceptio reliquiarum. (4 déc.). — En 1218, le chœur et la nef de Notre-Dame de Paris étaient achevés et déjà l'on travaillait à la façade. C'est vers cette date, qu'il faut placer la réception de plusieurs reliques transportées de l'église de Saint-Etienne-des-Grès à Notre-Dame. Dans les leçons de l'office, il est question des reliques de la sainte Vierge; s'il faut en croire le manuscrit latin 8885 de la Bibliothèque nationale (missel du XIVe siècle), il s'agirait de quelques-uns de ses cheveux : « Susceptio capillorum beate Marie... ». Il faut y ajouter des reliques de saint Jean-Baptiste, de saint André, de saint Etienne et de saint Denis. D'après le missel cité plus haut, ce serait le chef de ce dernier qui aurait été transporté à Notre-Dame : « Susceptio... capitis beati Dyonisii in ecclesia Parisiensi ». M. Marcel Aubert a établi que la date de 1218 n'était pas autrement certaine (1).

Nicolaus ep. et conf. (6 déc.). — Les trois premières leçons de l'office sont consacrées à la jeunesse de saint Nicolas. Les six autres retracent le geste du saint jetant sa bourse dans la maison du père des trois jeunes filles que la misère allait faire tomber dans la prostitution. Le récit prend fin avant l'élection de saint Nicolas à l'évêché de Myre. Le 9 mai 1087, six siècles après sa mort, les reliques de saint Nicolas arrivaient à Bari, en Italie. Mais déjà son culte avait pénétré en Occident : on le constate par deux diplômes de l'archevêque de Bari, Nicolas, datés de 1036 et 1039, d'après lesquels ce prélat avait fait construire deux églises en l'honneur du saint (*Anal. Boll.* 1903, p. 353). Le même fait se vérifie en parcourant les anciens sacramentaires et missels manuscrits. — A Paris, plusieurs églises lui étaient consacrées. La plus ancienne est sans doute cette chapelle que Louis le Gros (1108-1137) fit bâtir à l'endroit où s'élève actuellement la Sainte-Chapelle. Ce n'était du reste qu'un autel portatif dressé dans la grande salle du palais royal. D'autres églises furent ensuite édifiées en son honneur : Saint-Nicolas-du-Louvre (planche documentaire 92), du début du XIIIe siècle (1217), bâtie sur l'emplacement actuel de la place du Carrousel; Saint-Nicolas-des-Champs, vieille chapelle du XIIe siècle dépendant du prieuré de Saint-Martin, érigée en paroisse avant 1220, reconstruite de 1420 à 1480 et actuellement encore église paroissiale (planche documentaire 88; rue Saint-Martin, n° 254). Citons en dernier lieu Saint-Nicolas-du-Chardonnet, ancienne chapelle bâtie vers 1230, dans un endroit où le chardon croissait en abondance. Rebâtie dès 1247, et enfin au XVIIe siècle, elle a été maintenue comme église paroissiale par la Révolution et elle est demeurée telle jusqu'à nos jours (planche documentaire 90); elle est située au numéro 23 de la rue des Bernardins. Une cha-

(1). Aubert (Marcel), *Bull. Soc. nat. Ant. de France.* 1925, p. 281. — Du même : *La cathédrale Notre-Dame de Paris.* 1919, p. 15.

pelle en l'honneur de saint Nicolas s'élevait autrefois dans le bas-côté nord de Notre-Dame (aujourd'hui chapelle Sainte-Clotilde).

Fara virg. (7 déc.). — Le bréviaire de Philippe le Bon fait mémoire de sainte Fare le jour de l'octave de saint André. Fondatrice de l'abbaye de Faremoutiers, au diocèse de Meaux, elle était particulièrement honorée à Champeaux, petite ville de la Brie, dans l'ancien diocèse de Paris, où ses reliques étaient conservées.

Conceptio beatae Mariae. (8 déc.). — Les leçons de notre bréviaire sont empruntées à un sermon attribué à saint Anselme (*P. L.*, t. LIX, col. 319 à 321). C'est la légende d'Elsin, abbé de Ramsey en Angleterre, sauvé d'un naufrage sur la promesse faite par lui de célébrer et de faire célébrer, chaque année, la fête de la conception de la sainte Vierge. Il est inutile d'avertir le lecteur qu'il ne s'agit pas ici de la fête moderne de l'Immaculée Conception, mais seulement de la conception de la Vierge, ou, comme disent les anciens liturgistes, de sa « création ». Les deux dernières leçons rapportent une apparition de la Vierge à l'abbé de Ramsey, au moment où il récitait l'antienne : « Pulchra es et decora, filia Iherusalem... »

Nicasius ep. et mart. – Eulalia virg. (10 déc.) – Il s'agit de saint Nicaise, évêque de Reims, massacré par les Vandales, le 14 décembre 407, sur le seuil de sa cathédrale. La légende du bréviaire rapporte l'invasion des Barbares. La narration s'arrête au moment où les habitants de Reims viennent trouver l'évêque et lui demander ce qu'ils doivent faire : se rendre à la merci des Vandales ou combattre jusqu'à la mort. — Le souvenir de saint Nicaise a été longtemps attaché à une chapelle de l'ancien hôpital des Quinze-Vingts (planche documentaire 92). Elle s'élevait en bordure de cette rue Saint-Nicaise qui partait environ du n° 155 de la rue actuelle Saint-Honoré et qui aboutissait à la Seine (aujourd'hui : place du Carrousel). La chapelle a disparu vers 1779 et la rue au début du XIXe siècle. Une chapelle en l'honneur de saint Nicaise s'ouvrait autrefois autour du chœur de Notre-Dame (aujourd'hui chapelle de Notre-Dame-des-Sept-Douleurs). — Sainte Eulalie, dont l'ancien bréviaire de Paris faisait mémoire ce jour-là, est la vierge de Mérida, martyrisée le 10 décembre 304, sous Dioclétien.

Gentianus, Fuscianus et Victoricus mart. Damasus papa. — D'après la légende du bréviaire, Fuscien et Victoric auraient été des compagnons de saint Denis. Ils auraient été reçus à Paris par Gentien, encore païen à cette époque. Peu de temps après leur arrivée, leur retraite aurait été découverte par Rictiovarus. Gentien aurait été martyrisé à Paris, Fuscien et Victoric aux environs d'Amiens.

Lucia virgo et mart. (13 déc.). — Les leçons du bréviaire rapportent les divers épisodes qui précèdent le martyre de la sainte : la visite au tombeau de sainte Agathe, la guérison miraculeuse d'Euthicia, mère de Lucie, et l'apparition de sainte Agathe à Lucie. Celle-ci est dénoncée par son fiancé au consul Paschasius. Sur son refus de sacrifier aux idoles, le consul condamne la jeune fille à être livrée aux débauchés, *ad lenones*, mais une force surnaturelle l'immobilise sur place. Paschasius appelle des magiciens, des aruspices et des prêtres païens qui essaient de venir à bout d'elle par leurs enchantements. Finalement, il la fait arroser d'huile pour être brûlée vive. Le récit prend fin sur ce dernier épisode.

Maximinus abb. (15 déc.). — L'ancien bréviaire de Paris faisait mémoire à cette date de saint Maximin, abbé de Micy (ou Saint-Mesmin), au diocèse d'Orléans.

Thomas apost. (21 déc.). — La légende du bréviaire débute par l'apparition du Christ à saint Thomas : le Maître envoie son apôtre dans les Indes. Saint Thomas fait d'abord des objections : « Seigneur, envoyez-moi partout, excepté aux Indes ». Finalement, il obéit. Suivent plusieurs épisodes fort curieux et pittoresques : l'entrevue de saint Thomas et du roi des Indes, nommé Gondophorus, les noces de la fille du roi d'Andronopolis, le châtiment du sommelier, le rêve des deux époux, leur baptême par saint Thomas et finalement le martyre de l'apôtre.

Stephanus prothom. (26 déc.). — L'office de saint Etienne emprunte les six premières leçons à un sermon de saint Fulgence (*P. L.*, t. LXV, 729-730) qui n'offre que des allusions à la vie du premier des martyrs. Les trois dernières sont tirées d'un commentaire de saint Jérôme sur le texte : « Ecce ego mitto ad vos prophetas... » — Des différentes églises parisiennes dédiées à saint Etienne, diacre et martyr, la plus ancienne et la plus vénérable est sans contredit celle de Saint-Etienne-le-Vieil. Elle datait au moins du VIe siècle. Elle s'élevait sur l'emplacement du chevet actuel de Notre-Dame. A l'époque carolingienne, elle servit même de cathédrale. Elle fut démolie vers 1160, par Eudes de Sully, pour la construction de Notre-Dame. Une autre église, également disparue, était consacrée à saint Etienne: c'était la vieille église de Saint-Etienne-des-Grès, ainsi nommée à cause des « degrés » (*gradus*) qu'il fallait monter pour y parvenir. Datant du VIIe siècle, suivant les uns, du Xe, selon les autres, elle s'élevait à l'angle des rues Saint-Jacques et Cujas actuelles (planche documentaire 90). Le chapitre de la cathédrale s'y rendait en procession aux deux fêtes du 26 décembre et du 3 août. Reconstruite au XIVe siècle, elle fut fermée en 1790, vendue et démolie en 1792. Une troisième église consacrée à ce saint a survécu aux ruines de la Révolution : c'est Saint-Etienne-du-Mont. Simple chapelle dépendant de Sainte-Geneviève au XIIe siècle, elle est érigée en paroisse en 1222; plusieurs fois remaniée et agrandie au XIVe et au XVe siècle, elle a été rebâtie de 1517 à 1626; le jubé, œuvre de l'architecte Pierre Biard, date de 1601 à 1605 (pl. doc. 90).

Iohannes apost. et ev. (27 déc.). — La légende de notre bréviaire débute par l'exil de saint Jean à Patmos, sous Domitien. Viennent ensuite le retour triomphal de l'apôtre à Ephèse et la résurrection de Drusiana. Puis, c'est le récit de sa mort : à l'âge de quatre-vingt-dix-neuf ans le Christ lui apparaît et lui annonce sa fin prochaine. Le récit se termine brusquement : « Et comme il disait ces mots, saint Jean fut reçu dans le ciel ». Les trois dernières leçons sont tirées d'une homélie de Bède, sur les paroles : « Dixit Ihesus Petro : Sequere me... »

SS. Innocentes. (28 déc.). — Les six premières leçons de l'office sont le début d'une homélie de saint Pierre Chrysologue sur la mort des Saints Innocents (*P. L.*, t. LII, 604-605 et XCV, 1174-1175). Les trois dernières sont empruntées à une homélie de Bède sur le texte : « Angelus Domini apparuit in somnis Ioseph... ». Peu de saints ont laissé des souvenirs aussi pittoresques sur le sol parisien que les enfants martyrs de Bethléem. Au milieu du XIIe siècle, sur l'emplacement actuel de la rue des Innocents, s'élevait une église entourée d'un cimetière (planche documentaire 92). Dès 1150, elle portait le nom d'église des Innocents. Louis VII (1137-1180) avait une grande dévotion à ces petits martyrs : il les invoquait et les prenait à témoin de ses actes (*Ann. ss. Bened.* VI, 700). Philippe-Auguste fit entourer le cimetière d'un mur; au milieu s'élevait une tour où une lampe brûlait la nuit. C'était l'église préférée de Jean de Berry qui avait fait sculpter les trois morts et les trois vifs sur le portail de droite (1408). Le cimetière fut supprimé en 1786 et remplacé par un marché. Peu de temps après, l'église disparut à son tour.

Thomas mart. (29 déc.). — Il s'agit ici de saint Thomas Becket, archevêque de Cantorbéry et chancelier d'Angleterre. La légende du bréviaire raconte ses démêlés avec Henri II et sa mort à Cantorbéry le 29 décembre 1170. Trois ans plus tard, Thomas Becket était canonisé par Alexandre III. Une dizaine d'années après, en 1187, Robert de Dreux, frère de Louis VII, bâtissait une église en l'honneur du saint. Elle s'élevait sur la place actuelle du Carrousel, près de la Seine, à l'extrémité de la rue Saint-Thomas-du-Louvre (planche documentaire 92). Elle s'effondra en 1739. Une autre église lui succéda qui prit le titre de Saint-Louis-du-Louvre. Mise sous scellés en 1790, elle fut démolie après la Révolution pour réunir les Tuileries au Louvre. Une chapelle en l'honneur de saint Thomas de Cantorbéry (aujourd'hui chapelle Saint-Pierre), existait à Notre-Dame dès 1252.

Silvester papa. Columba virgo. (31 déc.). — Les neuf leçons du bréviaire racontent la mise en prison de Silvestre par le préfet de Rome, Tarquinius, la mort de ce dernier, étouffé par une arête de poisson, et la délivrance de Silvestre. Devenu évêque de Rome, il subit la persécution de Constantin qu'il guérit de la lèpre. Le récit se termine sur ce miracle. — Sainte Colombe, dont notre bréviaire fait ici mémoire, est la vierge et martyre de Sens, patronne de ce diocèse.

Circumcisio Domini. (1er janv.). — Pour cette fête, comme pour la plupart des fêtes de Notre-Seigneur, je renvoie à ce qui a été dit plus haut (p. 46).

Oct. s. Stephani. (2 janv.). — Les trois leçons de l'office sont tirées de la *Cité de Dieu.* Elles rapportent plusieurs miracles obtenus par l'intercession de saint Etienne : guérisons, résurrection, conversions. Saint Augustin parle notamment des fleurs que les fidèles prenaient sur l'autel de saint Etienne et qu'ils plaçaient sur les malades pour les guérir (*P. L.*, t. XLI, 766-767).

Genovefa virgo. (3 janv.). — Les neuf leçons de l'office résument la première partie de la légende de sainte Geneviève : sa naissance, la visite de saint Germain à l'église de Nanterre, la petite médaille remise par l'évêque d'Auxerre à l'enfant pour qu'elle la portât au cou, l'orage arrêté à la prière de la sainte, le démoniaque guéri. Le récit prend fin sur ce dernier épisode. — Parmi les monuments qui rappellent le souvenir de sainte Geneviève, le plus illustre est l'abbaye qui reçut sa dépouille mortelle. C'est en 507 que Clovis fit de Paris la capitale de son royaume. Il choisit pour sa résidence l'ancien palais des Thermes. Cédant aux instances de la reine Clotilde et aux conseils de sainte Geneviève, il résolut de bâtir une église en l'honneur des saints apôtres Pierre et Paul. L'emplacement choisi occupait le sommet du mont Leucotitius et dominait la rive gauche de la Seine. Les travaux commencèrent en 508, au retour de la campagne contre les Wisigoths. Clovis mourut en 511 et fut enterré dans le sanctuaire. Sainte Geneviève lui survécut de quelques mois et fut inhumée dans la crypte. Vers 520, la basilique était terminée et la dédicace célébrée le 24 décembre par l'évêque de Reims, saint Remi. En 857, l'abbaye fut pillée et détruite par les Normands, la basilique brûlée. Les religieux avaient fui devant l'invasion, emportant avec eux les reliques de la sainte à Athis, puis à Draveil, et, en dernier lieu à Marizy-sur-Ourcq. La tempête apaisée, les religieux s'établissent de nouveau à Paris aux environs de 863. En 885, nouvelle approche des Normands. Cette fois, les moines se réfugient dans la Cité emmenant avec eux la châsse de sainte Geneviève. Pendant le siège, les reliques reposèrent dans un modeste oratoire dépendant de la cathédrale. La suite des événements est connue. Paris, assiégé par l'armée de Siegfried, se défend héroïquement pendant plus d'une année, sous la conduite du comte Eudes, de l'évêque Gozlin et d'Ebles, abbé de Saint-Germain-des-Prés. En octobre 886, les Normands lèvent le siège de la capitale. A dater de ce fait mémorable, où sa protection s'était visiblement affirmée, sainte Geneviève a conquis pour toujours la reconnaissance des Parisiens. Au XIIe siècle, l'abbaye se relève de ses ruines (pl. doc. 90). A partir de cette époque, et surtout à la suite du miracle des Ardents (1130), le titre de Basilique des Saints-Apôtres disparaît peu à peu et fait place à celui de Sainte-Geneviève. Après avoir traversé plusieurs siècles de gloire, l'abbaye sombre dans la tourmente révolutionnaire. Supprimée en 1790, l'église est démolie une dizaine d'années plus tard. Elle occupait l'emplacement de la rue Clovis actuelle; il n'en reste plus que la tour de ce nom. D'abord portée à Saint-Etienne-du-Mont, la grande châsse est enlevée en 1793 pour être fondue, et, dans un moment de folie, les reliques de la sainte patronne de Paris sont brûlées en place de Grève. — Sainte-Geneviève-du-Mont s'intitulait également Sainte-Geneviève-la-Grande par opposition à un autre édifice plus modeste : Sainte-Geneviève-la-Petite ou Sainte-Geneviève-des-Arsis ou des Ardents, en souvenir du miracle accompli en 1130, sur la place du Parvis-Notre-Dame (pl. doc. 87). C'était à l'origine un modeste oratoire en l'honneur de la sainte. En 885, il reçut la châsse de sainte Geneviève et le clergé de la cathédrale l'abandonna aux religieux de l'abbaye. En 1202, l'évêque de Paris l'érigea en église paroissiale. Elle subsista jusqu'en 1747, date à laquelle elle fut démolie et remplacée par l'Hospice des Enfants-Trouvés, puis par le Bureau central des Hôpitaux. Elle occupait une partie de l'emplacement actuel du Parvis-Notre-Dame.

Oct. SS. Innocentium. (4 janv.). — Les trois leçons de l'office sont empruntées à un sermon attribué à saint Augustin (*P. L.*, t. XXXIX, 2152).

Oct. s. Thomae mart., Simeon conf. (5 janv.). — Il s'agit ici de saint Siméon stylite, l'anachorète syrien, dont Notre-Dame de Paris possédait un bras. Les trois leçons de l'office rapportent les propos échangés sur la perfection évangélique entre Siméon et le vieillard qu'il avait rencontré dans l'église.

Lucianus, Maximianus et Iulianus mart., Rigoberti ep. et conf. (8 janv.). — Cette mention offre un exemple des désaccords assez souvent constatés entre le calendrier et le sanctoral de notre bréviaire. Saint Lucien, évêque de Beauvais, ses deux compagnons saint Maximien et saint Julien, et saint Rigobert, évêque de Reims, sont indiqués tous les quatre au calendrier, alors que le sanctoral ne contient aucun office en leur honneur. Le trésor de Notre-Dame possédait des reliques de saint Rigobert; une chapelle lui était consacrée derrière le chœur de la cathédrale dès 1296 (aujourd'hui chapelle de Notre-Dame-des-Sept-Douleurs).

Guillermus Bituricensis archiep. (10 janv.). — Il s'agit de l'évêque de Bourges, mort en 1209 et canonisé en 1218 par Honorius III. La légende du bréviaire retrace la première partie de sa vie; elle décrit d'abord son enfance; puis elle le montre successivement chanoine de Soissons et de Paris, religieux de Grandmont, moine cistercien à Pontigny, abbé de Charlieu et finalement archevêque de Bourges, où il donne l'exemple des plus hautes vertus épiscopales et où il guérit un malade. Le récit s'arrête là. A l'Université de Paris, saint Guillaume était patron de la Nation de France. Une chapelle érigée en son honneur s'élevait rue du Fouarre. Elle fut détruite et le culte du saint transféré au collège de Navarre (pl. doc. 90).

Oct. Epiphanie. Hylarius et Remigius ep. (13 janv.). — Aucun office ne correspond, dans le sanctoral du bréviaire, à cette mention du calendrier, et cependant le culte des saints Hilaire et Remi a été populaire à Paris au moyen âge. Au commencement de la rue Valette actuelle (celle-ci longe la bibliothèque Sainte-Geneviève et débouche sur la place du Panthéon) se trouve l'emplacement de l'église Saint-Hilaire-du-Mont. Cette église était debout dès le XIIe siècle : elle est citée dans une bulle d'Adrien IV (1158); remaniée au XVe et au XVIIIe siècle, elle fut supprimée en 1790 et démolie en 1795 (pl. doc. 90).

Felix in Pincis presb. et conf. (14 janv.). — D'après la légende du bréviaire, il s'agit d'un prêtre, nommé Félix, qui est amené au préfet Dracus. Celui-ci l'envoie en exil. Le récit prend fin sur la guérison d'une jeune démoniaque.

Maurus abb., Bonitus ep. et conf. (15 janv.). — Les neuf leçons de l'office rapportent plusieurs épisodes de la vie de saint Maur, disciple de saint Benoît : c'est d'abord la guérison et la conversion d'un mauvais moine qu'un enfant noir entraînait au mal; c'est ensuite le miracle du saint marchant sur les eaux et saisissant Placide par les cheveux au moment où il allait se noyer. Saint Maur mourut à Glanfeuil, en Anjou, vers 584. Trois siècles après, vers 868, ses reliques furent apportées au monastère des Fossés, aux environs de Paris, pour les soustraire aux déprédations des Normands. Transportées un peu plus tard à Sessieu, elles revinrent à Paris et furent déposées, en 923, dans le monastère des Fossés, qui prit dès lors le nom de Saint-Maur-des-Fossés. — Une chapelle en honneur de saint Bonnet, évêque de Clermont, fut bâtie sous Louis le Gros, en 1136, dans le voisinage de Saint-Merry. Elle fut détruite en 1792 et remplacée par un corps de garde. Elle s'élevait aux numéros 6 et 8 de la rue actuelle Saint-Bon (pl. doc. 89).

Marcellus papa et mart., Furseus conf. (16 janv.). — La légende de saint Marcel, pape, commence par la translation des saints Large, Smaragde et Cyriaque. A la demande d'une matrone romaine, Lucine, le pontife consacre la maison de cette dernière pour en faire une église. Mis au courant de ce qui s'était passé, l'empereur Maximien convertit la maison en étable à mulets et il oblige saint Marcel à y demeurer pour soigner les bêtes. C'est là que le saint meurt après quelques années. — Saint Fursy, dont le bréviaire parisien fait mémoire en ce même jour, est le fondateur de l'abbaye de Lagny, ancien diocèse de Paris.

Speusippus, Eleusippus, Meleusippus mart., Sulpitius ep. et conf., Antonius abb. (17 janv.). — Le sanctoral ne présente aucune commémoraison des saints langrois : Speusippe, Eleusippe et Méleusippe, dont les noms se lisent au calendrier; il passe sous silence saint Antoine ermite. Les trois leçons de l'office sont consacrées à saint Sulpice, évêque de Bourges, dont elles retracent les vertus. Elles se terminent par la guérison de Clotaire II, obtenue par l'intercession du saint. — L'église Saint-Sulpice actuelle date du XVIIe et du XVIIIe siècle. Elle en remplace une autre du XIIe siècle, sinon même plus ancienne, qui avait été rebâtie au XIIIe et au XIVe siècle et agrandie en 1530 (planche documentaire 93). — Deux églises rappellent le souvenir de saint Antoine ermite. La plus ancienne et la plus importante était l'église abbatiale de Saint-Antoine-des-Champs, ou Grand-Saint-Antoine (planche documentaire 89). Vers la fin du XIIe siècle, Foulques de Neuilly fondait une maison de refuge près d'une ancienne chapelle dédiée à saint Antoine ermite. En 1204, elle était érigée en abbaye par Eudes de Sully, évêque de Paris, et, en 1206, incorporée à l'ordre de Citeaux. L'église abbatiale édifiée en 1220 fut dédiée le 2 juin 1233 par Guillaume d'Auvergne. Supprimée en 1790, cette abbaye de femmes fut convertie en hôpital vers 1795; l'église fut vendue en 1796 et entièrement rasée. Elle s'élevait au delà de la Bastille, devant la façade actuelle de l'hôpital Saint-Antoine (pl. doc. 89). — Dans la seconde moitié du XIVe siècle, les religieux de Saint-Antoine de Viennois s'établirent à Paris, à la demande de Charles V encore dauphin (1361). L'église fut bâtie en même temps que l'hospice aux environs de 1370. L'ensemble reçut le nom de Petit-Saint-Antoine. L'église et le monastère furent vendus en 1798 et démolis après 1804; ils étaient situés dans le prolongement de la rue des Juifs, entre la rue du Roi-de-Sicile et la rue Saint-Antoine, vers le milieu de la rue Ferdinand-Duval actuelle (pl. doc. 89).

Prisca virgo et mart. (18 janv.). — Les leçons de cette vierge qui souffrit le martyre, à Rome, sous l'empereur Claude, sont empruntées au commun des vierges et n'offrent aucun intérêt historique.

Launomarus abb. (19 janv.). — Il s'agit de saint Laumer, fondateur de l'abbaye de Corbion au diocèse de Chartres. La légende du bréviaire raconte sa jeunesse et son arrivée à Chartres près de l'évêque qui l'avait appelé. Saint Laumer prédit les malheurs qui allaient fondre sur la ville; il prédit aussi la mort de l'évêque.

Fabianus et Sebastianus mart. (20 janv.). — Les neuf leçons du bréviaire sont consacrées exclusivement à saint Sébastien, officier chrétien qui jouit de la confiance des empereurs Dioclétien et Maximien, mais en leur laissant ignorer sa religion. L'épisode des frères Marcellin et Marcel est longuement raconté. Dioclétien fait appeler Sébastien, lui reproche d'être chrétien et le condamne à être percé de flèches. Le martyr échappe à la mort. Quelques jours après, il rencontre l'empereur et l'apostrophe avec véhémence. Le récit s'arrête là.

Agnes virgo (21 janv.). — La légende de la sainte est empruntée à la lettre du pseudo-Ambroise (*P. L.*, t. XVII, 735-741). A peine âgée de treize ans, Agnès est aimée du fils du proconsul; elle repousse ses avances. Le gouverneur la fait comparaître devant son tribunal et lui donne à choisir entre ces deux alternatives : sacrifier à Vesta ou être emmenée dans un lieu de débauche. Un ange apparaît à la jeune fille et la réconforte. Finalement Paschasius la livre aux flammes; mais le feu s'éteint aussitôt. Paschasius commande alors de lui enfoncer une épée dans la gorge. La légende s'arrête là. — Au commencement du XIIIe siècle, une chapelle dédiée à Sainte Agnès s'élevait sur l'emplacement actuel de l'église Saint-Eustache.

Vincentius mart. (22 janv.). — Les neuf leçons de l'office retracent le martyre de l'illustre diacre de Saragosse, son arrestation, les divers supplices qu'il endure et finalement sa mort glorieuse pour le Christ. — Vers 550, à son retour d'Espagne, Childebert fit bâtir une église en l'honneur de saint Vincent; elle fut dédiée le 23 décembre 557, sous le titre de la Sainte-Croix et de Saint-Vincent. Vingt ans après, saint Germain, évêque de Paris, mourait; il fut enterré dans la chapelle Saint-Symphorien qu'il avait fait élever au sud de l'église abbatiale (pl. doc. 93).

Emerentiana virgo. (23 janv.). — La légende du bréviaire retrace la passion de sainte Emérentienne, lapidée près du tombeau de sa sœur de lait, sainte Agnès.

Babylas ep. et soc. eius. (24 janv.). — Les leçons de l'office racontent la passion du saint évêque d'Antioche, ou plus exactement la première partie de cette passion. L'impie Numerianus le fait arrêter et essaie de l'intimider par des menaces. Babylas lui répond pour se justifier. Le récit s'arrête là.

Conversio sancti Pauli. Preiectus ep. (25 janv.). — Les six premières leçons sont tirées des Actes des Apôtres (IX, 1-22); les trois dernières sont empruntées à une homélie de saint Jérôme sur les paroles de saint Pierre à Jésus : « Ecce nos reliquimus omnia... » — Au VIIe siècle, à l'est de l'enceinte de Philippe-Auguste, dans le cimetière des religieuses de Saint-Martial, s'élevait une chapelle dédiée à saint Paul. Sur son emplacement, on construisit plus tard une église en l'honneur de l'apôtre : il en est question dans un diplôme de Louis VII, daté de 1141. Rebâtie au XIIIe et au XIVe siècle, elle fut consacrée en 1431. Fermée en 1790, elle fut mise en vente en 1796 et démolie en 1799. Elle occupait l'extrémité de la rue Eginhard actuelle (autrefois rue Neuve-Saint-Paul, puis, rue Neuve-Sainte-Anastase), (pl. doc. 89).

Polycarpus ep. et mart. (26 janv.). — La légende du bréviaire raconte l'arrestation de l'évêque de Smyrne et son interrogatoire par le consul; elle dépeint la foule ameutée contre lui. Le récit prend fin sur cet épisode. Les reliques de saint Polycarpe étaient vénérées dans l'église de Saint-Jean-en-Grève (pl. doc. 89). Elles étaient exposées sur le maître-autel, dans une châsse d'argent, avec des ossements de saint Ignace d'Antioche. Elles avaient été données par l'église Saint-Jean de Lyon, en 1312. Toutefois, je remarque que la messe de saint Polycarpe se lit déjà dans un missel parisien du début du XIIIe siècle : « De sancto Policarpo ep. et mart. » (Bibl. nat., ms. latin 1112, fol. 161).

Iulianus ep. et conf., Iohannes conf. (27 janv.). — Il s'agit ici de saint Julien, évêque du Mans. Les neuf leçons de l'office sont tirées de la vie du saint par Letald, abbé de Micy. Elles mentionnent deux miracles dus à l'intercession du saint évêque : la fontaine jaillissante et la guérison de l'aveugle. — Dès la première moitié du XIVe siècle, une chapelle et un hôpital en l'honneur de saint Julien s'élevaient vers le milieu de la Grande-Rue-Saint-Martin (pl. doc. 88 et 89). Cette chapelle était le siège de la célèbre corporation des ménétriers : « Les jugleurs, menestriers et maistres en l'art et science de menestrandie, lit-on dans un acte daté du 15 octobre 1330, ayant résolu d'aider leurs confrères à construire un hôpital pour héberger les pauvres, en l'honeur et révérence de Dieu, de nostre Dame, de saint Julien du Mans et de saint Genest... » La chapelle et l'hôpital furent démolis en 1790.

Agnes secundo. (28 janv.). — Au bréviaire de Philippe le Bon se lit un office de Charlemagne; le calendrier n'en fait aucune mention. Le grand empereur canonisé par l'antipape Pascal III, à la requête de Frédéric Barberousse, lors de la translation définitive de ses restes dans l'église d'Aix-la-Chapelle, le 27 juillet 1165, était le patron du comte de Charolais, le futur Charles le Téméraire. Sa canonisation n'était pas de celles qui s'imposent; les écarts de sa vie privée ne le désignaient pas spécialement pour l'auréole des bienheureux. Du reste, la légende du bréviaire glisse sur les détails gênants; elle se tient dans les généralités et se borne à célébrer le défenseur de la papauté et de l'Eglise. En France, le culte de l'empereur eut toujours quelque peine à s'implanter, même après l'ordonnance de Louis XI (1475). Son office et sa messe se trouvent à partir de la seconde moitié du XIVe siècle dans quelques bréviaires et dans un petit nombre de missels manuscrits. Un psautier-livre d'heures de cette même époque mentionne cette fête en ces termes : « Saint Charlemagne, roy de France et empereur. Annuel. *Feste nouvelle* » (Paris, Bibl. nat., ms. lat., 1082). — Les trois leçons de la seconde fête en l'honneur de sainte Agnès sont tirées d'une homélie sur les vertus admirables de cette vierge romaine, proposée en exemple à toutes les jeunes filles.

Paula matrona. (29 janv.). — La légende de sainte Paule, dame romaine, descendante des Gracques et des Scipions, née à Rome en 347, morte à Bethléem, le 26 janvier 404, est empruntée à son éloge par saint Jérôme. Celui-ci, après avoir rappelé ses origines, raconte comment, devenue veuve, elle s'embarqua pour la Palestine où elle fonda plusieurs monastères. Elle-même prit le voile en même temps qu'une de ses filles, Eustochium. Elle mourut en prononçant ces paroles du psalmiste : « Domine, dilexi decorem domus tuae et locum habitationis tuae ».

Bathildis regina. (30 janv.). — Il s'agit de sainte Bathilde, reine de France, femme de Clovis II, fondatrice des abbayes de Corbie au diocèse d'Amiens et de Chelles au diocèse de Paris. Régente du royaume pendant la minorité de Clotaire III, elle se retira dans l'abbaye de Chelles en 664. Elle y mourut le 30 janvier 680, après s'être soumise aux règles sévères qu'elle avait elle-même dictées et à l'abbesse nommée par elle. La légende du bréviaire raconte la vision qu'elle eut avant sa mort, sa fin édifiante et la mort d'une filleule de sept ans, quelques heures avant qu'elle ne rendit elle-même le dernier soupir. Ses reliques étaient — et sont encore — conservées dans l'église abbatiale de Chelles (pl. doc. 85).

Metrannus mart. (31 janv.). — Saint Metran dont le bréviaire parisien faisait mémoire est un martyr d'Alexandrie, qui mourut pendant la persécution de Dèce.

Ignatius ep. et mart., Brigida virg. (1er févr.). — Les trois leçons de l'office retracent le martyre de l'évêque d'Antioche sous Trajan. Sainte Brigide, dont la commémoraison a lieu ce même jour, est l'abbesse de Kildare, en Irlande, au VIe siècle.

Purificatio beatae Mariae (2 févr.). — Les six premières leçons de l'office sont tirées d'une homélie attribuée à saint Fulgence (*P. L.*, t. LXV, 838-839) sur la fête de la Purification; les trois autres d'une homélie de Bède sur le même sujet. Après le chant de Tierce, avait lieu la procession de la Chandeleur. Le clergé de Notre-Dame se réunissait dans la vieille église de Saint-Jean-le-Rond (pl. doc. 87). L'évêque ou un prêtre désigné par lui bénissait les cierges qui étaient ensuite allumés et distribués aux membres du clergé. La procession se rendait alors à Notre-Dame. Elle s'arrêtait au pied de la croix du jubé pour y chanter l'antienne *Alma redemptoris* et l'oraison, et la messe commençait.

Blasius ep. et conf. mart. (3 févr.) — La légende de l'évêque de Sébaste, en Arménie, débute par l'épisode de la chrétienne Justiana et de son fils, Salustianus, « prince des idoles », frappé d'un mal subit pendant un sacrifice à Jupiter. Justiana conduit son fils à saint Blaise qui le guérit et le baptise. L'évêque est arrêté à Nicopolis et traduit devant le président du tribunal qui l'interroge. Le récit s'arrête là. — Dès le début du XIIIe siècle, avant 1211, une chapelle en l'honneur de saint Blaise s'élevait vers le n° 48 de la rue Galande actuelle, sur le territoire de la paroisse Saint-Séverin. A partir de 1476, elle devint le siège de la célèbre confrérie des maçons et charpentiers, confrérie dont saint Blaise était le patron depuis plus de deux siècles, comme l'atteste le Livre des métiers. La chapelle disparut en 1808.

Agatha virgo et mart. (5 févr.). — La légende du bréviaire est empruntée à la passion de la sainte. Quintianus, consul de Sicile, veut épouser Agathe. Sur le refus de celle-ci, il la livre à une femme de mauvaise vie, nommée Aphrodise, et à ses neuf filles pour la faire changer de résolution. Désespérant d'y parvenir, Quintianus fait jeter Agathe en prison; il la fait comparaître devant son tribunal et lui ordonne de sacrifier aux dieux; Agathe refuse. Quintianus la livre à la torture et lui fait couper les seins. La nuit suivante, saint Pierre apparaît à la jeune martyre et la guérit. Finalement elle expire, après avoir enduré de nouveaux supplices.

Vedastus et Amandus ep. (6 févr.). — Les trois leçons du bréviaire décrivent la naissance et la jeunesse de saint Amand, son entrée au monastère et le miracle du serpent mis en fuite par un signe de croix. Les reliques du saint reposaient dans l'abbaye de Saint-Amand. Dans la seconde moitié du IXe siècle, vers 870, elles furent apportées à Saint-Germain-des-Prés pour être dérobées à la fureur des Normands. C'est là qu'elles furent découvertes en 1267. Plus tard, on en détacha un ossement qui était conservé à Notre-Dame, dans la châsse de la sainte Vierge. Aucune mention de saint Vaast, évêque d'Arras, pourtant nommé au calendrier.

Scholastica virgo. (10 févr.). — La légende du bréviaire raconte le gracieux épisode de la visite de saint Benoît à sa sœur, visite prolongée par l'orage survenu à la prière de sainte Scolastique pour empêcher son frère de repartir.

Eulalia virgo et mart. (12 févr.). — Il s'agit de sainte Eulalie de Barcelone; aucun office ne correspond dans le sanctoral à la mention du calendrier.

Valentinus mart. (14 févr.). — Les leçons de l'office sont empruntées au commun des martyrs et ne donnent aucun détail sur la vie du saint.

Cathedra sancti Petri. (22 févr.). — Les six premières leçons de l'office sont tirées d'une homélie attribuée à saint Augustin sur la chaire de saint Pierre, les trois autres d'un sermon de Bède sur le même sujet. J'exposerai à la fête du 29 juin ce qui concerne les églises consacrées à l'apôtre dans le Paris du XVe siècle.

Mathias apost. (24 févr.). — La légende du bréviaire est assez pauvre de renseignements sur la vie de l'apôtre. Elle nous apprend qu'il évangélisa la Judée. La neuvième leçon donne le discours de saint Pierre pour l'élection de saint Mathias à la place de Judas; le récit de l'élection est passé sous silence.

Honorina virg. et mart. — (27 févr.). Aucun office ne correspond dans le sanctoral du bréviaire à cette mention du calendrier. En 898, sous le règne de Charles le Simple, le corps de cette vierge normande — la plupart des martyrologes omettent son titre de martyre — fut transporté de Graville, au diocèse de Rouen, à Conflans, près de Pontoise (pl. doc. 86), au diocèse de Paris, où il reposa jusqu'en 1082. Ainsi s'explique, sans doute, cette mention du calendrier.

Albinus ep. et conf. (1er mars). — Aucun office ne correspond, dans le sanctoral, à cette mention de saint Aubin, évêque d'Angers, dans le calendrier.

Perpetua et Felicitas mart. (7 mars). — Les saintes martyres de Carthage dont notre bréviaire indique ici la commémoraison n'ont pas d'office dans le sanctoral.

Gregorius papa. (12 mars). — Les neuf leçons de l'office retracent la première moitié de la vie du grand pontife romain : sa naissance illustre, sa jeunesse studieuse, sa charité (devenu orphelin, il distribua sa fortune aux pauvres), son zèle (il fonda six monastères en Sicile et un septième à Rome, où lui-même prit l'habit), son austérité (il multipliait les abstinences et les jeûnes, au point que son entourage ne pouvait pas le suivre dans cette voie). Le récit s'arrête là.

Gertrudis virg. (17 mars). — L'abbesse de Nivelles, au diocèse de Liége, dont le calendrier fait mention, ne possède ni office ni légende.

Benedictus abbas (21 mars). — Les neuf leçons de l'office retracent à grands traits la vie du saint patriarche : sa naissance dans la province de Nursie, ses études à Rome, et finalement, sa retraite au désert. Sa vieille nourrice, qui l'aimait tendrement, l'accompagne dans sa solitude; ici se place l'épisode du crible brisé, réparé miraculeusement à la prière du jeune saint, et suspendu à l'entrée de l'église par les habitants du lieu. Puis, brusquement, c'est le récit de la mort de saint Benoît. Six jours avant de mourir, il fait ouvrir son tombeau. Le dernier jour, il se fait transporter à l'oratoire, reçoit le corps et le sang du Christ et meurt au milieu de ses disciples. — En dehors des nombreuses et célèbres abbayes d'hommes et de femmes, un des monuments qui ont le mieux conservé le souvenir du fondateur de l'ordre bénédictin, est la vieille église de Saint-Benoît-le-Bétourné. Primitivement, c'est-à-dire à l'époque mérovingienne, c'était une chapelle dédiée aux saints Serge et Bacchus. Elle s'élevait sur l'emplacement de la nouvelle Sorbonne, à l'angle de la rue des Ecoles et de la rue Saint-Jacques. Dans le courant du XIIe siècle, avant 1183, elle fut érigée en paroisse sous le titre de Saint-Benoît (pl. doc. 90). Au XIVe siècle, exactement en 1363, on y célébrait la fête de la translation de saint Benoît (11 juillet). L'église était orientée d'une façon défectueuse : le chœur était à l'ouest et le portail à l'est; d'où son nom de *bestourné*, c'est-à-dire mal tourné. Dès la seconde moitié du XIVe siècle, peut-être même auparavant, on y remédia en changeant l'autel de place, et Saint-Benoît devint le *bientourné*. C'est dans son cloître que François Villon fit ses premières études et qu'il obtint le titre de bachelier-ès-arts; plus tard, c'est là qu'il se réfugiait quand il avait des démêlés avec la justice. L'église fut supprimée en 1790 et démolie en 1854, lors du percement de la rue des Ecoles; son portail a été transporté et reconstruit dans le square de Cluny.

Annunciatio dominica (25 mars). — Les six premières leçons de l'office sont tirées d'un sermon attribué tantôt à saint Augustin, tantôt à saint Maxime de Turin (*P. L.*, LVII), 845); les trois dernières d'une homélie sur les paroles : « Missus est Gabriel angelus a Deo in civitatem Galylee cui nomen Nazareth... »

Maria AEgyptiaca (2 avril). — La légende du bréviaire décrit la rencontre de Zosime et de Marie l'Egyptienne dans le désert. La sainte raconte à l'abbé sa vie coupable, sa visite dramatique à Jérusalem, le jour de l'Exaltation de la sainte croix, dans la basilique du Calvaire, et enfin sa vie pénitente au désert pendant soixante ans. En terminant, elle demande à Zosime de revenir l'année suivante aux bords du Jourdain, le jour de la Cène, avec le corps et le sang du Seigneur. Le récit s'arrête là. — En 1372, près de la porte Montmartre, à l'angle de la grande rue Montmartre et de la rue de la Jussienne, s'élevait une chapelle dédiée à sainte Marie-Egyptienne devenue, dans l'appellation populaire, l'église de la Jussienne (pl. doc. 91). En 1403, une confrérie de drapiers sous le vocable de sainte Marie et de saint Christophe, y établit son siège. La chapelle fut détruite en 1791, mais le souvenir de la sainte s'est perpétué dans le nom de la rue de la Jussienne.

Ambrosius ep. et conf. (4 avr.). — *Leo papa et conf.* (11 avr.). — *Euphemia virgo* (13 avr.). — Ni saint Ambroise, évêque de Milan, ni saint Léon le Grand, pape, ni sainte Euphémie ne possèdent d'office propre dans notre bréviaire.

Tiburtius, Valerianus et Maximianus mart. (14 avr.). — La légende du bréviaire est empruntée à la passion des saints Tiburce et Valérien; elle rapporte leur comparution devant le préfet Almachus qui les condamne à être décapités pour n'avoir pas voulu sacrifier à Jupiter.

Inventio corporum Dyonisii sociorumque eius Opportuna virg. (22 avr.). — Vers le milieu du IIIe siècle, saint Denis et ses compagnons furent martyrisés dans un lieu appelé Catulliacus ou Catolacus (aujourd'hui Saint-Denis). Une dame fit enterrer leurs corps dans un champ de labour. La persécution terminée, elle fit connaître l'emplacement de la sépulture, tenu secret jusqu'alors : c'est ce qu'on appelle l'*invention*, c'est-à-dire la découverte et la reconnaissance des reliques. Bientôt un mausolée se dressa sur la tombe des martyrs. Une basilique, fondée par sainte Geneviève, construite vers 475 par le prêtre Genesius et desservie par un groupe de moines, lui succéda, en attendant que s'élevât, quelques siècles plus tard, la grande église de l'abbaye royale de Saint-Denis (pl. doc. 85). — Sainte Opportune, dont le bréviaire fait mémoire ce jour-là, était abbesse de Montreuil, au diocèse de Sées. Elle y mourut le 8 avril 870 et y fut enterrée. Quelques années après, en 878, Hildebrand II, évêque de Sées, chassé de son siège par les Normands, fit transporter le corps de la sainte à Moucy, puis à Moussy-le-Neuf, au diocèse de Paris. A cette date, on constate l'existence d'une église en son honneur et où s'opèrent des miracles. Elle s'élevait au commencement de la rue Saint-Denis, près de l'église des Innocents (pl. doc. 92). Rebâtie au XIIIe siècle, elle devint le siège de plusieurs confréries : notamment de celles des brodeurs, de Notre-Dame-du-

Bois, des potiers d'étain et des chapeliers. Vendue en 1792, elle fut démolie en 1797. Son emplacement se trouve à l'intersection des rues actuelles des Lavandières-Sainte-Opportune et des Halles.

Georgius mart., Regulus ep. et conf. (23 avr.). — La légende du bréviaire décrit la comparution de saint Georges devant le proconsul Dacianus. Celui-ci lui fait déchirer le corps avec des ongles de fer, le jette ensuite en prison, et, en dernier lieu, le fait attacher à une roue garnie de lames tranchantes des deux côtés; mais la roue se brise. Le récit s'arrête là. Le culte de saint Georges est très ancien dans le diocèse de Paris. Plusieurs de ses reliques, reconnues par saint Germain, étaient placées sous l'autel occidental de l'église Saint-Vincent. —Saint Ricule, dont l'office fait mémoire ce jour-là, est l'évêque de Senlis.

Marcus evang. (25 avr.). — La légende du bréviaire décrit l'apostolat de saint Marc en Egypte, puis à Alexandrie. Brusquement, c'est le récit de sa mort : le Christ lui apparaît dans sa prison, la foule l'entraîne dehors après lui avoir passé une corde au cou et saint Marc rend le dernier soupir. — Notre bréviaire parle en termes laconiques de la *litanie majeure* ou *procession de saint Marc* qui avait lieu ce jour-là : « Et facienda erit processio sicut in libro processionali continetur ». (Ms. 9511, fol. 514vo). Le processionnal manuscrit de Paris déjà cité la décrit en détail et nous pouvons, grâce à lui, reconstituer son itinéraire (Bruxelles, Bibl. roy., ms. 1799, fol. 67 à 73; pl. doc. 89). Le jour de Saint-Marc, la station était à Saint-Merri, dans la grande rue Saint-Martin. Mais pour s'y rendre, la procession empruntait, s'il est permis de s'exprimer ainsi, le chemin des écoliers. Le clergé sortait de Notre-Dame au chant de l'antienne : « De Iherusalem exeunt reliquie... » Quand le cortège atteignait Saint-Christophe-en-la-Cité, les enfants de chœur entonnaient les litanies. La procession traversait le Pont-Notre-Dame, débouchait sur la rive droite; puis, au lieu de se rendre directement à Saint-Merri, obliquait immédiatement à droite et arrivait devant Saint-Gervais. Elle s'arrêtait dans l'atrium, chantait quelques antiennes et traversait le cimetière en récitant des prières pour les défunts. Il s'agit, je pense, du vieux cimetière paroissial de Saint-Gervais dont l'existence remonte à l'époque mérovingienne (il s'étendait en face des n°s 2 à 14 de la rue François-Miron). La procession se dirigeait ensuite vers l'église Saint-Paul et pénétrait dans l'édifice en chantant l'antienne : « Sancte Paule apostole... » Elle revenait alors sur ses pas et gagnait Saint-Merri où elle entrait au chant du répons : « Petre, amas me... » La messe de la station était ensuite célébrée. Aussitôt terminée, la procession sortait de l'église, suivait la rue Saint-Martin et traversait le Pont-Notre-Dame. A son retour, elle faisait mémoire des saints titulaires des églises rencontrées au passage : saint Barthélémi, saint Magloire, saint Eloi, la sainte Croix, saint Denis, sainte Marie-Madeleine, saint André, sainte Marine, saint Pierre, saint Christophe et saint Etienne. Elle rentrait à Notre-Dame au chant de l'antienne : « Virgo prudentissima... »

Dedicatio sancte Capellae Parisiensis (26 avr.). — C'est l'anniversaire de la dédicace de la Sainte-Chapelle. Comme il a été dit plus haut (p. 22), aucun office ne correspond dans le sanctoral à cette mention du calendrier.

Vitalis mart. (28 avr.). — Saint Vital était le mari de Valérie et le père des saints Gervais et Protais. La légende du bréviaire le montre à Ravenne, encourageant et réconfortant un médecin chrétien, Ursicin, condamné à mort pour sa foi et sur le point de défaillir. Le juge qui a condamné Ursicin fait arrêter Vital et le fait étendre sur un chevalet pour l'obliger à sacrifier aux idoles. Le récit s'arrête là.

Petrus mart. (29 avr.). — Il s'agit de saint Pierre de Vérone, dominicain, martyrisé près de Milan en 1252, et canonisé l'année suivante. Notre bréviaire renvoie aux leçons du commun d'un martyr. Une chapelle du pourtour du chœur de Notre-Dame était consacrée à ce saint.

Eutropius ep. et mart. (30 avr.). — Saint Eutrope, évêque de Saintes, n'a pas d'office propre dans notre bréviaire. Son culte à Paris date de la fin du XIIIe siècle : une ordonnance du chapitre, rendue à la demande de Philippe le Bel et de la reine Jeanne qui avaient une grande dévotion pour ce saint, en témoigne clairement.

Philippus et Iacobus apost. (1er mai). — La légende du bréviaire raconte la première partie de la vie de saint Philippe. Au pays des Scythes, où il exerce son apostolat, les païens veulent l'obliger à sacrifier à une statue du dieu Mars; mais un serpent sort du piédestal, tue le fils du pontife païen, mord deux tribuns et infecte l'air de son souffle, au point de rendre malades tous les assistants. Effrayés, ceux-ci se tournent vers saint Philippe qui les engage à briser la statue du dieu Mars et à ériger une croix à la place. Le récit s'arrête là. — Les leçons de l'office de saint Jacques le Mineur, évêque de Jérusalem, décrivent sa vie austère et son éminente sainteté. A force de se tenir agenouillé pour l'oraison et la prière, ses genoux étaient devenus semblables à ceux d'un chameau : « ita ut orando callos faceret in genibus in modum cameli ». La troisième leçon est tirée d'une homélie de saint Augustin. — Saint Amateur, dont le bréviaire fait mémoire ce jour-là, est l'évêque d'Auxerre, mort en 418. — Au XVe siècle, une fois franchie la porte du Faubourg Saint-Honoré et dépassée l'enceinte de Charles V, c'était la campagne. Au bout d'un quart d'heure, se rencontrait une léproserie fondée deux siècles auparavant par le personnel de la Monnaie : on y traitait les maladies de peau auxquelles étaient exposés les ouvriers qui travaillaient aux fours, maladies dont la lèpre était la forme la plus redoutable. Dès l'origine, c'est-à-dire au début du XIIIe siècle, une chapelle s'élevait au milieu de la maladrerie, sous le vocable de saint Philippe et de saint Jacques. Le hameau du Roule dépendait alors de la paroisse de Villiers; il en fut ainsi jusqu'en 1699, date à laquelle la chapelle fut érigée en paroisse Saint-Jacques et Saint-Philippe, pour devenir plus tard : Saint-Philippe-du-Roule (pl. doc. 92). — Jean de Berry avait fait présent du chef de saint Philippe à l'église de

Paris. Cette relique insigne était enchâssée dans l'or et les pierreries; avant la Révolution, elle était l'objet d'un culte public.

Inventio sanctae Crucis. Alexander, Eventius et Theodolus mart., Iuvenalis ep. et conf. (3 mai). — La légende de l'office de la sainte Croix décrit l'arrivée des Barbares sur les bords du Danube, prêts à franchir le fleuve. A leur vue, Constantin est saisi d'effroi. Mais la nuit, un ange : « vir splendidus », lui apparaît et lui montre une croix sur laquelle se lisent ces mots : « In hoc signo vinces ». Réconforté par cette vision, Constantin fait confectionner une croix et la fait porter en tête de son armée. Puis il engage le combat. Les Barbares sont vaincus. Constantin réunit alors les prêtres païens et leur demande de quel dieu cette croix était le signe. Le récit ne va pas plus loin. — Une église Sainte-Croix-en-la-Cité s'élevait au moyen âge sur l'emplacement actuel du Marché-aux-Fleurs, à l'angle des anciennes rues de la Draperie et de Sainte-Croix. Elle fut érigée en paroisse au XIIe siècle; elle dépendait de Saint-Eloi. Supprimée en 1790, elle fut démolie en 1797, sauf le portail qui était encore debout en 1846 et qui fut abattu cette année-là (pl. doc. 87).

Quiriacus ep. et mart. (4 mai). — D'après la légende du bréviaire, l'empereur Julien fait comparaître Quiriace, évêque de Jérusalem, et l'interroge longuement. Ne pouvant l'ébranler dans sa foi, il lui fait endurer divers supplices et finalement, le fait jeter dans une chaudière d'eau bouillante.

Fortunatus ep. et conf. (5 mai). — Le saint dont notre bréviaire fait mémoire à cette date, n'est pas Venantius Fortunatus, évêque de Poitiers, mais bien l'hagiographe italien, né à Verceil, et évêque de Turin. Il était lié d'amitié avec saint Germain de Paris et il écrivit la vie de saint Marcel. Il mourut à Chelles, au diocèse de Paris, aux environs de 570.

Iohannes ante Portam Latinam (6 mai). — C'est le récit du supplice infligé à l'apôtre sous Dioclétien, à Rome, devant la Porte latine : saint Jean est plongé dans une chaudière d'huile bouillante d'où il sort sain et sauf. En souvenir de ce miracle, les chrétiens érigèrent plus tard une basilique en ce lieu.

Translatio sancti Nicolai (9 mai). — Les trois leçons de l'office racontent comment, le 9 mai 1087, quarante-sept chevaliers de Bari enlevèrent, de Myre où elles reposaient, les reliques de saint Nicolas pour les emporter en Italie.

Gordianus et Epimachus mart., Maturinus conf. (10 mai). — Dans la légende du bréviaire, Julien l'apostat livre un prêtre nommé Janvier, à son ministre Gordien, pour l'interroger. Janvier convertit Gordien et le baptise. Dès qu'il apprend cette nouvelle, Julien envoie Janvier en exil, fait mettre Gordien à mort et ordonne d'exposer son corps à la voracité des chiens. Mais la nuit venue, les chrétiens emportent le corps de Gordien et l'enterrent dans une crypte, où reposait déjà saint Epimaque. Le sanctoral ne fait aucune mention de saint Mathurin, dont le nom se lit seulement dans le calendrier et dont les reliques étaient conservées à Larchant, domaine qui était la propriété du chapitre de Notre-Dame. — Dès le XIIe siècle, en bordure de la rue Saint-Jacques, s'élevaient une chapelle et un petit hôpital sous le vocable de Saint-Mathurin. Au début du XIIIe siècle, avant 1229, le chapitre de Paris les donna aux chanoines réguliers de la Sainte-Trinité pour la rédemption des captifs, qui prirent alors le nom de Mathurins (pl. doc. 90). Le monastère était contigu à l'hôtel de Cluny. Vendu en 1799, il fut démoli peu de temps après.

Mamertus ep. et conf., Maiolus abbas (11 mai). — Ni saint Mamert, évêque de Vienne, ni saint Maieul, abbé de Cluny, dont les noms se lisent au calendrier, ne sont mentionnés dans le sanctoral.

Nereus, Achilleus et Pancratius mart. (12 mai). —D'après la légende du bréviaire, Nérée et Achillée se rendent auprès de saint Clément et ont avec lui un long entretien. Cette même légende est muette sur saint Pancrace.

Honoratus ep. et mart. (16 mai). —Il s'agit de saint Honoré, évêque d'Amiens, dont le nom se lit seulement au calendrier. Au début du XIIIe siècle, vers 1205, une église avait été bâtie vers l'extrémité de la rue Saint-Honoré. Elle était entourée d'un cimetière et abritait un chapitre de chanoines. Plusieurs confréries, celle des boulangers notamment, y avaient leur siège. Supprimée et détruite par la Révolution, elle occupait l'emplacement de la rue actuelle du Cloître-Saint-Honoré, entre les rues des Petits-Champs, Montesquieu et des Bons-Enfants (pl. doc. 92).

Petrus conf. et erem. quondam Caelestinus papa. Potentiana virgo (19 mai). — Ni saint Pierre Célestin ni sainte Pudentienne ne possèdent d'office. — Les religieux de Magella, qui prirent le nom de Célestins lorsque leur fondateur Pierre de Muron devint pape sous le nom de Célestin V (1294), s'établirent à Paris pendant la captivité de Jean le Bon, en 1352. Le 24 mai 1365, le roi Charles V posa la première pierre de leur église, dont la dédicace eut lieu le 15 septembre 1370. Elle occupait l'emplacement de la caserne actuelle des Célestins (pl. doc. 89). — Notre bréviaire ne fait aucune mention de saint Yves, dont la chapelle s'élevait en bordure de la rue Saint-Jacques. Bâtie au lendemain de la canonisation du saint, elle fut consacrée le 29 septembre 1357; elle appartenait à la confrérie de la Basoche. Supprimée en 1790, la chapelle, qui dépendait de la paroisse de Saint-Benoît-le-Bétourné, fut démolie en 1796 (pl. doc. 90).

Donatianus et Rogatianus mart. (24 mai). — Aucun office des saints nantais ne se lit au sanctoral; leurs noms paraissent seulement au calendrier.

Urbanus papa et mart. (25 mai). — La légende de saint Urbain, pape et martyr, est empruntée au commun des martyrs. Pour le reste, l'office est le même que celui de saint Georges au 23 avril (ci-dessus p. 75).

Germanus ep. et conf. Paris., Caraunus mart. (28 mai). — En termes à peine voilés, la légende du bréviaire décrit les manœuvres abortives d'Eutébie, la mère du futur Germain. Plus tard, l'enfant est l'objet d'une tentative d'empoisonnement de la part de sa grand mère qui lui préférait un autre de ses petits-fils, Stracidius. Germain se retire chez un de ses parents, le saint homme Scopilion, qui se charge de le faire instruire. Saint Agrippin l'ordonne diacre à l'âge de quinze ans, et prêtre trois ans après. Le successeur d'Agrippin, saint Nectaire, le nomme abbé de Saint-Symphorien d'Autun. Sa charité à l'égard des pauvres était telle, qu'elle provoquait parfois les murmures des religieux. Un jour qu'il avait tout distribué aux indigents, Anna, femme du seigneur Ebron, envoie au monastère une grande quantité de pains et deux charretées de vivres. Un autre jour, saint Germain éteint un incendie qui s'était déclaré dans la grange du monastère. Quelque temps après, au moment où il entrait dans la demeure d'Ebron, Anne aperçoit sur le front du saint les cornes de Moïse. La légende du bréviaire s'arrête là. — Rappelons en quelques mots la suite de la vie de saint Germain. Quelques années après, il devient évêque de Paris (555). Il est l'ami et le conseiller de Childebert. Celui-ci, au retour de son expédition d'Espagne, avait fait bâtir sur un terrain qui dépendait du palais des Thermes, une église en l'honneur de la sainte Croix et de saint Vincent de Saragosse. Après la mort de Childebert, en 558, saint Germain adjoignit à l'église un monastère, et lorsqu'il mourut le 28 mai 576, son corps fut déposé dans la chapelle Saint-Symphorien, au sud de l'église. Après sa mort, l'abbaye prit de bonne heure le nom de Saint-Germain qu'elle conserva depuis lors. En 752, le 25 juillet, le corps du saint évêque fut transféré dans le chœur de la basilique. Dévastée par les Normands, l'abbaye fut rebâtie du Xe au XIIe siècle. L'église devint paroissiale en 1791. L'année suivante, l'abbaye fut supprimée et l'église fermée; celle-ci fut rendue au culte en 1806 (pl. doc. 93). — L'église abbatiale de Saint-Germain-des-Prés, comme du reste l'abbaye elle-même, s'élevait en dehors de l'enceinte de Charles V. Mais elle n'était pas la seule église de Paris consacrée au saint évêque. Dès le temps de Chilpéric Ier, mort en 584, un autre édifice, en l'honneur de saint Germain, existait dans la Cité, un peu avant l'entrée du Petit-Pont, presque en face de Sainte-Geneviève-la-Petite, sur l'emplacement occupé de nos jours par le Marché-Neuf et la caserne municipale. C'était Saint-Germain-le-Vieux ou Saint-Germain-en-la-Cité. Pendant le siège de Paris par les Normands (885-886), les moines y mirent en sécurité le corps de leur fondateur, et, en reconnaissance de l'hospitalité qui leur avait été accordée, ils abandonnèrent à la modeste église un bras du saint. Fermée en 1790, l'église, qui avait été précédemment érigée en paroisse, fut démolie en 1802 (pl. doc. 87). — Notre bréviaire fait mémoire en ce même jour de saint Cheron, tué par des brigands, sur la route de Chartres à Paris.

Cantius, Cantianus et Cantianilla mart., Petronilla virgo (31 mai). — La légende du bréviaire raconte le prélude du martyre des frères Cant et Cantien et de leur sœur Cantianille sous Dioclétien. Elle s'arrête au moment où les deux frères et la sœur arrivent à Aquilée. Les reliques de ces trois saints auraient été apportées par Robert le Pieux, à Etampes, au diocèse de Sens. — Le sanctoral ne fait aucune mention de sainte Pétronille, la fille de saint Pierre, dont le nom se lit au calendrier. Elle était honorée sous le nom de sainte Perrine, dans l'hôpital des Quinze-Vingts, fondé par saint Louis. Un couvent de Sainte-Perrine, où l'on conservait quelques-unes de ses reliques, existait à Compiègne, dès le milieu du XIIIe siècle. Plus tard, en 1646, ces religieuses s'établirent à Paris sur le territoire de la paroisse de la Villette (nos 61 à 65 de la rue de Flandre). En 1742, elles se transportèrent à Chaillot où elles s'unirent aux religieuses génovéfaines. Désigné pour être un hôpital en 1788, le couvent devint en 1806 un asile de vieillards. Enfin, en 1860, la maison fut démolie pour le passage de l'avenue Joséphine (auj. avenue Marceau) et l'institution Sainte-Perrine fut transférée à Auteuil.

Nicomedes mart. (1er juin). — Les leçons de l'office de saint Nicomède sont empruntées au commun d'un martyr et n'offrent aucun détail historique.

Marcellinus et Petrus mart. (2 juin). — La légende des saints Marcellin et Pierre, dont les noms se lisent au canon de la messe, tient en quelques mots. Les deux saints, l'un prêtre, l'autre exorciste, sont jetés en prison et miraculeusement délivrés par un ange. Au bout de sept jours, ils se présentent à nouveau devant le lieutenant du préfet Serenus qui leur fait trancher la tête.

Medardus et Gildardus ep., Syria virgo (8 juin). — Les leçons de l'office ne parlent que de saint Médard, évêque de Noyon. Elles racontent la guérison d'un possédé, l'élévation du saint à l'épiscopat et sa mort accompagnée de prodiges. — Le document le plus ancien qui mentionne l'existence d'une église dédiée à saint Médard, est la bulle d'Alexandre III datée de 1163. Cette église était située vers le milieu de la rue Saint-Marceau (pl. doc. 90). Rebâtie aux XVe et XVIe siècles, elle fut érigée en paroisse en 1655, après avoir été profanée et saccagée par les protestants, le 27 décembre 1561 (tumulte de Saint-Médard). Avant la Révolution, les reliques du saint évêque de Noyon étaient conservées dans une châsse placée derrière le maître-autel. — Sainte Syre, dont le nom se lit au calendrier seulement, était une vierge du diocèse de Troyes; on l'invoquait contre la hernie et la gravelle.

Primus et Felicianus mart. (9 juin). — Les trois leçons de l'office rapportent l'arrestation des deux saints. Après les avoir interrogés, le président du tribunal fait lâcher contre eux des lions et des ours, mais les bêtes féroces se couchent à leurs pieds. Quinze cents spectateurs, témoins du miracle, se convertissent. A la fin, le président du tribunal ordonne de trancher la tête à saint Prime et à saint Félicien.

Landericus ep. et conf. (10 juin). — C'est l'anniversaire de la mort de saint Landry (10 juin 656). Les leçons de l'office empruntées au commun des confesseurs ne fournissent aucun détail historique sur l'évêque de Paris. — Une église en l'honneur du saint s'élevait en 1160 dans la Cité, sur l'emplacement actuel de l'Hôtel-Dieu, à petite distance de la Seine, dans l'alignement de la rue d'Arcole (pl. doc. 87). Saint Landry avait été enterré à Saint-Germain-l'Auxerrois. Maurice de Sully (1160-1196) plaça ses reliques dans une châsse de bois. Plus tard, le 16 septembre 1408, Pierre d'Orgemont, évêque de Paris, fit transférer le corps dans une autre châsse; il en tira deux ossements pour l'église paroissiale de Saint-

Landry. Supprimée en 1790, vendue le 24 mai 1792, l'église fut démolie en 1829.

Barnabas apost. (11 juin). — La légende du bréviaire montre en saint Barnabé un des soixante-douze disciples; elle décrit sa prédication à Antioche et sa mort à Salamine où les Juifs l'entraînent hors de la ville et le livrent aux flammes. — C'est en 1631 que les Barnabites s'établirent dans l'ancien prieuré de Saint-Eloi; ils y demeurèrent jusqu'en 1791 (voir ci-dessus, p. 62).

Basilides, Cyrinus, Nabor, Nazarius et Celsus mart. (12 juin). — La légende du bréviaire ne parle que de saint Nazaire et de saint Celse. Elle montre Nazaire prêchant l'évangile à Rome. Les prêtres païens le font arrêter et ensuite expulser. Ils insistent auprès du gouverneur pour qu'on châtie également Celse, coupable du même crime à leurs yeux. Les autres saints dont les noms sont indiqués ce jour-là au calendrier, ne sont pas mentionnés dans la légende.

Basilius ep. et conf., Rufus et Valerius mart. (14 juin). — Né à Césarée de Cappadoce, saint Basile après avoir fait ses études à Constantinople, se rend à Athènes, où il rencontre saint Grégoire de Nazianze et Julien, le futur Apostat. Il passe deux ans en Egypte et rentre en Cappadoce où il devient évêque de Césarée. Il y meurt le 1er janvier 379; la date du 14 juin est celle de son ordination. — Les saints Rufin et Valère, dont les noms sont mentionnés au calendrier, sont deux martyrs du Soissonnais pendant la persécution de Dioclétien.

Vitus, Modestus et Crescentia mart. (15 juin). — Les trois leçons de l'office décrivent l'arrestation de ces trois martyrs, sous Dioclétien, et leur supplice.

Cyricus et Iulitta mart., Ferreolus et Ferrucio mart. (16 juin). — La légende du bréviaire raconte la passion de l'enfant et de sa mère d'après Hucbald, moine de Saint-Amand (*P. L.*, t. CXXXII, col. 851). Le culte de ces deux saints devint très populaire lorsque saint Amateur, évêque d'Auxerre, eut apporté d'Antioche leurs reliques en France, au retour d'un voyage en Orient. — L'église métropolitaine possédait des reliques des saints Ferréol et Ferjeux; le bréviaire fait mémoire des deux martyrs. Une chapelle en leur honneur s'ouvrait avant 1320 autour du chœur de la cathédrale : c'est aujourd'hui la chapelle Saint-Germain.

Avitus abb. (17 juin). — Les trois leçons du bréviaire retracent brièvement la vie de l'abbé de Micy, au diocèse d'Orléans : son enfance, son entrée à Micy (ou Saint-Mesmin), sa charité envers les pauvres, ses jeûnes et ses veilles, l'affection et l'estime qu'il inspire à son abbé. Le récit s'arrête là.

Marcus et Marcellianus mart., Fortunatus ep., Marina virg. (18 juin). — La légende décrit les supplices endurés par les deux premiers martyrs et leur mort. Le sanctoral ne fait mention ni de saint Fortunat ni de sainte Marine, dont les noms sont indiqués par le calendrier. La légende de sainte Marine est particulièrement curieuse. Cette jeune fille était entrée dans un monastère de Bithynie, après avoir revêtu des habits masculins. Elle y était connue sous le nom de « frère Marin ».

Elle eut à subir de dures épreuves qu'elle supporta avec une patience admirable. Ce fut seulement après sa mort, au moment de l'ensevelir, que se découvrit la vérité. — Une église Sainte-Marine s'élevait dans la Cité entre Saint-Jean-le-Rond et Saint-Aignan (pl. doc. 87); quelques-unes des reliques de la sainte y étaient conservées. Par un acte de 1045, Henri Ier fit don de cette église à la cathédrale. Vendue comme bien national en 1792, elle fut démolie en 1867. Elle s'élevait sur l'emplacement de l'Hôtel-Dieu actuel.

Gervasius et Protasius mart. (19 juin). — La légende du bréviaire raconte l'arrestation des deux frères jumeaux, Gervais et Protais. Ils comparaissent devant Néron dont le visage « se couvre de ténèbres ». L'empereur après leur avoir infligé divers tourments, les fait mettre à mort et ordonne d'exposer leurs corps aux oiseaux de proie. Mais les fidèles recueillent les restes mortels des deux martyrs et les déposent dans la maison d'un chrétien, nommé Ceracius. — Dès le VIe siècle, au temps de Childebert, une église en l'honneur des saints Gervais et Protais s'élevait sur la rive droite de la Seine, à l'emplacement de l'édifice actuel : Grégoire de Tours et Fortunat la mentionnent en même temps que la basilique Saint-Laurent. Elle ne fut sans doute pas détruite par les Normands; en tout cas, elle était encore debout après le siège de Paris (885-886). Reconstruite aux XIIIe, XVe et XVIe siècles, elle fut fermée pendant la Révolution et rendue au culte en 1802 (pl. doc. 89). — Notre bréviaire ne parle pas de la curieuse procession du 19 juin dont Saint-Gervais était le but. Le processionnal manuscrit de Paris déjà cité la décrit en quelques mots (Bruxelles, Bibl. roy., ms. 1799, fol. 111vo). Ce jour-là le clergé de Notre-Dame se rendait à Saint-Gervais en barque. Le cortège pénétrait dans l'église en silence. Le chant de Tierce suivait aussitôt; un prêtre désigné par le chantre célébrait la messe; le service liturgique se terminait par le chant de Sexte. La procession sortait alors de Saint-Gervais et rentrait en barque à Notre-Dame « en souvenir des clercs qui, ce jour-là, avaient échappé miraculeusement au danger de se noyer en invoquant le secours de la sainte Vierge ».

Leufredus abb. (21 juin). — La légende du bréviaire retrace la vie de saint Leufroy en quelques pages : sa naissance à Evreux, sa jeunesse, son entrée au monastère de Saint-Taurin, la fondation de l'abbaye de Sainte-Croix et enfin la mort du saint abbé. — C'est sous le règne de Charles le Simple, vers la fin du IXe siècle, que les moines de la Croix-Saint-Leufroy, emportèrent les reliques de leur fondateur pour les soustraire aux déprédations normandes et les déposèrent à Saint-Germain-des-Prés. Plus tard, au XIIe siècle (elle existait en 1113), une église en l'honneur de saint Leufroy s'élevait à l'extrémité du Pont-aux-Changeurs, près du Grand-Châtelet. Au XIIIe siècle, elle était érigée en église paroissiale. Saint Leufroy était en même temps patron de la chapelle de la prison du Grand-Châtelet. L'église subsista jusqu'en 1684; elle occupait une partie de la place du Châtelet (pl. doc. 87).

Paulinus ep. et conf. (22 juin). — La légende de saint Paulin, évêque de Nole en Campanie, tient en quelques lignes. Né en Saintonge, il devient consul et épouse Thérasie, noble jeune fille espagnole. Converti à la foi chrétienne, il est ordonné prêtre à Barcelone et se retire à Nole. Seize ans après, il devient évêque de l'endroit. La légende du bréviaire s'arrête là.

Nativitas s. Iohannis Baptistae. Agoardus et Aglibertus mart. (24 juin). — Les six premières leçons de l'office sont tirées d'une homélie de Rhaban Maur (*P. L.*, t. CX, col. 50); les trois dernières d'une homélie de Bède. La veille de la fête, après les premières vêpres, le clergé de Notre-Dame se rendait en procession à Saint-Jean-le-Rond. — Cette église était le baptistère de Paris. A l'origine, c'est-à-dire au VIe siècle, elle s'élevait sur le bord de la Seine, à l'entrée du Petit-Pont. Plus tard, au XIIIe siècle, elle fut transférée à gauche de la tour nord de Notre-Dame. Les enfants abandonnés y étaient déposés : Jean-le-Rond d'Alembert fut de ce nombre (pl. doc. 87). — Une autre église était consacrée à saint Jean-Baptiste. Elle s'élevait sur la rive droite, entre l'Hôtel de Ville et Saint-Gervais : c'était Saint-Jean-en-Grève. Cette vieille église qui datait du XIe siècle fut érigée en paroisse en 1213. On y conservait l'hostie miraculeuse de la rue des Billettes (1290). Elle possédait depuis 1312 de nombreuses reliques des saints lyonnais (pl. doc. 89). En 1408, Jean Gerson fut curé de Saint-Jean-en-Grève. Supprimée en 1793, démolie en 1800, cette église était située sur l'emplacement de l'Hôtel de Ville actuel. — Les saints Agoard et Aglibert dont il est fait mémoire ce jour-là, sont deux martyrs de Créteil, au diocèse de Paris (pl. doc. 85).

Translatio sancti Eligii ep. et conf. (25 juin). — Il s'agit d'une des translations de saint Eloi (1066 ou 1157). La légende du bréviaire raconte deux miracles de ce saint. Un vigneron, autrefois au service du saint évêque, se rend à son tombeau pour le narguer; mal lui en prend, car saint Eloi le frappe à la tête avec un bâton. Autre miracle : un condamné à mort s'échappe et se réfugie dans la basilique de saint Eloi; repris, il s'échappe à nouveau , grâce à l'intervention du saint. Les édifices élevés en l'honneur de l'évêque de Noyon ont été décrits plus haut à propos de la fête du 1er décembre (page 61).

Iohannes et Paulus mart. (26 juin). — La légende du bréviaire décrit la charité des saints Jean et Paul et leur générosité envers les pauvres. Julien l'Apostat les fait arrêter et mettre à mort.

Leo papa (28 juin). — Il s'agit ici de saint Léon II, mort en 683. Le sanctoral du bréviaire n'en fait pas mention, mais seulement le calendrier.

Petrus et Paulus apost. (29 juin). — La légende du bréviaire raconte l'épisode de Simon le Magicien s'élevant dans les airs du haut du Capitole, et tombant à terre, la tête fracassée. Aussitôt après, Pierre et Paul sont arrêtés. Pierre est condamné à être crucifié. Une émeute éclate parmi le peuple : saint Pierre l'apaise immédiatement. Les trois dernières leçons sont tirées d'une homélie de Bède. — Nombreuses étaient les églises consacrées à saint Pierre dans le Paris du XVe siècle. Sans parler des anciens vocables (basilique de Saint-Pierre et de Saint-Paul devenue l'abbatiale de Sainte-Geneviève du Mont), deux églises dédiées à l'apôtre s'élevaient dans la Cité. C'était d'abord Saint-Pierre-des-Arcis, située entre Saint-Barthélemy et Sainte-Croix; elle existait en 1164, peut-être même en 1136 et occupait l'emplacement du tribunal de Commerce. — C'était ensuite Saint-Pierre-aux-Bœufs, située entre Sainte-Marine et Saint-Christophe. Cette petite église s'élevait sur l'emplacement de l'Hôtel-Dieu actuel. Elle existait probablement dès le IXe siècle. Reconstruite après l'incendie de 1034, elle prit le nom de Saint-Pierre-aux-Bœufs, probablement à cause de la confrérie des bouchers qui y avait son siège (pl. doc. 87). Erigée en paroisse entre 1125 et 1134, elle fut supprimée par la Révolution. En 1837, son portail a été transporté et appliqué à la façade de Saint-Séverin. — Le premier document qui mentionne l'existence d'une église dans le village de Chaillot est une bulle du pape Urbain II, datée de 1097. Le plus ancien pouillé du diocèse de Paris, dressé vers 1205, la cite également; elle dépendait alors du prieuré de Saint-Martin-des-Champs. L'église actuelle est dédiée à saint Pierre; elle a été construite dans le style de la fin du XVIIe siècle et du début du XVIIIe siècle.

Mentionnons en dernier lieu la vénérable église de Saint-Pierre de Montmartre (pl. doc. 91). Dès l'époque gallo-romaine, le sommet de la colline de Montmartre était couvert de villas, peut-être même couronné d'un temple païen. En 978, et probablement à une époque beaucoup plus ancienne, une église s'élevait à cet endroit. Vers la fin du XIe siècle, en 1096, les moines de Saint-Martin-des-Champs y fondèrent un prieuré. Dès 1134, ils étaient remplacés par des Bénédictines. L'église actuelle date du XIIe siècle, sauf quelques parties plus récentes. Elle fut consacrée le 21 avril de l'année 1147, par le pape Eugène III, assisté de saint Bernard, abbé de Clairvaux, et de Pierre le Vénérable, abbé de Cluny, le premier en qualité de diacre, le second, de sous-diacre. Chaque année, le chapitre de Notre-Dame s'y rendait en procession le sixième vendredi de Carême et le premier jour des Rogations. Le couvent fut supprimé en 1790. Longtemps délaissée, l'église a été rendue au culte en 1908. — Une autre église, ou plutôt une chapelle, s'élevait dès le Xe siècle, peut-être auparavant, sur le flanc de la colline : c'était le *Martyrium* ou *chapelle du Saint-Martyre*. Il faut y voir très probablement le plus ancien sanctuaire érigé à Paris en l'honneur de saint Denis et de ses compagnons. Dans l'itinéraire de la procession des Rogations, il est appelé *ecclesia sancti Dyonisii ad radicem montis* par opposition à l'église abbatiale désignée sous le nom d'*ecclesia superior* (Bruxelles, Bibl. roy., ms. 1799, fol. 74 et 74vo). C'est là que saint Ignace de Loyola se rendit le 15 août 1534 et reçut les vœux de ses neuf compagnons. En 1622, à la suite d'une découverte archéologique faite onze ans auparavant, la chapelle fut érigée en prieuré dépendant de l'abbaye. Ce prieuré fut supprimé en 1790 et la chapelle détruite en 1793; celle-ci s'élevait vers le n° 9 de la rue Antoinette.

Paulus apost., Marcialis ep. et conf. (30 juin). — Les leçons de l'office nous montrent saint Paul à Rome. Un jour que l'apôtre prêchait sur une place publique, un jeune homme, nommé Patrocle, échanson de Néron, s'assied sur le bord d'une fenêtre, s'endort, tombe à terre et se tue; Paul le ressuscite. Quelque temps après, Paul est arrêté et condamné à mort. Arrivé sur le lieu du supplice, il se bande les yeux avec le voile d'une de ses disciples, Plantilla; la tête tombe et le sang rougit le voile de la noble matrone. — Dès le milieu du XIIe siècle, une église en l'honneur de l'apôtre s'élevait sur la rive droite : elle s'appelait Saint-Paul-des-Champs, sans doute parce qu'elle était située en dehors de la ville. Elle remplaçait un édifice beaucoup plus ancien : la chapelle du VIIe siècle bâtie par saint Eloi, sous le vocable de saint Paul, dans le cimetière des religieuses de Saint-Martial. Reconstruite au XVe siècle, elle fut consacrée en 1431 par Jacques du Châtelier, évêque de Paris. C'était la paroisse des rois quand ils résidaient aux Tournelles; Charles VI y reçut le baptême en 1368. Désaffectée en 1790, mise en vente en 1796, elle fut démolie en 1799. Elle était située à l'angle des rues actuelles Saint-Paul et Saint-Antoine (pl. doc. 89). — Notre bréviaire ne parle pas d'une procession qui avait lieu à l'intérieur de la cathédrale à l'autel des saints Pierre et Paul, le 29 juin, après les vêpres de la vigile. L'ancien processionnal de Paris (Bruxelles, Bibl. roy., ms. 1799, fol. 113) décrit une autre procession pour le jour même de la fête. Le 30 juin, le clergé de Notre-Dame se rendait à Saint-Paul en barque. La cérémonie débutait par le chant de Tierce, immédiatement suivi de la messe de l'apôtre. Sexte terminait le service liturgique et la procession rentrait en barque à la cathédrale. — Saint Martial dont le bréviaire fait mémoire à cette date, est l'évêque de Limoges. J'ai dit plus haut, à propos de saint Eloi (pag. 61), qu'un monastère en l'honneur de saint Martial s'élevait autrefois dans la Cité.

Oct. Iohannis Baptistae. Leonorius ep. et conf. (1er juil.) — Le bréviaire fait ici mention de saint Lunaire, évêque de Bretagne du VIe siècle, dont les reliques furent transportées à Paris en 965 (ou 966), par Salvator, évêque d'Aleth, lors des invasions normandes. Son culte était en vigueur avant la Révolution. Le sanctoral fait également mémoire de saint Thibaud, de Provins, dont le corps avait été transféré de bonne heure à Lagny. Dans le calendrier, le saint est indiqué au 9 juillet, où il est gratifié d'un office à neuf leçons.

Processus et Martinianus mart. (2 juil.). — Les saints Processe et Martinien dont le bréviaire fait mémoire, sont deux saints romains, martyrisés sous Néron. Notre bréviaire ne fait aucune mention de la Visitation de la sainte Vierge.

Translatio et ordinatio s. Martini ep. et conf. (4 juil.) — La légende du bréviaire est fort curieuse : elle raconte dans quelles circonstances saint Martin fut nommé évêque. Le saint homme s'était retiré dans un monastère aux environs de Poitiers. L'évêque de Tours étant mort, le peuple réclama Martin. Celui-ci refusa de sortir de l'abbaye. Quelques-uns du reste s'opposaient aux vœux de la foule, sous prétexte que le saint était laid et négligé dans sa tenue. Un certain Defensor était à la tête des opposants. Une circonstance servit à le confondre. On récitait l'office au chœur. En l'absence du lecteur, un des assistants ouvrit le psautier et lut au hasard : « Ex ore infancium et lactencium perfecisti laudem propter inimicos tuos ut destruas inimicum et *defensorem* ». Cette rencontre frappa l'assistance qui vit là une indication providentielle et Martin fut élu évêque. La légende, après avoir décrit ses vertus, parle sans transition de l'élévation à l'épiscopat de saint Perpet, un des successeurs de saint Martin. — Le 4 juillet, le clergé de Notre-Dame se rendait en procession au prieuré de Saint-Martin-des-Champs, à l'extrémité de la rue Saint-Martin (pl. doc. 88). Après le chant de Tierce dans l'*auditorium*, on revêtait des chapes de soie, le chantre entonnait l'antienne : « *O Martine...* » et la procession pénétrait dans l'église. La messe était célébrée par le prieur de Saint-Martin ou par un moine désigné par lui. Aussitôt après, le clergé se réunissait à nouveau dans l'*auditorium* pour le chant de Sexte; puis le cortège rentrait à Notre-Dame (Bruxelles, Biblioth. roy., ms. 1799, fol. 114 à 116).

Octava apostolorum (6 juil.). — L'octave des saints Pierre et Paul n'est pas indiquée au calendrier. Par contre, le sanctoral donne un office à neuf leçons : c'est une homélie de saint Léon sur la fête des Apôtres (*P. L.*, t. LIV, col. 422-423).

Translatio s. Thomae mart. Cantuariensis archiep. (7 juil.). — C'est l'anniversaire de la translation du corps de saint Thomas Becket, à Cantorbéry, le 7 juillet 1220, sous Henri III, roi d'Angleterre. L'office est celui du commun d'un martyr, sauf l'hymne et l'oraison des vêpres.

Claudius, Nicostratus, Symphorianus et Victoricus mart., Nunnius ep. et conf. (8 juil.). — La légende des saints Claude, Nicostrate, Symphorien et Victoric, décrit le martyre de ces confesseurs du Christ, précipités à la mer avec d'énormes poids, pour avoir refusé de sacrifier aux idoles. — Quant à saint Non, confesseur en Vexin, il était, d'après le martyrologe d'Usuard, honoré à Villepreux, au diocèse de Paris. On ne sait rien de lui. Voici du reste la notice que lui consacre le rédacteur des *Acta sanctorum* : « Verum quis sanctus sit aut cujas fuerit, quando et in quo statu vixerit, quid egerit, quo tempore floruerit aut mortuus sit, quaero qui mihi explicet. Parisios recurri, dubia proposui, lucem postulavi : nihil obtinere potui ».

Theobaldus conf., Zeno mart. — Pour saint Thibaud, se reporter ci-dessus au 1er juillet (p. 85). Le sanctoral ne contient aucune mention de saint Zénon martyr, dont le nom est indiqué seulement au calendrier.

Septem fratres (10 juil.). — Les leçons de l'office ne décrivent pas la passion de sainte Félicité et de ses sept fils; elles contiennent une homélie de saint Grégoire sur la parole : « Ecce mater eius et fratres stabant foris quaerentes ei loqui ».

Translatio s. Benedicti (11 juil.). — La légende du bréviaire raconte comment les moines de Fleury-sur-Loire enlevèrent, du Mont Cassin les reliques de saint Benoît et les transportèrent dans leur propre abbaye, à la fin du VIIe siècle ou au début du VIIIe. — Le 11 juillet, le clergé de Notre-Dame se rendait en procession à

Saint-Benoît-le-Bétourné (pl. doc. 90). Après le chant de Tierce et du répons : « Sancte Benedicte... », un prêtre désigné par le chantre célébrait la messe : « Os justi... » Sexte était ensuite chanté en dehors du chœur; après quoi, la procession rentrait à la cathédrale (Bruxelles, Bibl. roy., ms. 1799, fol. 116vo et 117).

Turiavus ep. et conf. (13 juil.). — Les leçons de l'office racontent l'enfance de saint Turiau et son élévation à l'évêché de Dol; elle se termine sur une vision du ciel qui s'entr'ouvre aux yeux de l'évêque. — Sous le règne de Charles le Chauve, les reliques de saint Turiau furent transportées de Bretagne à Paris. On les déposa d'abord dans l'église Saint-Leufroy, en la Cité; puis, lorsque les invasions normandes eurent pris fin, à Saint-Germain-des-Prés.

Arnulphus ep. et mart. (18 juil.). — Les leçons de l'office sont très sobres de renseignements sur saint Arnoul : elles parlent seulement de sa naissance illustre, de son baptême par saint Remi, de sa jeunesse studieuse et vertueuse. La légende ne parle pas de sa mort dans la forêt d'Yveline, en Parisis.

Margarita virg. et mart. (20 juil.). — Les leçons de l'office empruntées au commun des vierges martyres ne contiennent aucun renseignement historique.

Victor mart., Praxedes virg. et mart. (21 juil.). — La légende du bréviaire retrace la première partie de la passion de saint Victor, sous l'empereur Maximien. Arrêté à Marseille, en qualité de chrétien, le saint comparaît devant le tribunal d'Astère et d'Eutyque; ceux-ci l'envoient à l'empereur. Le récit s'arrête là. — En l'an 1045, ainsi qu'on peut le déduire d'une charte, une chapelle en l'honneur de saint Victor s'élevait sur le bord de la Bièvre. En 1113, une abbaye fut fondée par Louis VI le Gros et Guillaume de Champeaux, archidiacre de Notre-Dame, sur le terrain occupé par cette même chapelle (pl. doc. 90). Hugues l'Ancien, en 1114, et Hugues le Jeune, en 1283, obtinrent plusieurs reliques de l'abbaye marseillaise. Plus tard, Saint-Victor reçut le pied droit du glorieux martyr, relique insigne qui lui fut remise par Jean de Berry, qui lui-même la tenait d'Urbain V, ancien abbé de Saint-Victor-de-Marseille (23 juillet 1402). Actuellement cette relique est conservée dans l'église de Saint-Nicolas-du-Chardonnet. Devenue paroissiale en 1791, l'église fut supprimée en 1793 et l'abbaye démolie en 1811. Elle occupait l'emplacement de la Halle-aux-Vins. La rue actuelle Saint-Victor conduisait de la place Maubert à l'abbaye. — Chaque année, le 21 juillet, le clergé de Notre-Dame se rendait en barque à l'abbaye de Saint-Victor. Tierce était chanté dans le cloître. Aussitôt après, la procession pénétrait dans l'église et la messe commençait. Trois chanoines de Notre-Dame chantaient le graduel et quatre chanoines de Saint-Victor l'*alleluia*. La messe terminée, la procession revenait dans le cloître et chantait Sexte avant de rentrer à Notre-Dame (Bruxelles, Bibl. roy., ms. 1799, fol. 117vo et 118). — Sainte Praxède, dont le bréviaire fait mémoire, est la vierge romaine martyrisée au IIe siècle.

Maria Magdalena paenitens. Wandregisilus abb. (22 juil.). — Les leçons de l'office de sainte Marie-Madeleine sont tirées d'un sermon d'Odon, abbé de Cluny, et n'offrent qu'un médiocre intérêt historique. — Deux églises dédiées à sainte Marie-Madeleine s'élevaient à Paris au XVe siècle. La plus ancienne était située dans la Cité : on l'appelait pour cette raison La Madeleine-en-la-Cité ou encore La Madeleine-de-la-Juiverie, soit parce qu'elle se trouvait en bordure de la rue de ce nom, soit parce qu'elle avait été bâtie sur l'emplacement d'une ancienne synagogue. Fondée en 1183 par Maurice de Sully, elle devint, au XIIIe siècle, le siège de la Confrérie de Notre-Dame aux prêtres et bourgeois de Paris, confrérie célèbre dont l'abbé était l'évêque de Paris, le doyen le Premier président du Parlement, et dont les rois et les reines faisaient partie. Supprimée par la Révolution, l'église fut entièrement démolie en 1794 (pl. doc. 87). Elle occupait l'emplacement de l'Hôtel-Dieu actuel. — Au XIIIe siècle, s'étendait en dehors de Paris un domaine rural qui dépendait de l'évêché, et qui, pour cette raison, s'appelait la Ville l'Evêque. Une petite église dédiée à sainte Marie-Madeleine s'élevait au milieu du bourg. Vers la fin du XVe siècle, le 20 novembre 1492, une confrérie s'y établit sous le patronage de sainte Marie-Madeleine, de sainte Marthe et de saint Lazare. Une nouvelle église fut bâtie sur l'emplacement de l'ancienne et Charles VIII, fondateur de la confrérie de la Madeleine, posa la première pierre de l'édifice (pl. doc. 91). Rebâtie en 1659, elle fut démolie en 1757 pour être transférée à quelque distance de là, dans l'axe de la rue Royale-des-Tuileries (auj. rue Royale). La première pierre de l'édifice fut posée le 3 avril 1764 et l'ensemble terminé en 1842. — Saint Wandrille dont le bréviaire fait mémoire, est le fondateur et le premier abbé de Fontenelle (Saint-Wandrille), au diocèse de Rouen. A la fin du IXe siècle, ses reliques furent transportées à Saint-Chéron, près de Chartres.

Apollinaris ep. et mart. (23 juil.). — La légende du bréviaire est très courte : saint Apollinaire comparaît devant un juge, nommé Taurus, dont le fils était aveugle et auquel le saint rend la vue; Taurus émerveillé se convertit.

Christina virg. et mart. (24 juil.). — Arrêtée sous l'inculpation de christianisme, sainte Christine comparaît devant un juge qui lui commande d'adorer les dieux. Sur son refus, le juge lui fait arracher la langue. La sainte prend celle-ci toute sanglante et la jette à la face du juge qui est frappé de cécité. La légende du bréviaire ne parle pas de la mort de Christine qui périt percée de flèches.

Iacobus apost. Christophorus et Cucuphatus mart., Germani et Iuliani ep. et conf. (25 juil.). — Il s'agit ici de saint Jacques le majeur. La légende du bréviaire raconte l'épisode d'Hermogène, illustre docteur juif, et de son disciple Philetus. Celui-ci, après avoir entendu la prédication de saint Jacques, revient tout ébranlé vers son maître. La légende raconte ensuite la guérison d'un paralytique par l'apôtre. — Plusieurs églises consacrées à saint Jacques existaient à Paris au XVe siècle. La plus ancienne s'élevait sur la rive droite, au-delà du pont Notre-Dame. Elle datait probablement du XIe siècle : elle est mentionnée pour la première fois dans une bulle de Calixte II du 27 novembre 1119. Rebâtie et agrandie vers le milieu du XIIe siècle, elle s'intitulait, en 1259, « [Beatus Iacobus] de carnificeria » : [Saint-Jacques]-de-la-Boucherie, sans doute parce que les bouchers formaient l'élément principal des paroissiens (pl. doc. 87). Reconstruite aux XIVe, XVe et XVIe siècles, elle fut fermée en 1790, vendue en 1797 et démolie à l'exception de la tour du XVIe siècle (1509-1523) qui demeure encore debout : la tour Saint-Jacques. — Saint-Jacques-de-l'Hôpital s'élevait à l'angle de la rue Saint-Denis et de la rue Mauconseil, en face de Saint-Leu-Saint-Gilles (pl. doc. 91). La première pierre avait été posée en 1319. L'ensemble était achevé en 1322. Il se composait d'une chapelle et d'un hôpital bâtis pour héberger les pèlerins qui passaient par Paris se rendant à Compostelle. La chapelle était le siège de la Confrérie de Saint-Jacques-aux Pèlerins, fondée en 1298; elle possédait un doigt de l'apôtre. Supprimée en 1790, elle fut démolie en 1820. — C'est dans le courant du XIIIe siècle, probablement sous le règne de saint Louis, que les Frères de Saint-Jacques-du-Haut-Pas s'établirent à Paris. Cet ordre avait été fondé près de Lucques, en Italie, pour l'assistance aux pèlerins. L'hôpital de Paris devint une annexe de la maison italienne. En 1556, la chapelle fut érigée en succursale de Saint-Benoît. En 1572, l'immeuble recueillit les religieux de Saint-Magloire, dépossédés de leur couvent de la rue Saint-Denis. L'église actuelle fut commencée en 1630; elle fut érigée en paroisse en 1633 et dédiée en 1685 (pl. doc. 90) — Au XIVe siècle, une chapelle en l'honneur des saints Jacques et Christophe formait l'angle de la rue de Nantes et de la rue de Flandre appelée à cette époque route de Louvres ou du Bourget. En 1427, elle était érigée en église paroissiale, ainsi qu'il appert d'un acte où il est question de la « Confrérie de Notre-Dame de Bonnes Nouvelles, fondée à l'église de Monseigneur Saint-Jacques de la Villette Saint-Ladre-lez-Paris ». L'édifice a été démoli dans la première moitié du XIXe siècle.

Saint Christophe et saint Cucuphat, dont notre bréviaire fait mémoire au 25 juillet, furent martyrisés, le premier en Lycie, le second à Barcelone; Hilduin, abbé de Saint-Denis, fit transporter leurs reliques dans le monastère de ce nom, vers 835. Quant à saint Germain et à saint Julien, dont le bréviaire fait également mémoire, il s'agit de deux translations de reliques. La première eut lieu le 25 juillet 755, lorsque le corps de saint Germain fut transporté de la chapelle Saint-Symphorien, où il avait été enterré, à la basilique Saint-Vincent. La translation de saint Julien du Mans se placerait entre 841 et 850.

Dès la seconde moitié du VIIe siècle, une église dédiée à saint Christophe et servant de chapelle à un monastère de religieuses, s'élevait en face de Notre-Dame, sur la place actuelle du Parvis. En 829, l'évêque Inchade transforma le monastère en un hospice qui devint l'Hospice de Saint-Christophe; on l'appelait également l'Hôpital de Notre-Dame. Vers la fin du XIIe siècle (avant 1205), la chapelle fut érigée en église paroissiale et rebâtie sur de plus vastes proportions (pl. doc. 87).

Une partie du clergé de Notre-Dame s'y rendait en procession la veille de la fête de saint Christophe; le 25 juillet, la messe y était célébrée. Reconstruite de 1490 à 1510, elle fut démolie en 1747 et remplacée par la nouvelle église de l'Hospice des Enfants-Trouvés (1748). Celle-ci a disparu à son tour; elle était située sur l'emplacement actuel du parvis Notre-Dame.

Translatio sancti Marcelli ep. et conf. (26 juil.). — La légende du bréviaire décrit une partie de la vie de saint Marcel : sa naissance à Paris, son enfance studieuse, sa jeunesse vertueuse. Elle mentionne quatre miracles opérés par le saint : le fer rouge qu'il prend en main, dans l'atelier du forgeron; l'eau changée en vin, au moment où il la présente à l'évêque pour les ablutions; une autre fois, l'eau est changée en chrême. Le quatrième miracle est celui du serpent qui avait élu domicile dans un tombeau dont il avait dévoré le cadavre, et qui prit la fuite à la prière du saint. — Saint Marcel avait été enterré en dehors de la Cité, dans une vaste nécropole qui s'étendait au sud du Paris mérovingien, sur les bords de la Bièvre (436). De bonne heure, un oratoire, et, plus tard, une église s'élevèrent sur son tombeau (pl. doc. 90). Au moment des premières invasions normandes, le corps du saint fut transporté dans la Cité et déposé à Notre-Dame. Au bout de quelques années, ses reliques furent de nouveau mises en sûreté à Saint-Marcel. En 945, à l'approche d'une nouvelle invasion, elles furent transportées une seconde fois à Notre-Dame, et cette fois, définitivement. On trouvera plus loin, à la date du 3 novembre (p. 106), une courte notice sur l'ancienne église Saint-Marcel.

Transfiguratio Domini (27 juil.). — Les trois leçons de l'office sont tirées d'une homélie de Bède sur la Transfiguration. — Une église Saint-Sauveur, sous le vocable de la Transfiguration, s'élevait dès la fin du XIIIe siècle à l'extrémité de la rue Saint-Denis. Restaurée aux XVIe et XVIIe siècles, l'église Saint-Sauveur, dont une rue de ce nom perpétue le souvenir, fut démolie en 1787 (pl. doc. 91).

Anna, mater Mariae virg., Pantaleon mart., Samson ep. et conf. (28 juil.). — Les neuf leçons de l'office de sainte Anne sont empruntées au texte : « Igitur in hystoriis duodecim tribus Israel, legitur ut beatus Iacobus Iherosolimitanus episcopus... » — Une des chapelles de Notre-Dame était consacrée à sainte Anne dès 1265. — Saint Pantaléon et saint Samson dont notre bréviaire fait mémoire sont, le premier, un martyr de Nicomédie pendant la persécution de Dioclétien; l'autre, l'évêque de Dol, qui assista au troisième concile de Paris, en 557. En 878, au moment des invasions normandes, le corps de saint Samson fut transporté à Orléans. Au siècle suivant, en 976, ses reliques furent déposées à Paris, en même temps que celles d'un autre saint breton : Magloire. Actuellement, elles sont encore conservées à Saint-Jacques-du-Haut-Pas (pl. doc. 90).

Felix, Simplicius, Faustinus et Beatrix mart., Lupus ep. et conf. (29 juil.). — La légende du bréviaire ne parle que de saint Félix, pape, déposé par Constance, chassé de son siège et condamné à mort. — Saint Loup, dont le bréviaire fait mémoire, est l'évêque de Troyes qui donna le voile à sainte Geneviève; il mourut dans sa ville épiscopale, vers 479.

Abdon et Sennen mart. (30 juil.). — Les leçons de l'office ne décrivent qu'une partie de la passion des deux martyrs. Pour n'avoir pas voulu sacrifier aux dieux, Abdon et Sennen sont condamnés aux bêtes. Deux lions et quatre ours sont lâchés contre eux; mais, au lieu de les dévorer, les fauves se couchent à leurs pieds.

Germanus Autissiodorensis ep. (31 juil.). — La légende de saint Germain d'Auxerre raconte son enfance, son élévation à l'épiscopat, ses vertus et ses austérités. — Dès le VIIe siècle, une église dédiée à saint Germain, évêque d'Auxerre, s'élevait sur la rive droite. Saint Landry, évêque de Paris, y fut enterré en 536. On l'appela d'abord Saint-Germain-le-Neuf, sans doute pour la distinguer de Saint-Germain-le-Vieux, qui se trouvait dans la Cité. Détruite par les Normands, elle fut rebâtie au XIe siècle, et c'est vers cette époque, sous le règne de Robert le Pieux (996-1031), qu'elle reçut le nom de Saint-Germain « l'Auxerrois ». Rebâtie aux XIIe, XIIIe, XVe, XVIe et XVIIIe siècles, elle devint église royale lorsque les rois de France résidèrent au Louvre (pl. doc. 92). Fermée sous la Révolution, elle fut rendue au culte en 1802. — Le village de Charonne existait dès la fin du Xe siècle. Au siècle suivant, selon toute probabilité, une église s'élevait au milieu de l'agglomération et déjà elle était dédiée à saint Germain d'Auxerre. Reconstruite au XIIIe, puis aux XVe et XVIe siècles, elle est demeurée église paroissiale (pl. doc. 86).

Ad vincula s. Petri. Machabaei mart., Eusebius ep. et mart., Exuperius ep. et conf., Fides, Spes et Sapientia (1er août). — Les six premières leçons de l'office de saint Pierre-aux-Liens sont tirées d'un récit oratoire sur les chaînes de l'apôtre, les trois dernières d'une homélie sur les paroles : « Venit Ihesus in partes Cesaree... » Le bréviaire fait ensuite mémoire des sept frères Machabées, martyrisés par Antiochus Epiphane, d'Eusèbe, évêque de Verceil, d'Exupère, évêque de Bayeux dont les reliques furent transportées à Corbeil, ancien diocèse de Paris, dans la seconde moitié du IXe siècle, lors des invasions normandes. Quant aux saintes Foi, Espérance, [Charité] et leur mère la Sagesse, dont l'office fait également mémoire, les *Acta sanctorum* résument d'un mot les renseignements que nous possédons sur elles : « Solus cultus indubitatus est » (*Act. SS. Aug.*, I, 16).

Stephanus papa et mart. (2 août). — La légende du bréviaire est tirée de la passion de saint Etienne sous Valérien, en 257. Arrêté sur l'ordre de l'empereur, le pape est conduit au temple de Mars pour y sacrifier aux dieux; mais le temple s'écroule à sa voix. Quelques jours après, Valérien fait arrêter Etienne pendant qu'il célébrait les saints mystères et le fait décapiter sur son siège.

Inventio sancti Stephani cum sociis suis (3 août). — C'est le récit de l'invention du corps de saint Etienne, en 415; l'apparition de Gamaliel au prêtre Lucien et la translation des reliques dans l'église dédiée au saint. — Le 2 août, aussitôt après None, le clergé de Notre-Dame se rendait en procession à Saint-Etienne-des-Grès (pl. doc. 90). Après le chant des premières vêpres, le bénéficier faisait apporter du vin et des poires, et, immédiatement, avait lieu l'office de la vigile. Celui-ci terminé, la procession regagnait Notre-Dame. Le lendemain 3 août, après le chant de Prime, le clergé de la cathédrale se rendait de nouveau à Saint-Etienne. Le service liturgique se composait de Tierce, de la messe et de Sexte; la procession rentrait ensuite à Notre-Dame (Bruxelles, Bibl. roy., ms. 1799, fol. 120).

In prima dominica mensis Augusti, in ecclesia Parisiensi, receptio sanctae crucis. — La légende du bréviaire retrace l'arrivée à Paris d'un fragment de la vraie croix. Après la prise de Jérusalem, Anseau, chanoine de Paris et grand chantre du Saint-Sépulcre, découvre un morceau de la vraie croix dans un monastère de religieuses de la ville sainte. Il l'envoie à Galon, évêque de Paris, pour sa cathédrale. La relique arrive à Saint-Cloud à la fin de juillet 1109. Le dimanche suivant, Galon, entouré de son clergé et d'une foule immense, va chercher le précieux fragment et l'apporte à Notre-Dame. Quelque temps après, l'évêque décide de célébrer l'anniversaire de ce jour mémorable le premier dimanche d'août.

Ionius mart., Memmius ep. et conf. (5 août). — Les leçons de l'office de saint Yon, prêtre et martyr d'Arpajon, ancien diocèse de Paris, sont empruntées au commun des martyrs et ne contiennent aucun renseignement historique. — Saint Memmie, dont le nom est mentionné au calendrier, est l'évêque de Châlons.

Sixtus ep. et mart., Felicissimus et Agapitus mart. (6 août). — La légende du bréviaire est tirée de la passion des saints Sixte, Félicissime et Agapit, mis à mort pour n'avoir pas voulu sacrifier aux idoles.

Donatus ep. et mart. (7 août). — La légende de l'office raconte le miracle survenu pendant que Donat célébrait les saints mystères : le calice tombe des mains du diacre et se brise en plusieurs morceaux; aussitôt, ce même calice est réparé par le saint. Quelque temps après, Donat est arrêté et mis à mort pour la foi.

Iustinus mart., Cyriacus, Largus et Smaragdus mart. (8 août). — Les neuf leçons de l'office de saint Justin sont tirées du commun des martyrs et ne contiennent pas de renseignements historiques. On sait par ailleurs que ce saint, né à Auxerre, fut martyrisé sous Dioclétien, à Louvres-en-Parisis. Son corps était conservé à Notre-Dame, à l'exception du chef qui était à Auxerre. Les saints Cyriaque, Large et Smaragde, dont le bréviaire fait mémoire, sont trois saints martyrisés à Rome.

Romanus mart. (9 août). — Les trois leçons de l'office retracent la passion de ce soldat romain, baptisé par saint Laurent et décapité à Rome pendant la persécution de Dèce (258), pour avoir affirmé sa qualité de chrétien.

Laurentius mart. (10 août). — La légende du saint raconte son arrestation et l'épisode bien connu des « trésors de l'Eglise ». Sur son refus de sacrifier aux idoles, Laurent est étendu sur un gril de fer où il meurt après un horrible supplice. Ses restes sont enlevés par Hippolyte et le prêtre Justin qui les ensevelissent. — Dès le VIe siècle, au témoignage de Grégoire de Tours, une basilique dédiée à saint

Laurent s'élevait sur la rive droite; elle était desservie par des religieux à la tête desquels était Domnole, le futur évêque du Mans. Détruite par les Normands, elle fut rebâtie, et, après avoir servi d'église abbatiale pendant six siècles, elle fut érigée en paroisse à la fin du XIIe ou au début du XIIIe siècle (pl. doc. 91). Rebâtie au XVe siècle, elle fut consacrée le 19 juin 1429 par Jacques du Châtelier, évêque de Paris. Fermée quelque temps pendant la Révolution, elle fut rendue au culte en 1799. — Le 10 août, aussitôt après Prime, le clergé de Notre-Dame se rendait en procession à Saint-Laurent; il chantait Tierce, la messe et Sexte; puis, il rentrait à la cathédrale. — Une chapelle en l'honneur de saint Laurent s'ouvrait à Notre-Dame, dans le bas-côté nord, en 1266 (auj. chapelle Saint-Vincent de Paul).

Sollempnitas sanctae Coronae (11 août). — La légende du bréviaire nous donne un sermon sur la sainte couronne d'épines. L'histoire de cette relique célèbre est connue. Remise à saint Louis par Baudouin II, elle fut apportée à Paris en 1239, et déposée provisoirement au palais du roi, dans l'ancienne chapelle Saint-Nicolas, en attendant le merveilleux reliquaire qui devait l'abriter quelques années plus tard et qui subsiste encore : la Sainte-Chapelle (1248).

Tiburtius mart. (12 août). — Les trois leçons de l'office racontent l'arrestation de Tiburce en qualité de chrétien. Traduit devant Fabien, il marche sur des charbons ardents, il est ensuite condamné à mort et il a la tête tranchée.

Hippolytus sociique eius (13 août). — La légende du bréviaire est empruntée à la passion du saint. Celui-ci était un soldat romain à qui Valérien avait confié la garde de saint Laurent et que le diacre avait converti et baptisé dans sa prison. Après avoir enseveli le corps de saint Laurent, Hippolyte est arrêté et traduit devant Dèce. Sur son refus de sacrifier aux dieux, l'empereur lui fait endurer les pires supplices. Finalement, il est attaché par les pieds à deux chevaux indomptés qui mettent son corps en pièces. La neuvième leçon de l'office montre Dèce et Valérien se rendant à l'amphithéâtre, la conscience torturée par le remords. A la vue des deux empereurs, l'impératrice Triphonie et sa fille Cyrille se convertissent et reçoivent le baptême. — La première mention d'une église dédiée à saint Hippolyte, date de 1158 (bulle d'Adrien IV). Quelque temps après, vers 1205, elle devient église paroissiale. Rebâtie aux XVIe et XVIIe siècles, elle est fermée en 1791, vendue en 1793 et démolie, en grande partie, en 1807. Les quelques vestiges qui subsistaient ont disparu en 1866 lors du percement du boulevard Arago, à part quelques débris qui ont trouvé place dans les musées. L'église Saint-Hippolyte s'élevait à l'angle de la rue des Marmousets et de la rue Saint-Hippolyte (pl. doc. 90).

Eusebius conf. (14 août). — La légende du bréviaire fait de saint Eusèbe un prêtre romain qui dénonce l'hérésie de Libère et qui meurt en prison pour la foi.

Assumptio beatae Mariae virg. (15 août). — Les six premières leçons sont tirées d'une lettre attribuée à saint Jérôme : « Cogitis me, o Paula et Eustochium... »; les trois autres d'une homélie de Bède sur les paroles : « Intravit Ihesus in quoddam castellum ». Après Tierce, une procession se déroulait dans la cathédrale, au chant du beau répons : « Stirps Iesse virgam produxit virgaque florem... Virgo Dei genitrix virga est; flos filius eius ». Au retour, on chantait l'antienne *Alma redemptoris*. Je renvoie à ce qui a déjà été dit (p. 31) sur la cathédrale Notre-Dame, dont l'Assomption était — et est encore — la fête patronale.

Parmi les anciennes églises de Paris dédiées à notre Dame, mentionnons celle du prieuré de Notre-Dame-des-Champs, aux abords du faubourg Saint-Jacques (pl. doc. 90). C'est ici un des endroits les plus vénérables du vieux Paris. L'édifice s'élevait sur le bord de la voie romaine, au milieu d'un ancien cimetière chrétien. Celui-ci avait succédé à un lieu de sépulture païen, comme le rappelle encore le nom actuel de la Tombe-Issoire. L'existence de cette église est attestée dès le VIIe siècle par le testament d'Ermentrude; elle portait le nom de Notre-Dame-des-Champs, pour la distinguer de la cathédrale. En 1085, Paganus et Guy Lombard la donnèrent à l'abbaye de Marmoutier; dès lors, elle devint un prieuré clunisien. Le chapitre de Notre-Dame s'y rendait en procession le second vendredi de Carême et le deuxième jour des Rogations. En 1604, six Carmélites venues d'Espagne vinrent s'y installer, à la demande de M. de Bérulle. Bientôt, le couvent devint un des plus célèbres de Paris. La duchesse de Longueville, la belle-mère de l'héroïne de la Fronde, après en avoir été la bienfaitrice, vint s'y fixer et y mourut. En 1674, Mademoiselle de La Vallière franchissait à son tour le seuil du monastère où elle devait passer trente-six ans sous le nom de sœur Louise de la Miséricorde. En 1675, le cœur de Turenne avait été déposé dans la chapelle. Supprimé en 1790, le couvent fut rétabli en 1802, pour être supprimé de nouveau en 1901. Les bâtiments du monastère, acquis récemment par des particuliers, se trouvent au n° 25 de la rue Denfert-Rochereau; l'ancienne entrée du Carmel se voit encore au n° 284 de la rue Saint-Jacques, au fond de l'impasse.

Octava s. Laurentii (17 août). — Aucun office spécial à cette date.

Agapitus mart. (18 août). — Aucun office en l'honneur de ce martyr.

Ludovicus ep. Tolosanus, ordinis Minorum (19 août). — Absent du calendrier, saint Louis d'Anjou est l'objet d'un office complet dans le sanctoral. La légende décrit avec complaisance sa naissance illustre, son enfance, son amour de l'étude, sa piété. Devenu prêtre, il donne l'exemple d'admirables vertus. En rentrant de Catalogne, il fait vœu d'entrer chez les Frères Mineurs; peu de temps après, il y fait profession et devient évêque de Toulouse. Il se rend à Paris, et, en route, il donne son manteau à un pauvre. La légende s'arrête là.

Philibertus abbas (20 août). — Il s'agit de saint Philibert, abbé de Rebais, au diocèse de Meaux, fondateur de Jumièges et de Noirmoutier. Au moment des invasions normandes, son corps fut transporté à Déas (836), à Cunaut-sur-Loire (857), à Messey (862) et enfin à Tournus (875).

Oct. sanctae Mariae. Timotheus et Symphorianus mart. (22 août). — Saint

Timothée et saint Symphorien dont l'office fait mémoire sont, le premier, un martyr de Rome au IVe siècle, le second, le martyr d'Autun en l'an 180. Une chapelle en l'honneur de saint Symphorien avoisinait le Collège Sainte-Barbe; elle datait du VIIIe siècle et subsista jusqu'au milieu du XVIIe. Une autre plus récente était située dans la Cité, sur l'emplacement de l'Hôtel-Dieu actuel; elle remontait au XIIIe siècle (pl. doc. 87). En 1704, elle devint le siège de l'Académie Saint-Luc. Supprimée en 1790, vendue comme propriété nationale en 1795, elle fut démolie dans la seconde moitié du XIXe siècle.

Timotheus et Apollinaris mart. (23 août). — Les leçons de l'office des deux martyrs rémois sont empruntées au commun des martyrs : « Cum audieritis prœlia... »

Bartholomaeus apost., Audoenus ep. et conf. (24 août). — La légende de saint Barthélemy raconte le voyage de l'apôtre aux Indes, et, entre autres épisodes, celui des idoles Astaroth et Bérith, réduites à l'impuissance par la seule présence du saint. Le récit s'arrête là. — Sur l'emplacement actuel du Tribunal de Commerce, s'élevait un palais romain qu'habitèrent plus tard les rois mérovingiens. Une chapelle royale y fut érigée. En 960, Salvator, évêque d'Aleth, y déposa les reliques des saints Magloire, Samson, Mâlo et Sénateur. La chapelle fut alors agrandie et Hugues Capet appela des moines pour la desservir : ce fut l'abbaye de Saint-Barthélemy et de Saint-Magloire, puis de Saint-Magloire seulement. Vers 1140, les moines quittèrent les locaux, devenus trop étroits, et s'établirent entre les rues Saint-Denis et Quincampoix. L'église reprit alors son nom primitif (pl. doc. 87). Supprimée par la Révolution, elle fut vendue en 1791 et démolie en 1792. — Le 24 août, le clergé de Notre-Dame se rendait en procession à Saint-Barthélemy en la Cité. Les chanoines chantaient Tierce sous le cloître; puis ils revêtaient des chapes de soie et se dirigeaient vers le chœur en exécutant deux répons, l'un en l'honneur de saint Barthélemy, l'autre en l'honneur de la sainte Vierge. La messe était chantée par les moines, sauf l'*alleluia* qui était réservé aux chanoines. Le clergé se rendait ensuite au cloître pour le chant de Sexte; puis la procession rentrait à Notre-Dame. (Bruxelles, Bibl. roy., ms. 1799, fol. 122vo et 123). — Saint Ouen, dont le bréviaire fait mémoire, est l'évêque de Rouen, ancien chancelier de Dagobert, mort à Clichy-la-Garenne et inhumé à Rouen, dans l'abbaye de Saint-Pierre, qui prit plus tard le nom de Saint-Pierre et de Saint-Ouen, puis de Saint-Ouen seulement.

Ludovicus rex et conf., Genesius mart. (25 août). — La légende du bréviaire est une sorte de biographie de saint Louis; pendant l'octave, on lisait le récit de dix-neuf miracles accomplis après sa mort. — Mémoire de saint Genès, martyr.

Bernardus abb., Irenaeus et Abundius mart. (26 août). — Les neuf leçons de l'office de saint Bernard racontent son entrée à Citeaux à l'âge de vingt-deux ans, avec trente de ses compagnons, puis la fondation de l'abbaye de Clairvaux. La vie austère de saint Bernard y est décrite avec beaucoup de détails. Il prédit sa fin prochaine et meurt en effet à la date indiquée (1153). — La canonisation de saint

Bernard (1174) suivit d'assez près sa mort. En 1207, Eudes de Sully introduisait, du consentement du chapitre, sa fête à Paris. En 1244, Etienne de Lexington, abbé de Clairvaux, fonda le Collège des Bernardins dans le quartier du Chardonnet. En 1320, cet établissement devint le séminaire général de l'Ordre et fut reconstruit en entier. Une nouvelle église succéda à l'ancienne chapelle; la première pierre fut posée, le 24 mai 1338, par la reine Jeanne de Bourgogne (pl. doc. 87 et 90). Le collège fut supprimé en 1790; l'église vendue et démolie en 1797. Depuis 1845, les autres bâtiments ont été convertis en une caserne de pompiers. — Les saints Irénée et Abonde, dont notre bréviaire fait mémoire, sont deux martyrs romains qui furent mis à mort pendant la persécution de Valérien.

Georgius et Aurelius mart., Rufus mart. (27 août). — La légende du bréviaire est empruntée à la passion des saints Georges et Aurèle, martyrs de Cordoue (27 juillet 852); elle est très sobre de renseignements : les deux saints sont arrêtés et refusent de sacrifier aux idoles. La fête du 27 août est celle de leur translation à Saint-Germain-des-Prés en 858. — Saint Ruf est un martyr de Capoue; ni dans le calendrier ni dans le sanctoral, il n'est qualifié d'évêque.

Augustinus ep. et conf., Hermes. Iulianus mart. (28 août). — La légende du bréviaire est empruntée à la vie de saint Augustin par Possidius. — Les Ermites de Saint-Augustin vinrent à Paris vers le milieu du XIIIe siècle; ils s'installèrent d'abord rue Montmartre (1259), puis près de l'abbaye de Saint-Victor (1285), enfin sur la rive gauche (1293). Leur église, commencée en 1368, ne fut dédiée que le 6 mai 1453. Le couvent s'étendait sur un terrain compris aujourd'hui entre les rues Dauphine, Christine et des Grands-Augustins et le quai des Grands-Augustins (pl. doc. 87). Il fut supprimé en 1790 et l'église démolie peu de temps après. — Saint Hermès est un martyr de Rome au IIe siècle (vers 116). — Saint Julien est le martyr de Brioude, en Auvergne. Une église en son honneur (ou en l'honneur de saint Julien l'hospitalier) s'élevait dès le VIe siècle sur la rive gauche, près du Petit-Pont, au témoignage de Grégoire de Tours. Elle fut détruite par les Normands en 886. Rebâtie au Xe siècle, puis dans la seconde moitié du XIIe, l'église Saint-Julien-le-Pauvre est affectée aujourd'hui au culte grec catholique (pl. doc. 87).

Decollatio s. Iohannis-Baptistae. Medericus abbas. Sabina virgo (29 août). — Les leçons de l'office de saint Jean-Baptiste sont tirées de deux homélies sur la décollation du précurseur. — Saint Merry, dont le bréviaire fait mémoire, était abbé de Saint-Martin d'Autun. Au cours d'un pèlerinage aux tombeaux de saint Denis et de saint Germain, il tomba malade à Paris et y mourut. Il fut enterré dans une chapelle dédiée à saint Pierre, près de laquelle il résidait. En 884, son corps fut mis dans un autre tombeau par ordre de Gozlin, évêque de Paris. Au siècle suivant, la chapelle devint une église, qui prit le titre de Saint-Pierre et Saint-Merry, et bientôt de Saint-Merry seulement. Au XIIe siècle, elle fut érigée en église paroissiale (pl. doc. 89). Reconstruite au XVIe siècle, sous François Ier, elle fut fermée en 1791 et de nouveau ouverte au culte en 1803; elle est située au n° 78 de la rue Saint-Martin. — Le 29 août, le clergé de la cathédrale se rendait en procession à Saint-Merry. Tierce était chantée devant un autel en dehors du chœur. Les chanoines revêtaient ensuite des chapes de soie; un chantre entonnait un répons en l'honneur de saint Merry et la procession se dirigeait par le cloître vers l'église où la messe était aussitôt célébrée. Sexte était chantée, comme Tierce, en dehors du chœur. Les chanoines déposaient alors les chapes de soie et le clergé rentrait à Notre-Dame (Bruxelles, Bibl. roy., ms. 1799, fol. 124).

Felix et Adauctus mart., Agilus abb., Fiacrius conf. (30 août). — La légende du prêtre Félix tient en quelques lignes dans notre bréviaire. Pressé de sacrifier aux dieux, il souffle sur une statue qui se brise. Le préfet ordonne alors de lui trancher la tête et d'abandonner son corps aux chiens errants et aux loups. — Saint Agile dont le bréviaire fait mémoire est un moine de Luxeuil, qui devint le premier abbé de Rebais. — Saint Fiacre était un ermite de Meaux qui mourut vers 670.

AEgidius abb., Priscus mart. (1er sept.). — La légende du bréviaire raconte la naissance de saint Gilles, à Athènes, et son éducation brillante. Un malade, auquel il donne son manteau, recouvre la santé. Ses parents morts, saint Gilles distribue son patrimoine aux pauvres; il guérit un démoniaque ainsi que de nombreux malades. La légende s'arrête là. — La rue Saint-Gilles actuelle date du XVIIe siècle; elle a été ainsi désignée à cause d'une statue du saint qui se trouvait à une de ses extrémités. — Saint Prisque, dont il est fait mémoire, est un évêque de Capoue; le calendrier et le sanctoral mentionnent seulement son titre de martyr.

Antoninus mart. (2 sept.). — Il s'agit sans doute de saint Antonin, martyr de Pamiers; la légende loue son zèle pour la prédication évangélique. Le saint prédit son martyre prochain. La légende s'arrête sur cette prédiction.

Lupus ep. et conf., Godograndus ep. et mart. (3 sept.). — Les neuf leçons de l'office décrivent la naissance de saint Loup à Orléans et son enfance. Une fois élu archevêque de Sens, il distribue ses biens aux pauvres. Il est envoyé en exil par Clotaire; puis rappelé quelque temps après. Un dimanche, pendant sa messe, une pierre précieuse tombe du ciel dans son calice. Un jour, à Sens, il venait de se mettre à table; il lui est révélé que saint Winebaud venait d'entrer dans la cathédrale Saint-Etienne; il va le chercher et l'amène au repas. — L'église Saint-Leu a été fondée en 1235, par Guillaume d'Auvergne, évêque de Paris; c'était alors une simple chapelle succursale. Elle s'élevait en bordure de la rue Saint-Denis, près de la l'abbaye de Saint-Magloire (pl. doc. 91). Dans les anciens documents elle est intitulée *ecclesia ss. Egidii et Lupi.* Il semble en effet qu'à l'origine saint Gilles était le patron principal de l'église et saint Loup, évêque de Sens, le patron secondaire. Elle devint église paroissiale dans la seconde moitié du XVIe siècle. Après avoir traversé la Révolution et subi de nombreux remaniements, elle compte encore au nombre des églises de Paris. — Saint Chrodegang était évêque de Sées; son chef était conservé à Saint-Martin-des-Champs et une partie de son corps au prieuré de l'Isle-Adam, ancien diocèse de Beauvais.

Marcellus mart. (4 sept.). — Saint Marcel, dont notre bréviaire fait seulement mémoire, est le martyr et l'apôtre de Chalon-sur-Saône.

Victorinus ep. et mart., Bertinus abb. (5 sept.). — Victorin, frère de Séverin, se retire dans une grotte sauvage, après la mort de ses parents. Le démon se présente à lui sous la figure d'une femme très malheureuse qui lui demande l'hospitalité. La légende s'arrête là. — Saint Bertin est l'abbé de Sithiu, à Saint-Omer.

Clodoaldus conf., Evurtius ep. et conf. (7 sept.). — La légende du bréviaire décrit la naissance de saint Cloud, fils de Clodomir, petit-fils de Clovis. Elle rapporte l'épisode bien connu d'Arcadius se présentant à Clotilde, de la part de Childebert et de Clotaire, avec une épée nue et des ciseaux, et la malheureuse reine s'écriant : « J'aime mieux les voir morts que tondus ! » — Saint Euverte, dont il est fait mémoire, est l'évêque d'Orléans au IVe siècle.

Nativitas beatae Mariae virg., Adrianus mart. (8 sept.). — Les six premières leçons sont empruntées à un sermon de « saint » Fulbert, évêque de Chartres, sur la Nativité (*P. L.*, t. CXLI, 320-321); les trois autres proviennent d'une homélie attribuée à saint Jérôme (*P. L.*, t. CVII, 729-731). — Saint Adrien est le martyr de Nicomédie, qui mourut pendant la persécution de Maximien.

Gorgonius mart. (9 sept.). — Gorgone et Dorothée sont deux martyrs de Nicomédie, sous Dioclétien : simple commémoraison dans le bréviaire.

Protus et Hyacinthus mart. (11 sept.). — Prote et Hyacinthe, dont il est fait mémoire, sont deux martyrs de Rome pendant la persécution de Valérien.

Cyrus et Iuventius conf. et ep. (12 sept.). — Les saints Cyr et Juvence, dont les noms se lisent au calendrier, n'ont ni office propre ni commémoraison.

Maurilius ep. (13 sept.). — Saint Maurille, dont le nom est inscrit seulement au calendrier, est un évêque d'Angers, mort en 453.

Exaltatio sanctae Crucis. Cornelius et Cyprianus mart. (14 sept.). — En l'an 615, dit la légende du bréviaire, Chosroës, roi des Perses, s'empara de Jérusalem et emporta la sainte croix que l'impératrice, sainte Hélène, y avait déposée. Puis, il se fit adorer comme un dieu. Au bout de quelque temps, il abandonne l'empire à son fils. Celui-ci réunit une puissante armée et se prépare à livrer bataille à l'empereur Héraclius, sur les bords du Danube. Les deux souverains conviennent de se mesurer en combat singulier sur le pont du fleuve, combat dont dépendrait l'issue de la guerre. Héraclius sort vainqueur de la lutte. La légende du bréviaire n'en dit pas davantage; elle n'ajoute pas que, quelques années après, Héraclius entra à Jérusalem et replaça la sainte croix dans l'église de la Résurrection. Six cents ans plus tard, le 14 septembre 1241, saint Louis déposait dans la chapelle du Palais un morceau considérable de la vraie croix, qu'il avait reçu d'Orient avec un des clous de la Passion. — Deux églises de Paris étaient consacrées à la sainte croix. La plus ancienne s'élevait dans la Cité, sur l'emplacement d'une maison romaine. C'était, dès le XIe siècle, un oratoire dépendant de l'abbaye de Saint-Eloi. Au XIIe siècle, probablement entre 1125 et 1134, elle devint église paroissiale; elle fut reconstruite et agrandie au XVIe siècle (pl. doc. 87). La paroisse fut supprimée en 1790, l'église vendue comme propriété nationale et démolie en 1797, à l'exception du portail qui ne fut abattu qu'en 1846. Elle s'élevait à l'angle du Marché-aux-Fleurs et de la rue de Lutèce. — Institués en 1206 par Théodore de Celles, chanoine de Saint-Lambert de Liége, les religieux de Sainte-Croix s'installèrent, en 1259, dans le quartier de la Bretonnerie, où Robert de Sorbonne, leur premier bienfaiteur, avait acheté pour eux quelques maisons. L'église était dédiée à la sainte croix; les reliques de saint Côme et de sainte Hélène y étaient vénérées (pl. doc. 89). La rue actuelle de Sainte-Croix-de-la-Bretonnerie rappelle le souvenir de ce prieuré, qui fut supprimé en 1790, vendu en 1793 et ensuite démoli. — Les deux martyrs dont il est fait mention à ce jour sont saint Corneille, pape, et saint Cyprien, évêque de Carthage, morts pendant les persécutions de Dèce et de Valérien.

Oct. beatae Mariae virg., Nicomedes mart. (15 sept.). — La légende est empruntée à une suite du sermon de « saint » Fulbert sur la Nativité (*P. L.*, t. CXLI, 321, 323); la neuvième leçon fait allusion au miracle de Théophile. — Nicomède, dont il est fait mémoire, est un prêtre martyr de Rome.

Euphemia virg., Lucia et Geminianus mart. (16 sept.). — D'après la légende de notre bréviaire, Euphémie est traduite devant le juge Priscus. Sur le conseil d'un certain Apellien, le juge essaie de la faire marcher dans un endroit obscur où des épées nues sont dissimulées sous une légère couche de terre; mais un ange enlève Euphémie et la transporte ailleurs. La légende est muette sur les autres supplices endurés par l'héroïque vierge. — Lucie et Géminien sont deux martyrs qui moururent à Rome, au temps de Dioclétien.

Audomarus ep. et conf., Lambertus ep. et mart. (17 sept.). — Les leçons de l'office décrivent la naissance d'Omer à Constance, son enfance et sa jeunesse, son entrée au monastère de Luxeuil, ses vertus, son élection à l'évêché de Thérouanne et son zèle pour l'évangélisation de la contrée. — Saint Lambert, dont le nom se lit au calendrier, est absent du sanctoral. — En l'année 1342, Vaugirard, dépendance de Saint-Germain-des-Prés, fut doté d'une paroisse. Une chapelle dédiée à la Vierge s'élevait à l'angle des rues Notre-Dame (auj. rue Desgenettes) et Saint-Lambert. Au XVe siècle, saint Lambert devint son second patron, à cause des reliques qui s'y trouvaient conservées, et bientôt la piété populaire en fit le seul patron de l'église. L'édifice actuel date de 1848; il fut consacré en 1856.

Signus conf. (19 sept.). — Il s'agit de saint Seine, abbé du monastère de ce nom, au diocèse de Dijon. Son nom se lit seulement au calendrier.

Matthaeus ap. et ev. (21 sept.). — D'après la légende, saint Matthieu rencontre à Nadabar, ville d'Ethiopie, deux magiciens Zaroës et Arphaxat, qui opéraient de nombreux prodiges, ensorcelaient les habitants et se faisaient passer pour des dieux. Matthieu déjoue leurs maléfices. Il rencontre l'eunuque de la reine Candace avec qui il a un long entretien. Il apprend un jour que les deux magiciens viennent vers lui avec deux dragons qui jettent du feu et du soufre. Matthieu s'avance au-devant d'eux, il fait le signe de la croix et les deux dragons s'endorment à ses pieds. La légende de notre bréviaire s'arrête là.

Mauritius et soc. mart. (22 sept.). — Les leçons du bréviaire sont empruntées à la passion de saint Maurice et de ses compagnons par saint Eucher, évêque de Lyon. Le récit prend fin avec le discours d'Exupère, le porte-enseigne.

Thecla virg., Paternus ep. et conf. (23 sept.). — Sainte Thècle est conquise à la foi par saint Paul, à Icône. Elle renonce au mariage. Jetée en prison, elle est condamnée à être brûlée vive. La légende du bréviaire s'arrête là. — Saint Paterne, dont il est fait mémoire, est sans doute l'évêque d'Avranches, du VIe siècle.

Andochius, Thyrsus et Felix (24 sept.). — Les saints Andoche, Thyrse et Félix, sont trois martyrs d'Autun qui moururent pendant la persécution d'Aurélien.

Firminus ep. et mart. (25 sept.). — Il s'agit ici de saint Firmin, évêque d'Amiens. Les leçons de son office sont empruntées au commun des martyrs.

Senator ep. et conf. (26 sept.). — Saint Sénateur (ou saint Senier) est un évêque d'Avranches du VIe siècle, dont les reliques avaient été apportées à Saint-Magloire, au moment des invasions normandes.

Cosmas et Damianus mart., Cerannus ep. et conf. (27 sept.). — Les leçons de l'office sont empruntées à la passion des saints Côme et Damien. C'étaient deux frères jumeaux, médecins tous les deux. L'un et l'autre soignaient les malades gratuitement. Une dame, nommée Palladia, est guérie par eux. Sur les instances de cette dame, Damien accepte d'elle un don insignifiant. Côme l'en blâme sévèrement et veut se séparer de lui. Mais la nuit suivante, le Seigneur apparaît à Côme et disculpe Damien qui a agi par charité chrétienne. Sur ces entrefaites, une persécution éclate. Le proconsul entend parler des deux médecins et les fait arrêter. La légende s'arrête là. — Peu après 1211, Jean de Vernon, abbé de Saint-Germain-des-Prés, faisait bâtir une église pour les sujets de l'abbaye qui s'étaient trouvés englobés dans l'enceinte de Philippe-Auguste. La nouvelle église, dédiée à saint Côme, devint au XIIIe siècle le siège de la confrérie des médecins et chirurgiens. Celle-ci s'y réunissait le 27 septembre; mais elle y célébrait sa fête le 18 octobre, jour de saint Luc (pl. doc. 93). Restaurée au XVe siècle, consacrée en 1427, l'église fut supprimée en 1790 et fermée en 1793, pour être démolie un peu plus tard en 1836. Elle était située à l'angle des rues Racine et de l'Ecole-de-Médecine. — Saint Céran (ou Céraune), évêque de Paris entre 601 et 625, présida le cinquième concile de Paris dans la basilique des saints Apôtres (Sainte-Geneviève-du-Mont); au début du VIIe siècle, le prêtre Warnerius le loue de son zèle à rassembler les actes des martyrs. Il fut enterré dans la crypte de la basilique des saints Apôtres, à gauche de sainte

Geneviève; plus tard, ses reliques furent conservées dans une châsse d'argent. Ses cendres reposent aujourd'hui dans l'église Saint-Leu et Saint-Gilles.

Michael archang. (29 sept.). — La légende du bréviaire raconte les origines de la basilique dédiée à saint Michel, sur le mont Gargan. Un personnage nommé Gargan possédait des troupeaux qui paissaient sur les flancs de la montagne. Il advint qu'un taureau s'obstina à rester au sommet du mont. Une flèche lancée par le propriétaire de l'animal revint, comme poussée par le vent, sur celui qui l'avait décochée. Saint Michel apparaît alors à l'évêque du lieu et lui fait connaître sa volonté. L'évêque se rend en procession sur le mont. Les trois dernières leçons décrivent la victoire des habitants de Siponte et de Bénévent sur ceux de Naples encore païens, victoire obtenue grâce à l'intervention de saint Michel. — Une chapelle dédiée à l'archange s'élevait au XIIe siècle dans la Cité, à petite distance de la future Sainte-Chapelle (pl. doc. 87). La confrérie des « oubliers » parisiens (*nebularii*) s'y réunissait. L'église subsista jusqu'en 1784. Elle était située près du Pont-Saint-Michel, à l'angle du quai des Orfèvres et du boulevard du Palais. C'est elle qui a donné son nom au pont Saint-Michel et celui-ci au boulevard Saint-Michel.

Hieronymus presb. et conf. (30 sept.). — La légende du bréviaire raconte la première moitié de la vie de saint Jérôme, sa naissance à Stridonium, son séjour à Rome et son voyage à Jérusalem. Les leçons IV à IX rapportent l'épisode du lion blessé, guéri par saint Jérôme, et qui, par reconnaissance, accompagnait l'âne du couvent au pâturage et le ramenait au monastère.

Remigius ep. et conf., Germanus, Vedastus et Bavo. Piatus mart. (1er oct.). — Ces fêtes des saints Remi, Germain et Vaast sont des anniversaires de translations de reliques. Les neuf leçons de l'office sont consacrées à saint Remi. La première moitié de sa vie se résume dans les faits suivants : sa naissance prédite à sa mère par l'ermite Montan et son élection à l'évêché de Reims, à l'âge de vingt-deux ans. Suit la relation de quelques miracles : les oiseaux qui viennent manger dans sa main, la guérison du démoniaque aveugle, l'extinction de l'incendie et la guérison de la jeune démoniaque de Toulouse. L'office de ce jour fait mémoire de saint Bavon, confesseur à Gand, au VIIe siècle, et de saint Piat, prêtre et martyr sous Dioclétien.

Leodegarius ep. et mart., Serenus conf. (2 oct.). — La légende raconte l'enfance de saint Léger. Elle passe, sans transition, à son assassinat par Ebroïn, maire du palais. Un des yeux de saint Léger aurait été conservé à Saint-Denis, l'autre à Saint-Victor de Paris. Un de ses bras comptait parmi les reliques de la Sainte-Chapelle. — Saint Serein était un prêtre de Celle-sous-Chantemerle, au diocèse de Troyes, qui vivait vers le VIIe siècle.

Franciscus conf., Candidus mart. (3 oct.). — Les neuf leçons de l'office de saint François sont empruntées au commun des confesseurs. — Les Frères Mineurs, institués en 1209 par saint François, s'établirent à Paris en 1230, sur la paroisse Saint-Côme; on les appelait les Cordeliers. Le couvent s'agrandit d'assez bonne heure, grâce aux libéralités des princes et princesses qui y avaient élu leur sépulture. A partir de 1336, il devint le siège de la confrérie du Saint-Sépulcre de Jérusalem. En partie détruite par un incendie en 1580, l'église fut rebâtie quelques années plus tard; elle fut démolie vers 1804. Elle était située sur l'emplacement actuel de la place de l'Ecole-de-Médecine (pl. doc. 93). — Saint Candide, dont il est fait mémoire, serait un martyr de Rome du IIIe siècle.

Aurea virgo (4 oct.). — La légende du bréviaire raconte l'enfance et la jeunesse de sainte Aure. Un jour, à l'église, elle entend la lecture du passage évangélique : « Si tu veux être parfait, vends tout ce que tu possèdes... » Frappée de ces paroles, la jeune fille va trouver saint Eloi qui venait de fonder l'abbaye de Saint-Martial, dans la Cité. Le futur évêque de Noyon met sainte Aure à la tête du monastère dont elle devient la première abbesse. Les quatre dernières leçons sont consacrées au récit de la peste qui ravageait alors la ville, et qui avait déjà fait des victimes parmi les religieuses de Saint-Martial; on y lit successivement l'apparition de saint Eloi à un enfant dans la basilique, le nuage lumineux et la rosée céleste : présages d'une mort prochaine pour sainte Aure et pour cent soixante religieuses du monastère. Enterrée dans le cimetière de Saint-Paul, en dehors de la Cité, le corps de l'abbesse fut, dans la suite, transporté au monastère de Saint-Martial (pl. doc. 87).

Fides virgo (6 oct.). — Il s'agit de sainte Foi, vierge et martyre d'Agen, sous Maximien; notre bréviaire en fait seulement mémoire.

Marcus papa. Sergius et Bacchus, Marcellus et Apuleius mart. (7 oct.). — Les leçons consacrées à saint Marc, pape, successeur de saint Silvestre, sont empruntées au commun des confesseurs. Les saints Serge et Bacchus, dont il est fait mémoire, sont des martyrs syriens, dont l'église de Saint-Benoît-le-Bétourné possédait des reliques. Les saints Marcel et Apulée sont des martyrs romains.

[*Simeon propheta*]. *Demetrius mart.* (8 oct.). — Il s'agit ici du saint vieillard Siméon, de celui qui reçut l'enfant Jésus dans le temple de Jérusalem, et dont l'abbaye de Saint-Denis prétendait posséder quelques ossements. Son nom est absent du calendrier, mais le sanctoral lui consacre un office à neuf leçons; celles-ci sont d'ailleurs empruntées au commun des confesseurs. — Saint Démètre est le martyr de Salonique, sous Maximien; l'église Saint-Denis-du-Pas, dans la Cité, possédait quelques-unes de ses reliques.

Dionysius, Rusticus et Eleutherius mart. (9 oct.). — La légende du bréviaire est empruntée à la passion de saint Denis, écrite par l'abbé Hilduin, à la demande de Louis le Pieux, entre 835 et 840 (*P. L.*, t. CVI, 23 à 28). C'est le récit du voyage de saint Paul à Athènes et de son séjour dans cette ville; les deux dernières leçons rapportent le dialogue entre saint Paul et saint Denis au sujet du dieu inconnu. La suite du récit se trouve dans les leçons de l'octave. — Deux églises, dédiées à saint Denis, se trouvaient autrefois dans la Cité : Saint-Denis-du-Pas et Saint-Denis-de-la-Chartre. La première était située derrière l'abside de la cathédrale. Son existence est attestée vers la fin du IXe siècle. C'était une collégiale où le clergé de Notre-Dame se rendait souvent en procession, notamment la veille de la fête de saint Denis (8 oct.). Son nom vient probablement de ce qu'elle était séparée de l'abside par une étroite ruelle appelée : *Pas,* ou encore à cause du passage de la rivière à cet endroit. Fermée en 1793, elle fut démolie en 1813. — Les origines de Saint-Denis-de-la-Chartre sont très obscures. L'église n'apparaît pas dans les textes avant le XIe siècle. Dès cette époque, elle porte le nom de Saint-Denis-de-la-Chartre, soit à cause du voisinage de la prison publique, soit à cause de la croyance populaire d'après laquelle saint Denis et ses compagnons auraient été emprisonnés dans la crypte de l'édifice. En 1133, elle fut dévolue aux moines de Saint-Martin-des-Champs et l'établissement devint un prieuré de l'ordre de Cluny. Vendue en 1798, elle fut démolie en 1810. Elle s'élevait sur l'emplacement de l'Hôtel-Dieu actuel (pl. doc. 87). — Dès le XIe siècle, une modeste chapelle s'élevait au milieu d'un village de la banlieue nord, entre Paris et Saint-Denis; elle était dédiée à sainte Geneviève, probablement à cause de quelque relique de la sainte; elle s'appelait alors la Chapelle-Sainte-Geneviève. Au XIIIe siècle, une église remplaça l'édifice primitif; le 8 septembre 1429, elle reçut la visite de Jeanne d'Arc. Remaniée au XVe et au XVIe siècle, elle a pris le nom, on ne sait trop pourquoi, de Saint-Denis-de-la-Chapelle, peut-être parce que le terrain appartenait de temps immémorial à l'abbaye de Saint-Denis; cette dernière appellation est toute moderne.

Gereon et socii eius mart. (10 oct.). — Il s'agit de saint Géréon et de ses compagnons de la légion thébaine martyrisés à Cologne.

Callistus papa (14 oct.). — Saint Callixte, pape, martyrisé à Rome en 222.

Oct. s. Dionysii. Lucianus, Maximianus et Iulianus mart. (16 oct.). — Les saints Lucien, Maximien et Julien, dont l'office fait aujourd'hui mémoire, sont les martyrs de Beauvais du IIIe siècle. La date du 16 octobre marque l'anniversaire de l'invention ou de la translation de leur corps.

Cerbonius ep. et conf. (17 oct.). — Les leçons de cet office donnent un résumé de la vie de Cerbonius : né en Afrique, il est confié à l'évêque Régulus par ses parents, et, après quelques années, consacré évêque par celui-ci. Quelque temps après, Cerbonius se retire avec Régulus et un autre évêque, Félix, aux environs de Rome pour y mener la vie érémétique. Cerbonius mourut dans l'île d'Elbe, le 10 octobre 575. La date du 17 est sans doute celle de l'arrivée de ses reliques à Notre-Dame, reliques apportées par Robert de Pise, chanoine de Paris.

Lucas ev., Erblandus abb. (18 oct.). — La légende du bréviaire résume en quelques lignes la vie de saint Luc : sa naissance à Antioche et sa profession de médecin. Plus tard, il écrit l'évangile pour les Grecs. Les trois dernières leçons sont empruntées à la vision du prophète Ezéchiel. — Saint Hermeland, dont il est fait mémoire, était abbé d'Aindre, au diocèse de Nantes. Il mourut aux environs de 720, un 25 mars. La date du 18 octobre est celle de la translation de ses reliques, dont quelques-unes étaient conservées, avant 1789, dans l'église de Bagneux, au diocèse de Paris. Elles ont disparu pendant la tourmente révolutionnaire.

Potentianus et Savinianus mart. (19 oct.). — Les leçons de l'office racontent l'arrivée à Sens des saints Potentien et Savinien, leurs prédications et leurs miracles (à leur prière, un temple païen s'écroule). Ils bâtissent trois églises à Sens : une en l'honneur de la sainte Vierge, une autre en l'honneur de saint Etienne et une troisième en l'honneur de saint Jean-Baptiste. Le chef des Sénonais les traduit devant son tribunal, et, après leur avoir fait subir divers tourments, les emprisonne. Le récit s'arrête là. Saint Savinien et saint Potentien subirent le martyre le 31 décembre. La date du 19 octobre est celle de la translation de leurs reliques à Saint-Pierre-le-Vif, sous l'archevêque Léotheric, en 847, et plus tard sous le roi Robert, en 1029.

Caprasius mart. (20 oct.). — Saint Caprais, martyr d'Agen sous Maximien, en 303, n'est mentionné que dans le calendrier.

Ursula cum sociis. Hilarion monachus (21 oct.). — Un roi de Bretagne très religieux avait une fille nommée Ursule. Un roi païen, riche et puissant, avait un fils; il fait demander Ursule en mariage pour son fils. Celle-ci, pour l'écarter, y met une condition : c'est que dix vierges lui seront données comme compagnes, et, à chacune de celles-ci, ainsi qu'à elle-même, mille autres vierges pendant trois ans. Au bout de ce temps, elle consentira à épouser le jeune prince. Le récit ne va pas plus loin. — La Sorbonne avait choisi les Onze mille vierges comme patronnes de son église. Celle-ci fut dédiée le 21 octobre 1347, fête de sainte Ursule et de ses compagnes. L'église possédait deux chefs de ces saintes martyres. Notre-Dame et d'autres églises en possédaient également. — Saint Hilarion est l'abbé de Palestine, un des pères de la vie monastique en Orient, mort en 371.

Mellonus ep. et conf. (22 oct.). — Né en Grande-Bretagne, Mellon se rend à Rome. Là, il voit le pape Etienne enseigner un groupe de fidèles. Etienne l'interroge, l'instruit, le baptise, l'ordonne prêtre, le consacre évêque, et finalement l'envoie à Rouen : telle est en quelques mots la légende de notre bréviaire. En 885, le corps du saint fut transporté aux Granges-sur-Oise pour le soustraire aux déprédations des Normands. Au Xe siècle, il reposait à Pontoise, aux confins de l'ancien diocèse de Paris, dans la collégiale Saint-Mellon.

Severinus ep. et conf. (23 oct.). — Les leçons de l'office de saint Séverin, évêque de Cologne, sont indiquées par les premiers mots. D'après la plupart des historiens de Paris, le patron de l'église Saint-Séverin n'était pas l'évêque de Cologne, mais le solitaire du même nom. (Voir ci-après au 24 nov.).

Maglorius ep. et conf. (24 oct.). — La légende du bréviaire retrace à grands traits la vie de saint Magloire; entre autres miracles, elle raconte celui de la table qui s'agrandit et l'apparition de l'ange qui lui prédit son élection au siège de Dol. Peu après, la prédiction se réalise. Le récit s'arrête là. — Dans la seconde moitié du Xe siècle, l'église de Saint-Barthélemy, en la Cité, reçut les reliques de saint

Magloire et de plusieurs autres saints (ci-dessus p. 95). Elle fut agrandie et devint l'abbaye de Saint-Barthélemy et de Saint-Magloire, puis de Saint-Magloire seulement. Au commencement du XIIe siècle, les moines, trop à l'étroit dans leurs locaux, quittèrent la vieille église, emportant leurs reliques. Ils s'installèrent entre les rues Saint-Denis et Quincampoix, près d'une chapelle Saint-Georges qui leur avait été donnée par Hugues Capet. L'édifice fut agrandi et la nouvelle abbaye connut plusieurs siècles de prospérité (pl. doc. 92). En 1572, à la demande de Catherine de Médicis, les Bénédictins de Saint-Magloire durent se transporter à Saint-Jacques-du-Haut-Pas. C'est dans cette église que reposent aujourd'hui les reliques du saint dont l'abbaye portait le nom. Supprimée en 1790, l'église Saint-Magloire fut démolie; elle s'élevait près de l'église Saint-Leu et Saint-Gilles.

Crispinus et Crispinianus mart., Lupus ep. et conf. (25 oct.). — Saint Crépin et saint Crépinien, raconte la légende du bréviaire, quittent Rome pour se rendre à Soissons; ils y exercent gratuitement le métier de cordonnier. Beaucoup de païens se convertissent. A cette nouvelle, Rictiovarus les fait arrêter et leur enjoint de sacrifier aux dieux. Sur leur refus, Rictiovarus leur fait attacher une meule au cou et les précipite dans le fleuve. Ils sortent indemnes de cette épreuve; Rictiovarus les condamne à être jetés au feu. — Saint Loup dont il est fait mémoire est un évêque de Bayeux du Ve siècle. Vers 950, ses reliques furent transportées à Corbeil lors des invasions normandes, en même temps que celles de saint Exupère. Elles y restèrent jusqu'en 1793, date à laquelle elles furent brûlées par les révolutionnaires.

Simon et Iudas (Thaddaeus) apost., Faro ep., Translatio sanctae Genovefae (28 octobre). — Simon et Jude se rendent en Perse. Ils y trouvent deux mages : Zaraoës et Arphaxat que saint Matthieu avait chassés d'Ethiopie et qui opéraient de nombreux prodiges. Le préfet et le général babylonien qui s'avançaient à la tête d'une armée contre les Indiens, viennent trouver les deux apôtres, car depuis que ces derniers sont entrés en Perse, les dieux sont devenus muets et les mages se plaignent amèrement. Telle est, en quelques mots la légende du bréviaire. — Saint Faron est l'évêque de Meaux du VIIe siècle. — Quant à la translation de sainte Geneviève, il s'agit de celle du VIIe siècle, ou de celle de 1242.

Lucanus mart. (30 oct.). — La légende du bréviaire se résume en quelques mots : Lucain est baptisé par saint Hilaire; il mène une vie très austère, guérit un démoniaque et prêche l'évangile avec un grand succès. Les reliques de ce saint, martyrisé à Loigny-en-Beauce vers 177, étaient conservées à Notre-Dame dans une châsse de bois. Elle était portée dans les processions entre celle de sainte Geneviève et celle de saint Marcel. Ces reliques ont disparu pendant la Révolution.

Quintinus mart. (31 oct.). — La légende est empruntée à la passion du saint. Quentin, noble romain, se rend en Gaule. Rictiovarus le fait arrêter, le traduit à son tribunal et l'emprisonne. Sur son refus de sacrifier aux dieux, Rictiovarus lui fait endurer les tourments les plus cruels. Sur l'ordre du préfet, le corps du martyr est jeté dans le fleuve, mais il est retrouvé intact cinquante-cinq ans plus tard : « post annos ferme quinquaginta quinque ».

Festivitas omnium sanctorum (1er nov.). — Les leçons de l'office de la Toussaint sont empruntées à une homélie attribuée à Bède le Vénérable (*P. L.*, t. XCIV, 452). — Saint Eustache n'est pas mentionné au calendrier; une note du sanctoral spécifie que le jour de la Toussaint, dans l'église Saint-Eustache à Paris, les secondes vêpres sont celles de ce saint. — Vers la fin du XIIe siècle, une modeste chapelle s'élevait au nord de Saint-Germain-l'Auxerrois; elle était dédiée à sainte Agnès dont elle possédait quelques reliques. Entre 1214 et 1233, la chapelle fut érigée en paroisse sous le titre de Saint-Eustache (pl. doc. 92). Agrandie vers 1432, elle fut reconstruite entièrement aux XVIe et XVIIe siècles; la première pierre fut posée le 19 avril 1532. Elle conservait quelques reliques de saint Eustache; les plus importantes et les plus nombreuses étaient vénérées à Saint-Denis, où elles avaient été apportées au commencement du XIIe siècle. Une chapelle en l'honneur de saint Eustache s'ouvrait à Notre-Dame, autour du chœur; il en est question en 1255 (aujourd'hui chapelle Saint-Martin).

Marcellus ep. Parisiensis. Guinailus abb. (3 nov.). — Les leçons de la légende sont les mêmes que celles de la translation de saint Marcel (ci-dessus p. 90). — L'église Saint-Marcel était probablement la plus ancienne de Paris : *ecclesia senior*, comme l'appelle Grégoire de Tours. Elle s'élevait en dehors du Paris mérovingien, sur la rive droite de la Bièvre. A l'origine, c'était apparemment une chapelle ou un oratoire dédié à saint Clément. Elle prit le nom de Saint-Marcel lorsque celui-ci y eut été enterré (vers 436). Il y reposait encore au temps de Grégoire de Tours; c'est là que les malades venaient prier sur son tombeau. Au IXe siècle, les reliques de saint Marcel furent transportées à Notre-Dame; l'église fut détruite par les Normands. Rebâtie peu de temps après, elle rentra en possession du corps de l'évêque. Mais en 945, comme il a été dit plus haut, les reliques furent reportées à Notre-Dame, et, cette fois, définitivement. Rebâtie au XIe siècle, Saint-Marcel devint une église collégiale (pl. doc. 90). Fermée en 1791, elle fut démolie en 1806. Elle formait l'angle du boulevard Saint-Marcel et de la rue de la Collégiale qui lui doivent leur nom l'un et l'autre. — Saint Guenael ou Guenault, dont il est fait mémoire, est un saint breton dont le corps fut transporté à Paris vers 950, lors des invasions normandes; il fut déposé dans l'église Saint-Barthélemy. Quelques années après, ses reliques furent transférées à Corbeil, ancien diocèse de Paris, où un prieuré s'éleva en son honneur : Saint-Guenault de Corbeil (pl. doc. 85).

Clarus ep. et mart., Laetus presb. et conf. (5 nov.). — D'après la légende du bréviaire, il s'agit ici de saint Clair, évêque de Lectoure. Avec plusieurs de ses compagnons, il va trouver le pape Eugène et lui demande une mission. Celui-ci les envoie en Aquitaine, « ad partes Aquitaniae... ad urbem... nomine Coloniam... » La prédication de saint Clair opère des merveilles : les démons et les idoles se taisent partout et de nombreuses conversions s'ensuivent. — Saint Laetus dont il est fait mémoire est un moine de Saint-Mesmin (ou Micy), au VIe siècle.

Herculanus ep. et mart. (7 nov.). — C'est l'évêque de Pérouse, mort en 547.

Oct. s. Marcelli. Quatuor Coronati (8 nov.). — L'office de l'octave de saint Marcel est le même que celui de la fête, avec mémoire des Quatre saints couronnés.

Maturinus conf., Theodorus mart. (9 nov.). — D'après la légende du bréviaire, saint Mathurin, né dans le diocèse de Sens, est instruit de la foi chrétienne par un évêque nommé Polycarpe. Il prie ardemment pour ses parents demeurés païens et travaille à leur conversion. Le corps de saint Mathurin reposait à Larchant, au diocèse de Sens. On a vu plus haut (p. 78) ce qui concerne l'hospice des Mathurins. — Saint Théodore est un martyr d'Amasée, en Asie Mineure.

Martinus papa. Veranus ep. et conf. (10 nov.). — Les leçons de la fête de saint Martin, pape, mort en 655, et de saint Véran, évêque de Cavaillon, sont empruntées à l'office des confesseurs. L'église de Saint-Vrain, près d'Arpajon, ancien diocèse de Paris, possédait une petite relique de l'évêque de Cavaillon.

Martinus ep. et conf., Mennas mart. (11 nov.). — Né à Sabaric, dit la légende du bréviaire, saint Martin est élevé en Italie; enrôlé de bonne heure dans la milice, il accompagne son père, tribun sous les empereurs Constantin et Julien. A douze ans, il demande à être reçu catéchumène. A quinze ans, il part pour la guerre. Les leçons de l'office louent sa bonté, sa patience, sa charité. Un jour d'hiver, à la porte d'Amiens, il rencontre un pauvre presque nu et lui donne la moitié de sa chlamyde. La nuit suivante, le Christ lui apparaît, revêtu de cette même moitié de manteau. Les trois dernières leçons nous dépeignent la vieillesse de saint Martin : d'avance il connaît le jour de sa mort et l'annonce à ses disciples. Puis, voyant sa fin approcher, il les réunit et s'efforce de les consoler. Les leçons de l'octave relatent un certain nombre de miracles opérés par le saint. — Grégoire de Tours parle d'une chapelle dédiée à saint Martin; elle s'élevait dans la Cité, à l'entrée du Pont-Notre-Dame. Une autre chapelle, démolie dans les premières années du dix-septième siècle, était située en dehors de l'enceinte de Charles V, dans le voisinage immédiat de l'église Saint-Marcel. Une troisième, que Grégoire de Tours appelle *basilica sancti Martini*, se dressait sur la rive droite, dans le voisinage de Saint-Laurent. Détruite par les Normands, elle fut rebâtie en 1060 (peut-être même dès 1059) par le roi Henri Ier et consacrée en 1067. Quelques années après, en 1079, Saint-Martin-des-Champs devint un prieuré de l'ordre de Cluny et il le demeura jusqu'à la Révolution (pl. doc. 88). Supprimé en 1790, il fut vendu comme bien national; quelques années après, en 1794, il devint le Conservatoire des Arts et Métiers. — Saint Mennas, dont il est fait mémoire, est un martyr de Phrygie.

Leonius conf. (12 nov.). — Saint Liesne est le second apôtre de Melun. L'église qui s'élevait en son honneur dans un faubourg de la ville a été détruite en 1832.

Gendulfus ep. et conf. (13 nov.). — D'après la légende du bréviaire, Gendulphe naquit, sous Dèce, de parents chrétiens qui le firent baptiser et le présentèrent au pape Sixte II. Quelques années après, Sixte lui conféra le sacerdoce et l'épiscopat. Le nouvel élu guérit la fille d'Aglibert et la baptisa, ainsi que ses parents. Dénoncé aux autorités romaines, il fut traduit devant elles. Le récit s'arrête là. La cathédrale de Paris possédait d'importantes reliques de saint Gendulphe : son chef était conservé dans un reliquaire d'argent; le reste du corps reposait dans une autre châsse. Toutes ces reliques ont été profanées à la Révolution. — Saint Brice est l'évêque de Tours du Ve siècle, un des successeurs de saint Martin.

Eugenius mart., Machutus ep. et conf. (15 nov.). — Saint Eugène, dont le bréviaire fait mémoire, serait un des compagnons de saint Denis; il aurait été martyrisé à Deuil, où une chapelle s'éleva plus tard en son honneur. Son corps était conservé à Saint-Denis où, dès le Xe siècle, le saint était l'objet d'un culte. — Saint Mâlo est l'évêque d'Aleth dont le corps fut transporté à Paris, vers 965, pour le soustraire aux déprédations des Normands. Ses restes furent déposés dans l'église Saint-Barthélemy; plus tard ils furent transférés à l'abbaye de Saint-Magloire (pl. doc. 92).

Anianus ep. et conf. (17 nov.). — La légende du bréviaire résume une partie de la vie de saint Aignan. L'évêque d'Orléans, Euverte, sentant sa fin prochaine, songe à se donner un successeur. Aignan est désigné par la foule qui connaît ses vertus. A l'occasion de son entrée à Orléans, le nouvel évêque demande à Agrippin de délivrer un certain nombre de prisonniers. Agrippin refuse. Presque aussitôt une grosse pierre tombe sur la tête du gouverneur; saint Aignan le guérit immédiatement. Le récit s'arrête là. — Une chapelle en l'honneur de saint Aignan s'élevait dans la Cité, derrière Saint-Landry, vers 1118. Elle avait été fondée par Etienne de Garlande, archidiacre de Notre-Dame (pl. doc. 87). Elle fut vendue en 1791.

Oct. s. Martini. Auda virg. (18 nov.). — Les neuf leçons de l'octave de saint Martin sont empruntées à un de ses panégyriques. — Sainte Aude, dont il est fait mémoire, est la compagne de sainte Geneviève, enterrée comme elle dans l'église des saints apôtres Pierre et Paul. Sa châsse fut choisie pour aller au devant de la sainte couronne d'épines, en 1239, à la place de celle de sainte Geneviève.

Elisabeth (19 nov.). — Les leçons de l'office de sainte Elisabeth sont empruntées à une homélie sur ces paroles : « Simile est regnum cœlorum ». — Notre bréviaire ne contient pas d'office de la Présentation de la Vierge.

Columbanus abb. (21 nov.). — Saint Colomban, abbé de Luxeuil, est indiqué seulement au calendrier. En passant par Paris, le saint aurait guéri un possédé à l'entrée de la ville. L'église Saint-Eustache conservait une de ses reliques.

Caecilia virg. et mart. (22 nov.). — D'après la légende du bréviaire, Cécile appartenait à une famille illustre de Rome, et, dès son berceau, elle avait été nourrie dans la foi de Jésus-Christ. Elle était fiancée à un jeune homme du nom de Valérien. Le jour de son mariage, elle lui parle de l'ange qui veille sur sa virginité. Valérien demande alors à voir cet ange : « Si tu crois au vrai Dieu et si tu reçois le baptême, dit Cécile, il te sera donné de le voir ». Et elle envoie Valérien trouver l'évêque de Rome, Urbain. Le récit s'arrête là.

Clemens papa et mart., Felicitas mart., Trudo conf. (23 nov.). — La légende de saint Clément, pape et martyr du Ier siècle, est empruntée à sa passion. La pureté du pontife était si parfaite, si grande était sa charité, qu'il était aimé des chrétiens, des juifs et même des païens. Arrêté par le gouverneur de Rome, Clément est envoyé en exil. Il fait jaillir une fontaine pour éviter à ses compagnons d'aller chercher de l'eau à une distance de six milles. Il opère des conversions parmi les païens et en baptise un grand nombre. — Sainte Félicité et saint Trudon sont, la première, une martyre romaine, le second, un abbé de Saint-Trond.

Severinus monachus. Chrysogonus mart. (24 nov.). — Les leçons de saint Séverin sont empruntées à l'office du commun des confesseurs. Il s'agit de saint Séverin, solitaire à Paris, qui vivait au VIe siècle, et qui avait comme disciple saint Clodoald (ou saint Cloud). Quelques-unes de ses reliques étaient conservées à Notre-Dame. — Un oratoire en l'honneur de saint Séverin s'élevait, dès le VIe siècle, sur la rive gauche de la Seine, à l'entrée de la rue Saint-Jacques. Au IXe siècle, l'oratoire était devenu une église. Elle fut détruite par les Normands. Rebâtie vers la fin du XIe siècle, puis au XIIIe siècle, elle offre des parties du XIVe, du XVe et du XVIe siècle. Le portail occidental est celui de Saint-Pierre-aux-Bœufs en la Cité (pl. doc. 89). — Saint Chrysogone est un martyr d'Aquilée sous Dioclétien.

Catharina virg. et mart. (25 nov.). — La légende du bréviaire se résume dans les quelques faits qui suivent. Sainte Catherine, fille d'un roi, se trouvait à Alexandrie tandis que l'empereur Maxime obligeait tous les habitants à sacrifier aux idoles. Catherine va trouver le tyran et discute longuement avec lui. L'empereur essaie, mais en vain, de l'ébranler par la flatterie. Il fait venir cinquante grammairiens et rhéteurs et leur promet les plus hautes récompenses s'ils parviennent à confondre la jeune fille. Celle-ci après avoir fait le signe de la croix, se contente d'exposer la doctrine chrétienne. Le récit s'arrête là. — Le 25 juillet 1214, pendant la bataille de Bouvines, les sergents d'armes du roi avaient fait vœu d'élever une église en l'honneur de sainte Catherine, si Dieu donnait la victoire à l'armée française. Quinze ans plus tard, en 1229, en exécution de ce vœu, saint Louis posait la première pierre de Sainte-Catherine-de-la-Couture. Elle fut du reste bâtie grâce aux libéralités du jeune roi, de la reine régente, des chevaliers du Temple et de plusieurs prélats. Les chanoines réguliers du Val-des-Ecoliers furent chargés du service de l'église. Celle-ci s'élevait vers le milieu de la rue Saint-Antoine, à l'extrémité de la rue Saint-Paul (pl. doc. 89). En 1783, l'église et le prieuré furent démolis pour faire place au Marché-Sainte-Catherine encore existant. L'inscription relatant le vœu des sergents d'armes du roi est aujourd'hui conservée à la basilique Saint-Denis, dans la chapelle Saint-Jean-Baptiste.

Genovefa de miraculo [ardentium]. Marcellus ep. et conf., Linus papa et mart.

(26 nov.). — Sous le règne de Louis le Gros, raconte la légende du bréviaire, un mal étrange, le *feu sacré*, faisait de grands ravages dans le royaume. L'évêque de Paris, Etienne, ordonna un jeûne public et une procession générale. Entouré du chapitre, du clergé et d'une foule immense, il se rendit à Sainte-Geneviève-du-Mont pour y prendre la châsse et la transporter à Notre-Dame. La légende de notre bréviaire ne parle pas du miracle éclatant qui se produisit au moment où la châsse pénétrait dans l'édifice : tous les malades qui la touchèrent furent guéris à l'exception de trois. L'année suivante, le pape Innocent II, de passage à Paris, prit connaissance de ce miracle et ordonna d'en célébrer l'anniversaire par une fête spéciale. — Saint Marcel et saint Lin sont, le premier, l'évêque de Paris, l'autre le successeur de saint Pierre sur le siège de Rome.

Agricola et Vitalis mart. (27 nov.). — Les deux saints Agricole et Vital, dont il est fait mémoire, sont deux martyrs de Bologne au temps de Dioclétien.

Saturninus ep. et mart. (29 nov.). — Il s'agit de saint Saturnin (ou Sernin), apôtre du Languedoc et premier évêque de Toulouse.

Et maintenant, après avoir parcouru cette belle galerie de saints et de saintes, après avoir écouté leurs légendes et murmuré leurs prières, si nous jetons un regard sur le Paris moderne, si nous examinons la liste de ses monuments, de ses rues et de ses places publiques, nous constatons avec surprise la permanence de la plupart des noms choisis par le moyen âge. En tête de la phalange sainte se détache celle que la piété populaire a toujours considérée comme la reine de la Cité et qu'elle appelle encore de ce doux nom : Notre Dame. Près d'elle, se tient le premier apôtre de Paris, celui qui a semé le germe de la foi au Christ et l'a fécondé de son sang : saint Denis. Viennent ensuite sainte Geneviève, la patronne de la ville, celle qu'on invoquait dans les malheurs publics et les calamités; puis, ses grands évêques : saint Germain, saint Marcel et saint Landry. Vient en dernier lieu la foule des saints et des saintes que le moyen âge a priés, choyés et vénérés. Notons à ce propos un fait assez inattendu. Si nous comparons la liste des saints parisiens du propre diocésain actuel à la liste des saints dont nos rues, nos places publiques et nos monuments ont gardé le souvenir, cette dernière apparaît sans contredit la plus longue : comme si la fidélité et la reconnaissance étaient les qualités foncières dont s'honorent les descendants de la peuplade gauloise qui prit un jour possession de cette île de Lutèce à qui tant de gloire était promise.

IV

La Décoration du Bréviaire de Philippe le Bon

L'illustration de notre bréviaire offre un curieux mélange de profusion et de simplicité; elle est à la fois sobre et variée, somptueuse et discrète, traditionnelle et novatrice. Elle caractérise assez bien la miniature flamande sous le règne de Philippe le Bon : fruit tardif d'un art qui s'éloigne de plus en plus de l'enluminure proprement dite et qui confine presque à la peinture; œuvre de transition où l'influence française se fait encore sentir, mais où déjà apparaissent les premiers caractères de l'art flamand. Neuf peintures à demi-page, vingt-neuf miniatures, quatorze initiales historiées, de nombreuses initiales de couleurs dont le champ est orné de feuilles stylisées, de riches encadrements de fleurs et de fruits, de délicates vignettes marginales, des centaines de lettrines filigranées : ainsi se répartit l'illustration des deux volumes du bréviaire; nous allons maintenant l'étudier en détail.

§ I. — LES PEINTURES

Les peintures sont aujourd'hui au nombre de neuf : six dans le bréviaire d'hiver (ms. 9511), trois dans celui d'été (ms. 9026). Je dis : « aujourd'hui », car il est possible, il est même très probable que ce dernier volume en comptait une de plus. Le premier feuillet du sanctoral d'été a disparu depuis longtemps; l'onglet qui est demeuré entre les fol. 252 et 253 indique une mutilation. Quel texte contenait ce feuillet? Demandons-le aux bréviaires parisiens de la même époque, par exemple au manuscrit latin 15182 de la Bibliothèque nationale (fol. 190). Le sanctoral d'été y débute par les premières vêpres de la fête de saint Germain (28 mai) et le commencement des Matines. Or si nous mesurons approximativement la place nécessaire à ce début d'office, nous constatons qu'elle remplirait le verso du feuillet disparu et seulement six ou sept lignes du recto. Le reste de la page disponible pouvait donc recevoir une peinture semblable à celle qui orne le sanctoral d'hiver :

saint André et Philippe le Bon (ms. 9511, fol. 398). Que représentait cette peinture? Saint Germain, évêque de Paris? Un miracle ou un épisode de sa vie? Nous l'ignorons. Tout ce que l'on peut dire avec vraisemblance, c'est que le manuscrit original comptait dix peintures au lieu de neuf.

Ces grandes compositions se détachent sur des fonds d'or ou quadrillés, sur des paysages, sur des intérieurs de maisons ou d'édifices religieux. Et c'est ici l'occasion de le constater une fois de plus : les fonds d'or et les fonds quadrillés ne caractérisent pas uniquement les XIIIe et XIVe siècles, pas plus que les paysages ne sont de rigueur au XVe siècle, même à son déclin. Le bréviaire de Philippe le Bon en effet nous montre encore les formules décoratives de l'époque de saint Louis et de Charles V, à côté d'autres beaucoup plus récentes. Les encadrements de ces peintures sont généralement très simples : quelques rinceaux de feuilles stylisées et de fleurettes. Parmi ces dernières : des pâquerettes, des œillets, des bluets et des marguerites; çà et là quelques fruits : presque toujours des fraises des bois. Essayons maintenant de décrire les peintures et les miniatures.

I. *L'arbre de Jessé.* (Ms. 9511, fol. 15; pl. I). — Page exquise de grâce et de fraîcheur, de fantaisie et d'éclat; véritable symphonie de couleurs. C'est la traduction du texte d'Isaïe : « Egredietur virga de radice Iesse, et flos de radice eius ascendet, et requiescet super eum spiritus Domini », ou, mieux encore, du beau répons de l'office de l'Assomption : « Stirps Iesse virgam produxit virgaque florem, et super hunc florem requiescet Spiritus almus. Virgo Dei genitrix virga est, flos filius eius » (Bréviaire d'été, ms. 9026, fol. 364). C'est une fête pour les yeux de se poser sur des teintes si pures. Elles s'épanouissent comme les pétales d'une fleur. Elles montent comme les notes d'une mélodie. Vibrantes et légères, elles tiennent chacune leur place dans l'accord : à la basse chantent les ors et les bleus pendant que les jaunes et les carmins s'élancent dans les registres élevés. L'ensemble éclate comme une fanfare, comme un orchestre joyeux et frémissant.

Cette dernière comparaison est d'ailleurs suggérée par une charmante fantaisie du miniaturiste qui a représenté les douze rois de Juda, assis dans les corolles des fleurs et jouant d'instruments de musique. Au rang inférieur, nous distinguons une trompette de ménestrel et un orgue portatif; puis, un personnage qui semble battre des mains soit pour applaudir, soit, plus probablement, pour marquer la mesure; à l'extrémité, un quatrième joue du choro (ou bonghe?) à deux ouïes et à quatre cordes. Au-dessus d'eux, un roi habillé à la tartare joue de la cornemuse, un autre de la vielle à manivelle. Plus haut, à droite et à gauche de la Vierge, nous reconnaissons un grand hautbois, une harpe, une guitare, un tambour et une flûte. Enfin, au rang supérieur, de chaque côté de Dieu le Père et un peu au-dessous de lui, les deux derniers rois jouent, l'un du triangle, l'autre de la flûte.

L'ensemble témoigne d'une verve tellement éblouissante, il s'en dégage une poésie si fraîche et si pure, que tels détails d'invention médiocre disparaissent, notamment cette terrasse en forme de rectangle ouvert sur un des côtés, et soutenue par un petit mur au pied duquel dort le vieux Jessé. Le patriarche est étendu sur un gazon semé de fleurettes. Il est enveloppé d'une longue robe bleue à capuchon, bordée d'hermine. Sa tête, appuyée sur la main droite, repose sur un coussin rose, orné de glands en métal. L'arbre symbolique s'élance de son dos et dessine au-dessus de lui des rinceaux réguliers; ceux-ci s'achèvent en corolles géantes, d'où surgissent les douze rois aux costumes bariolés. Au milieu du groupe, dans une treizième fleur, apparaît la Vierge tenant l'enfant Jésus dans ses bras. Vers le haut du tableau, Dieu le Père, coiffé de la couronne à l'impériale, bénit de la main droite et, de la main gauche, soutient un globe d'or surmonté d'une croix triomphale.

Quelle est l'origine de cette belle composition ? De qui le miniaturiste s'est-il inspiré ? A qui a-t-il emprunté certains détails, comme les corolles des fleurs et les douze rois musiciens ? Il ne s'agit pas de retracer ici l'évolution du thème iconographique de l'arbre de Jessé, un des plus curieux, un des plus riches de l'art religieux du moyen âge. On en trouvera un bon exposé dans une remarquable étude de M. Jean Lafond sur Arnoult de la Pointe (1). Cherchons au berceau même de notre bréviaire, s'il ne s'est pas rencontré quelque composition semblable, quelque thème iconographique dont notre miniaturiste aurait pu s'inspirer.

La bibliothèque de Philippe le Bon possédait précisément quelques représentations de l'arbre de Jessé, antérieures à la nôtre. Deux d'entre elles ornaient les pages de deux bibles historiales, aujourd'hui conservées à la Bibliothèque royale de Belgique (ms. 9001-9002 et 9024-9025). L'un des arbres de Jessé se trouve dans le manuscrit 9002, fol. 219, l'autre dans le manuscrit 9025, fol. 144. Ce sont deux œuvres françaises de la fin du XIVe siècle ou des premières années du XVe; elles sont reproduites parmi les planches documentaires (pl. doc. 97 et 98). Les deux bibles historiales auxquelles elles appartiennent, sont décrites dans l'inventaire de 1467 (n°s 711-722 et 720 de Barrois); mais elles étaient entrées bien auparavant dans la bibliothèque de Philippe le Bon. Pour la première, aucun document d'archives ne permet de préciser la date; mais pour la seconde, nous savons que Jean sans Peur l'avait acquise, au mois d'août 1415, de son fidèle conseiller Jean Chousot et qu'à cette date le manuscrit était encore tout neuf.

Or, l'étude comparée des trois arbres de Jessé révèle aussitôt une étroite parenté entre ceux des bibles d'une part, et de l'autre, entre celui du bréviaire et ceux des bibles historiales. Sans rien affirmer, faute de preuves, on peut reconnaître toutes les apparences d'un emprunt direct, la page du bréviaire n'étant qu'une combinaison des deux autres. A l'une et à l'autre, le miniaturiste du bréviaire a emprunté le fond d'or, la Vierge tenant l'enfant Jésus dans ses bras et les rois musiciens. A la

(1). Lafond (Jean), *Etudes sur l'art du vitrail en Normandie. Arnoult de la Pointe, peintre et verrier de Nimègue, et les artistes étrangers à Rouen, aux XVe et XVIe siècles*, dans *Bulletin de la Société des Amis des monuments rouennais*. 1911, p. 153 à 161.

première bible (ms. 9002), il a pris en outre les douze rois et la Vierge couronnée; à la seconde (ms. 9025), Dieu le Père bénissant. Mais tout en s'inspirant des deux compositions, il a su rester original dans les détails. Le Jessé des bibles repose dans un lit, celui du bréviaire est étendu sur le gazon. Les rois des bibles émergent du milieu des branchages; ceux du bréviaire surgissent des corolles des fleurs. Dans la seconde bible historiale, Dieu le Père apparaît au milieu d'un nuage; dans le bréviaire, il se détache sur un coin du ciel parmi des étoiles et des anges. Faut-il ajouter, pour dire toute notre pensée, que la copie est inférieure au modèle, et que s'il fallait donner la palme, toutes nos préférences iraient à l'admirable page du manuscrit 9002 (pl. doc. 97), d'un style si pur et d'une si noble simplicité?

II. *La Nativité.* (Ms. 9511, fol. 43vo; pl. II). — Essayons d'abord de comprendre cette belle page et d'en saisir les détails. Des quatre évangélistes, saint Luc est le seul qui ait retracé la scène de la Nativité, et il l'a fait avec une simplicité, une sobriété admirables. Son récit tient en quelques lignes : « Joseph monta de Galilée, de la ville de Nazareth, en Judée, à la ville de David, appelée Bethléem, parce qu'il était de la maison et de la famille de David, pour être recensé avec son épouse, qui était enceinte. Or, pendant qu'ils étaient en ce lieu, le temps où elle devait enfanter arriva. Et elle mit au monde son fils premier-né, l'enveloppa de langes et le coucha dans une crèche, parce qu'il n'y avait pas de place pour eux dans l'hôtellerie. Or en la même contrée se trouvaient des bergers... ».

Un homme, une jeune mère, un nouveau-né dans une crèche : c'étaient d'assez pauvres éléments pour un tableau. Puisque les évangiles authentiques leur refusaient le pittoresque et la fantaisie, peintres et sculpteurs les demandèrent aux apocryphes. De bonne heure, dès le IVe siècle, ils empruntèrent au pseudo-Matthieu le bœuf et l'âne de l'étable : « Or, le troisième jour après la naissance du Seigneur, Marie sortit de la grotte, et elle entra dans une étable, et elle déposa l'enfant dans la crèche, et le bœuf et l'âne l'adorèrent. Alors s'accomplit ce qui avait été annoncé par le prophète Isaïe : « Le bœuf a connu son maître et l'âne la crèche de son Seigneur ». Or ces animaux eux-mêmes, qui avaient l'enfant au milieu d'eux, l'adoraient sans cesse. Alors s'accomplit ce qui a été dit par la bouche du prophète Habacuc : « Tu te manifesteras au milieu de deux animaux ». Et Joseph et Marie demeurèrent en cet endroit avec l'enfant pendant trois jours » (1).

Un peu plus tard, les peintres et les sculpteurs empruntèrent aux évangiles apocryphes l'épisode des deux sages-femmes : « Et Marie dit à Joseph : « Descends-moi de l'ânesse, car ce qui est en moi m'accable pour avancer ». Et il la fit descendre et il lui dit : « Où pourrais-je t'amener et abriter ta pudeur? Car cet endroit est désert ». Et il trouva là une grotte et il y fit entrer Marie; et il laissa ses fils près d'elle et alla chercher une sage-femme dans le pays de Bethléem... Et voici qu'une femme descendit de la montagne et elle me dit : « Homme, où vas-tu? » Et je dis :

(1). *Evangiles apocryphes,* I, Evangile du pseudo-Matthieu, ch. XIV; trad. Ch. Michel, 1911.

« Je cherche une sage-femme juive ». Elle me répondit : « Es-tu de la race d'Israël ? » Et je lui dis : « Oui ». Et elle repartit : « Et qui est la femme qui enfante dans la grotte ? » Et je lui dis : « Celle qui m'a été promise ». Et elle me dit : « Elle n'est pas ta femme ? » Et je lui dis : « C'est Marie qui a été élevée dans le temple du Seigneur, et elle m'a été donnée comme femme, mais elle a conçu du Saint-Esprit ». Et la sage-femme lui dit : « Est-ce vrai ? » Et Joseph lui dit : « Viens voir ». Et la sage-femme alla avec lui.

« Et ils s'arrêtèrent à l'endroit où était la grotte, et voici qu'une nuée lumineuse couvrait celle-ci. Et la sage-femme dit : « Mon âme a été glorifiée en ce jour, parce que mes yeux ont vu des prodiges annonçant qu'un Sauveur est né pour Israël ». Et aussitôt la nuée se retira de la grotte, et il y parut une lumière si grande, que nos yeux ne pouvaient la supporter. Et cette lumière diminua peu à peu jusqu'à ce que l'enfant apparut et vint prendre le sein de sa mère Marie. Et la sage-femme s'écria : « Aujourd'hui est un grand jour pour moi, parce que j'ai vu cette merveille extraordinaire ». Et la sage-femme sortit de la grotte, et elle rencontra Salomé. Et elle lui dit : « Salomé, Salomé, j'ai à te raconter une merveille extraordinaire : une vierge a enfanté contrairement à la nature ». Ici se place l'épisode bien connu de Salomé qui prélude, à sa façon, à l'incrédulité de saint Thomas. La punition ne se fait pas attendre. « Salomé... poussa un cri et dit : « Malheur à mon impiété et à mon incrédulité, parce que j'ai tenté le Dieu vivant, et voici que ma main, frappée du feu, se détache de moi ». Et elle s'agenouilla devant le Seigneur, disant : « O Dieu de mes pères, souvenez-vous que je suis de la race d'Abraham, d'Isaac et de Jacob; ne me donnez pas en spectacle aux fils d'Israël, mais rendez-moi aux pauvres, car vous savez, Seigneur, que c'est en votre nom que je donnais mes soins et que je recevais de vous un salaire ». Et voici qu'un ange lui apparut, disant : « Salomé, Salomé, le Seigneur t'a entendue : approche ta main de l'enfant et soulève-le, et il sera pour toi salut et joie ». Et Salomé s'approcha et souleva l'enfant, disant : « Je veux me prosterner devant lui, parce qu'un grand roi est né pour Israël ». Et aussitôt Salomé fut guérie et sortit de la grotte justifiée » (1).

L'épisode des deux sages-femmes, et particulièrement l'incrédulité de Salomé, a été retracé par le maître de Flémalle dans le beau tableau du musée de Dijon (pl. doc. 99). Dans notre bréviaire, comme dans la curieuse « Nativité » de l'ancienne Boucherie de Gand (vers 1448), nous n'assistons qu'à la première partie de la scène. Voyant Marie sur le point d'enfanter, saint Joseph est allé chercher une sage-femme : Zélomi. Quand ils arrivent dans l'étable, ils trouvent un spectacle qui les jette dans la stupéfaction : sur le sol un frêle nouveau-né est étendu; devant lui, sa mère, à genoux, l'adore en silence. Saint Joseph s'arrête à demi hébété; c'est à peine si ses yeux osent fixer le petit corps dont la blancheur se détache sur un éclatant fond d'or; ses genoux se posent lentement sur le sol pendant que la main droite sou-

(1). *Evangiles apocryphes*, I, Protévangile de Jacques, ch. XVII-XX; trad. Ch. Michel, 1911.

lève timidement un chaperon d'étoffe rouge et que la main gauche s'appuie sur le bâton rustique. L'attitude de Zélomi, la sage-femme, est plus curieuse encore. Les manches retroussées, le tablier relevé dans la ceinture, elle s'apprêtait à intervenir. Sa surprise est si grande qu'elle, non plus, n'ose regarder l'enfant. Les bras lui tombent littéralement. Elle s'agenouille d'instinct pendant que ses mains ébauchent un geste vague, indiquant que sa présence est maintenant inutile.

Mais toutes les ressources de son art, les touches les plus fines de son pinceau, les nuances les plus délicates de sa palette, le peintre les a réservées pour cette Vierge si vraiment flamande par son type accusé, si vraiment maternelle par son attitude et son geste. Agenouillée dans sa robe et son écharpe bleues, les cheveux dénattés et flottants sur les épaules, les yeux baissés, les mains à peine jointes et comme prêtes à s'ouvrir au moindre appel de l'enfant, le visage de la Vierge rayonne d'un bonheur surhumain; on devine en elle une de ces joies profondes, immenses, qui envahissent l'âme silencieusement, mais sans rien laisser paraître. Auprès de cette scène si vivante, le reste du tableau paraît bien indigent. Ni le groupe d'anges à la Van Eyck, sous leurs lourdes chapes aux fermails d'orfèvrerie et aux orfrois étincelants de pierres et de perles, en contemplation devant le nouveau-né, ni les deux animaux, si médiocrement dessinés, ni le misérable hangar ouvert à tous les vents où deux bergers entrent timidement, ni le paysage à peine ébauché, sur lequel se détache un ange messager de la grande nouvelle, aucun de ces accessoires ne mérite de retenir l'attention. Nous nous demandons même s'ils sont de la même main que le groupe principal et si le pinceau qui a mis ici tant de grâce et de noblesse est le même qui s'est montré là si pauvre et si négligent. Comme dans beaucoup d'autres cas, il semble que deux miniaturistes aient collaboré à cette page : l'un, praticien assez médiocre, aurait exécuté le cadre; l'autre, artiste au talent personnel, au pinceau délicat et nuancé, aurait fait le portrait.

III. *La Résurrection*. (Ms. 9511, fol. 180; pl. III). — « Après le sabbat, dès l'aube du premier jour de la semaine, Marie-Madeleine et l'autre Marie allèrent visiter le sépulcre. Et voilà qu'il se fit un grand tremblement de terre; car un ange du Seigneur étant descendu du ciel vint rouler la pierre et s'assit dessus. Son aspect ressemblait à l'éclair et son vêtement était blanc comme la neige. A sa vue, les gardes furent frappés d'épouvante et devinrent comme morts » (Matt. XXVIII, 1-4).

La comparaison du récit évangélique avec la peinture qui orne l'office de Pâques, accuse les libertés extraordinaires que le miniaturiste a prises avec l'histoire et l'archéologie. Et pourtant, fait plutôt rare à cette époque, il a recherché la couleur locale et l'a comprise à la mode de son temps; il a équipé ses soldats à l'orientale et esquissé une vague silhouette de Jérusalem, avec ses coupoles et ses minarets.

Mais tous ces détails insignifiants mis à part, l'ensemble s'écarte résolument des données évangéliques. En Palestine, le tombeau était une grotte creusée au flanc d'une colline. On y entrait de plain-pied. Le mort enveloppé d'un linceul, la tête entourée d'un suaire, était déposé sur un banc de pierre; des bandelettes maintenaient le linge autour du corps et des membres. Une lourde pierre, en forme de meule de moulin, fermait l'entrée et défendait le cadavre contre les profanations, contre les chacals et les hyènes. Elle était roulée devant l'ouverture béante et engagée dans une rainure pratiquée dans le seuil. Deux anneaux de fer l'attachaient de chaque côté à des crochets cimentés dans le roc. Au lendemain de la mort de Jésus, les princes des prêtres y firent apposer leurs sceaux pour leur permettre de constater, le cas échéant, la violation de sépulture.

Il est bien peu de peintres qui se soient conformés à ces indications. Le nôtre a placé la scène de la Résurrection dans un verger entouré d'un clayonnage en bois. Le tombeau, en forme de sarcophage, s'élève au milieu; il est gardé par trois soldats qui dorment paisiblement. Le Christ, encore tout sanglant, se tient debout et enjambe le sarcophage dont un ange vient d'enlever le couvercle. La tête est couronnée d'épines; un manteau rose doublé de bleu et agrafé sur la poitrine, laisse voir les plaies; la main droite se lève pour bénir et la gauche tient la croix triomphale. L'ange qui a ôté la pierre s'est assis, et, les mains jointes, contemple le Sauveur. Les soldats, au lieu de s'enfuir épouvantés, dorment profondément.

Tout cet ensemble laisse quelque peu à désirer. La composition est faible; elle manque de mouvement, d'originalité et de vie. Aucun de ces détails pittoresques, aucune de ces trouvailles heureuses, de ces initiatives hardies qui trahissent un talent personnel, un tempérament d'artiste. L'exécution est médiocre. Le visage du Christ est banal, l'expression insignifiante. L'attitude est défectueuse : la jambe gauche s'y trouve placée, on ne sait comment, dans le prolongement du côté droit; c'est à se demander si le miniaturiste ne s'est pas trompé de pied. La pierre du tombeau tient en équilibre par miracle : normalement, elle devrait basculer de l'autre côté. Le costume des soldats dénote une grande fantaisie; leur maintien manque de vérité : quel prodige de bonne volonté ne leur faut-il pas pour dormir dans la posture que leur inflige l'artiste! Je signalerai cependant un détail intéressant : il y a là des flèches empennées, d'une longueur extraordinaire, qui situent la composition de cette peinture dans une région de tireurs à l'arc.

IV. *La Pentecôte.* (Ms. 9511, fol. 232vo; pl. IV). — La scène se passe sous une sorte de portique, ouvert sur deux côtés et soutenu par deux colonnes vieux rose. Au milieu du groupe formé par les onze apôtres, la Vierge se tient à genoux, les mains croisées sur la poitrine. La colombe céleste vient de pénétrer dans l'édifice; elle s'avance, les ailes éployées, pendant que des rayons d'or s'échappent de tous côtés. Dehors, se détache un monticule que couronnent quelques arbres. L'ensemble de la composition est d'un assez heureux effet; mais il s'y trouve des négligences regrettables. Le groupe qui se tient immédiatement sous la colombe céleste prête spécialement à la critique. La plupart des auréoles sont placées gauchement; les pieds de l'apôtre, debout au premier rang, sont dessinés avec une grossièreté qui confine à la caricature. Et que dire des têtes qui se renversent et qui témoignent d'une incapacité radicale aux effets de raccourci et aux plafonnements? Malgré ces imperfections la scène demeure intéressante, agréable et vivante par la variété des types et des attitudes, par l'atmosphère de recueillement, par la fraîcheur du coloris et surtout, peut-être, par l'exquise qualité de la lumière.

V. *David en prière.* (Ms. 9511, fol. 252; pl. V). — Cette composition d'assez bonne facture, orne le début du psautier. Le vieux roi est à genoux devant l'arche d'alliance dans l'attitude de la prière et de la pénitence. Il est revêtu d'une robe bleue bordée de fourrure et d'un manteau royal doublé d'hermine. Sa harpe est appuyée à l'autel; sa coiffure est posée sur la crédence; il porte à la ceinture une riche aumônière. Pour qu'il n'y ait pas de doute sur l'identité du personnage, on lit en lettres d'or sur l'*antependium* : « *Memento, Domine, David et omnes* (sic) *man-[suetudinis eius]* ». Deux autres inscriptions se détachent également en lettres d'or sur le devant d'autel : « *Ihesus. — Maria* ». Il est inutile, je pense, de faire remarquer l'anachronisme de ces deux derniers noms, inscrits sous les yeux du roi David. Sur l'autel, une arche d'alliance en forme de reliquaire s'élève entre deux chandeliers allumés. Dans l'angle droit du tableau, Dieu le Père, environné d'anges, bénit de la main droite et de la main gauche soutient un globe. Cette peinture s'enlève sur un fond quadrillé or, vermillon et azur; l'oratoire est pavé de ces carreaux historiés que nous rencontrerons dans d'autres compositions.

VI. *Saint André et Philippe le Bon.* (Ms. 9511, fol. 398; pl. VI). — Cette curieuse peinture orne l'office de saint André, dont la fête ouvre le sanctoral d'hiver. Elle représente Philippe le Bon devant le patron de la Bourgogne. Elle se détache vigoureusement sur un fond quadrillé or, vermillon et azur; certains groupes de petits carrés bleus semblent affecter la forme de fleurs à quatre pétales (myosotis?). Saint André se tient debout sous un ciborium décoré de fleurons; il porte le costume traditionnel des apôtres : la tunique et le manteau; sa main droite tient un livre ouvert et la gauche s'appuie sur une croix en sautoir. Le visage n'offre aucun caractère d'individualité : c'est celui que notre miniaturiste va donner à la plupart de ses vieillards. Les pieds nus de l'apôtre foulent un pavé multicolore de carreaux historiés, semblable à celui de la peinture précédente.

A l'ancien pêcheur de Bethsaïde, fait vis-à-vis le puissant duc de Bourgogne. Philippe le Bon est agenouillé dans une ample robe noire, bordée de fourrures; il porte au cou le collier de la Toison d'or; à sa ceinture est suspendue une dague dans sa gaine. A côté de lui, un manuscit est ouvert sur un prie-Dieu drapé d'une étoffe richement armoriée : *écartelé aux 1er et 4me de France à la bordure componée d'argent et de gueules; au 2me parti* : a, *bandé d'or et d'azur à la bordure de gueules,* b, *de sable au lion d'or; au 3me parti* : a, *bandé d'or et d'azur à la bordure de gueules,* b, *d'argent au lion de gueules, la queue fourchée et passée en sautoir; sur le tout d'or au lion de sable.* Ce sont les armes des ducs de Bourgogne, après la réunion du

Limbourg à leur domaine (1430). Sur le pavillon de la tente qui abrite le duc, plusieurs emblèmes se détachent en or sur fond gris pâle. En premier lieu, la croix dite de Saint-André dont nous reparlerons. De chaque côté d'elle, le briquet de Bourgogne frappe un caillou et en fait jaillir des étincelles. Un troisième emblème, ou, plus exactement, un chiffre, est formé par les deux lettres *E* réunies par un lacs : c'est l'initiale répétée du mot Elisabeth, forme latine du nom de la troisième femme de Philippe le Bon, Isabelle de Portugal, devenue duchesse de Bourgogne, le 10 janvier 1430. Philippe avait fait graver les deux lettres sur le chaton d'une bague dont il se servait pour authentiquer certains actes : « Tesmoin nostre signet privé, lit-on dans une cédule de 1463, fait à deux *ee* accouplés que nous gardons par devers nous » (1).

Au temps de Philippe le Bon, saint André était depuis de longs siècles le patron de la Bourgogne. D'après une tradition qui avait trouvé crédit dans cette province, l'apôtre aurait évangélisé la Scythie, patrie des Burgondes, et c'est par reconnaissance que ceux-ci l'avaient choisi pour patron. D'après une autre tradition, un ancien roi de Bourgogne, Etienne, aurait fait apporter la croix de saint André à Marseille et lui aurait témoigné tant de dévotion et de révérence, qu'il l'aurait adoptée comme enseigne de ses troupes. Il faut bien l'avouer : ni l'une ni l'autre de ces traditions ne paraît fondée. Les Bourguignons n'étaient pas Slaves : ils venaient de la Germanie septentrionale et non de la Scythie. Quant à la croix de saint André, les habitants de Patras, en Achaïe, où l'apôtre aurait subi le martyre, prétendaient bel et bien la posséder, et ils n'étaient pas d'humeur à se la laisser ravir. Tout ce que nous savons par Grégoire de Tours, c'est que des reliques du saint étaient conservées dans la ville d'Agde en Gaule narbonnaise (2).

Quoi qu'il en soit, saint André était depuis longtemps le patron de la grande province. Sa croix décorait les étendards de Bourgogne. En 1411, au temps de la lutte fratricide entre Armagnacs et Bourguignons, elle devint un signe de ralliement pour ces derniers. Quand ils entrèrent à Paris, sous la conduite de Jean sans Peur, ils l'imposèrent aux habitants et à tous les Français. C'est alors qu'il devint dangereux de paraître dans la rue sans porter l'écharpe rouge avec la croix de Saint-André. Au dire d'un historien, les prêtres s'en paraient à l'autel, les statues des saints en étaient affublées, les berceaux eux-mêmes en étaient couverts. Ces extravagances prirent fin au traité conclu entre Philippe le Bon et Charles VII, à Arras (1435). Mais la Bourgogne demeura fidèle à son patron et son cri de guerre continua d'être : *Notre-Dame Bourgogne* et *Montjoie saint Andrieu.* Quand Philippe le Bon fonda l'ordre de la Toison d'Or, il le plaça sous la protection de la Vierge et de « monseigneur saint André ». Les fêtes de l'Ordre furent célébrées le 30 novembre et les chapitres tenus ce même jour, du moins pendant les dix premières années.

(1). Bruchet (Max), *Notice sur la construction du palais Rihour.* 1922, p. 7.

(2). Grégoire de Tours, *Liber in gloria martyrum,* LXXVIII.

Quelques mots sur les origines de la croix de Saint-André seraient peut-être de mise ici. Je le ferai du reste rapidement. Depuis plusieurs siècles, la croix en sautoir, la croix en *X* est sa forme traditionnelle, mais il n'en fut pas toujours ainsi; on peut même dire qu'elle n'est pas la forme primitive (1). Un chapiteau du XIIe siècle d'une église auvergnate, l'église de Besse (Puy-de-Dôme), montre l'apôtre attaché à une croix latine, les bras et les pieds fixés par des cordes (2).

Les manuscrits 8142 et 8143 de la Bibliothèque royale de Bruxelles en fournissent d'autres exemples pour les XIIIe et XIVe siècles. Nous y trouvons aussi des vestiges de la tradition d'après laquelle saint André aurait été crucifié à un arbre en forme d'Y. Quoi qu'il en soit, c'est au XIIIe siècle, semble-t-il, qu'apparaissent les premières croix en sautoir. Un des plus anciens exemples est sans doute celui d'un vitrail de Saint-Bertin (1234), cité dans le manuscrit de la Bibliothèque royale (ms. 8142, fol. 17). Plusieurs sceaux datés, l'un de 1266 (3), l'autre de 1274 (4), en présentent d'autres. A partir du XIVe siècle, la croix en forme d'*X* se multiplie au point de devenir l'attribut caractéristique de saint André.

La plupart des critiques s'accordent à dire que le meilleur portrait de Philippe le Bon est celui qui appartient à la maison royale d'Espagne. Le duc y est représenté le visage allongé, le nez long, la bouche petite, la lèvre inférieure assez grosse, le menton fort; les tempes sont rasées, les cheveux aplatis sur le front et coupés en forme de calotte, coiffure très en vogue au milieu du XVe siècle; la taille est svelte et élancée (pl. doc. 100). La comparaison entre la miniature de notre bréviaire et ce remarquable portrait fait ressortir de notables différences. La miniature nous montre un visage carré, un nez moyen, une bouche grande avec des coins tombants, un menton court, un front élevé et droit. Seules la coiffure et la houppelande bordée de fourrure, sont les mêmes. Assurément, ces traits sont peu conformes à la vraie physionomie du modèle. L'artiste n'a pas travaillé d'après nature; son œuvre est celle d'un miniaturiste habile, mais de second rang, qui a voulu représenter le duc de Bourgogne, sans avoir l'occasion ou le talent d'exécuter un véritable portrait.

VII. *La Trinité.* (Ms. 9026, fol. 1; pl. VII). — C'est ici une des représentations les plus saisissantes, les plus dramatiques de la Trinité, celle qui associe les trois personnes divines à l'œuvre de la Rédemption. Le Père vêtu d'une robe bleue et d'un manteau carmin, le front ceint d'une couronne à l'impériale, est assis sur un trône vert clair, à dossier et à accoudoirs ornés de fleurons. De ses bras étendus il soutient la croix à laquelle le Fils est attaché, sanglant et livide. Le Père et le Fils portent, l'un et l'autre, le nimbe d'or bordé de noir. La colombe céleste s'est posée

(1). Dans le sacramentaire de Drogon, du milieu du IXe siècle, la croix de Saint-André est identique à celle du Christ (Paris, Bibl. nat., ms. lat., 9428, fol. 98vo). Miniature reproduite par Louis Weber dans *Einbanddecken, Elfenbeintafeln, Miniaturen Schriftproben aus Metzer liturgischen Handschriften.* 1913, p. 17 et pl. XXI.

(2). Bréhier (Louis), *L'art chrétien,* 2me éd., 1928, p. 276, fig. 154.

(3). Douët d'Arcq, *Archives de l'Empire. Inventaires et documents,* t. III (1868), no 9639.

(4). Demay (G.), *Inventaire des sceaux de la Flandre*, t. II (1873), no 6547.

sur le croisillon de droite; elle paraît s'avancer sur la croix. Est-ce oubli? Est-ce intention de la part du miniaturiste? La tête de l'oiseau divin n'est pas nimbée. A droite et à gauche du trône, deux anges aux ailes rouge et or s'inclinent, les mains jointes. L'ensemble se détache sur un fond outremer semé d'étoiles d'or. Une large bande d'or, relevée de dessins géométriques, encadre cette composition.

Au delà de cette bande d'or semi-ovale restait un espace qu'il fallait remplir. Faute de mieux, le miniaturiste y a mis les attributs des évangélistes : l'aigle, l'ange, le lion et le bœuf. Non seulement ils ont été placés là pour combler un vide, mais visiblement chacun d'eux a été dessiné et combiné dans ce but. Avec une naïveté et une gaucherie enfantines, le miniaturiste a allongé l'aile gauche de l'aigle et déroulé tout au long la banderole qu'il tient dans ses serres. Le même souci explique la robe à traîne de l'ange, son aile gauche abaissée, l'aile droite demeurant déployée. Le procédé est plus visible encore pour le bœuf et pour le lion. Une des ailes de ce dernier est repliée pendant que l'autre s'élève verticalement ou peu s'en faut; la queue de l'animal se prolonge outre mesure et se termine par une touffe de poils, presque aussi longue que l'appendice caudal lui-même.

Ce thème iconographique de la Trinité est un des plus curieux, un des plus émouvants de l'art religieux du moyen âge. La formule utilisée par notre miniaturiste : Dieu le Père soutenant de ses mains la croix à laquelle le Fils est attaché, date du début du XIIe siècle. Du moins le plus ancien exemple que je connaisse est la peinture qui orne un missel manuscrit de Cambrai, des premières années du XIIe siècle (Cambrai, bibl. mun., ms. 234, fol. 2). Il serait sans doute téméraire d'affirmer que cette image dramatique a vu le jour dans la région même du Cambrésis. Tant de manuscrits des Xe et XIe siècles ont disparu! Tant de monuments ont été détruits que toute déduction de ce genre nous est interdite. Il est néanmoins curieux de constater que cette représentation de la Trinité se rencontre pour la première fois aux confins de cette Flandre où, pendant quatre siècles, elle devait être si souvent reproduite. A ce titre, il m'a semblé utile de la mettre sous les yeux du lecteur (pl. doc. 96).

VIII. *David jouant de la harpe*. (Ms. 9026, fol. 108; pl. VIII). — Cette belle page orne le psautier du bréviaire d'été. Le sujet est le même que dans le bréviaire d'hiver (ms. 9511, fol. 252; pl. V); mais il est traité d'une façon différente. Ici, David est représenté plus jeune et il joue de la harpe. La tête est couverte d'une sorte de turban que surmonte la couronne royale. Il porte une tunique bleue et un manteau bordé et doublé d'hermine. Le roi est à genoux au pied de l'arche d'alliance; celle-ci, en forme de châsse gothique, se dresse sur un autel, entre deux chandeliers allumés. A l'angle droit de la miniature, Dieu le Père apparaît; sa main se lève pour bénir, et un faisceau de rayons d'or s'échappe de ses lèvres. Au fond du tableau, une cour entourée de murs crénelés représente très probablement l'enceinte du temple de Jérusalem. Le pavé, sur lequel le roi se tient agenouillé, est formé de carreaux historiés, comme dans la peinture du bréviaire d'hiver (pl. V).

IX. *L'assemblée des saints.* (Ms. 9026, fol. 485; pl. IX). — Cette grande et belle miniature orne le texte de l'office de la Toussaint. Elle se détache sur un fond quadrillé, surmonté d'une bordure papelonnée que domine un fragment de ciel parsemé d'étoiles. Le miniaturiste a essayé de traduire le texte de l'Apocalypse : « Vidi turbam magnam quam dinumerare nemo poterat... » Les saints sont disposés sur plusieurs rangs parallèles; les premiers sont dessinés en pied; ceux du second rang ne montrent que leurs bustes; ceux des derniers rangs ne laissent plus apercevoir que des têtes ou seulement des auréoles. Au milieu du premier rang se tient saint Grégoire; il est coiffé de la tiare à triple couronne; la main droite se lève pour bénir (ou pour enseigner); la main gauche est appuyée sur une croix patriarchale. A sa droite, se reconnaissent facilement saint Jean-Baptiste et saint François d'Assise; à sa gauche, saint Antoine ermite et saint Laurent.

Au second rang, derrière saint Grégoire, apparaissent saint Jérôme, que désigne son chapeau cardinalice, saint Augustin, la main gauche appuyée sur une crosse, la main droite portant un cœur; de l'autre côté, saint Georges, le protecteur de l'Angleterre, saint Adrien, que désignent son épée et son enclume, saint Yves, coiffé du bonnet de docteur. A mesure qu'on s'éloigne du premier rang, les identifications deviennent plus laborieuses; faute de caractéristiques, il est difficile de citer des noms propres : c'est la foule anonyme des bienheureux, dans laquelle on est surpris de ne rencontrer aucune sainte. Au-dessus de ce groupe, trois anges rose pâle se détachent sur le bleu du ciel; celui de droite et celui de gauche replient une de leurs ailes et tiennent l'autre étendue certainement pour les besoins de la composition; celui du milieu les déploie toutes les deux pour une raison semblable.

§ II. — LES MINIATURES

Les vingt-neuf miniatures de notre bréviaire sont réparties de façon à peu près égale entre les deux manuscrits : quatorze pour le bréviaire d'hiver, quinze pour celui d'été. Ces petits tableaux égayent de façon charmante les pages austères de l'office. Elles sont réservées aux fêtes de second rang : Epiphanie, Ascension, Conception de la Vierge, saint Etienne, saint Jean, etc. Leur place a été habilement ménagée, tantôt dans le haut des feuillets, tantôt au bas des colonnes du texte, rarement au milieu. Presque toujours elles surmontent de riches initiales sur fond d'or. De délicates vignettes de fleurs et de fruits les encadrent et prolongent la décoration jusqu'au bas des feuillets. A la différence des grandes peintures, tous les fonds représentent ici des paysages ou des intérieurs : plus de fonds neutres, d'or ou quadrillés. Il est rare d'y trouver les inégalités et les négligences signalées dans les grandes compositions.

L'Epiphanie. (Ms. 9511, fol. 61; pl. X). — C'est la scène habituelle de l'adoration des Mages. Elle se déroule sous un hangar ouvert à tous les vents. Le plus âgé des rois, à genoux, présente un coffret rempli de pièces d'or à l'enfant Jésus; celui-ci lève la main droite pour bénir et étend l'autre vers le coffret. Les deux autres rois, debout, se préparent à offrir leurs présents.

Saint Jean à Patmos. (Ms. 9511, fol. 199vo; pl. X). — Cette naïve composition orne le commencement de l'Apocalypse. L'apôtre est assis au milieu d'une île aux dimensions des plus réduites. Un livre est ouvert sur ses genoux; il lève les yeux vers un ange qui lui montre un autre livre. Devant lui, un calice; à gauche, un aigle qui ressemble étrangement à un épervier. Le paysage du fond représente un bras de mer sillonné par des barques et semé d'îlots; le rivage est couvert d'une fraîche végétation, au milieu de laquelle se profile un clocher roman.

L'Ascension. (Ms. 9511, fol. 220vo; pl. X). — Cette curieuse miniature précède les leçons de l'office de l'Ascension. Le Christ, dont on n'aperçoit plus que le bas de la tunique et les pieds, s'élève lentement vers le ciel, dans un nuage doré. Au premier plan, les Apôtres et les disciples, au milieu desquels se reconnaît la sainte Vierge, le regardent s'éloigner de la terre.

Les Apôtres. (Ms. 9511, fol. 364; pl. X). — Cette composition, représentant les Douze et saint Paul, annonce l'office du commun des Apôtres. Ils sont debout, face au lecteur. Ceux du premier rang sont facilement identifiés grâce à leurs attributs : saint Pierre, saint Paul, saint Jean et saint Simon. Vers le haut de la miniature, Dieu le Père, la main levée, bénit le groupe.

Saint Joachim et sainte Anne devant la Porte dorée. (Ms. 9511, fol. 412vo; pl. X). — C'est la rencontre de saint Joachim et de saint Anne devant la Porte dorée. Cette miniature fait suite à la rubrique relative à l'office de la Conception. Elle retrace l'épisode raconté dans les évangiles apocryphes : « Un ange du Seigneur apparut à sainte Anne en prière, lui disant : Va à la Porte d'or, comme on l'appelle, au devant de ton époux, parce qu'il doit revenir aujourd'hui. Et elle s'en fut en hâte avec ses servantes, et elle se mit à prier debout près de la porte. Et tandis qu'elle attendait depuis longtemps déjà et qu'elle se lassait de cette longue attente, levant les yeux, elle vit Joachim qui s'avançait avec ses troupeaux. Et Anne courut se jeter à son cou, rendant grâces à Dieu et disant... » (1).

Le martyre de saint Etienne. (Ms. 9511, fol. 423; pl. X). — La scène se passe dans un enclos entouré d'un clayonnage. Saint Etienne, en aube et en dalmatique, les mains jointes, est à genoux sur le sol; il lève les yeux vers le ciel et prie pour ses bourreaux. Ceux-ci, au nombre de deux, lui jettent des pierres en ricanant. Cette miniature orne la première leçon de la fête du 26 décembre.

Saint Jean à Patmos. (Ms. 9511, fol. 428; pl. XI). — Cette miniature qui paraît une réplique du sujet traité au fol. 199vo, en diffère par quelques détails. Un affreux démon, profitant de ce que saint Jean a le dos tourné, s'est emparé de l'écritoire, le renverse dans la mer, et tire insolemment la langue à l'aigle qui s'avance

(1). Evangile du pseudo-Matthieu, III, 5; trad. Ch. Michel, p. 71.

vers lui, menaçant. Saint Jean, qui ne voit pas la scène, continue d'écrire sur le rouleau de parchemin placé sur ses genoux. Au fond de ce petit tableau, un joli paysage sert de cadre à de beaux monuments.

Le massacre des saints Innocents. (Ms. 9511, fol. 432; pl. XI). — Nous sommes dans le palais d'Hérode. Le roi assis sur son trône, une épée nue à la main, préside au massacre. Un soldat, coiffé d'un turban, vient de mettre à mort un enfant dans les bras de sa mère; un autre va faire subir le même sort à un petit innocent qu'il a saisi par le cou. Derrière le roi, trois de ses conseillers assistent à cette scène. Au fond du tableau, une porte et des murs crénelés entourent le palais royal.

Le martyre de saint Thomas de Cantorbéry. (Ms. 9511, fol. 436; pl. XI). — Quatre soudards viennent d'entrer dans la chapelle où saint Thomas Becket célèbre la messe. Sur l'autel, le calice et l'hostie, le missel ouvert sur un pupitre en bois et deux chandeliers allumés. Un des soldats enfonce son poignard dans le crâne du pontife, un autre remet l'épée au fourreau. Le saint, en habits pontificaux, est devant l'autel; ses mains d'abord jointes s'écartent, indiquant qu'il va s'affaisser sous le coup. Cette composition orne l'office du 29 décembre.

Saint Charlemagne. (Ms. 9511, fol. 469vo; pl. XI). — Le grand empereur, canonisé en 1165 par l'antipape Pascal III, à la demande de Frédéric Barberousse, est debout sous un portique richement sculpté; il porte le costume d'empereur romain : cuirasse d'or, manteau de pourpre doublé d'hermine, couronne à l'impériale; la main gauche soutient un globe surmonté d'une croix, la main droite tient dressée une large épée. Cette miniature précède les premières vêpres de la fête.

La Présentation de l'enfant Jésus au Temple. (Ms. 9511, fol. 479vo; pl. XI). — Jolie scène, traitée avec grâce et simplicité. Le grand prêtre, dont le regard découvre un avenir de tristesse et d'épreuves, tient l'enfant Jésus dans ses mains couvertes d'un voile; il l'élève au-dessus d'un autel soutenu par quatre colonnes, entre lesquelles se trouvent un bassin et une aiguière. A droite du grand prêtre, la Vierge est debout, les mains jointes; son attitude trahit l'inquiétude et l'anxiété. Près d'elle, saint Joseph, le chaperon rabattu sur les épaules, porte les deux colombes, pendant qu'une servante tient un cierge allumé. Au premier plan un caniche bien campé remplit une place vide et donne une note pittoresque à ce petit tableau.

La salutation angélique. (Ms. 9511, fol. 500vo; pl. XI). — Le décor de cette scène est un intérieur flamand très exactement reproduit : carrelage caractéristique, fenêtre à meneaux garnie de vitraux à lames de plomb et pourvue de volets intérieurs. Vêtue d'une robe et d'un manteau bleus, les cheveux flottants sur les épaules, la Vierge est agenouillée devant un prie-Dieu. Elle se tourne à demi pour recevoir le message de l'ange. Celui-ci a mis un genou en terre; sa tunique est blanche, son manteau pourpre; un sceptre est dans sa main gauche. A l'un des angles du tableau apparaît Dieu le Père, et, dans un faisceau de rayons d'or, la colombe céleste qui vole doucement vers la Vierge.

Le martyre de saint Denis et de ses compagnons. (Ms. 9511, fol. 510; pl. XII). — Cette scène illustre l'office de l'Invention des reliques. Au premier plan, les trois martyrs se tiennent agenouillés; saint Denis est au milieu, les yeux bandés, la tête coiffée de la mitre. L'attitude des bourreaux est des plus naïves : le premier vient d'enfoncer sa hache dans le cou de la victime, les deux autres lèvent leurs épées d'un geste peu conforme à la vraisemblance. Du haut du ciel, Dieu le Père, assisté de deux anges, la main levée, bénit les trois martyrs.

Saint Philippe et saint Jacques. (Ms. 9511, fol. 517; pl. XII). — Composition assez banale qui précède l'office des deux apôtres. Tous les deux sont debout sous une sorte de ciborium. Saint Philippe tient à la main gauche un livre ouvert et appuie la droite sur une croix processionnelle. Saint Jacques se reconnaît facilement à son costume de pèlerin; sa main droite soutient un livre fermé.

Salomon expliquant les paraboles. (Ms. 9026, fol. 21vo; pl. XII). — Cette curieuse miniature orne les paraboles de Salomon. Le sage roi enseigne un groupe de Juifs, reconnaissables à leurs bonnets pointus. Les attitudes des auditeurs sont bien étudiées; les types et les costumes sont variés et pittoresques.

Les Apôtres. (Ms. 9026, fol. 220; pl. XVIII). — Le groupe des Douze précède l'office du commun des apôtres. Les personnages sont répartis autrement que dans le manuscrit 9511, fol. 364. Au premier rang, se reconnaissent saint André, saint Pierre, saint Paul et saint Jean; au second, saint Philippe et saint Matthias. Aucune caractéristique ne permet d'identifier les autres. Dans le ciel de la composition, Dieu le Père, la main levée, bénit le groupe.

Philippe le Bon et Isabelle de Portugal à genoux devant le Saint-Sacrement. (Ms. 9026, fol. 258; pl. XII). — Une des plus intéressantes miniatures de notre bréviaire : elle représente Philippe le Bon et Isabelle de Portugal à genoux devant le Saint-Sacrement. Le duc porte le collier de la Toison d'or; la duchesse est coiffée d'un hennin recouvert d'un voile qui tombe jusque sur ses yeux. Sur l'autel, un ostensoir entre deux chandeliers allumés; à droite et à gauche, deux clercs s'avancent, un flambeau à la main. Cette composition orne l'office du Saint-Sacrement.

Saint Jean-Baptiste. (Ms. 9026, fol. 286vo; pl. XII). — Le précurseur, vêtu d'une tunique en poils de chameau, se tient debout, un livre fermé sur le bras gauche; il désigne du doigt l'Agneau divin qui s'avance vers lui, portant la croix triomphale. Au second plan, se déroule un paysage que domine un château flanqué de nombreuses tourelles.

Saint Pierre et saint Paul. (Ms. 9026, fol. 298vo; pl. XII). — Les deux apôtres sont debout sous une sorte de portique. Saint Pierre tient une énorme clef à la main; saint Paul s'appuie sur une longue épée.

Sainte Anne. (Ms. 9026, fol. 333vo; pl. XIII). — La scène se passe à l'entrée d'une maison entourée de murs crénelés. Sainte Anne est assise sur un siège surmonté d'un baldaquin. Devant elle, à ses pieds, la Vierge est également assise sur une estrade; elle tient sur ses genoux l'enfant Jésus auquel elle présente un fruit. Dans la cour qui s'étend derrière le vestibule de la demeure, des poules picorent et un chien s'approche lentement.

Le martyre de saint Laurent. (Ms. 9026, fol. 350vo; pl. XIII). — Le saint est étendu sur son gril. Deux bourreaux attisent le feu, un troisième l'active avec un énorme soufflet. L'empereur Dèce et deux courtisans assistent au supplice. Le martyr dont le corps est médiocrement dessiné, lève les yeux vers Dieu dont le buste apparaît dans un nuage d'or.

La mort de la Vierge. (Ms. 9026, fol. 365; pl. XIII). — Cette intéressante miniature orne l'office de l'Assomption. La Vierge vient d'expirer; elle est étendue sur un lit de parade, surmonté d'un baldaquin bleu. Les Apôtres sont réunis autour d'elle; saint Pierre en aube et en chape, l'asperge d'eau bénite et enlève le cierge qu'elle tient à la main; saint Jean se retire avec l'encensoir; les autres apôtres sont debout, assis ou à genoux autour du lit, dans l'attitude de la tristesse. Pendant ce temps, deux anges emportent l'âme de la Vierge sous la forme d'un petit enfant.

Saint Louis d'Anjou. (Ms. 9026, fol. 373vo; pl. XIII). Le saint, crossé et mitré, est revêtu d'une chape bleue, semée de fleurs de lys d'or; sous la chape paraissent l'habit franciscain et la cordelière; cette miniature orne l'office du 19 août.

Saint Louis, roi de France. (Ms. 9026, fol. 383vo; pl. XIII). — Le roi est debout; il porte une tunique rose et un manteau bleu doublé d'hermine et semé de fleurs de lys d'or; de la main droite, il tient un sceptre, de la gauche, un livre fermé; sur sa tête la couronne royale est entourée de l'auréole d'or.

La naissance de la Vierge. (Ms. 9026, fol. 417; pl. XIII). — Voilà bien la plus délicieuse miniature de notre bréviaire. Sainte Anne remet l'enfant, emmaillotée et le front déjà ceint d'une couronne royale, à une servante qui la reçoit respectueusement, un genou en terre. Un caniche, le même que celui de la Présentation (ms. 9511, fol. 479vo; pl. XI), égaie le premier plan. Le cadre de cette scène charmante est encore un intérieur flamand : vaste cheminée, chandelier fixé au manteau, lit à baldaquin, fenêtre à volets intérieurs, etc. A l'examen, cet intérieur se révèle identique à celui d'un des tableaux du maître de Flémalle : la sainte Barbe du musée du Prado (pl. doc. 102). Ce dernier tableau est un des volets du triptyque commandé au maître par Heinrich von Werl et exécuté en 1438.

Philippe le Bon et Isabelle de Portugal au pied de la croix. (Ms. 9026, fol. 425; pl. XIV). — Cette curieuse miniature décore l'office de l'Exaltation de la sainte Croix. Philippe le Bon (il porte le collier de l'ordre de la Toison d'or) et Isabelle de Portugal sont agenouillés au pied d'une croix qui se dresse au détour d'un chemin. Derrière la duchesse, un groupe de femmes, ses dames d'honneur sans doute, sont agenouillées, les mains jointes. Derrière Philippe, en tête d'un groupe d'adolescents, se détache un enfant de douze à treize ans, à genoux et les mains étendues; il porte le collier de la Toison d'or. Sans aucun doute, le miniaturiste a voulu représenter le futur Charles le Téméraire. Le jeune prince, né à Dijon, le 10 novembre 1433, avait reçu le collier de l'Ordre le jour de son baptême. Ces indications précieuses nous permettront de dater le manuscrit.

Saint Michel. (Ms. 9026, fol. 443; pl. XIV). — Miniature assez banale : l'archange couvert d'une cuirasse, armé d'une épée et d'un bouclier, vient de terrasser un horrible démon. Au loin, dans un paysage tout artificiel, une maison avec pignon en escalier décèle l'origine flamande de cette composition.

Le martyre de saint Denis et de ses compagnons. (Ms. 9026, fol. 452vo; pl. XIV). — Cette miniature est une réplique de celle du bréviaire d'hiver (ms. 9511, fol. 510; pl. XII). Elle orne l'office de saint Denis et de ses compagnons. On y remarque la même gaucherie dans les attitudes et les gestes des bourreaux.

Saint Martin. (Ms. 9026, fol. 500; pl. XIV). — Cette miniature orne l'office de saint Martin, elle reproduit la scène bien connue. Le cheval s'arrête et le saint partage son manteau avec le mendiant, demi-nu, qu'il vient de rencontrer à la porte d'Amiens.

§ III. — LES INITIALES HISTORIÉES

Les initiales sont des lettres de grande dimension dont le champ est rempli par un tableau, par une « histoire », pour parler comme au moyen âge. Elles diffèrent des peintures et des miniatures proprement dites en ce sens que les sujets traités y sont enfermés dans les contours d'une lettre. Notre bréviaire compte seize initiales historiées, huit dans le bréviaire d'hiver et huit dans celui d'été. Leurs compositions naïves illustrent les différentes sections du psautier férial tel qu'il est réparti entre les jours de la semaine; la huitième orne le début des vêpres. Les sujets sont tirés du psautier lui-même; chacun d'eux s'efforce de traduire le verset auquel appartient l'initiale. Cette décoration dérive d'ailleurs en ligne directe des anciens psautiers. Ainsi que l'a fait observer Samuel Berger, il y avait une *vulgate* pour les miniatures de la Bible comme pour son texte. Notre miniaturiste s'en est peu écarté. Il a reproduit presque servilement l'illustration traditionnelle, celle qui a règné pendant tout le moyen âge dans les ateliers monastiques.

I. « *Beatus vir qui non abiit in consilio impiorum...* » (Ms. 9511, fol. 252, pl. V; ms. 9026, fol. 108, pl. VIII). — La première initiale historiée *B*, nous montre David adolescent qui vient de tuer un ours et qui écarte, comme en se jouant, les mâchoires d'un lion énorme (pl. V). Dans la seconde, il s'avance contre Goliath, sa fronde à la main, et se prépare à lancer la pierre au front du géant (pl. VIII). Les deux scènes se déroulent dans un paysage accidenté.

II. « *Dominus illuminatio mea et salus mea...* » (Ms. 9511, fol. 266vo; ms. 9026, fol. 122vo; pl. XV). — Traduction naïve, presque enfantine, du verset du psaume : dans le haut de l'initiale se détache le buste de Dieu le Père; en bas David, reconnaissable à sa couronne et à sa harpe, désigne ses yeux pour montrer que « le Seigneur est sa lumière et son salut ».

III. « *Dixi : custodiam vias meas...* » (Ms. 9511, fol. 279; ms. 9026, fol. 135; pl. XV). — La première initiale historiée nous représente un pèlerin avec son bâton et son aumônière. Dans la seconde, nous voyons un roi, David, qui s'avance sur la route, les yeux levés vers Dieu qui lui sert de guide et le maintient dans la voie droite : « J'ai dit : je garderai mes voies... »

IV. « *Dixit insipiens in corde suo : non est Deus...* » (Ms. 9511, fol. 287vo; ms. 9026, fol. 143vo; pl. XV). — Une banderole sur laquelle se lit : « Stultorum infinitus est numerus... », ne laisse pas de doute sur l'identité du personnage : il s'agit dans les deux initiales historiées d'un fou. Il est du reste facile de le reconnaître à son costume : bonnet, ou plutôt, capuchon pointu avec deux grandes oreillettes en forme d'oreilles d'âne, jaquette bariolée de jaune et de vert, culotte de même genre, épée de bois doré à la ceinture, enfin, à la main l'attribut caractéristique : la marotte coiffée d'un bonnet (ms. 9026) ou la massue (ms. 9511).

V. « *Salvum me fac, Deus, quoniam intraverunt aque usque ad animam meam* ». (Ms. 9511, fol. 296; ms. 9026, fol. 152vo; pl. XVI). — Comment rendre le texte du psalmiste ? Comment figurer les eaux de la tribulation envahissant l'âme de David ? Le miniaturiste a résolu la difficulté en prenant ces paroles au sens matériel et littéral : il nous représente un roi en danger de se noyer. Dans la première initiale, David (couronne en tête), s'enfonce lentement dans l'eau qui lui arrive aux aisselles; dans l'autre, il se tient horizontalement sur l'eau, il « fait la planche », les mains jointes et la couronne sur la tête.

VI. « *Exultate Deo, adiutori nostro; iubilate Deo Iacob...* » (Ms. 9511, fol. 307; ms. 9026, fol. 163vo; pl. XVI). — David carillonnant : dans la première miniature, il tient ses deux marteaux dans les mains et frappe sur quatre clochettes suspendues à une poutre horizontale; dans la seconde, il frappe sur une roue de carillon.

VII. « *Cantate Domino canticum novum, quia mirabilia fecit...* » (Ms. 9511, fol. 317; ms. 9026, fol. 174; pl. XVI). — Deux chœurs de moines chantant au lutrin : c'est ainsi que notre miniaturiste a rendu ce verset du psaume XCVII. Dans la première initiale, le livre de chœur est ouvert sur un lutrin proprement dit; dans la seconde, sur un pupitre recouvert d'un voile d'étoffe verte.

VIII. « *Dixit Dominus Domino meo : sede a dextris meis...* » (Ms. 9511, fol. 329; ms. 9026, fol. 186vo; pl. XVII). — La plupart des miniaturistes ont traduit ces paroles du premier psaume des vêpres par une représentation de la Trinité. Celle de la première initiale est une réplique de la peinture du fol. 1 (ms. 9026; pl. VII). La seconde traduit littéralement les paroles du psalmiste, en faisant asseoir le Fils à la droite du Père, le Saint-Esprit planant entre les deux sous forme d'une colombe.

§ IV. — LES AUTRES INITIALES

Les initiales de grandes dimensions sont rares; elles se trouvent en tête des livres de la Bible et de quelques offices, notamment de ceux des dimanches après la Pentecôte, et au-dessous des peintures et miniatures. Elles sont toutes sur fond d'or; le champ est décoré de rinceaux de feuilles stylisées. Les extrémités de ces lettres se prolongent dans les marges en vignettes de fleurs et de fruits. Les initiales moyennes viennent la plupart du temps en tête des leçons, des capitules, des hymnes, des oraisons, répons, psaumes et antiennes; elles se prolongent dans les marges en rinceaux de fleurs et de fruits. Quant aux petites initiales, elles sont légion : elles se voient au commencement des strophes des différentes hymnes et des versets des psaumes; elles sont alternativement or et bleu (pl. XVII à XX).

J'ai déjà parlé des encadrements et des bordures. Ils se font remarquer par leur sobriété et leur archaïsme : modestes rinceaux de feuilles et de fleurs auxquelles viennent s'ajouter, çà et là, quelques fruits. Les encadrements complets entourent les peintures; les demi-encadrements, les miniatures et les grandes initiales feuillées; les simples vignettes ornent les initiales moyennes. Cette partie de la décoration n'a pas évolué comme les autres. En l'absence d'autres indices plus précis, ces encadrements, et surtout ces initiales, pourraient nous induire en erreur sur la date du bréviaire. Nous risquerions de vieillir de cinquante ou même de cent ans un manuscrit du milieu du XVe siècle.

V

La date du Bréviaire de Philippe le Bon

A la fin de plusieurs manuscrits de la bibliothèque de Bourgogne, se trouve une note qui indique à la fois le nom du copiste et la date d'achèvement du volume. Témoin cette souscription qui se lit à la fin du tome I du *Miroir historial* : « Ci fine le premier volume du livre dit Mireoir hystorial, escript par Raoulet d'Orliens, l'an mil trois cens quatre vins et seize... » (Paris, Bibl. nat., ms. fr., 312, fol. 354vo). L'intérêt de ces notes est évident : elles sont de véritables certificats de naissance qui datent exactement le manuscrit et nous livrent le nom du copiste. A défaut de la signature originale, des indications équivalentes se trouvent dans les inventaires de librairie, inventaires dressés soit du vivant des collectionneurs, soit après leur mort. Des mentions analogues se rencontrent également dans les comptes royaux où sont consignées, sous forme de quittances ou de mandats de paiement, les sommes dépensées pour la transcription ou la décoration des manuscrits.

Ici, rien de semblable : ni signature du copiste, ni quittance, ni mandat de paiement; pas de note d'inventaire; pas le moindre document d'archives. Pour déterminer la date du manuscrit, nous en sommes réduits aux apparences, aux signes extérieurs. Nous sommes dans la situation du médecin-légiste, obligé, à défaut de l'acte de naissance, d'établir l'âge de l'individu d'après la taille, le poids, le développement des systèmes osseux et dentaire, etc., en un mot, d'après les diverses modifications qui marquent la jeunesse, la maturité ou la vieillesse de l'individu. Indices beaucoup moins certains, ai-je besoin de le dire ? et qui ne peuvent fournir que des déterminations approximatives; indices susceptibles d'interprétations diverses et qui supposent une vaste expérience alliée à un jugement très sûr. Ces indices, ces signes extérieurs sont ici l'écriture et la décoration du manuscrit; ajoutons : le texte lui-même, les faits qu'il relate, les détails historiques qu'il renferme.

Les renseignements fournis par l'écriture de notre bréviaire sont assez maigres. Si je ne craignais de tomber dans le paradoxe, je dirais même qu'ils sont dangereux, capables d'égarer nos recherches au lieu de les guider. Il s'agit, en effet, d'une écriture particulière aux manuscrits liturgiques, d'une écriture stylisée, composée de lettres de forme dont il est très difficile de déterminer l'âge. Elle se trouve dans des manuscrits datés de la première moitié du XIVe siècle; mais cent ans plus tard, au milieu du quinzième siècle elle s'emploie encore; elle est toujours la même; elle n'a pas évolué. Il serait facile d'en fournir des exemples : ils abondent dans les différents manuels de paléographie. Ecartons donc cet indice insuffisant.

Interrogeons la décoration. Nous y trouvons d'abord les lettrines et les initiales ornées; ce sont presque toutes des lettres de couleurs (azur ou carmin), dont le champ est occupé par des rinceaux de feuilles stylisées sur fond d'or. Ce genre d'initiales a été employé au XIVe siècle, mais il n'a pas été complètement abandonné au siècle suivant. Les exemples sont nombreux dans les manuscrits de la bibliothèque de Bourgogne. Le tome II des *Chroniques de Hainaut* (Bruxelles, Bibl. roy., ms. 9243), a été copié en 1449, par Jacotin du Bos, et décoré quelque temps après par Guillaume Vrelant. Or, aux fol. 1, 14vo, 103 et 210 (pl. doc. 2, 3, 6, et 7) se voient des initiales semblables. *Les Conquêtes de Charlemagne* (Bruxelles, Bibl. roy., ms. 9066), ont été transcrites en 1458; elles ont été illustrées au cours des deux années qui ont suivi. Or, dans ce premier volume, et particulièrement aux fol. 169vo, 209vo et 334 (pl. doc. 60 à 62), nous trouvons les initiales de notre bréviaire. Si j'en juge d'après les manuscrits de la bibliothèque de Bourgogne, cet emploi d'initiales du XIVe siècle dans des manuscrits du XVe se serait maintenu comme un archaïsme traditionnel parmi les enlumineurs de Philippe le Bon.

Interrogeons les peintures et les miniatures : leur réponse sera plus précise. Les fonds d'or, les fonds quadrillés et quelques autres survivances du XIVe siècle sont des archaïsmes dont nous n'avons rien à attendre. Mais plusieurs peintures (Nativité, Résurrection, Pentecôte) et toutes les miniatures présentent comme fonds des paysages ou des intérieurs. Or, dans les manuscrits datés, les paysages n'apparaissent guère avant le début du XVe siècle avec les *Très Riches Heures* du duc de Berry. Déjà fréquents dès la première partie de ce XVe siècle, ils se généralisent dans la seconde moitié. Il en va de même des bordures de fleurs et de fruits peints au naturel. Il est vrai, dans notre bréviaire, les bordures et les encadrements n'utilisent cette décoration florale qu'avec beaucoup de réserve, voire de timidité. Ils l'utilisent cependant, et nous donnent ainsi une indication préliminaire qui permet d'inscrire cette date : première moitié du XVe siècle.

Le costume des personnages (soldats, princes, seigneurs et artisans) et, en particulier, l'orientalisme qui s'y montre çà et là, la coiffure et la toilette des dames (pl. XIII et XIV) n'autorisent pas une approximation plus exacte : tous ces détails accusent, sans plus, la première moitié du XVe siècle. Examinons de plus près la peinture du fol. 398 (pl. VI) du bréviaire d'hiver. Le pavillon de la tente, entre les briquets de Bourgogne, porte les lettres *EE* réunies par un lacs. Cette lettre, nous l'avons remarqué plus haut, est l'initiale d'Elisabeth, la forme latine d'Isabelle, d'Isabelle de Portugal, la troisième femme de Philippe le Bon : il l'épousa le 7 janvier 1430 (pl. doc. 101). Voici donc une limite : notre bréviaire est postérieur à 1430. Dans cette même peinture et dans deux miniatures du bréviaire d'été (ms. 9026, fol. 258, pl. XII; fol. 425, pl. XIV), Philippe le Bon porte le collier de la Toison d'or. Or, c'est le 19 janvier 1430 que cet Ordre fut institué. Un élément des armoiries (ms. 9511, fol. 398; pl. VI) vient à son tour confirmer cette date. Le lion de sable, au bas de l'écu, représente le Limbourg qui fut précisément réuni en 1430, à la mort de Philippe de Saint-Pol, au duché de Bourgogne.

Est-il possible de préciser davantage? La miniature du fol. 425 du bréviaire d'été (pl. XIV) représente le duc et la duchesse de Bourgogne à genoux, au pied d'une croix qui se dresse au milieu de champs vallonnés. Derrière le duc, au premier rang, un enfant se tient agenouillé; il porte un riche manteau, bordé de fourrures, et tient les mains légèrement écartées. A son cou, on distingue nettement le collier de la Toison d'or. Quel est cet enfant? Sans doute un des fils de Philippe le Bon, et vraisemblablement le comte de Charolais, le futur Charles le Téméraire, le seul des enfants du duc qui ait survécu. D'après le manuscrit français 22483 (fol. 16) de la Bibliothèque nationale de Paris, le jeune prince reçut l'ordre de la Toison d'or sur les fonts du baptême, au lendemain de sa naissance à Dijon, le 10 novembre 1433. Indiscutablement, d'après sa décoration, notre bréviaire a donc été, sinon copié, du moins illustré après 1433.

Cherchons maintenant, non plus dans le domaine de la certitude, mais dans celui de la probabilité, de nouvelles précisions. Agenouillé devant saint André (bréviaire d'hiver, ms. 9511, fol. 398; pl. VI), Philippe le Bon paraît âgé de quarante-cinq à cinquante ans. Puisqu'il est né en 1396, l'illustration de notre manuscrit aurait été exécutée entre 1441 et 1446. La miniature de l'Exaltation de la sainte Croix (bréviaire d'été, ms. 9026, fol. 425, pl. XIV) fortifie encore cette impression. Le jeune comte de Charolais, qui s'y tient agenouillé au premier rang, accuse de dix à douze ans. Puisqu'il était né en 1433, le bréviaire, si notre estimation est exacte, aurait donc été illustré entre 1443 et 1445. Comme il convient, Isabelle de Portugal a été visiblement rajeunie. Née en 1397, elle avait trente-six ans lors de la naissance de Charles le Téméraire; elle devrait donc avoir ici quarante-six à quarante-huit ans; or, elle n'en porte pas plus de vingt-cinq à trente (pl. XIV).

Malheureusement, il faut avouer que nos déductions échafaudées sur l'aspect physique de Philippe le Bon et de son fils, ne sont pas d'une rigueur absolue. Le portrait du duc, nous le remarquions plus haut, n'a pas été fait d'après nature. Si la ressemblance fait défaut, comment se fier à la fantaisie? Mais voici qui va singulièrement accentuer nos hésitations. Dans plusieurs manuscrits datés, Philippe le Bon est sûrement représenté plus jeune qu'il ne l'était en réalité; l'âge que lui a donné le miniaturiste ne correspond pas à l'âge réel.

Voici quelques exemples : le *Traité sur la salutation angélique* (Bruxelles, Bibl. roy., ms. 9270) a été copié par David Aubert en 1461. A cette date, Philippe le Bon avait soixante-cinq ans. Or, dans la peinture du fol. 2vo (pl. doc. 10) le miniaturiste l'a représenté sous les traits d'un homme de quarante-cinq à cinquante ans. Le *Débat sur l'honneur* (Bruxelles, Bibl. roy., ms. 9278) date de 1450. Or, la peinture du fol. 1 donne à Philippe le Bon environ trente ans, alors qu'en réalité il en avait cinquante-quatre. Dans la *Vie de sainte Catherine* (Paris, Bibl. nat., ms. 6449, fol. 5; pl. doc. 25) Philippe le Bon apparaît sous les traits d'un homme de cinquante ans, alors que, le manuscrit étant de 1457, il en avait soixante-et-un. Les manuscrits datés de la bibliothèque de Bourgogne et la plupart des miniatures de dédicace avec portraits de Philippe le Bon donnent la même impression.

En quelques manuscrits, il est vrai, l'aspect physique du duc paraît correspondre à l'âge réel pour l'époque où la miniature a été exécutée. C'est le cas de la peinture initiale du premier volume des *Chroniques de Hainaut* (Bruxelles, Bibl. roy., ms. 9242, fol. 1; reproduite par le comte Paul Durrieu dans *La miniature flamande*, pl. XXXVI). Le manuscrit a été copié en 1446 et illustré peu de temps après. Le duc porte environ cinquante ans : c'était en effet son âge à cette date. Mais ici le portrait a été fait d'après nature et par un peintre de talent, à en croire certains critiques qui ont mis en avant le nom de Roger Van der Weyden. Quant à celui de notre bréviaire, la ressemblance est médiocre et l'exécution assez faible. Ces conditions commandent le doute et empêchent d'aboutir à des conclusions fermes. En résumé, si nous interrogeons l'écriture et la décoration, le bréviaire date de la première moitié du XVe siècle, et, plus précisément, des années qui ont suivi 1433. Peut-être, en tenant compte de l'âge présumé de Philippe le Bon et du comte de Charolais, faudrait-il le reculer vers 1445-1450.

Le texte du bréviaire sera-t-il plus explicite? Les manuscrits liturgiques : psautiers, pontificaux, bréviaires et missels, portent quelquefois avec eux leur acte de naissance. Il n'est que de savoir lire le calendrier, les rubriques, les offices, les messes, parfois même les notes nécrologiques, pour trouver leur date de composition, souvent à très peu d'années près. La mention de certaines fêtes, dont la date d'institution est connue, celle de certains saints, dont nous savons la date de la mort ou de la canonisation, rendent le même service et font de ces manuscrits de précieux auxiliaires de la paléographie. Si la messe ou l'office du saint sont bien de la transcription primitive, ils donnent la date la plus ancienne; quand, au contraire, ils sont d'une autre main, ils ont été ajoutés et fournissent la date la plus récente. Parfois l'écart entre ces deux dates n'est pas considérable.

Quant aux manuscrits liturgiques de Paris, quelques faits précis nous permettent d'en dater un certain nombre. Rappelons ces faits en quelques pages. Cette petite étude chronologique n'est pas inédite. Deux érudits, dont les noms sont aujourd'hui tombés dans l'oubli, l'ont entreprise au XVIIIe siècle. Le premier est Michel-Toussaint Binet (1); le second est A.-M. Lefèvre (2). On peut consulter utilement leurs modestes recueils, mais à la condition de tout vérifier et de tout contrôler. Il faudra notamment les corriger et les compléter par deux autres travaux : la *Bibliotheca hagiographica latina* des Pères Bollandistes (3), et les *Sources de l'histoire de France*, d'Auguste Molinier (4). Ni l'un ni l'autre de ces deux derniers ouvrages ne dispensent de recourir à ce monument de probité scientifique et de critique historique qui s'intitule les *Acta sanctorum*. Je me contenterai de donner une liste chronologique qui mentionnera les saints du calendrier de Paris; les dates de célébration des fêtes (mort ou translation) sont celles du bréviaire de Philippe le Bon. Sauf indication contraire, l'année désigne la date de la mort.

IIIe s. Les saints Denis, Rustique et Eleuthère (9 oct.).
IIIe s. Saint Yon (5 août).
IIIe s. Les saints Agoard et Aglibert (24 juin).
IVe s. Saint Justin, à Louvres-en-Parisis (8 août).
Vers 436. Saint Marcel (3 nov.).
Vers 500. Sainte Geneviève (3 janv.).
VIe s. Sainte Aude (18 nov.).
Vers 534. Saint Arnoul, martyr (18 juil.).
Vers 555. Saint Séverin, solitaire à Paris (24 nov.).
Vers 568. Saint Cloud (7 sept.).
576. Saint Germain, évêque de Paris (28 mai).
Av. 625. Saint Céran ou Céraune, évêque de Paris (27 sept.).
630. Invention des corps des saints Denis, Rustique et Eleuthère (22 avr.).
630. Première translation du corps de sainte Geneviève (28 oct.).
Vers 650 ou 653. Saint Fursy, abbé de Lagny (16 janv.).
Vers 656. Saint Landry (10 juin).
Vers 666. Sainte Aure, première abbesse de Saint-Martial (4 oct.).
Vers 670 ou 680. Sainte Bathilde (30 janv.).
Vers 700. Saint Merry (29 août).
Entre 752 et 768. Reliques de saint Vit apportées à Saint-Denis (15 juin).
755. Translation du corps de saint Germain, év. de Paris (25 juil.).
841 (ou 845), 857 (ou 859), 863 (ou 865). Autres translations de saint Germain, évêque de Paris (1er oct.).
858. Translation des saints Georges et Aurèle (27 août).
Vers 862. Translation de saint Exupère, à Corbeil (1er août).
Vers 868. » de saint Maur, à Saint-Pierre-des-Fossés (15 janv.).
Vers 870. » de saint Amand, à Paris (6 fév.).
Vers 880. » de saint Mellon, à Pontoise (22 oct.).
884. » de saint Merry (29 août).
Vers 898. Translation des saints Leufroy et Turiaf, à Saint-Germain-des-Prés (21 juin et 13 juil.).

(1). BINET (Michel-Toussaint), *La chronologie et la topographie du nouveau bréviaire de Paris*. Paris, 1742.
(2). LEFÈVRE (A.-M.), *Calendrier historique et chronologique de l'Eglise de Paris*. Paris, 1747.
(3). *Bibliotheca hagiographica latina*. Bruxelles, 1898-1901.
(4). MOLINIER (Aug.), *Les sources de l'histoire de France* (Des origines aux guerres d'Italie). Paris, 1904.

898. Translation de sainte Honorine, de Graville à Conflans (27 févr.).
905. » de saint Marcoul, à Corbeny en Laonnais.
Vers 960. Translation des saints Malo, Samson, Magloire et Guénaud (15 nov., 28 juil., 24 oct., 3 nov.).
1020. Translation des saints Savinien et Potentien (19 oct.).
1066. Saint Thibaud (9 juil. au lieu du 30 juin).
1082. Seconde translation de sainte Honorine (27 févr.).
1109. Réception, à Notre-Dame, d'un fragment de la vraie croix (1er dimanche d'août).
1130. Miracle de sainte Geneviève des Ardents.
1131. Institution de la fête de sainte Geneviève des Ardents (26 nov.).
1173. Canonisation de saint Thomas Becket (29 déc.).
1174. Canonisation de saint Bernard (fête célébrée à Paris le 25 août, puis, à partir de la canonisation de saint Louis, le 26 août).
1200. Translation de saint Nicolas (9 mai).
Vers 1200. Translation de saint Marcel (26 juil.).
1212. Réception d'un os de saint Eloi à Notre-Dame (25 juin).
1218. Canonisation de saint Guillaume de Bourges (10 janv.).
Vers 1218. Réception des reliques de la sainte Vierge, de saint Jean-Baptiste, saint André, saint Etienne et saint Denis, à Notre-Dame (4 déc.).
1220. Translation de saint Thomas Becket (7 juil.).
1228. Canonisation de saint François d'Assise (3 oct. au lieu du 4).
1234. Translation de saint Fiacre (30 août).
1235. Canonisation de sainte Elisabeth de Hongrie (19 nov.).
1239. Réception de la sainte couronnne d'épines (11 août).
1241. Réception de fragments de la vraie croix et d'autres reliques, à la Sainte-Chapelle (14 sept.).
1242. Seconde translation de sainte Geneviève (28 oct.).
1248. Dédicace de la Sainte-Chapelle (26 avril).
1253. Canonisation de saint Pierre de Vérone (29 avr.).
1296. Etablissement du culte de saint Eutrope à Paris (30 avr.).
1297. Canonisation de saint Louis (25 août).
1306. Translation du chef de saint Louis (17 mai).
1313. Canonisation de saint Pierre Célestin (19 mai).
1317. » de saint Louis d'Anjou (19 août).
1323. » de saint Thomas d'Aquin (7 mars).
1347. » de saint Yves (19 mai).
1362. Réception des reliques de saint Rigobert, à Notre-Dame (8 janv.). C'est la date donnée par Binet et par Lefèvre : il ne m'a pas été possible de la vérifier.
1366. Elévation (ou translation) de saint Yves (29 octobre). Cette fête manque dans notre bréviaire; mais elle se trouve dans plusieurs manuscrits liturgiques de Paris.
1369. Un bras de saint Thomas d'Aquin est transporté de Toulouse à Paris et placé dans l'église des Jacobins de la rue Saint-Jacques, à la suite de la translation du corps du saint d'Italie en France (13 juillet). Cette fête manque dans le bréviaire de Philippe le Bon.

1374. Institution de la fête de la Présentation de la sainte Vierge, par Grégoire XI, à la demande de Charles V (21 nov.). En réalité, cette fête n'a été adoptée que beaucoup plus tard par la liturgie parisienne; elle manque dans deux bréviaires datés de la seconde moitié du XVe siècle : Paris, Bibl. nat. ms, lat. 13238 (1458); ms. lat. 1293 (1471).

1389. Institution de la fête de la Visitation, par Urbain VI, pour la cessation du grand Schisme. (Même remarque que pour la fête précédente).

A partir de la fin du XIVe siècle, les points de repère deviennent rares pour la liturgie parisienne : c'est l'époque de la guerre de Cent ans; c'est celle du grand schisme d'Occident (1378-1429). Au cours du XVe siècle, aucune fête nouvelle à enregistrer : celles de saint Nicolas de Tolentino canonisé en 1446 (10 sept.), de saint Bernardin de Sienne canonisé en 1450 (20 mai), de saint Vincent Ferrier (1455 : 5 avr.), de sainte Catherine de Sienne (1461 : 30 avr.), des saints Bérard, Otton, Pierre, Ajut et Accurse (1481 : 16 janv.) et de saint Bonaventure (1842 : 14 juil.), si précieuses pour le bréviaire romain, n'ont pas été adoptées par la liturgie parisienne, du moins à cette époque. Quant à la Fête-Dieu, je ne saurais donner de date précise. Cette fête, instituée en 1264, n'a été adoptée par la plupart des églises qu'après le concile général de Vienne (1311).

D'ailleurs, parmi les dates énumérées ci-dessus, quelques-unes doivent être interprétées. S'imaginer qu'au moyen âge, chaque église adoptait la messe et l'office des saints dans l'année qui suivait leur canonisation, serait une grave erreur. Il faut examiner chaque cas. Saint Yves mourut le 19 mai 1303 et fut canonisé quarante-quatre ans après, en 1347. Or, dès 1334, un évêque de Tréguier l'avait honoré d'un culte local. En 1348, l'érection d'une chapelle en l'honneur du saint était autorisée par Foulques de Chaunac, évêque de Paris; elle fut consacrée neuf ans plus tard, en 1357. Elle s'élevait dans le quartier des Ecoles, à l'angle de la rue Saint-Jacques et de l'ancienne rue des Noyers, longtemps appelée rue Saint-Yves. Dès la seconde moitié du XIVe siècle, l'office et la messe du saint sont inscrits dans la plupart des bréviaires et missels parisiens.

Assez différent est le cas de saint Thomas d'Aquin. Le grand théologien mourut en 1274, à l'abbaye cistercienne de Fossa-Nuova, en Italie, et y fut enterré. Quarante-neuf ans après, en 1323, il fut canonisé par le pape Jean XXII. Sa messe et son office devraient, semble-t-il, se rencontrer dans les bréviaires et missels parisiens qui ont été transcrits après cette date. Nullement. Et cependant, saint Thomas avait des titres aux hommages de l'église de Paris. Il avait été élève de son Université; plus tard, il y avait enseigné, et avec quel éclat, pendant de longues années. Malgré cela, son culte ne s'implantera qu'un demi-siècle plus tard, à la faveur d'une circonstance particulière. En 1368, sur l'ordre d'Urbain V, le corps de saint Thomas était transféré d'Italie en France et déposé dans l'église des Dominicains de Toulouse. L'année suivante, un bras du saint était envoyé à Paris et déposé dans l'église des Jacobins de la rue Saint-Jacques (13 juillet 1369). A partir de cette date, l'office de saint Thomas apparaît dans la plupart des bréviaires parisiens à commencer par celui de Charles V (Bibl. nat., ms. lat., 1052, fol. 348vo). L'adoption de la fête a suivi non pas la canonisation, mais la translation des reliques.

Appliquons ces données à notre bréviaire et essayons de déterminer l'époque de sa transcription. Constatons d'abord que la liturgie du XVe siècle (calendrier et sanctoral) ne nous fournit aucune indication. Faudrait-il renoncer à dater nos manuscrits d'après leur seul contenu? Une rubrique du bréviaire d'été m'a beaucoup intrigué. Entre la *feria IV* et la *feria V* de l'office de la Trinité, se lit cette note qui fait corps avec le texte : « *Non hic debet celebrari festum sacramenti. Require illud quinta die iunii, post festum sancti Marcelli* ». (Ms. 9026, fol. 9 et 9vo). En effet, à la date indiquée (5 juin), se trouve l'office du Saint-Sacrement : « Incipit officium de corpore Domini... » (Ms. 9026, fol. 258). Cette note insolite (je ne l'ai rencontrée dans aucun autre manuscrit) pourrait bien indiquer que l'année de la transcription du bréviaire, le jeudi de la Fête-Dieu était le 5 juin, ce qui ne se produit que lorsque Pâques tombe le 6 avril. Or, dans le courant du XVe siècle, la fête de Pâques s'est rencontrée trois fois le 6 avril : en 1455, 1466 et 1477. Ecartons cette dernière date, puisque notre bréviaire est antérieur à la mort de Philippe le Bon, survenue en 1467. Resteraient les deux autres : 1455 et 1466.

Cette explication semble étayée par une autre note de ce même bréviaire d'été. La *feria III^{a}* (12 oct.) de l'octave de saint Denis (ms. 9026, fol. 457vo) est immédiatement suivie des leçons du dimanche *infra octavam*; la *feria IV^{a}* vient après. Or, en 1455 et en 1466, le 9 octobre étant un jeudi, le troisième jour dans l'octave se trouvait être un dimanche. Les deux dates coïncideraient donc avec les rubriques de notre bréviaire. Il ne resterait plus qu'à choisir entre 1455 et 1466. La plus ancienne date mériterait, semble-t-il, la préférence, à cause du caractère archaïque de la décoration et du texte même du manuscrit. Il est vrai qu'en pareille matière, une différence de onze années pèse assez peu dans la balance. Des faits précédemment exposés, nous pouvons dégager une certitude et des probabilités. Il est certain que le manuscrit a reçu sa décoration après la naissance de Charles le Téméraire (10 novembre 1433). Il est probable qu'il l'a reçue après 1445; il se pourrait même qu'il faille reculer la date d'exécution jusqu'en 1455 ou 1466.

VI

Le Maître du Bréviaire de Philippe le Bon

Quand saint Paul entra dans Athènes, il aperçut, en parcourant les rues, un autel avec cette inscription : « Au dieu inconnu ». Qui d'entre nous, historien de l'art ou simplement familier des manuscrits, n'a pas, un jour ou l'autre, rencontré au cours de ses recherches la mystérieuse dédicace : « Au miniaturiste inconnu » ? Rares, en effet, sont les décorateurs de manuscrits qui ont signé leurs œuvres. Enlumineurs qui ont tracé avec amour ces lettrines charmantes, ces délicates vignettes et ces encadrements somptueux; miniaturistes qui ont agrémenté les initiales de scènes vivantes et pittoresques; peintres enfin dont le pinceau habile a fait de ces pages de véritables galeries de tableaux : le plus grand nombre a gardé l'anonymat. Si, en particulier, nous interrogeons les manuscrits de la bibliothèque de Bourgogne, assez souvent ils nous révéleront les noms des copistes et des traducteurs, presque jamais ceux des enlumineurs et des miniaturistes.

Après tout, dira-t-on, qu'importe ? Consolons-nous de ne pas connaître l'artiste, puisque nous pouvons admirer l'œuvre; elle nous intéresse et nous émeut : il suffit. Le reste est curiosité pure. Cette œuvre vaut par elle-même; une signature n'y ajouterait rien. Laissons aux critiques d'art l'innocente manie de mettre un nom au bas de chaque toile, alors même que les moyens de résoudre l'énigme leur font entièrement défaut. Cette ignorance elle-même ne va pas sans un certain charme. Quoi de plus savoureux que cette appellation : « Le maître inconnu du bréviaire de Philippe le Bon » ? Outre qu'elle écarte toute chance d'erreur sur la personnalité du miniaturiste, elle entoure celui-ci d'une atmosphère de poésie et de mystère, elle l'enveloppe de ce majestueux silence qui s'accorde si bien avec l'anonymat dans lequel le vieux maître s'est volontairement enseveli.

Qui tiendrait ce langage passerait aux yeux de nos contemporains pour un revenant d'un autre âge. Sa discrétion et ses scrupules seraient emportés comme feuilles mortes par ce vent de curiosité, par ce besoin de tout scruter et de tout connaître qui nous tourmente. Tant qu'une solution n'est pas certaine, tant qu'un doute subsiste, si léger soit-il, aucune cause n'est pour nous définitivement jugée. Chacun s'érige en juridiction supérieure, s'arroge le droit de casser la sentence, de revoir une à une les pièces du procès, de les vérifier, d'en verser de nouvelles au dossier, et, après avoir épuisé tous les moyens d'investigation, de déposer les conclusions de son enquête. Faut-il blâmer cet état d'esprit? Je ne le pense pas. C'est en cherchant qu'on trouve; c'est en risquant que l'on gagne.

D'ailleurs, le dernier mot d'une infinité de questions n'a pas été dit. Tous les documents n'ont pas été produits; beaucoup de recherches n'ont pas été poursuivies jusqu'au bout et les archives n'ont pas révélé tous leurs secrets. En veut-on un exemple récent? L'année dernière, un de mes amis de la Bibliothèque nationale, le regretté M. Paul Dufey, parcourait le manuscrit français 2926. C'est un recueil de pièces : arrêt du parlement, relation d'une émeute populaire, traité de paix, et, notamment, comptes de l'écurie du roi, etc. Ces derniers vont du fol. 43 au fol. 96. Au fol. 82 commence le « roolle des parties et sommes de deniers payées.. sur le fait de l'escuyerye du roi... durant le mois de janvier mil CCCCLXXXXVII, aux personnes, pour les causes et ainsi qu'il s'ensuit ». C'était un passage de ce texte que m'apportait M. Dufey, et voici ce qui s'y lisait : « Pour cinq paires d'estrivières doubles, l'une pour... l'autre pour la mule que chevauche Jehan Bourdichon, painctre d'icelui seigneur [le roy]... » (Ms. fr. 2926, fol. 82vo).

La mule de Jean Bourdichon! Laissons sourire les sceptiques. Quel est celui d'entre nous qu'un tel détail ne fait pas tressaillir? Et n'est-ce pas une joie véritable pour notre imagination que de se représenter notre miniaturiste chevauchant paisiblement dans la campagne tourangelle? Qui sait? La folle du logis aidant, n'est-il pas permis de reconnaître cette brave mule dans les peintures où le maître aurait pris plaisir à la dessiner? Mais sans aller jusque-là, que de renseignements dans ces deux lignes! En janvier 1497 (1498), Jean Bourdichon était en France; il était peintre de Charles VIII et il faisait partie de la maison du roi. Voilà un texte dont personne ne soupçonnait l'existence et qui nous apporte des détails intéressants sur un de nos grands miniaturistes. Qui sait si quelque trouvaille aussi fortuite ne viendra pas un jour éclairer les origines du bréviaire de Philippe le Bon?

En attendant, examinons d'abord les noms donnés à l'auteur (ou aux auteurs) des peintures de notre manuscrit. D'après le comte Paul Durrieu, l'arbre de Jessé et la Nativité seraient d'un miniaturiste inconnu; les sept autres peintures auraient été exécutées par Guillaume Vrelant, ou du moins seraient sorties de son atelier. Ce critique a exprimé son opinion à plusieurs reprises avec des nuances plus ou moins accusées : « L'autre manuscrit dans lequel on voit des miniatures exécutées par Guillaume Vrelant, pour le duc Philippe le Bon, est le bréviaire du duc, en deux volumes, conservé à la Bibliothèque royale de Bruxelles. La plus intéressante peinture de Vrelant, dans ce bréviaire, est celle que nous reproduisons et qui représente

Philippe le Bon en prière, sous la protection de saint André, patron de la maison de Bourgogne » (1). Dans une note, le même érudit précise sa pensée : « N° 9511, partie d'hiver, contenant six grandes miniatures, dont quatre de Guillaume Vrelant, et n° 9026, partie d'été, avec deux grandes miniatures de Vrelant ».

Dans *La miniature flamande au temps de la cour de Bourgogne* (p. 17), le comte Paul Durrieu maintient ses affirmations : « Des quinze ou vingt premières années qui suivirent l'avènement de Philippe le Bon [1419], date une miniature qui est d'un style tranché et qui prête à d'intéressantes considérations. C'est une Nativité du Christ, peinte dans un bréviaire exécuté pour le duc de Bourgogne. L'illustration du susdit bréviaire est une œuvre composite : commencée par l'auteur de la Nativité que nous venons de signaler, elle a été terminée dans l'atelier d'un autre historieur qui a fait une très brillante carrière dans l'histoire de son art : Willem ou Guillaume Vrelant ». Un peu plus loin (p. 44 et 45), le même critique ajoute : « Le texte [du bréviaire] paraît avoir été copié entre 1430 et 1440. D'une époque voisine de la copie, datent deux grandes peintures : la Nativité du Christ... et un arbre de Jessé. Le reste de l'illustration n'a été complété qu'à une époque plus tardive... Ce complément d'images [Résurrection, Pentecôte, David, Philippe le Bon en prière, Trinité, David, les saints dans le ciel], d'après les particularités de style et de coloris, a certainement été exécuté dans l'atelier et sous la direction de Guillaume Vrelant. Ce maître a peint lui-même les meilleures pages, dans lesquelles rentre celle qui fait l'objet de la présente planche [Philippe le Bon en prière] ».

L'opinion de Léopold Delisle est nettement différente. Pour lui, la décoration du bréviaire de Philippe le Bon est française, et, plus précisément, parisienne; elle s'apparenterait à l'école du miniaturiste André Beauneveu : « Je rattache à la série de manuscrits dont je m'occupe ici [il s'agit de manuscrits ayant appartenu à Charles V et à Charles VI], un magnifique bréviaire de la Sainte-Chapelle, sorti des ateliers parisiens dont les enlumineurs travaillaient pour les princes de la maison royale au commencement du XVe siècle. C'est le manuscrit de la Bibliothèque royale de Belgique n° 516, consistant en deux volumes, jadis cotés 9511 et 9026... La copie en deux volumes que possède la Bibliothèque de Belgique a été faite avec luxe pour Philippe le Bon, duc de Bourgogne. Les peintures en sont exquises; on y remarque des architectures à teintes claires, qui rappellent les miniatures exécutées par André Beauneveu dans le psautier du duc de Berry... » (2).

Le R. P. J. Van den Gheyn essaie de concilier les identifications précédentes : « En ce qui concerne l'aspect calligraphique, le bréviaire de Philippe le Bon rappelle plus les œuvres françaises que les manuscrits de caractère nettement flamand. Aussi bien à la date de 1430 à 1440 que nous croyons devoir assigner à la confection de ces volumes, Philippe le Bon n'avait pas encore à ses ordres les scribes et les

(1). Durrieu (Comte Paul), *L'histoire du bon roi Alexandre,* dans *Revue de l'art anc. et mod.* 1903, p. 62 et 63.

(2). Delisle (Léopold), *Recherches sur la librairie de Charles V.* Partie I, p. 197 et 198.

enlumineurs qu'il attacha plus tard à son service, de 1452 à 1469, et qui donnèrent à la librairie de Bourgogne, sous Philippe le Bon, un éclat tout particulier. Le type paléographique de l'écriture, la forme des lettrines et surtout les vignettes des marges, tout cela présente des différences notables avec les manuscrits purement flamands et rappelle davantage la France. Toutefois, nous n'en dirons pas autant des miniatures elles-mêmes. Celles-ci, au contraire, accusent des traits et une facture propres à nos régions. Le dessin et le coloris sont suggestifs à cet égard, et l'on ne doit pas hésiter, croyons-nous, à les rattacher franchement à l'école flamande de la miniature. Il se pourrait donc que les volumes eussent été transcrits à Paris et illustrés en Flandre... En combinant les deux opinions, et en retenant ce que chacune d'elles semble offrir de moins contestable, on arrivera à cette conclusion moyenne que, si le bréviaire de Philippe le Bon a été copié par un scribe parisien, il fut orné de peintures dans l'atelier brugeois où travailla Vrelant » (1).

Les opinions des critiques récents rejoignent celles du comte Durrieu, mais avec des précisions nouvelles. Pour M. Winkler, les trois premières miniatures sont dues au pinceau de Jean Tavernier; les autres sont l'œuvre de Guillaume Vrelant (2). M. Winkler légitime ses conclusions d'après le style des deux miniaturistes. Dans le *Mortifiement de vaine plaisance de René d'Anjou* (3), M. Frédéric Lyna se range à la manière de voir de M. Winkler, tout en faisant la part un peu plus large à Tavernier : avec les trois premières peintures du bréviaire d'hiver, il lui attribue le beau David du bréviaire d'été (Ms. 9026, fol. 108; pl. VIII). M. Lyna analyse longuement le style de Tavernier d'après le premier volume des *Conquêtes de Charlemagne* (Bruxelles, Bibl. roy., ms. 9066), seule œuvre authentiquée par un document d'archives. Il conclut ainsi : « Les manuscrits en couleurs ne renferment en général que peu de miniatures. Dans le bréviaire de Bruxelles, Tavernier lui-même n'a peint que quelques histoires à pleine page, confiant l'exécution des autres à son collaborateur Vrelant, qui semble avoir travaillé d'après ses indications ».

Telles sont les opinions des critiques sur le maître du bréviaire de Philippe le Bon. Que faut-il en penser, et quelle solution proposer à notre tour? A défaut d'une signature ou d'une pièce d'archives qui permettraient l'identification certaine, recourons à la seule méthode possible : la méthode comparative. Elle consiste à choisir un manuscrit authentiqué par un texte, à l'analyser dans tous ses détails, à se pénétrer de la manière de l'artiste, de son faire spécial, à noter ses habitudes de composition, ses types familiers, ses qualités et ses défauts, et ensuite à rechercher dans quelle mesure ces caractéristiques se retrouvent dans le manuscrit à authentiquer. La méthode est légitime; elle est efficace; mais à deux conditions. La première, c'est de ne l'employer que pour des œuvres d'une allure vraiment originale,

(1). Van den Gheyn (J.), *Le bréviaire de Philippe le Bon*, p. 9 et 10.
(2). Winkler (Fr.), *Die flämische Buchmalerei...* 1925, p. 166.
(3). Lyna (Fr.), *Le mortifiement de vaine plaisance*. 1926, p. LI, LII et LIX.

pour des miniatures accusant un talent très personnel. Or, elles sont rares les œuvres anonymes qui présentent avec les manuscrits authentiqués par des documents une parenté de style, de facture et de coloris tellement accentuée qu'on soit autorisé à les considérer comme dus au pinceau du même miniaturiste.

En veut-on un exemple? Rappelons-nous les différentes attributions dont certains tableaux ont fait l'objet depuis cinquante ans. A cet égard je me permets de recommander la lecture du *Catalogue des peintures du Musée du Louvre* (école italienne et école espagnole) par M. Louis Hautecœur (1926). L'auteur a eu la malicieuse idée d'indiquer, à la fin de ses notices, les attributions diverses des tableaux. Je choisis à dessein un peintre dont le style, la facture et le coloris sont tout à la fois des plus connus et des plus caractéristiques : Raphaël lui-même. Or, voici ce qu'on lit (p. 113 et suiv. du catalogue) : « *La Vierge au voile*... A été attribuée à Jules Romain (Frizzoni, Julia Cartwright, Berenson), à Jules Romain ou Penni (Jacobsen), à Penni (Dollmayr). — *Portrait de jeune homme*. Il a été attribué à Francia (Waagen, Mündler), à Bacchiaccia (Morelli, Frizzoni, Lafenestre, Richtenberger, Poggi), à Franciabigio (Gruyer), à Rondani (Venturi), à Sogliani (Berenson), au Parmesan (Gamba). — *Apollon et Marsyas*... Attribué à Raphaël (Gruyer, de Chennevières, Delaborde, S. Reinach, Morris Moore père et fils), à Timoteo Viti (Passavant, Jacobsen, R. Schneider), à Lorenzo Costa (Mündler), au Pérugin (Morelli, Berenson, Frizzoni, Neoustroiev, Lionello Venturi, U. Gnoli), à Pinturicchio (Williamson, Pératé, Soulier) ». Des exemples aussi suggestifs dispensent d'insister; ils montrent quelle prudente réserve impose ce procédé d'investigation.

La seconde condition pour que la méthode comparative fournisse des résultats efficaces, c'est de ne pas lui demander plus qu'elle ne peut donner. Plaçons-nous dans le cas le plus favorable : l'analyse a établi des analogies d'exécution incontestables entre deux groupes de miniatures; style, composition, coloris : tout concorde. Faudra-t-il imputer ces deux œuvres au même auteur? Nullement. Il est en effet possible que le manuscrit à authentiquer ait été illustré dans l'atelier du peintre, par ses élèves ou ses collaborateurs, sans que lui-même y ait travaillé personnellement. Il se peut également que nous ayons affaire à un imitateur habile, et cet imitateur peut être complètement étranger à l'atelier du maître comme à la région où il exerce son art. Autrement dit, la méthode comparative ne peut pas aboutir à des certitudes, mais seulement à des probabilités; elle ne peut nous donner que des possibilités d'attributions et des solutions provisoires. Il faut s'en contenter sous peine de voir, un jour ou l'autre, renversée par la découverte d'un document inédit, la théorie édifiée par nous avec autant de patience que de sagacité. Il faut s'en contenter encore pour ne pas égarer les recherches des autres en outrepassant les conclusions de nos enquêtes et les données de l'expérience. Du reste, le dernier mot de la probité scientifique n'est-il pas contenu dans cette maxime vulgaire, mais pleine de modestie et de sagesse : ne pas en dire plus long qu'on n'en sait?

Ces principes posés et ces réserves faites, examinons les attributions des critiques. Celle de L. Delisle ne saurait nous retenir. D'après lui, le manuscrit est un bréviaire de la Sainte-Chapelle sorti, au commencement du XVe siècle, des ateliers parisiens et se rattachant à l'école d'André Beauneveu. Nous avons vu plus haut que le bréviaire de Philippe le Bon était un bréviaire de Paris et non de la Sainte-Chapelle; nous savons également qu'il est postérieur à 1433 et qu'il date probablement du milieu du XVe siècle. Or, dans un inventaire du duc de Berry, daté de 1401-1402, il est question de « *feu* maistre André Beauneveu ». La même mention se retrouve dans les Inventaires de 1413 et 1416. (J. Guiffrey, *Inventaires du duc de Berry*, t. II, p. 119). Il ne saurait donc être question de ce miniaturiste. D'ailleurs, Léopold Delisle ne parle que de l'école d'André Beauneveu. Je ne pense pas non plus que le bréviaire soit sorti d'un atelier parisien : question de date mise à part, maints détails de la décoration indiquent une origine flamande.

L'attribution du P. Van den Gheyn est en fonction de la date assignée par lui au bréviaire de Philippe le Bon : 1430-1440. Le savant jésuite ne doute pas que la décoration soit flamande, mais il se refuse à y voir l'œuvre de Vrelant. Le motif invoqué est que celui-ci n'apparaît dans l'histoire de la miniature qu'en 1454. C'est en effet à cette date qu'il est signalé à Bruges, en qualité de membre de la gilde de Saint-Jean l'évangéliste, corporation qui groupait tous les artisans de l'industrie du manuscrit et à laquelle il fallait se faire affilier pour exercer le métier de miniaturiste. Il est donc impossible, conclut le P. J. Van den Gheyn, que Vrelant ait illustré un volume qui avait vu le jour quinze ou vingt-cinq ans plus tôt. Ce raisonnement serait décisif si la date 1430-1440 était certaine; mais il n'en est rien. Et d'abord, posons en principe qu'il est bien difficile de dater un manuscrit, à dix ans près, d'après le seul aspect de la décoration. En outre, si l'âge donné par le miniaturiste au comte de Charolais (ms. 9026, fol. 425; pl. XIV) répond à la réalité, le bréviaire peut avoir été illustré vers 1445. Il peut même ne l'avoir été qu'en 1455 ou en 1466, si la rubrique signalée à propos de la Fête-Dieu donne une indication exacte. La collaboration de Guillaume Vrelant devient alors possible.

D'ailleurs, le P. J. Van den Gheyn avait bien senti la difficulté et l'espèce de contradiction à laquelle il aboutissait. D'une part, il reconnaissait l'influence de Vrelant dans plusieurs des grandes peintures : « Cette planche, dit-il à propos de la résurrection du Christ, est une de celles qui dénotent le plus évidemment l'influence de Vrelant. Le costume, les armures et les traits des soldats sont caractéristiques à cet égard, et la comparaison avec les nombreuses scènes militaires du t. II des *Chroniques de Hainaut* est frappante » (1). Même remarque pour les miniatures. D'autre part, il ne voulait pas dépasser 1430-1440. Pour expliquer à cette date l'influence de Vrelant, il était donc réduit à admettre que le bréviaire avait été décoré dans l'atelier où, quinze ans plus tard, devait travailler le miniaturiste.

(1). Van den Gheyn (J.), *Le bréviaire de Philippe le Bon*, 1909, p. 12.

Hypothèse laborieuse qui l'obligeait à supposer que, quinze ou vingt ans avant l'entrée de Vrelant dans l'atelier, le style, le coloris et la manière de ce miniaturiste, pourtant original et personnel, y brillaient déjà de tout leur éclat !

La plupart des critiques : le comte Durrieu, MM. Vitzthum, Winkler et Lyna s'accordent à reconnaître que la décoration de notre bréviaire est une œuvre collective. L'observation confirme cette manière de voir. Sauf l'ornementation proprement dite (lettrines, vignettes, bordures et encadrements) qui représente le travail de l'enlumineur, nous constatons des différences sensibles dans la composition des miniatures comme dans leur coloris. Il est difficile d'admettre que le pinceau à qui l'on doit une œuvre aussi forte que la Nativité, soit le même qui ait encore illustré une page aussi imparfaite que celle de la Pentecôte. La décoration n'est donc pas l'œuvre d'un seul homme, mais d'un atelier. Parlons donc, si l'on veut, du Maître du bréviaire de Philippe le Bon, mais entendons par cette dénomination l'artiste qui a conçu le plan de la décoration et qui a réparti la tâche entre ses collaborateurs, le « maître de l'œuvre » qui a dirigé le travail tout en y participant dans une mesure qui reste à déterminer. L'unanimité des critiques semble faite sur cette constatation et nous nous y rangeons volontiers.

Cet accord est d'autant plus surprenant, qu'en fait de miniatures, les historiens de l'art s'entendent à peu près autant que les hellénistes sur l'origine des poèmes homériques. D'ailleurs, l'accord ne va pas régner longtemps; les divergences apparaissent dès qu'il s'agit de répartir les rôles. Pour le comte Durrieu et le comte Vitzthum, deux miniaturistes ont collaboré à l'illustration : le premier a peint l'arbre de Jessé et la Nativité; son nom est resté inconnu. Pour MM. Winkler et Lyna — comme aussi pour M. Hulin de Loo qui a exprimé son opinion dans un article récent (1) — cet inconnu n'est autre que Jean Tavernier (ou : Le Tavernier, ou : de Tavernier) d'Audenarde. MM. Winkler et Lyna lui attribuent en outre la Résurrection du bréviaire d'hiver et M. Lyna, le David du bréviaire d'été. Quant aux sept autres peintures, tous les critiques en font les honneurs à Guillaume Vrelant, sauf les deux restrictions que je viens d'indiquer : la Résurrection et le David. Il convient donc d'étudier brièvement ces deux miniaturistes et leur atelier. Que savons-nous de Jean Tavernier et de Guillaume Vrelant ? Que savons-nous de leurs œuvres ?

§ I. — JEAN TAVERNIER

Une étude approfondie sur Jean Tavernier et son atelier est en ce moment en préparation. Elle paraîtra sous la signature du savant professeur d'histoire de l'art à l'Université de Gand : M. Hulin de Loo. Je me contenterai donc d'effleurer le

(1). Hulin de Loo (G.), *La formation tournaisienne de l'enlumineur Johannes Tavernier et l'influence de celui-ci sur la xylographie harlemoise de la fin du XVe siècle,* dans *Bulletin de l'Académie royale de Belgique. Classe des Beaux-Arts.* Tome X. Séance du 5 juillet 1928, p. 46.

sujet sans le déflorer. Je me bornerai à l'essentiel et ne parlerai de ce miniaturiste que dans la mesure où l'exigeront les deux ou trois peintures de notre bréviaire qui lui sont attribuées par les critiques déjà cités.

Jean Tavernier est un des nombreux miniaturistes qui ont travaillé au service de Philippe le Bon. En 1434, il exerce déjà son art à Tournai; en 1440, il se trouvait encore dans cette ville. Un peu plus tard, en 1455, il réside à Audenarde. En 1460, Philippe le Bon lui confie l'illustration des *Chroniques et Conquêtes de Charlemagne.* Ce grand ouvrage, un des plus captivants de la bibliothèque de Bourgogne, comprend trois manuscrits (n°s 9066, 9067, 9068). La rédaction et la transcription des volumes sont l'œuvre de David Aubert, un des scribes de Philippe le Bon. On lit à la fin du troisième volume (fol. 297vo) : « Cy fine le second volume des Conquestes de noble empereur Charlemaine, lequel... a esté extrait et couchié en cler françois par David Aubert, l'an de grâce mil quatre cens cinquante huit ». Quant à l'illustration, il faut l'attribuer sans l'ombre d'une hésitation à Jean Tavernier. En effet, un mandement de Philippe le Bon, daté du 29 mars 1460, ordonne de verser quarante écus d'or à Jean Le Tavernier, enlumineur, demeurant à Audenarde, « à cause de certaines histoires de blanc et de noir, que de notre commandement et d'ordonnance, il a faictes au premier volume du livre de Charlemaigne, qui est présentement porté par devers nous, comme de celles qu'il doit faire au second volume dudit livre » (1). Ce texte est d'une parfaite limpidité.

Voici donc un manuscrit dont l'attribution à Tavernier est authentiquée par un document d'archives. Analysons donc le style de ces miniatures, leur technique, leurs qualités et leurs défauts, et examinons ce que nous en retrouvons dans les peintures du bréviaire. Les cent et cinq grisailles des *Conquêtes de Charlemagne* présentent presque toutes une même disposition très particulière : qu'il s'agisse de l'entrée d'une ville, d'un champ de bataille, d'un tournoi ou d'un camp, presque toujours le terrain où l'action se déroule s'élève par pentes rapides jusqu'au ciel, ou peu s'en faut. La plupart des tableaux sont comme « fermés ». Les fonds n'existent pas; les paysages sont étouffés par le sujet lui-même. C'est à peine si une étroite bande sépare les sommets des collines d'un firmament presque toujours sans nuages. Jamais un oiseau ne voltige dans l'air. La verdure n'apparaît presque nulle part : à peine çà et là de maigres touffes d'herbe et quelques arbres battus par le vent. Souvent le sol est indiqué par un pointillé noir. Les personnages sont nombreux et bien groupés, les scènes animées et pittoresques. Beaucoup représentent des combats furieux, des mêlées ou des sièges. En général, tout est vivant et bien ordonné.

Rarement le tableau est divisé en deux ou trois compartiments, comme dans beaucoup de compositions de Vrelant : sauf exceptions, une seule scène remplit toute la page. La plupart des hommes sont de taille moyenne, souvent même de

(1). *Archives départementales du Nord.* Chambre des comptes de Lille. B 1686. *Registre des chartes de l'audience,* fol. 92vo. Publié dans *Archiv. départ. du Nord.* Fonds de la Chambre des comptes de Lille. B 2018.

petite taille; ils sont trapus et vigoureux. Les têtes sont vulgaires et trop grosses pour les corps; les traits du visage rudement dessinés; le nez long et gros; les moustaches petites et tombantes; une barbiche en pointe orne assez souvent le menton; seul, le visage des rois et des empereurs est encadré d'une barbe opulente. Les cheveux sont presque toujours hirsutes et embroussaillés; les mains osseuses, les doigts isolés les uns des autres, le pouce levé en l'air. Les femmes sont généralement mieux dessinées : traits réguliers, visage ovale. Presque toujours elles sont décolletées en rond, rarement en pointe ou en carré. Les vêtements présentent des formes raides, avec des plis cassés. En dépit de certaines gaucheries, les chevaux sont assez bien dessinés et de belle allure; beaucoup marchent l'amble; malheureusement la plupart d'entre eux sont comme figés dans leur élan et rappellent un peu trop les chevaux de bois. Les chiens, les bœufs et les vaches, les chèvres et les moutons sont rares dans ces tableaux de bataille et, en général, médiocrement rendus. Je n'insiste pas, il va de soi, sur les anachronismes, les fautes de dessin et de perspective, les naïvetés de toute sorte qui remplissent les pages des *Conquêtes* : ce sont là défauts communs à tous les manuscrits de l'époque. (Voir pl. doc. 58 à 62). Notons en terminant, comme l'ont observé MM. Lyna et Hulin de Loo (1), une manière spéciale de camper les personnages : tantôt notre miniaturiste leur donne une attitude déhanchée, le plus souvent une attitude cambrée très caractéristique, dans laquelle le buste est rejeté en arrière même chez les individus qui sont représentés en marche.

Telles sont les caractéristiques de Tavernier relevées exclusivement d'après le manuscrit des *Conquêtes de Charlemagne*. Plusieurs historiens de la miniature, le comte Paul Durrieu, MM. Winkler, Lyna et Hulin de Loo, attribuent encore à Jean Tavernier, et sur un document d'archives, la décoration d'un autre manuscrit : le livre d'heures de Philippe le Bon conservé à la Bibliothèque royale de La Haye (ms. 76 F. 2; anc. A. A. 271). Si cette attribution était fondée, elle nous permettrait d'élargir le champ de nos observations et de préciser la manière de Tavernier. L'importance du résultat envisagé autorise quelques détails.

Le livre d'heures de Philippe le Bon a été décrit très minutieusement par M. Byvanck dans son importante étude sur *Les principaux manuscrits à peintures de la Bibliothèque royale des Pays-Bas...* (2). Je n'ajouterai que quelques observations aux siennes. Le manuscrit de la Bibliothèque royale de La Haye est un livre d'heures à l'usage de Paris : le calendrier, l'office de la Vierge et celui des morts, les litanies et les suffrages ne laissent aucun doute à cet égard. La mention de plusieurs saints flamands dans le calendrier et les litanies indique que le manuscrit a été copié en Flandre. Les différentes prières et, en particulier, les oraisons *Obsecro te* et *O intemerata* sont rédigées au masculin : ce qui laisse entendre que le livre

(1). Lyna (Fr.), *Le mortifiement de vaine plaisance*, p. LIX. — Hulin de Loo (G.), *La formation tournaisienne de l'enlumineur Johannes de Tavernier*, loc. cit., p. 50 et 51.

(2). Byvanck (A.-W.), *Les principaux manuscrits à peintures de la Bibliothèque royale des Pays-Bas et du Musée Meermanno-Westreenianum à La Haye*. Paris, 1924, p. 55 à 59.

d'heures a été composé pour un homme. Et cet homme n'est autre que Philippe le Bon dont le portrait orne les fol. 20, 41vo, 43vo, 44vo, 45vo, 48vo, 282 et 299. La devise « *Aultre n'aray* » et le collier de la Toison d'or que porte le duc, obligent à reculer la date d'exécution du manuscrit après 1430.

Comme l'a bien vu M. Byvanck, l'écriture est de deux mains différentes. L'une a écrit les fol. 1 à 53 (prières en latin et en français), 72 à 74 (les trois premiers feuillets des heures du Saint-Esprit), 97 (le premier feuillet des heures de la Croix), 116 à 152 (heures de la Vierge), 153 à 160 (psaumes de la pénitence), 169 à 194 (vêpres des morts), 242 à 263 (suffrages), 299 à 304 (début des Quinze joies). L'autre a copié les fol. I à XII (calendrier), 54 à 71 (heures de la Trinité et des défunts), 75 à 96 (heures du Saint-Esprit, de tous les saints, du Saint-Sacrement), 98 à 115 (heures de la Croix, de Notre-Dame, prières au Christ), 161 à 168 (litanies et prières), 195 à 241 (prières et évangiles), 264 à 298 (suffrages), 305 à 347 (suffrages). Je n'oserais pas affirmer, comme M. Byvanck, qu'une des écritures est plus ancienne que l'autre; elles diffèrent nettement l'une de l'autre, mais elles sont probablement contemporaines ou peu s'en faut.

La décoration de ce beau manuscrit se compose de cent soixante-cinq grisailles (et non : cent soixante-quatre). Les unes occupent la moitié des feuillets; les autres sont de plus petite dimension; celles du calendrier se réduisent à de simples médaillons. M. Byvanck en a donné l'énumération dans son ouvrage (p. 58 et 59). Ces grisailles sont de valeur inégale, mais beaucoup sont d'une facture remarquable. En outre, on y relève des différences de procédé, de composition et de style. Ces différences sautent aux yeux de quiconque feuillette le manuscrit; elles apparaissent, bien que moins accusées, dans les reproductions photographiques (pl. doc. 63 à 72). Le miniaturiste qui a peint la belle salutation angélique du fol. 116 (pl. doc. 68), n'est assurément pas celui à qui nous devons la Trinité du fol. 54, d'aspect si pesant et si dur (pl. doc. 66).

En fait, comme M. Byvanck l'a fort bien observé, les grisailles se répartissent en deux catégories, qui correspondent aux deux genres d'écritures du manuscrit déjà signalées ci-dessus. A la première appartiennent les miniatures des fol. 1 à 51, 72, 116 à 153, 169, 242 à 283 et 299; à la seconde, les médaillons du calendrier, fol. I à XII, puis les fol. 54 à 69, 76 à 109, 167, 209 à 221, 284 à 297 et 311. Les grisailles du premier groupe présentent de réelles analogies avec celles des *Conquêtes de Charlemagne*; plusieurs des caractéristiques de Jean Tavernier s'y retrouvent. Dans celles du second groupe, l'aspect de la composition diffère, le dessin est moins net, moins élégant, moins vigoureux aussi; les teintes sont plus foncées, les visages plus lourds et plus allongés, l'exécution plus molle. De plus, dans les miniatures du premier groupe, tout n'est pas de la même qualité; certaines pages révèlent un maître, d'autres tout au plus un bon praticien : la salutation angélique (fol. 116) et la Purification (fol. 141vo) sont certainement supérieures aux autres peintures de l'office de la Vierge. En somme, ici comme dans beaucoup de manuscrits, la décoration est l'œuvre non pas d'un artiste, mais d'un atelier.

De quel atelier s'agit-il? Dans son *Manuel de l'histoire de la peinture*, Fr. Waagen avait attribué la décoration du livre d'heures à Hans Memling, tout en admettant que certaines pages « trahissaient un pinceau moins habile » (1). Quelques érudits et historiens de la miniature se sont autorisés d'un mandat de Philippe le Bon, en date du 3 avril 1455, pour en faire honneur à Jean Tavernier, d'Audenarde, l'illustrateur des *Conquêtes de Charlemagne*. C'est le moment d'analyser ce document et de nous rendre compte si ce qu'on lui fait dire s'y trouve réellement. Voici ce texte tout au long :

> « Je, Jehan le Doulx, conseiller et maistre des comptes de Monseigneur le duc de Bourgogne et de Brabant, à Lille, confesse avoir eu et receu la somme de soixante-quinze escuz d'or qui deue m'estoit pour remboursement de semblable somme que je afferme, en ma conscience, avoir payé pour mon dict seigneur et par son commandement et ordonnance, à Johannes le Tavernier, painctre et enlumineur, demourant à Audenarde, auquel icelle somme estoit deue pour reste de la somme de cent vint et ung escuz et quarante quatre gros, pour plusieurs parties de histoires et enluminures par lui faictes pour mon dict seigneur, cy après déclarées, c'est assavoir : pour en certaines heures de mon dict seigneur, avoir fait et painct, de plusieurs couleurs, le mont de Calvaire et sur icelluy Nostre Seigneur crucifié, et, à l'environ, plusieurs personnages à cheval avec six vuignettes à l'entour, pour ce : II escus et demy. Item, fait semblablement en icelles heures une ymage et représentacion de la Vierge Marie et de son benoist Filz, ung escu et demy. Item, en trois parques [cahiers] de pappier, trois histoires de Troyes pour ce : un escu. Item, en ung autre parquet, avoir fait et paint une dame plourant et faisant dueil : un escu. Item, au livre de Godefroy de Buillon, avoir fait cinquante lettres d'or et autres choses de son mestier y nécessaires : XVI gros. Item, avoir fait de blanc et de noir deux cens trente histoires, tant grandes comme petites, servans à plusieurs suffrages et oraisons, que de nouvel mon dict seigneur a fait escripre pour mectre et adjoindre en ses dites heures au pris de demi escu la pièce, l'une parmi l'autre, valent : CXV escuz. Item, avoir fait ausdiz suffrages six cens lettres de la grandeur de deux poins; pour ce : XL gros. Et pour seze cens petites lettres, XX gros, montant ensemble toutes les dites parties à ladite somme de CXXI escus et XLIIII gros, sur quoy ledit Johannes a receu ce que mon dict seigneur lui a fait délivrer, assavoir : par Jehan Coustain, son sommelier de corps, XVI escus. Item, par Jehan Martin, son varlet de chambre, à deux fois, XX escus, et par maistre Jehan Miélot, aussi son valet de chambre, X escus. Ainsi lui restoit à paier la somme de LXXV escuz. — Le IVe jour d'avril, l'an mill cccc cinquante et quatre avant Pasques ». (Archives de Lille — 4 avril 1454).

D'après les termes du mandement, la décoration du livre d'heures, illustré par Jean Tavernier, comprenait donc une crucifixion peinte en couleurs. Or, le manuscrit de la Bibliothèque royale de La Haye ne présente pas de crucifixion en couleurs; la place normale de cette miniature aurait été tout indiquée en tête des heures de la Croix; à sa place, nous trouvons une crucifixion en grisaille (fol. 97). D'après les

(1). Waagen (G.-Fr.), *Manuel de l'histoire de la peinture*. Trad. Hymans et Petit, 1864, t. I, p. 168.

termes du mandement, le livre d'heures illustré par Tavernier contenait une image de la Vierge et de l'enfant Jésus. Les images de ce genre abondent dans les livres d'heures : cette indication est beaucoup trop vague pour être retenue. En troisième lieu, le livre d'heures de Tavernier comptait deux cent trente histoires en grisailles pour l'illustration des suffrages et oraisons. Or, le livre d'heures de La Haye, n'en compte en tout que cent soixante-cinq, soit une différence de soixante-cinq en moins. Enfin, au lieu de six cents lettres de la grandeur de deux points dans les suffrages (je suppose qu'il s'agit des initiales), je n'en ai compté que cent cinquante-sept. D'autre part, je n'ai observé aucune solution de continuité dans le manuscrit. La conclusion, c'est que la description du mandement ne s'applique pas au livre d'heures de La Haye, mais à quelque autre manuscrit qui reste à découvrir. Autrement dit, ce livre d'heures n'est pas authentiqué par un document d'archives; il reste dans la trop nombreuse catégorie des « manuscrits attribués ».

Dois-je en conclure que les miniatures du livre d'heures de La Haye ne sont pas de Tavernier? Nullement, car ce serait parler contre ma conviction intime. Certes, le document d'archives allégué ne suffit pas à les lui attribuer d'autorité; mais, nombre de miniatures de la première catégorie (ci-dessus, p. 147), offrent de telles analogies avec celles des *Conquêtes de Charlemagne*, nous retrouvons entre celles-ci et celles-là tant de caractéristiques communes (en particulier dans la crucifixion du fol. 242; pl. 71), que nous pouvons, sans trop de témérité, attribuer les unes et les autres au même artiste. Nous pouvons donc raisonnablement dire que, si le livre d'heures de La Haye n'est pas tout entier de la main de Tavernier, il est probablement sorti de son atelier. Quant au terme de comparaison nécessaire à notre enquête sur l'auteur des peintures du bréviaire, il faudra le demander non pas au livre d'heures de la Bibliothèque royale de La Haye, mais aux *Conquêtes de Charlemagne*, seule œuvre authentique de notre miniaturiste.

Essayons maintenant de résoudre cette question : l'arbre de Jessé, la Nativité et aussi la Résurrection et le David en prière, peuvent-elles être attribuées à Jean Tavernier, le peintre des *Conquêtes de Charlemagne*? Miniatures en couleurs représentant des scènes religieuses d'une part, et, d'autre part, grisailles consacrées à des scènes militaires, ne semblent pas termes de comparaison avantageusement choisis. Les différences de sujets sont telles et les procédés mis en œuvre si divers, que les points de contact sont rares et les ressemblances difficiles à discerner. Elles sont cependant perceptibles : c'est la même manière de traiter les fonds et les paysages, et de disposer les plis des vêtements. Toutefois, les similitudes se manifestent plutôt dans les détails que dans l'ensemble de la composition.

La comparaison serait beaucoup plus facile avec le manuscrit de La Haye. Ici, la parenté est indéniable. Comparez la Nativité et la Résurrection du bréviaire (ms. 9511, fol. 43vo et 180; pl. II et III) à celles du livre d'heures (fol. 12, 139 et 33; pl. doc. 64, 69 et 65). Remarquez notamment la forme du hangar dans les deux Nativités, la pose de l'enfant Jésus, la présence et le costume de la sage-femme, l'attitude de l'ange dans les deux Résurrections. Toutes ces ressemblances ne sauraient être fortuites. N'est-ce pas le cas d'appliquer l'axiome géométrique : deux quantités égales à une troisième sont égales entre elles? Pourtant, cet axiome ne peut aboutir à une conclusion : il y faudrait plus de nuances et de tempérament. N'oublions pas que si l'attribution des *Conquêtes de Charlemagne* à Jean Tavernier est certaine, celle du livre d'heures de La Haye à ce miniaturiste n'est que probable. Probable aussi et seulement sera donc la paternité que nous décernons à cet artiste de l'arbre de Jessé et de la Nativité du bréviaire, probabilité qui ne va pas sans quelque risque d'erreur. J'hésiterai encore davantage au sujet de la Résurrection. La pose de l'ange sur la pierre du tombeau est la même dans le bréviaire et dans le livre d'heures; les costumes des soldats présentent quelques ressemblances ainsi que les arbres et le clayonnage du jardin. Mais, pour le reste, il faut noter d'importantes différences. La plus accusée est celle qu'offre le personnage principal, le Christ, dont le type se rapproche beaucoup plus de ceux de Guillaume Vrelant. Et j'en dirai autant du David du bréviaire d'été (ms. 9026, fol. 108; pl. VIII).

§ II. — GUILLAUME VRELANT

La plupart des critiques attribuent à Guillaume Vrelant les peintures de notre bréviaire, à l'exception de l'arbre de Jessé et de la Nativité. La vie de cet artiste nous est peu connue : ce que nous en savons se réduit à de rares faits et à quelques dates. Il naquit dans la province de Gueldre d'après les uns, à Utrecht d'après les autres. Vers 1454, il s'établit à Bruges où il fonda la Gilde des enlumineurs, sous le vocable de saint Jean l'évangéliste. A partir de cette date et jusqu'à sa mort, le nom de Vrelant est mentionné chaque année dans les comptes de la gilde. Un document d'archives de 1468, cité plus loin, nous apprend qu'il a décoré le deuxième volume des *Chroniques de Hainaut* (Bruxelles, Bibl. roy., ms. 9243). En 1478, il procure à son ami Memling la commande d'un tableau pour l'autel de la gilde. Ce tableau qui représentait les différentes scènes de la Passion est aujourd'hui conservé au musée de Turin. Nous devons à Hans Memling le portrait de notre miniaturiste et de sa femme, qu'il a peints en vis-à-vis de chaque côté de la toile (pl. doc. 1). L'inventaire du mobilier de la chapelle de la gilde, dressé en 1499 à l'occasion d'une sentence arbitrale, nous renseigne à cet égard d'une façon très précise. Nous y lisons en effet cet article : « Puis leur tableau [d'autel] à quatre volets où se trouvent Guillaume Vreland et sa femme de pieuse mémoire, peints de la main de feu maître *Hans* » (1).

(1). « ... huerlieder outaer tafle metten viere dueren daer an ziinde, daer *Willem Vreland* ende ziin wiif zaleгher ghedachte in gheconterfeit ziin, ghemaect biider hand van wiilen meester *Hans*... » Sentence arbitrale sur un différend existant entre l'abbé et le couvent des chanoines réguliers de Saint-Barthélemi, dit de l'Eeckhout, et la gilde des libraires (16 août 1499). *Documents inédits sur les enlumineurs de Bruges* dans *Le Beffroi*, t. IV, 1872-1873, p. 336.

A partir de 1481, le miniaturiste n'est plus mentionné dans les registres de la gilde : il mourut cette année là ou la suivante.

De tous les manuscrits attribués à Vrelant, un seul est authentiqué par un document d'archives : c'est le deuxième volume des *Chroniques de Hainaut* (Bruxelles, Bibl. roy., ms. 9243). Une note à la fin du volume nous révèle le nom du copiste, Jacotin du Bos, et la date de transcription : 7 décembre 1449. Un article d'un compte nous livre le nom du miniaturiste : « Item à Guillaume Wyelant, aussi enlumineur, pour LX ystoires et de plusieurs couleurs qu'il a faites ou second volume des ystoires des nobles princes de Haynnau, au pris de XXIIII sols chacune ystoire l'une, XIIII l'autre, font...LXXII livres ». Archives de Lille. Recette générale, 1467 [1468]. Premier compte de Guilbert de Ruple (1).

Voilà donc une œuvre authentique de Guillaume Vrelant. Est-ce à dire que les « soixante ystoires », soient toutes de la main de l'artiste ? Je ne le pense pas. A moins de supposer des défaillances inexplicables, il est difficile d'admettre que des peintures aussi médiocres que celles des fol. 109, 112 et 168 soient dues au même pinceau que celles des fol. 1 et 14vo (pl. doc. 2 et 3). Ici, comme dans beaucoup de manuscrits de cette importance, l'ensemble de la décoration est une œuvre collective, l'œuvre d'un atelier, et en l'espèce, de l'atelier de Guillaume Vrelant. Le maître s'est réservé les premières pages et en particulier la miniature de dédicace, il a peint ensuite les plus importantes et probablement les trois dernières; pour les autres, il s'est contenté d'indiquer les sujets, de donner des croquis et des dessins dont il a confié l'exécution à ses élèves ou à ses collaborateurs.

Malgré ces restrictions, l'œuvre est certainement de lui, et nous pouvons la considérer comme bien représentative de son talent et de son style, de ses qualités comme de ses défauts. Analysons donc ses procédés et sa technique. Ce qui frappe, de prime abord, chez ce miniaturiste, c'est son coloris. Tonalités crues, teintes uniformes, sans nuances ni gradations, couleurs plaquées comme sur du métal : tout cela donne à sa peinture quelque chose de dur, de heurté et de brutal. Les bleus foncés et les rouges carmin y dominent. Vrelant affectionne les gris cendrés pour les murs des édifices, les verts clairs pour les vêtements, les bleus outremer pour les toitures. Ses ciels se composent invariablement d'une bande d'azur d'où tombe, comme une nappe laiteuse, la lumière du jour. Il traite ses paysages avec une certaine élégance et une science réelle de la perspective. Beaucoup de ses fonds de tableaux représentent des monuments dont l'entrée s'ouvre sous des arcs en accolade décorés de fleurons : c'est dans ce décor, un peu monotone et artificiel, que se déroulent la plupart des scènes autres que les sièges et les batailles.

Ce goût marqué pour les motifs architecturaux caractérise la manière de Vrelant; volontiers il les donne pour cadres à ses compositions. Souvent, un fût de colonne

(1). Laborde (Comte Léon de), *Les ducs de Bourgogne*. Preuves, t. I, p. 503.

ou un pilier partage le décor en deux parties inégales; dans l'une se place la scène principale, dans l'autre, la scène secondaire. Souvent aussi, à droite ou à gauche, une porte livre passage à un des personnages : cette disposition est fréquente chez Vrelant (ms. 9243, fol. 1, 14vo, 210, 225, 291; pl. doc. 2, 3, 7, 8 et 9); parfois aussi, le seuil de l'ouverture s'arrondit en une sorte de perron en demi-cercle d'une seule marche (fol. 14vo, 210, 291; pl. doc. 3, 7 et 9). Signalons encore une caractéristique de ce peintre : les carrelages historiés, formés de pavés de différentes couleurs, décorés de dessins géométriques (fol. 1, 14vo, 80vo, 125, 190vo, 210, 225, 262, 271, 288vo, 291; pl. doc. 2, 3, 7, 8 et 9).

Ses compositions présentent des groupes de personnages nombreux, d'ordinaire bien distribués. En général, ses types d'hommes se ramènent à quatre ou cinq qui reviennent sans cesse sous son pinceau : taille moyenne, élancée; formes grêles, surtout pour les membres inférieurs; visages allongés, manquant d'énergie et de caractère, exprimant un perpétuel étonnement. Les mains sont à peine dessinées et les doigts collés les uns aux autres, à peine articulés. Les longues robes bordées de fourrures et les cottes-hardies, serrées à la taille, sont plissées en lourds godrons. Quant aux femmes, elles se ressemblent toutes : visage ovale, cheveux blonds, aspect très doux, mais inexpressif. En général, les raccourcis sont mal rendus. Les têtes sont comme vissées sur le buste; lorsqu'un personnage se retourne, le peintre donne comme un tour de vis et le visage se trouve ramené vers le spectateur, sans qu'une inflexion des épaules complète le mouvement (fol. 1; pl. doc. 2).

Les chevaux sont assez bien dessinés, mais ils manquent d'allure ou de mouvement; presque tous sont comme paralysés, comme figés dans leur élan. Les chiens sont mieux rendus. Dans quelques peintures des *Chroniques de Hainaut* (fol. 1, 210; pl. doc. 2 et 7) et dans d'autres peintures sorties de l'atelier de Vrelant, au premier plan, s'avance un caniche assez bien campé dont le collier est orné de grelots ou de pièces de cuivre. Les autres animaux domestiques : bœufs, vaches et moutons sont presque toujours médiocrement dessinés (ms. 9243, fol. 205vo).

Recherchons maintenant ces caractéristiques dans les peintures de notre bréviaire. Est-ce en raison de la différence des sujets : tableaux d'histoire et scènes religieuses? Le fait est que, à première vue, les ressemblances n'apparaissent pas. Pourtant, l'examen attentif des peintures et des miniatures permet d'y retrouver la manière de Vrelant, son style, ses habitudes de composition, ses qualités et ses défauts. Même goût pour les formes architecturales (ms. 9511, fol. 232vo, 252, 398; ms. 9026, fol. 1, 108, 485; pl. IV à VI; VII à IX); même coloris, bien que, dans le bréviaire, les teintes soient moins crues, moins brutales; même uniformité dans ses types d'hommes et de femmes, mêmes visages étonnés et inexpressifs, mêmes têtes qui ne savent pas se retourner ni regarder en l'air; même façon de dessiner les mains et de poser les pieds sur terre; mêmes carrelages historiés (ms. 9511, f. 232vo, 252, 398; ms. 9026, fol. 108; pl. IV, V, VI, VIII); mêmes perrons cintrés formés d'une seule marche (ms. 9511, fol. 232vo; pl. IV); mêmes coiffures des soldats (ms. 9511, fol. 180; pl. III); même caniche au premier plan (ms. 9511, fol. 479vo; ms. 9026, fol. 417; pl. XI et XIII), etc.

Assurément, ces diverses rencontres ne déterminent pas une évidence éclatante. Il est certain que la moindre note d'inventaire, que la plus petite mention dans un compte de travaux ferait bien mieux notre affaire. Néanmoins, l'ensemble de ces détails, qui ne peuvent pas être tous fortuits, permet d'affirmer que les peintures et les miniatures du bréviaire de Philippe le Bon (exception faite pour l'arbre de Jessé et la Nativité) sont de la main de Guillaume Vrelant, ou du moins qu'elles sont sorties de son atelier.

§ III. — L'ATELIER DE GUILLAUME VRELANT

Comme beaucoup de ses contemporains, Guillaume Vrelant fut non seulement un miniaturiste habile, mais aussi un chef d'entreprise. De son atelier sont sortis un grand nombre de manuscrits dont quelques-uns sont fort remarquables. Le comte Paul Durrieu, en s'aidant de la méthode comparative, avait essayé d'en retrouver quelques-uns. En 1903, son remarquable article sur l'*Histoire du bon roi Alexandre*, de la collection Dutuit, lui attribuait sept manuscrits (1) :

1. *L'histoire du bon roi Alexandre* (Paris, Petit Palais, n° 456 du catalogue de la collection Dutuit);
2. *La vie de sainte Catherine* (Paris, Bibl. nat., ms. fr. 6449);
3. *Le bréviaire de Philippe le Bon* (Bruxelles, Bibl. roy., ms., 9511 et 9026);
4. *Le livre d'heures de Jeanne la Folle*, en réalité de Jeanne Henriquez, seconde femme de Jean II d'Aragon (Bibl. de S. M. le roi d'Espagne);
5. *Le livre d'heures* de la Bibliothèque nationale de Madrid (ms. III/10);
6. *Le missel* de Ferry de Clugny (Sienne, Bibl. communale, ms. X. V. I.);
7. *Le livre d'heures* du prince d'Arenberg (ms. 18).

En 1915, un autre historien de la miniature, Fr. Winkler, assignait neuf autres manuscrits à notre miniaturiste dans ses *Studien zur Geschichte der niederländischen Miniaturmalerei des XV. und XVI. Jahrhunderts* (2). Dix ans après, en 1925, la liste avait doublé, et dans son livre sur la miniature flamande des XVe et XVIe siècles, le même auteur lui en attribuait trente-quatre (3), chiffre qu'il faudrait porter à trente-cinq, si l'on y ajoutait, comme le propose Alfred von Wurzbach, les *Chroniques de Jérusalem abrégées* (4). Mais cette dernière opinion paraît peu

(1). Durrieu (Comte Paul), *L'histoire du bon roi Alexandre*, dans *Revue de l'art anc. et mod.*, 1903, p. 49 à 64 et 103 à 121.

(2). Winkler (Fr.), *Die Künstler des Gebetbuches Karls des Kühnen und ihre Werke (Studien zur Geschichte der niederländischen Miniaturmalerei des XV. und XVI. Jahrhunderts)*, dans *Jahrbuch der kunsthistorischen Sammlungen des allerhöchsten Kaiserhauses*, Band XXXII, Heft 3, 1915, p. 294-296.

(3). Winkler (Fr.), *Die flämische Buchmalerei des XV. und XVI. Jahrhunderts*, 1925, p. 71 à 74.

(4). Wurzbach (Alfred von), *Niederländisches Künstler-Lexikon*, 2me part., 1910, p. 826.

probable (1). A ces trente-quatre manuscrits, M. Winkler en ajoutait quinze autres qu'il rattachait à l'école de Vrelant : les onze premiers seraient l'œuvre d'élèves ou d'imitateurs, les autres ne rappelleraient que de loin la manière du maître.

Que valent ces attributions? Pour en décider, l'examen direct de chaque manuscrit s'imposerait. La photographie ne suffit pas pour une telle étude; elle permet d'apprécier le dessin et la composition; elle laisse ignorer un élément capital : le coloris, le coloris si personnel, si caractéristique de la manière d'un Vrelant. Il faudrait ainsi parcourir presque toute l'Europe. Il semble, en effet, qu'un génie malicieux ait dispersé tous ces manuscrits de Copenhague à Madrid et de Naples à Leipzig. Il ne m'a pas été possible de me livrer à cette chasse laborieuse. A peine en ai-je rejoint la moitié. Sur ceux-là seulement, j'essaierai de porter un jugement. N'oublions pas d'ailleurs que l'attribution d'un seul manuscrit, le deuxième volume des *Chroniques de Hainaut*, est certaine; les autres ne sont que probables, voire parfois douteuses. Au demeurant, l'intérêt d'une étude de ce genre n'est pas tant d'inscrire au bas de chaque miniature un nom souvent problématique que de grouper un ensemble de manuscrits dont la décoration présente des affinités réelles, que de mettre en lumière des analogies de composition et de coloris, de permettre des rapprochements et des comparaisons et, en définitive, de faire mieux connaître l'œuvre d'un maître, d'un atelier ou d'une école. A cet égard, le groupement décrit ci-après pourra rendre quelques services. La présentation chronologique de ces manuscrits eût été fort désirable; notre connaissance incomplète de l'œuvre de Vrelant nous l'interdit. Je suivrai donc, à l'exemple de M. Winkler, l'ordre alphabétique des villes où sont conservés les manuscrits (2).

BRUXELLES

1. *Bibliothèque royale*, ms, 9243. — C'est le deuxième volume des « Chroniques de Hainaut » étudié plus haut, le seul manuscrit illustré par Guillaume Vrelant dont l'authenticité soit certaine (pl. doc. 2 à 9).

2. *Bibliothèque royale*, ms. 9270. *Traité sur la salutation angélique.* — Ce beau manuscrit a été décrit par le P. J. Van den Gheyn dans le *Catalogue des manuscrits de la Bibliothèque royale*, notice 2309. Traduit en français par Jean Miélot, chanoine de Lille, en 1458, il a été copié par David Aubert, en 1461. L'illustration se compose d'une remarquable peinture à demi-page (fol. 2vo); on y voit, à droite, l'Annonciation, à gauche, Philippe le Bon à genoux (pl. doc. 10). La ressemblance avec la peinture du bréviaire d'hiver qui représente le duc à genoux devant saint André (pl. VI) est frappante : même tente, même prie-Dieu drapé d'une étoffe armoriée, même carrelage; mais ici, le faire est nettement supérieur

(1). Smital (O.), *Die Chronick des Kreuzfahrer Königreiches Jerusalem.* Munich, 1924, p. 21 sq.
(2). Winkler (Fr.), *Die Flämische Buchmalerei*, 1925, p. 71 à 74.

et le coloris est d'une exquise fraîcheur. Certains détails se retrouvent dans d'autres peintures du bréviaire : l'Annonciation ressemble trait pour trait à celle de la miniature du fol. 500vo (bréviaire d'hiver, pl. XI); Dieu le Père, entouré d'anges, est identique à celui du fol. 252 (bréviaire d'hiver, pl. V); le même fruit rouge se retrouve sur le bord de la fenêtre dans la sainte Anne du bréviaire d'été (f. 333vo, pl. XIII). Cette belle page est probablement due au pinceau de Guillaume Vrelant.

3. *Bibliothèque royale*, ms. 9511 et 9026. — C'est le bréviaire de Philippe le Bon, en deux volumes, objet du présent travail.

4. *Bibliothèque du duc d'Arenberg*, ms. 18. Livre d'heures. — La bibliothèque du duc d'Arenberg n'est plus à Bruxelles et il m'a été impossible d'examiner ce beau manuscrit. Je ne le connais que par la description du R. P. Beissel et par les quatre photographies qu'il en a données (1). C'est un livre d'heures à l'usage de Salisbury; il est orné de quarante-sept miniatures. Le P. Beissel ne se prononce pas sur leur origine; il se contente de dire que le livre d'heures « a été écrit selon l'usage d'une église anglaise, mais [que] sa décoration artistique prouve qu'il a été fait en France ou en Belgique. Enfin, son calendrier montre qu'il est de provenance flamande, qu'il a été fait peut-être dans le diocèse de Liége ». M. de Mély qui avait, lui aussi, étudié ce manuscrit, l'avait attribué à Guillaume Vrelant : il appuyait ses conclusions sur certaines marques du pavage de la miniature qui représente les occupations du mois de janvier (2).

Si j'en juge par les photographies qui illustrent l'article du P. Beissel, il est certain que ces diverses compositions offrent une ressemblance réelle avec celles de notre bréviaire. La miniature qui orne la « prière » : « Gaude, felix Anna, que concepisti prolem... » est une réplique de celle du bréviaire d'été (pl. XIII). Elle représente sainte Anne assise sur un trône; à ses pieds, la Vierge tient l'enfant Jésus sur ses genoux. A part les deux anges qui manquent dans le bréviaire et le geste de la Vierge présentant un fruit à l'enfant Jésus, la composition est identique. Il en est de même du Père éternel qui orne la prière à la Trinité, dans le livre d'heures. Il faut en dire autant du pavage historié qui agrémente la plupart des miniatures de ce dernier volume. Il ne semble donc pas téméraire de dire que le manuscrit 18 de la bibliothèque du duc d'Arenberg est sorti de l'atelier de Guillaume Vrelant.

COPENHAGUE

5. *Bibliothèque royale*, ms. 1612. Livre d'heures, dit de Charles le Téméraire : miniature initiale. — Je ne connais ce manuscrit que par la minutieuse description de M. Chr. Bruun (3) et par les renseignements qu'a bien voulu me fournir

(1). Beissel (E.), *Exposition de l'histoire de l'art à Düsseldorf, 1904*. II. *Les manuscrits flamands*, dans *Les arts anciens de Flandre*, t. I, p. 53 à 56 et planches hors texte.

(2). Mély (F. de), *Les primitifs et leurs signatures*. Paris 1913, p. 305-306.

(3). Bruun (Chr.), *De illuminerede haandskrifter fra middelalderen*. I. *Det store kongelige bibliothek*. Kjobenhavn, 1890, p. 157 à 161.

Mlle Ellen Jörgensen, conservateur des manuscrits à la Bibliothèque royale de Copenhague. Je me contenterai de les résumer en ce qui concerne la miniature du début, la seule qui soit attribuée à G. Vrelant. Elle représente un seigneur et une dame agenouillés au-dessous d'une très belle sainte Face. Au bas de la peinture se lit l'inscription suivante : « Fait par Jacques Undelot. 1465 ». Sous cette inscription sont peintes les armes de Charles le Téméraire et de Marie de Bourbon, sa seconde femme. Au bas de l'encadrement court une longue note en lettres capitales : « Heures de Charles, de la maison de France, dernier duc de Bourgogne, qui fut tué au siège de Nancy, lequel est ici représenté à genous devant la face de Nostre-Seigneur, avec Marie de Bourbon, sa seconde femme... » (pl. doc. 11).

Cette page énigmatique pose deux problèmes distincts : celui de la miniature proprement dite et celui des inscriptions. Négligeons le premier pour nous occuper du second. Remarquons d'abord que le manuscrit provient de l'ancienne bibliothèque de Philippe de Béthune : il est relié à ses armes et à son chiffre. Donc, méfions-nous. Nous connaissons, en effet, les nombreuses supercheries de son secrétaire, les étranges façons dont il usait vis-à-vis des manuscrits et les traitements désinvoltes qu'il leur faisait subir (1). Remarquons ensuite que le feuillet qui contient cette miniature est plus petit que les autres : pour lui donner place dans le volume, il a fallu l'agrandir avec des bandes et des morceaux de parchemin. Il ne faisait donc pas partie du manuscrit primitif. Observons encore que le coloris et la facture des armoiries et des inscriptions diffèrent sensiblement du coloris et de la technique de la miniature : armoiries et inscriptions sont donc d'une autre main. Enfin, la note qui fait de Charles le Téméraire le destinataire du livre d'heures a été écrite sur une bande de parchemin collée au bas du feuillet : il est facile de s'en rendre compte sur une simple photographie. Ajoutons, pour terminer, que l'écriture est du XVIIe siècle et non pas du XVe. Toutes ces constatations dénoncent une supercherie, disons le mot : un véritable faux. Le nom du miniaturiste, la date du livre d'heures, le destinataire du manuscrit, le portrait de Charles le Téméraire et de Marie de Bourbon : autant de désignations mensongères. D'ailleurs, s'il s'agissait d'un portrait de Charles le Téméraire, comment admettre que le peintre ait été négligent au point de ne pas lui donner le collier de la Toison d'or ?

Que penser maintenant de la miniature et à qui faut-il l'attribuer ? Le comte Léon de Laborde y voyait l'œuvre d'un élève de Roger van der Weyden, cet élève n'étant autre que Jacques Undelot (2). M. de Mély s'est demandé « si ce nom d'Undelot ne serait pas une déformation de Georis « Utenhove », peintre d'Ypres, qui travaillait précisément à cette date pour le duc de Bourgogne » (3). Pour M. Winkler ce même nom d'Undelot, serait celui de Vrelant que l'auteur de l'in-

(1). Delisle (L.), *Cabinet des manuscrits*, t. I, p. 268, note 1, et t. III, p. 363 et 392.

(2). Laborde (Comte Léon de), *Les ducs de Bourgogne*. Preuves, I, p. LXXXVI-LXXXVII.

(3). Mély (F. de), *Les primitifs et leurs signatures*, p. 226 et pl. X.

scription aurait lu de travers (1). Hypothèses aussi laborieuses qu'invérifiables. L'étude directe de la miniature donnerait sans doute de meilleurs résultats; elle permettrait notamment de juger du coloris si spécial de Vrelant. Malheureusement, il ne m'a pas été donné de l'entreprendre. D'après la photographie, la sainte Face accuse une supériorité marquée sur le reste de la composition. Le dessin est large et ferme; les traits du visage sont empreints de simplicité et de noblesse; l'ensemble revêt une grandeur et une beauté surhumaines. Je n'ai rien rencontré de semblable dans l'œuvre authentique de Guillaume Vrelant. Quant aux deux personnages agenouillés, il est fort possible qu'ils soient de notre miniaturiste : la dame en particulier ressemble, trait pour trait, à celle qui se tient à droite de Clovis dans les *Chroniques de Hainaut* (pl. doc. 5).

DAVENHAM (Malvern), C. W. Dyson Perrins

6. Ms. 113. Livre d'heures à l'usage de Rome. XVe siècle, 2e moitié. — Ce manuscrit a été décrit dans le catalogue de l'exposition de manuscrits enluminés du Burlington Fine Arts Club (2) et dans celui des manuscrits à peintures de la bibliothèque de C. W. Dyson Perrins (3). C'est un livre d'heures, à l'usage de Rome, de la seconde moitié du XVe siècle. Il a probablement été copié à Bruges, par un Espagnol. La seule miniature qui orne le manuscrit (les autres ont disparu) représente la Nativité. Autant qu'il est permis d'en juger par une simple photographie, la composition est flamande et accuse une parenté réelle avec le style et la manière de Guillaume Vrelant (pl. doc. 12).

ESCURIAL

7. *Bibliothèque royale.* Vitrine 8. (Ancienne cote : III. e. 13). — Je ne connais ce manuscrit que par les descriptions du comte Durrieu (4), du P. Van den Gheyn (5) et du P. Guil. Antolin (6). C'est le missel (et non le livre d'heures) d'Isabelle la Catholique, femme de Ferdinand V d'Aragon (1451-1504). Il a ensuite appartenu à Isabelle de Portugal, femme de Charles-Quint (1503-1539). C'est un missel à l'usage de Rome : « Incipit ordo missalis secundum consuetudinem curie roma-

(1). Winkler (Fr.), *Die flämische Buchmalerei*, 1925, p. 175.

(2). Burlington Fine Arts Club, *Exhibition of illuminated manuscripts*, 1908, n° 228, p. 111 et pl. 143.

(3). Warner (G.), *Descriptive catalogue of illuminated manuscripts in the Library of C. W. Dyson Perrins*. 1920, n° 113, pl. 44^b^.

(4). Durrieu (Comte Paul), *Manuscrits d'Espagne remarquables principalement par leurs peintures et la beauté de leur exécution*, dans *Bibl. Ecole des chartes*, t. LIV, 1893, p. 303.

(5). Van den Gheyn (P. J.), *Notes sur quelques manuscrits à miniatures de l'école flamande conservés dans les bibliothèques d'Espagne*, dans *Annales de l'Académie royale de Belgique*, t. LVIII, 5e série, t. VIII, 1906, p. 307-308.

(6). Antolin (P. Guillermo), *Catalogo de los codices latinos de la real bibliotheca del Escorial*, vol. IV, 1916, p. 272-273 et 599.

ne... » (fol. 11). Il se compose de 500 feuillets, mesurant 192 millimètres sur 140. La décoration comprend dix grandes peintures et onze initiales historiées, les unes et les autres très exactement décrites dans le catalogue de la bibliothèque de l'Escurial. Le comte Paul Durrieu voyait dans ce manuscrit une œuvre espagnole, exception faite pour la Résurrection du fol. 211vo, qui serait « un vrai pastiche de Vrelant ». Le P. J. Van den Gheyn faisait d'elle « une œuvre nettement flamande : si elle n'est pas de Vrelant lui-même, elle procède de son atelier ». Abstraction faite du coloris dont la photographie ne permet pas de juger, cette peinture de la Résurrection n'offre, il faut l'avouer, aucune parenté avec celle du bréviaire de Philippe le Bon, et je me demande comment les deux savants ont pu se méprendre à ce point. Il suffit d'examiner les deux compositions (pl. III et pl. doc. 13) pour voir la distance qui les sépare; le visage du Christ, l'attitude et le modelé du corps, les types, les costumes et les poses des soldats, la forme du tombeau, les anges, les paysages et les encadrements : tout diffère dans les deux peintures. De plus, celle de la bibliothèque de l'Escurial ne présente aucun des caractères de l'art flamand; tout révèle, au contraire, une œuvre espagnole et de date probablement plus récente que la Résurrection du bréviaire de Philippe le Bon.

FLORENCE

8. T. de Marinis. Bible (*olim*).

GENÈVE

9. *Bibliothèque publique et universitaire*, ms. fr. 64. *La fleur des histoires*, par J. Mansel. Vers 1480. — Je ne connais ce manuscrit que par la description de M. Aubert de la Rüe (1). C'est un exemplaire de la *Fleur des histoires* par Jean Mansel, de Hesdin, exécuté pour Philippe le Bon. Le manuscrit mesure 350 millimètres sur 280. D'après Winkler, la décoration serait de plusieurs mains; seul le fol. 49vo qui représente Saül couronné roi et vainqueur des Philistins (pl. doc. 14), serait de Guillaume Vrelant. Autant que je puis en juger par la photographie, cette attribution n'a rien que de très vraisemblable.

LA HAYE

10. *Bibliothèque royale*, ms. 76 F. 7 (Anc. A. A. 264). Heures à l'usage de Sarum ou Heures de Catherine d'Aragon. XVe siècle. — Ce manuscrit a été minutieusement décrit par M. Byvanck (2). C'est un livre d'heures à l'usage de

(1). Aubert de la Rüe (Hippolyte), *Les principaux manuscrits à peintures de la Bibliothèque publique et universitaire de Genève*, dans *Bull. Soc. fr. reprod. mss. à peint.* 1912, p. 77 et pl. XXXVIII, C.

(2). Byvanck (A.-W)., *Les principaux manuscrits à peintures de la Bibliothèque de la Haye*, 1924, p. 78 à 81.

Sarum : le calendrier, l'office de la Vierge et celui des morts, les litanies et les suffrages l'indiquent clairement. Toutes les prières sont rédigées au masculin. Une note du feuillet préliminaire, devenue presque illisible sous les ratures, indique que le manuscrit a appartenu à Catherine d'Aragon (1509-1536), troisième femme d'Henri VIII d'Angleterre; mais il n'en faut pas conclure qu'il a été copié et illustré pour cette princesse. Le manuscrit se trouvait en Angleterre au moment de la révolution religieuse accomplie par Henri VIII : le mot « pape » et le nom de saint Thomas Becket ont été biffés dans le calendrier; le feuillet qui contenait l'antienne et l'oraison en l'honneur de ce même saint Thomas Becket a été arraché. A partir du XVIe siècle la trace du manuscrit se perd. Nous le retrouvons en 1823 au couvent des Bénédictines écossaises d'Ypres. En 1825, il a été donné par Guillaume Ier, roi des Pays-Bas, à la Bibliothèque royale de La Haye.

La décoration se compose de trente-deux miniatures à pleine page et de vingt et une initiales historiées, auxquelles il faut ajouter le médaillon du fermoir : miniature de vingt-cinq millimètres de diamètre, qui représente la Vierge tenant l'enfant Jésus sur ses genoux. L'ensemble de cette décoration a été attribué à Guillaume Vrelant, ou, du moins, à son atelier. Le médaillon du fermoir serait de Vrelant lui-même, les miniatures et initiales historiées seraient de son atelier. J'avoue que la parenté avec l'œuvre authentique du maître des *Chroniques de Hainaut* me semble plutôt douteuse : ni dans le médaillon du fermoir, ni dans les miniatures ne se retrouvent ni son style ni sa manière. Le rendu des ciels, le coloris, les types, diffèrent totalement; de simples photographies comme celle de l'Epiphanie (fol. 69) et de la mise au tombeau (fol. 80vo) en témoignent (pl. doc. 15bis et 15ter).

Je me demande même si la décoration est flamande : les initiales de couleurs, qui ornent les principales divisions du livre d'heures, sont beaucoup plus anglaises que flamandes (fol. 8; pl. doc. 15). D'ailleurs, l'attribution à un atelier du continent soulève quelques difficultés. Le manuscrit est un livre d'heures à l'usage de Sarum : faute d'indications contraires, il est à présumer qu'il a été aussi copié et décoré dans la même région. Je sais bien qu'un certain nombre de manuscrits ont été exécutés en Flandre pour l'Angleterre; c'est peut-être le cas de celui-ci (1). En serait-il ainsi que, même alors, j'écarterais le nom de Vrelant. Il n'est pas démontré que le fermoir à miniature ait été une spécialité de l'atelier de ce miniaturiste, et surtout une spécialité exclusive.

LEIPZIG

11. *Börner* (olim). Sept feuillets détachés mesurant 12 centimètres sur 8. Ils représentent des scènes de la vie et de la mort de Jésus. Je ne les connais que par la notice du catalogue (*Auktion XCIV*, 1908, p. 7 et 8, n° 36) et par la reproduction

(1). BEISSEL (E.), *Exposition de l'histoire de l'art à Düsseldorf, 1904*. II. *Les manuscrits flamands*, dans *Les arts anciens de Flandre*, tome I, p. 53 à 56.

d'une des miniatures (pl. VI). Autant que je peux en juger par une photographie, d'ailleurs réduite, cette composition qui représente la Trinité (Dieu le Père tenant sur ses genoux le cadavre de son Fils) rappelle assez bien la manière de Vrelant et pourrait être sortie de son atelier (couverture des planches documentaires).

LONDRES

En tête de la liste des manuscrits conservés dans les bibliothèques de Londres et attribués à Vrelant, M. Fr. Winkler indique le manuscrit 2900 du fonds Harley, qu'il identifie avec le livre d'heures de Jacques de Brégilles (1). Je crains qu'une confusion ne se soit produite dans l'esprit du savant critique d'art. Le manuscrit 2900 du fonds Harley est un livre d'heures qui a probablement appartenu à Jean de Bedford (1389-1435), si même il n'a pas été exécuté pour lui; le portrait du duc s'y trouve au fol. 54, ainsi que celui de la duchesse; l'un et l'autre sont représentés à genoux devant saint Georges terrassant le dragon (2). Quant au livre d'heures de Jacques de Brégilles, dont il sera question plus loin, il fait actuellement partie de la collection Henry Yates Thompson qui l'avait acquis de Bernard Quaritch, en 1895. Il suffit de comparer la description des deux manuscrits pour voir qu'ils n'ont rien de commun.

12. *Victoria and Albert Museum*. Ms. L. 2384-1910. — Ce manuscrit qui fait partie de la collection Salting, est un livre d'heures à l'usage de Rome. Il se compose de 248 feuillets, mesurant 107 millimètres sur 77. Le manuscrit provient de la collection Spitzer. Il a été décrit, sous le n° 235, dans le catalogue de l'exposition de manuscrits enluminés du Burlington Fine Arts Club (3). La décoration est l'œuvre de plusieurs mains. Seule la miniature du fol. 18vo, représentant le martyre de sainte Catherine serait sortie de l'atelier de Vrelant (pl. doc. 16, nos I et II).

13. *Victoria and Albert Museum*. Ms. L. 2493-1910. — Ce manuscrit est, comme le précédent, un livre d'heures à l'usage de Rome; il fait également partie de la collection Salting. Il se compose de 263 feuillets, mesurant 110 millimètres sur 75. Il a été décrit, sous le numéro 299, dans le catalogue de l'exposition de manuscrits du Burlington Fine Arts Club (4). Il est orné de quinze miniatures à pleine page. Dans l'ensemble, cette décoration s'apparente à celle du bréviaire de Philippe le Bon et accuse la manière de Vrelant. Les deux pages reproduites représentent l'une la crucifixion, l'autre la salutation angélique (fol. 13vo et 45vo; pl. doc. 16, nos III et IV); remarquer en particulier le caniche qui égaie l'encadrement du fol. 45vo.

(1). Winkler (Fr.), *Die flämische Buchmalerei*, 1925, p. 71 et 179.

(2). *A Catalogue of the Harleian manuscripts in the British Museum*, vol. II, 1808, p. 718.

(3). La collection Spitzer, t. V, 1892, n° 25, p. 140. — Burlington Fine Arts Club, *Exhibition of illuminated manuscripts*, 1908, n° 235, p. 114, pl. 146.

(4). Burlington Fine Arts Club, *Exhibition of illuminated manuscripts*, 1908, n° 229; p. 111-112; pl. 143.

14. *Murray* (Collection John). — Livre d'heures à l'usage de Rome. Il se compose de 248 feuillets, mesurant 90 millimètres sur 66. Je ne le connais que par la description du catalogue du Burlington Fine Arts Club (n° 230), et par les photographies obligeamment communiquées par M. Millar (pl. doc. 17). L'écriture est italienne (1), mais la décoration est flamande et rappelle assez bien la manière de Vrelant. Il est donc possible que ce manuscrit soit sorti de son atelier.

15. *Sotheby* (olim). *La légende dorée.* — Ce manuscrit, en deux volumes, provient de la bibliothèque de lord Ashburnham (ancien fonds Barrois). Avant la Révolution, il appartenait aux Minimes de La Guiche. Il a été décrit dans le catalogue de vente de 1901 (2). Depuis 1911, il fait partie de la bibliothèque Pierpont Morgan. Voir ci-après : New-York.

16. *Thompson* (Collection Henry Yates). Ms. 13. Livre d'heures. — Ce manuscrit se compose de 210 feuillets, mesurant 190 millimètres sur 135. Il a appartenu à Jacques de Brégilles, dont le livre de raison remplit les fol. 194 et 194vo. La décoration se compose de grisailles rehaussées d'or et de couleurs. Au jugement du comte Paul Durrieu, qui avait vu le manuscrit, la crucifixion (fol. 27) et la Pentecôte (fol. 35) seraient de la main de Vrelant (pl. doc. 18). Le livre d'heures a été acquis de Bernard Quaritch, en mai 1895, par M. Henry Yates Thompson (3).

17. *Whitehead* (Collection Jeffery). — Ce manuscrit du milieu du XVe siècle est un livre d'heures à l'usage de Rome. Il se compose de 353 feuillets, mesurant 108 millimètres sur 102. Je ne le connais que par le catalogue du Burlington Fine Arts Club (n° 231) et par la photographie qui représente la Vierge et l'enfant Jésus, entourés de deux anges musiciens; le possesseur du manuscrit est agenouillé devant eux (4). Il me paraît difficile de risquer une appréciation sur ce seul document qui ne semble pas très caractéristique de la manière de Vrelant.

MADRID

18. *Bibliothèque nationale.* Ms. III/10. Livre d'heures. — Ce manuscrit a fait l'objet d'une courte description dans deux articles du comte Paul Durrieu (5). C'est un livre d'heures d'origine flamande que le savant historien de la miniature

(1). Burlington Fine Arts Club, *Exhibition of illuminated manuscripts,* 1908, n° 230; p. 112.

(2). The Ashburnham Library. *Catalogue..., 1901, n°* 616, p. 227.

(3). *Facsimiles of illustrations in biblical and liturgical manuscripts executed in various countries during the XI-XVI centuries, now in the possession of Bernard Quaritch.* London, 1892, p. 12 et pl. 24, 25 et 26.

James (M. R.), *A descriptive catalogue of fifty manuscripts from the collection of Henry Yates Thompson,* 1898, n° 13, p. 63-67. — *Illustrations from one hundred manuscripts in the library of Henry Yates Thompson.* Tome VII. Londres, 1918, p. 7; pl. XXVII et XXVIII.

Seymour de Ricci, *Les manuscrits de la collection Henry Yates Thompson,* dans *Bulletin de la Société française de reproductions de manuscrits à peintures,* 1926, p. 51, n° 13.

(4). Burlington Fine Arts Club, *Exhibition of illuminated manuscripts,* 1908, n° 233; p. 113; pl. 145.

(5). Durrieu (Comte Paul), *Manuscrits d'Espagne remarquables... par leurs peintures...* II. *Manuscrits d'origine flamande,* dans *Bibl. de l'Ecole des chartes,* 1893, p. 279. — Du même : *L'histoire du bon roi Alexandre,* dans *Rev. de l'art anc. et mod.,* 1903, p. 63.

n'hésitait pas à attribuer à Guillaume Vrelant ou à son atelier. M. Fr. Winkler identifie ce manuscrit avec un livre d'heures ayant appartenu au Senor Don Alonso Fernandez de Cordoba (ms. C. 133. Res. 6ª-9); le P. J. Van den Gheyn en a donné une description détaillée (1). C'est un volume de 191 feuillets, orné de vingt miniatures dans la manière de Vrelant. Plusieurs compositions, telle la Nativité, sont des répliques de certaines pages du bréviaire de Philippe le Bon. Quant au coloris, il rappelle d'une manière frappante celui de notre miniaturiste. La notice du comte Paul Durrieu et celle du Père J. Van den Gheyn diffèrent si complètement que je me demande si M. Winkler ne s'est pas trompé et si nous n'avons pas affaire à deux manuscrits au lieu d'un seul. S'il en était ainsi, ce livre d'heures s'ajouterait à ceux qui sont attribués à l'atelier de Guillaume Vrelant.

19. *Bibliothèque du roi d'Espagne.* — Il s'agit du livre d'heures dit de Jeanne la Folle, ou plutôt, de Jeanne Henriquez, reine d'Aragon. Il a été décrit par le comte Paul Durrieu dans les deux articles cités ci-dessus et par le P. Van den Gheyn (2). L'illustration de ce beau manuscrit compte soixante-douze peintures à pleine page et vingt-quatre miniatures. Le comte Paul Durrieu pensait que le manuscrit avait été exécuté pour Jeanne Henriquez et il y voyait le chef-d'œuvre de Guillaume Vrelant. Le P. J. Van den Gheyn est moins affirmatif. D'après lui, les armes de la reine d'Aragon ne seraient pas originales : elles auraient été ajoutées. Quant à l'auteur des peintures, c'est de deux miniaturistes qu'il faudrait parler : « Si l'un d'eux s'y révèle nettement flamand, l'autre ne paraît pas complètement dégagé de l'influence française ». Au premier appartiendraient plusieurs peintures, comme le mariage de la Vierge, la Nativité, la Résurrection et David en prière qui offrent, avec l'œuvre de Guillaume Vrelant, et, en particulier, avec le bréviaire de Philippe le Bon, une affinité incontestable.

MUNICH

20. *Bayerische Staatsbibliothek.* Cod. gall. 40 (L. 154). — Ce manuscrit est un livre d'heures de Philippe le Bon; son portrait s'y voit à plusieurs reprises. D'après Winkler, certaines miniatures du début et celle du fol. 173vo seraient de Guillaume Vrelant. Il est visible en effet (pl. doc. 19) que plusieurs artistes ont travaillé à la décoration. Je me demande si la miniature du fol. 3vo (buste du Christ) est bien de Vrelant; mais je lui attribuerais volontiers, à lui ou à son atelier, celle du fol. 173vo qui représente le couronnement de la Vierge.

21. *Ludwig Rosenthal* (olim). — Ce manuscrit est un livre d'heures mesurant

(1). Van den Gheyn (Père J.), *Notes sur quelques manuscrits à miniatures de l'école flamande conservés dans les bibliothèques d'Espagne*, dans *Annales de l'Académie royale d'archéologie de Belgique*, 1906, p. 315.

(2). Durrieu (Comte Paul), *Manuscrits d'Espagne, loc. cit.*, p. 276 à 279. — Du même : *L'histoire du bon roi Alexandre, loc. cit.* p. 63. — Van den Gheyn (Père J.), *Notes sur quelques manuscrits à miniatures de l'école flamande conservés dans les bibliothèques d'Espagne*, dans *Annales de l'Académie royale d'archéologie de Belgique*, t. LVIII, 1906, p. 321 à 324.

118 millimètres sur 85. La décoration décèle plusieurs mains, parmi lesquelles il serait facile de reconnaître celle de Vrelant. Ce manuscrit fait maintenant partie de la collection du Dr. Gerhard Güttler, Reichenstein (Silésie). Renseignement communiqué aimablement par M. Ludwig Rosenthal.

NAPLES

22. *Archives de l'Etat*, ms. XLIX. Livre d'heures. — Ce manuscrit a fait partie de l'Exposition d'art sacré organisée à Turin en 1898. Je ne le connais que par la courte notice que lui a consacrée (p. 54) le catalogue de cette exposition (1) et par les quatre miniatures de la planche documentaire 20. Le manuscrit mesure 234 millimètres sur 169. L'écriture est italienne; mais la décoration flamande rappelle la manière de Vrelant et il est fort possible que le manuscrit soit sorti de son atelier.

NEW-YORK

23. *Bibliothèque Pierpont Morgan*, ms. 458. *La légende dorée.* — Ce charmant recueil offre un curieux exemple des pérégrinations d'un manuscrit. Copié et illustré pour Jean d'Auxy qui fut nommé chevalier de la Toison d'or en 1445, et dont les armes ornent le fol. 1 du tome 1er (pl. doc. 21), il est donné aux Minimes de La Guiche, en 1651, par Louis de Valois, duc d'Angoulême. Le catalogue de 1740 le mentionne en ces termes : « Légende dorée, in-fol., vélin, t. 1, 2, 3 » (2). Le manuscrit demeure la propriété de ces religieux jusqu'à la Révolution. En 1794, il est dévolu au directoire du département de Saône-et-Loire. Quelque temps après, il disparaît, ainsi que le beau manuscrit de la *Cité de Dieu* de saint Augustin provenant du même couvent (3). Le 10 octobre 1835, le tome III est acquis par la bibliothèque municipale de Mâcon; il y est conservé aujourd'hui sous le n° 3.

Que devinrent les deux premiers ? Nous les retrouvons, en 1849, dans la collection d'un personnage tristement célèbre, l'émule de Libri : Joseph Barrois. De là ils passent dans celle du comte d'Ashburnham. Le *Catalogue of the manuscripts at Ashburnham Place. Part the second, comprising a collection formed by M. J. Barrois* les décrit en ces termes sous le n° LXIX : « Ms. of the fifteenth century. On vellum. Folio, 2 vol. Vol. I. ff. 295. Vol. II. ff. 269. On the first leaf, are emblazoned the arms

(1). Carta (F.), Cipolla (C.), e Frati (C.), *Monumenta paleographica sacra. Atlante paleografico-artistico*, 1899, p. 14, fig. CI, 2.

(2). « *Manuscripta.* Livres qui étoient à Chaumont et donnés à la Bibliothèque par la libéralité de Madame la la Duchesse d'Angoulesme, nostre illustre fondatrice... [17-19] *Légende dorée*, in-fol. vélin, t. 1, 2, 3 ».
Catalogue des livres composant la bibliothèque des Minimes de la Guiche (1740). Archives de Saône-et-Loire, H, supplément; Minimes de la Guiche, fol. 121. (Communication de M. Arth. Morgand, archiviste de Saône-et-Loire).

(3). Lex (Léon), *La Cité de Dieu de la Bibliothèque de Mâcon*, 1906, p. 8, n° 2.

of Jean d'Auxy, knight of the Toison d'or, *chequy or and gu.* On the same leaf is written : « Ex bibliotheca Minimorum Guichiensium. » In modern crimson marocco binding. — A magnificent manuscript, with very numerous illuminations; most of those in the first volume being in camaieu gris, and those in the second chiefly in colours ». En 1901, la collection du comte d'Ashburnham est mise en vente et il est facile de reconnaître nos deux volumes dans la notice 616 du catalogue. De 1902 à 1911, ils font partie de la bibliothèque de M. de Montgermont, à Paris. Enfin, en 1911, M. Pierpont Morgan les acquiert d'Edouard Rahir, libraire, à Paris, qui les avait fait relier de nouveau après les avoir répartis en quatre volumes. C'est ainsi qu'aujourd'hui, le manuscrit jadis copié et décoré pour Jean d'Auxy, chevalier de la Toison d'or et grand maître des arbalétriers de France, forme le n° 458 de la bibliothèque Pierpont Morgan, à New-York.

La décoration du manuscrit est considérable : elle comprend cent quarante-trois miniatures. Presque toutes celles du premier volume (aujourd'hui tomes I et II) sont des grisailles; celles du second (aujourd'hui tomes III et IV) sont en couleurs. Grâce aux photographies aimablement communiquées par Miss Belle da Costa Greene, directrice de la bibliothèque Pierpont Morgan, et à la notice très complète qui les accompagnait, il est facile d'y reconnaître plusieurs mains. Combien ? Je ne saurais le dire au juste, n'ayant pas examiné le manuscrit. Je ne saurais dire non plus quelle part il convient d'attribuer à Guillaume Vrelant dans la décoration; mais cette part est réelle. Il suffit de jeter les yeux sur certaines pages (t. I, fol. 1 : copiste au travail, et tome III, fol. 271 : le martyre de saint Pierre « diacre »; pl. doc. 21 et 22), pour y reconnaître la manière de notre miniaturiste. Ce faire spécial à Vrelant se retrouve dans plusieurs des vingt-neuf miniatures en couleurs du manuscrit de la bibliothèque de Mâcon (pl. doc. 22*bis*); il n'en est pas de même des quarante-neuf grisailles qui ornent ce volume et qui seraient de trois ou quatre mains.

Il n'est pas douteux que le manuscrit 458 de la bibliothèque Pierpont Morgan et le manuscrit 3 de Mâcon forment une seule et même *Légende dorée*; les faits suivants l'établissent et la conclusion qui s'en dégage paraît recevable. Il est certain que le manuscrit de New-York est bien celui qui a fait partie de la collection Barrois et qui est entré en 1849 dans celle du comte d'Ashburnham. Il est certain que le manuscrit de New-York et celui de Mâcon proviennent tous les deux de la bibliothèque des Minimes de La Guiche et que l'un et l'autre ont appartenu à Jean d'Auxy. Il est certain que les deux manuscrits sont de même format : celui de New-York mesure 380 millimètres sur 272; celui de Mâcon 391 sur 275; la légère différence provient de ce que les volumes de la bibliothèque Pierpont Morgan ont été rognés par le dernier relieur. Quant à la justification, elle est la même ou peu s'en faut : New-York, 250 sur 156; Mâcon, 250 sur 158 millimètres. Ajoutons qu'il n'y a pas de solution de continuité entre les deux textes : le dernier volume de New-York s'achève sur les premières lignes de la légende des saints

Chrysanthe et Daria : « Et après ce, elle [Daria] se donna voulente bonne; car Crisant la converty à Dieu son créateur »; celui de Mâcon prend immédiatement la suite de l'histoire et débute par ces mots : « Crisant fut filz de ung très noble homme lequel estoit nommé Polim. Mais quant lepère vey que son filz estoit introduit à la foy Jhesucrist... » Disons enfin que l'écriture des trois volumes présente les mêmes caractéristiques et qu'elle a toutes les chances d'être de la même main. Le manuscrit 458 de la bibliothèque Pierpont Morgan forme donc les tomes Ier et IIe d'une *Légende dorée* dont le manuscrit 3 de Mâcon constitute le tome IIIe et dernier.

PARIS

24. *Bibliothèque nationale*, ms. fr., 308. *Miroir historial.* — Les manuscrits français 308, 309, 310 et 311 de la Bibliothèque nationale forment les quatre volumes du *Miroir historial* de Vincent de Beauvais, traduit en français par Jean de Vignay. Une note placée à la fin du manuscrit 311 (fol. 486vo) indique que le travail a été terminé en 1455. Cet exemplaire a été copié et illustré pour Louis de Bruges, seigneur de la Gruthuyse, dont les armes, soigneusement grattées et effacées, ont fait place à celles de Louis XII, roi de France.

La décoration des quatre volumes se compose de deux peintures (et non d'une seule, comme le dit le comte Paul Durrieu dans *La miniature flamande*, p. 46) et d'un certain nombre de grisailles, la plupart sur fond d'azur semé de nuages d'argent. La première orne le fol. 13 du manuscrit 308. Elle représente la Trinité et le châtiment des anges rebelles (pl. doc. 23). Le comte Paul Durrieu l'a attribuée à Guillaume Vrelant. Je dois l'avouer, l'affinité de cette composition avec l'œuvre authentique du maître ne s'impose pas : je n'y retrouve ni le style ni le coloris des *Chroniques de Hainaut.* D'ailleurs, l'éminent historien de la miniature flamande l'a bien senti lui-même : aussi n'a-t-il parlé que d'une œuvre de la jeunesse de Vrelant qu'il lui a attribuée sous certaines réserves. La seconde peinture orne le début du manuscrit 310 (fol. 2); elle représente Théodose le Grand devant Constantinople (pl. doc. 24). Si le comte Durrieu l'avait connue, il en aurait sûrement fait les honneurs à Vrelant, car elle offre toutes les caractéristiques du maître : même manière de peindre les ciels, même coloris, mêmes types, même façon de rendre les plis des vêtements, même air étonné des visages, etc.

25. *Bibliothèque nationale*, ms. fr. 6449. *La vie de sainte Catherine.* — Ce curieux manuscrit contient une *Vie de sainte Catherine*, traduite en français par Jean Miélot, chanoine de Lille, un des secrétaires du duc de Bourgogne, en 1457.

La décoration se compose de soixante peintures en grisaille rehaussée de bistre et d'or; la plupart se détachent sur des fonds outremer semés de petits nuages d'argent. Toutes ne sont pas de la même main; le dessin et la composition offrent de notables différences; quelques-unes, et, en particulier, celles des fol. 11vo, 31vo,

34vo, 43, 47, 56 et 57, sont visiblement inférieures aux autres. Waagen a attribué l'ensemble à Roger van der Weyden, sauf les sept que je viens d'indiquer dont Memling aurait été l'auteur. Le comte Léon de Laborde y a vu l'œuvre d'un élève de Roger van der Weyden. Plus près de nous, le comte Paul Durrieu, Charles Ruelens et Frédéric Winkler les ont attribuées à Guillaume Vrelant.

Ecartons résolument les deux premières attributions. Les miniatures de la *Vie de sainte Catherine* ne manquent pas d'intérêt, mais entre ces modestes compositions et les toiles d'un Roger van der Weyden et d'un Memling, il y a toute la distance qui sépare le métier du talent ou du génie. Je ne pense pas non plus qu'il y ait lieu de songer à un élève du premier de ces peintres. L'attribution à Vrelant paraît vraisemblable, sans cependant être certaine. Des analogies d'exécution, des procédés d'atelier, une prédilection marquée pour les motifs architecturaux, la manière de dessiner les arbres et les plis des vêtements : tout cela rappelle les *Chroniques de Hainaut*. Même inhabilité pour rendre les raccourcis, même gaucherie dans les attitudes. D'autre part, les types de la *Vie de sainte Catherine*, hommes et femmes, les premiers surtout, diffèrent complètement des types habituels de Vrelant. Traits grimaçants des visages, pommettes durement accusées, lèvres aux plis amers, donnent aux personnages un air triste et douloureux qui contraste avec l'aspect souriant et paisible de ceux des *Chroniques de Hainaut*. Cette constatation rend douteuse l'attribution de ces miniatures à Guillaume Vrelant lui-même, mais rien ne s'oppose à ce qu'elles soient l'œuvre de son atelier ou de quelque habile imitateur. Les sujets que reproduisent les planches documentaires sont les suivants : fol. 5, Jean Miélot présente son manuscrit à Philippe le Bon (pl. doc. 25); fol. 11vo, Constance accorde la liberté aux chrétiens (pl. doc. 26); fol. 17, le mariage du roi Costus et de la reine Sabinelle, le père et la mère de sainte Catherine (pl. doc. 27); fol. 18, la naissance de sainte Catherine (pl. doc. 28).

26. *Musée du Louvre.* Cabinet des dessins; miniature n° 1698. Tableau servant à indiquer les degrés de parenté. XVe siècle. — Cette page est un feuillet détaché d'un traité de droit ou d'un de ces *Traictiés parlant de mariage et aultres choses*, signalés dans les inventaires de la librairie de Bourgogne. C'est par erreur que M. Winkler a parlé d'un arbre de Jessé (1); en réalité il s'agit d'un tableau servant à calculer les degrés de parenté, et, plus précisément, « les degrés d'affinité entre les amis du mary et de la femme », ainsi qu'il est indiqué au verso du feuillet. La miniature représente un arbre stylisé dont les dix branches se terminent en autant de rinceaux, à l'extrémité desquels se tiennent dix enfants : cinq jeunes filles et cinq garçons dont un encore au berceau. Le père est adossé à l'arbre, les pieds posés sur des écots; à sa gauche, la mère est debout sur le sol. L'encadrement qui n'a pas pris place sur le cliché, est formé de rinceaux d'or et d'azur, de fleurs peintes au naturel et de grappes de raisins (pl. doc. 29).

(1). Winkler (Fr.), *Die flämische Buchmalerei*, 1925, p. 71.

Le manuscrit, dont faisait partie ce feuillet, a été illustré pour Antoine, le grand bâtard de Bourgogne (1421-1504), dont les armes se voient au bas de l'encadrement et dont la devise se lit dans la bordure de droite : « *Nul ne sy frote — Ainsy le veul* ». Cette peinture a été attribuée par le comte Paul Durrieu à Guillaume Vrelant : « Ce qui en fait l'intérêt, disait-il, le 11 décembre 1889, à la Société des Antiquaires de France, c'est que, en rapprochant ce fragment de volume de certains manuscrits conservés dans les bibliothèques de Bruxelles et de Paris, on peut affirmer en toute certitude que la peinture est due à Guillaume Vrelant... » C'est peut-être beaucoup dire. L'ensemble offre bien une vague ressemblance avec les productions authentiques du maître, mais rien n'y rappelle son habileté de main; l'exécution est médiocre; le dessin manque de netteté, les gestes sont gauches et mal rendus. Enfin, le coloris est terne et sans vigueur : nous sommes loin des tonalités crues et volontiers brutales des *Chroniques de Hainaut.*

27. *Petit Palais.* Collection Dutuit, n° 456 du catalogue de 1899. *Histoire du bon roi Alexandre.* XVe siècle, entre 1455 et 1467. — Ce beau manuscrit contient l'histoire d'Alexandre, traduite en français par Jean Wauquelin. Elle est divisée en deux livres; le premier comprend cent cinquante-sept chapitres (fol. 1 à 179), le second cent vingt-huit (fol. 180 à 327); le premier raconte l'histoire d'Alexandre depuis sa naissance jusqu'à son mariage; le second depuis le mariage du roi jusqu'à sa mort. L'illustration est abondante : elle se compose de deux cent quatre peintures, cent six dans le premier livre et quatre-vingt-dix-huit dans le second. Comme il est facile de le deviner, un ensemble décoratif aussi important, n'est pas l'œuvre d'un seul miniaturiste, mais de tout un atelier.

Ces peintures accusent entre elles de telles différences de dessin, de composition et de coloris, qu'il faut les attribuer à plusieurs artistes. A moins de supposer une virtuosité qui tiendrait du prodige, il n'est pas possible que le pinceau à qui sont dues les premières pages soit le même qui a exécuté les admirables scènes du vœu du paon (fol. 84 à 92). Plusieurs miniaturistes ont collaboré à la décoration. Combien? Deux, quatre, six? Davantage peut-être? M. Paul Vitry avait d'abord attribué ces peintures à Philippe de Mazerolles. Un peu plus tard, le comte Paul Durrieu en faisait honneur à Guillaume Vrelant, au « Maître de la Toison d'or » et à quelques miniaturistes secondaires (1). Quant à Robert Hénard (2), la collaboration de deux artistes, Guillaume Vrelant et Philippe de Mazerolles, lui paraissait évidente.

A son tour, M. de Mély a examiné ce beau manuscrit; la très suggestive étude qu'il lui a consacrée y découvre un nombre de miniaturistes dont le total approche de la douzaine, et il se pourrait qu'il en fût ainsi (3). En toute hypothèse, la part de

(1). Durrieu (Comte Paul), *L'histoire du bon roi Alexandre, loc. cit.*, p. 49 sq.

(2). Hénard (Robert), *L'art flamand à la collection Dutuit*, dans *Les arts anciens de Flandre.* T. I, p. 158 à 165.

(3). Mély (F. de), *L'histoire du bon roi Alexandre,* dans *Gazette des Beaux-Arts,* 1910, p. 173 à 194. — Du même : *Les primitifs et leurs signatures. Les miniaturistes.* 1913, p. 198 à 224.

Vrelant semble assez réduite. Les six planches énumérées ci-après et reproduites à titre documentaire ne doivent pas faire illusion à cet égard : fol. 7, Jean Wauquelin présente son manuscrit à Philippe le Bon (pl. doc. 30); fol. 8, le mariage de Philippe de Macédoine (pl. doc. 31); fol. 12vo, les clercs assemblés pour expliquer le songe d'Alexandre; sur plusieurs pavés, les initiales A E = Alexandre (pl. doc. 32); fol. 22, Aristote et Alexandre; sur quelques pavés, les initiales affrontées E E = Elisabeth (pl. doc. 33); fol. 63, Alexandre fait la paix avec Cassamus (pl. doc. 34); fol. 140vo, Alexandre devant l'image de Nectanebus (pl. doc. 35). Ce qui paraît certain, c'est que Vrelant a travaillé à l'illustration de ce manuscrit. Les pages que je viens de citer ne comptent pas parmi les plus belles : celles du vœu du paon, notamment, leur sont bien supérieures (fol. 84 à 92); mais du moins elles présentent les caractéristiques du vieux maître brugeois. Celles-ci sont tellement évidentes que le lecteur en peut juger lui-même par l'examen des planches documentaires. Fait assez curieux : les peintures où se reconnaît la main de Vrelant, sont dispersées à travers tout le manuscrit. D'autre part, la miniature de présentation (fol. 7, pl. doc. 30) est une de celles qui rappelle le mieux son style et sa manière. Tout ceci ne peut-il pas s'interpréter du rôle d'un chef d'atelier, plutôt que de celui d'un simple collaborateur ?

SIENNE

28. *Bibliothèque communale*, ms. X. V. I. Le missel de Ferry de Clugny. XVe siècle. — Je n'ai pas vu le manuscrit; je ne le connais que par l'article d'Auguste Castan (1) et par la photographie de la miniature du début. C'est un missel de 417 feuillets à deux colonnes. La miniature initiale représente un évêque à genoux; il est facile de l'identifier grâce au blason : *d'azur à deux clefs adossées d'or, les anneaux entrelacés*; devise : *Bonne pensée* (Clugny); *d'azur semé de fleurs de lis d'or à la tour couverte d'argent d'où sortent deux crosses de gueules* (Tournai). Il s'agit de Ferry de Clugny, évêque de Tournai (1473-1483). Cette page a été attribuée à Guillaume Vrelant, en grande partie, à cause de la signature que plusieurs érudits ont cru y apercevoir (pl. doc. 36).

A l'angle droit de la miniature, en effet, au pied du groupe formé par les trois anges, sur un des pavés, se dessine une lettre qui a exercé la sagacité de plusieurs érudits. Auguste Castan l'a lue à l'envers et en a fait un *M*, qui, pour lui, était l'initiale de Marmion (Simon). Mgr. Dehaisnes y a vu « la lettre *V* avec une petite croix dans son ouverture » (2). Pour le comte Durrieu et M. de Mély (3), cette lettre n'est autre qu'un double *V*, initiale du prénom de Vrelant sous sa forme flamande :

(1). Castan (Aug.), *Le missel du cardinal de Tournai*, dans *Bibl. Ec. des chartes*, t. XLII, 1881, p. 442 à 450.

(2). Dehaisnes (Mgr), *Recherches sur le retable de Saint-Bertin et sur Simon Marmion*, 1892, p. 110 sq.

(3). Durrieu (Comte Paul), *L'histoire du bon roi Alexandre..., loc. cit.*, p. 64. — Mély (F. de), *Les primitifs et leurs signatures. Les miniaturistes*, 1913, p. 207.

Willem. Les docteurs ne sont donc pas d'accord et je ne me flatte pas de les départager. En réalité, puisqu'il s'agit d'un missel, ce « *V* avec une petite croix dans son ouverture » pourrait bien être l'ancien monogramme *V D* (Vere Dignum...) modifié et stylisé par les copistes des sacramentaires et des missels manuscrits, le jambage du milieu, qui servait primitivement aux deux lettres, s'étant peu à peu transformé « en une petite croix ».

En sa qualité de miniaturiste, Vrelant, dont le nom s'orthographiait indifféremment Wyelant, Vreylant, Vredelant, Vreland, Vreeland, connaissait-il ce monogramme usité jusque dans les premiers missels imprimés ? L'aurait-il adopté pour sa signature, sinon d'une manière habituelle (je ne l'ai rencontré nulle part dans son œuvre), du moins pour la miniature qui nous occupe ? C'est possible, mais nullement certain. Il est sûr pourtant que la peinture du missel de Sienne est flamande et qu'elle a été exécutée pour un évêque de Tournai, Ferry de Clugny, qui vivait du temps de Vrelant (1473-1483). Ajoutons que rien ne s'oppose à ce que cette page soit l'œuvre de notre miniaturiste. Elle présente, en effet, des analogies de composition et de facture avec certaines peintures des *Chroniques de Hainaut* : le visage de Ferry de Clugny rappelle celui de l'évêque qui baptise Clovis (pl. doc. 5); on y observe également ces pavés historiés que nous avons maintes fois rencontrés dans l'œuvre authentique du maître.

Je m'étais arrêté à ces conclusions et l'impression de ce travail était déjà commencée lorsque, le 10 septembre 1928, je reçus de M. Galileo Lombardi, de Sienne, l'excellente photographie qui forme la planche documentaire 36. Je l'examinai et au bout de quelques instants, j'apercevais un peu à gauche de l'ω, sur le quatrième pavé, un alpha majuscule : A et ω. O mystère des signatures de miniaturistes ! O fragilité de nos conjectures et de nos hypothèses ! L'*M* de A. Castan, le *V* de Mgr. Dehaisnes, le *W* du comte Paul Durrieu et de M. de Mély, mon *VD* stylisé, étaient un simple oméga ! Sur la même ligne de pavés historiés, d'autres lettres paraissent avoir été tracées : l'une se cache sous la tunique de l'ange, l'autre sous la draperie qui recouvre le prie-Dieu. Je ne saurais dire ce qu'elles signifient. Pour revenir à l'auteur de la miniature, même en négligeant l'interprétation de la lettre ω, je reste persuadé que cette page est sortie de l'atelier de Vrelant : l'air étonné des visages, que je n'avais pas tout d'abord remarqué, est un argument de plus en faveur de cette attribution.

TURIN

29. *Bibliothèque nationale*, ms. L. I. 6. *Bibliothèque des Archives de l'Etat*, ms. *b* III. 12 J. *La Cité de Dieu.* — Ces deux manuscrits ont été décrits dans le magistral ouvrage de M. le comte A. de Laborde : *Les manuscrits à peintures de la Cité de Dieu de saint Augustin.* Paris, 1909, p. 371 à 387; notice 49; pl. XXIII à XXVII, XLII et XLIII. Ce sont les deux volumes d'un exemplaire de *La Cité de*

Dieu : celui de la Bibliothèque nationale a été en partie détruit dans l'incendie de 1904 (26 janvier); l'autre est conservé aux Archives de l'Etat. Je ne les ai examinés ni l'un ni l'autre : je ne les connais que par la savante notice de M. de Laborde et par les sept planches en héliogravure qui l'accompagnent.

Quel est le nom du miniaturiste? La décoration des deux manuscrits est-elle caractéristique de la manière de Guillaume Vrelant? L'artiste n'ayant pas signé son œuvre, il nous faut recourir à ce que M. de Laborde appelle plaisamment « la méthode trompeuse et périlleuse des comparaisons ». L'analyse aboutit aux constatations suivantes : « Visages dessinés finement à la plume... sourcils en arc de cercle ou en accent circonflexe qui donnent aux physionomies des expressions sérieuses ou mélancoliques... Nez très accentués, fortement attachés à l'os frontal... Chevelures bouffantes sur les côtés... Couleurs variées... la gamme de tous les tons... Prédilection pour les paysages et les sites naturels... pour les cours d'eau, les lointains vaporeux baignés par des rivières et des bras de mer où naviguent quantité de bateaux... Fleurs à larges feuilles émaillant la campagne et les jardins... » (*op. cit.*, p. 382). Tous ces traits correspondent assez mal à ceux qui caractérisent les compositions du peintre des *Chroniques de Hainaut.* M. de Laborde l'a lui-même reconnu et il n'a mis en avant le nom de notre miniaturiste qu'avec beaucoup de circonspection : « Nous croyons que les miniatures de notre manuscrit de Turin pourraient être de la main de Guillaume Vrelant... Cependant, il serait téméraire, dans l'état actuel de nos connaissances, de porter une affirmation trop absolue » (*op. cit.*, p. 383). Je ne peux que souscrire aux conclusions de l'éminent érudit; s'il n'y avait témérité de ma part à juger d'un manuscrit d'après quelques photographies, je serais même tenté d'accentuer encore le doute.

VALENCIENNES

30. *Bibliothèque municipale*, ms. 240 (231). — Ce volume contient la seconde partie du *Miroir d'humilité* (la première partie est aujourd'hui à la Bibliothèque nationale de Madrid), quelques sermons de Gerson sur la Passion et l'Imitation de Jésus-Christ. Il est orné de dix peintures à demi-page, dont les fonds sont occupés par des paysages ou des intérieurs; elles ont été longuement décrites par Mangeart dans son catalogue des manuscrits de Valenciennes. Dans l'énumération qui suit, le premier chiffre représente le foliotage actuel; le second le foliotage original. Fol. 1 (211), la naissance de l'enfant (pl. doc. 37); 18 (228), « la création de l'âme humaine par nature » (pl. doc. 38); 31vo (242vo), la richesse et la pauvreté; 37 (246), les honneurs, la puissance, la richesse et les plaisirs (pl. doc. 39); 50 (260), la Trinité et la cour céleste; 71 (273), Jean Gerson prêchant la Passion; 117 (319), autre peinture représentant Jean Gerson prêchant la Passion (pl. doc.

40); 143vo (345vo), prédication (petite chaire mobile en bois); 158 (360), le Christ enseignant; 217 (419), la vocation de Pierre et d'André.

La parenté de ces miniatures avec l'œuvre authentique de Guillaume Vrelant est incontestable : même coloris, même manière de rendre les ciels, même goût pour les motifs architecturaux, mêmes types d'hommes et de femmes; même manière de diviser chaque tableau en deux ou trois compartiments. Toutefois, il est facile de le remarquer, le dessin est moins serré que dans les *Chroniques de Hainaut*; la composition accuse moins d'élégance et de souplesse; le tour de main est moins habile; ajoutons que les types offrent une plus grande variété : toutes ces constatations empêchent d'attribuer ces miniatures à Guillaume Vrelant; mais il est très probable qu'elles sont sorties de son atelier.

VÉRONE

31. *Museo civico.* Livre de prières (Vie de la Vierge).

VIENNE

32. *Bibliothèque nationale.* Ms. 1857. — Le manuscrit 1857 de la Bibliothèque nationale de Vienne est un livre d'heures de Charles le Téméraire. Il a fait l'objet d'une longue et très complète étude de M. Fr. Winkler (1). D'après le savant historien de la miniature flamande, plusieurs artistes auraient collaboré à la décoration de ce manuscrit. Guillaume Vrelant aurait peint seulement la jolie initiale historiée qui orne les heures du Saint-Esprit et qui représente la Trinité (fol. 51; pl. doc. 41). Incontestablement, cette miniature rappelle les compositions analogues de Vrelant : même goût pour les formes architecturales; mêmes types; mêmes expressions des visages; même manière de disposer les plis, etc. Il est donc très probable que cette jolie page est sortie de l'atelier de notre miniaturiste.

33. *Bibliothèque nationale.* Ms. 1987. — Ce manuscrit est un livre d'heures du XVe siècle. Je ne le connais que par les quelques lignes de l'article de M. Winkler (2) et par les photographies reproduites dans les planches documentaires 42 et 42bis : 1° la Pentecôte; 2° la Vierge et l'enfant Jésus entourés d'anges; 3° la salutation angélique; 4° la visitation; 5° le martyre de saint Sébastien; 6° buste du Christ; 7° et 8°, deux personnages en prière. Ce beau livre d'heures est probablement sorti de l'atelier de Guillaume Vrelant.

34. *Bibliothèque nationale.* Ms. 2533. *Chroniques de Jérusalem abrégées.* —

(1). Winkler (Fr.), *Die Künstler des Gebetbuches Karls des Kühnen und ihre Werke (Studien zur Geschichte der niederländischen Miniaturmalerei des XV. und XVI. Jahrhunderts)*, dans *Jahrbuch der kunsthistorischen Sammlungen des allerhöchsten Kaiserhauses*, Band XXXII, Heft 3, 1915, p. 279 à 306; fig. 1 à 8 et pl. VI à XIV.

(2). Winkler (Fr.), *Die Künstler des Gebetbuches Karls des Kühnen und ihre Werke...*, p. 296; fig. 13 et 14.

Ce remarquable manuscrit a été attribué à Vrelant par Alfr. von Wurzbach (1). Autant que je peux me faire une opinion d'après les reproductions photographiques, le style de ces compositions diffère notablement de celui de notre miniaturiste. Le manuscrit est de plusieurs mains : les noms de Philippe de Mazerolles, de Liédet et du maître de Gérard de Rousillon ont été mis en avant par les historiens de la miniature (2).

35. *Bibliothèque nationale. Fidei-Kommiss-Bibliothek*. Ms. 2757. — Ce manuscrit est un livre d'heures. Je le connais seulement par les quelques lignes que lui a consacrées Winkler (*Studien zur Geschichte der niederländischen Miniaturmalerei...* p. 297) et par les quatre photographies obligeamment communiquées par M. le Dr. Smital : fol. 15vo, le Christ bénissant; 18vo, la Pentecôte; 25vo, crucifixion; 59vo, la salutation angélique (pl. doc. 43). Des données aussi réduites permettent tout au plus de dire que ces pages rappellent assez bien la manière de Vrelant et qu'elles sont probablement sorties de son atelier.

ÉLÈVES ET IMITATEURS DE VRELANT

BRUXELLES

1. *Bibliothèque royale*, ms. 9469-9470. « Les prétentions anglaises à la couronne de France et les chroniques d'Ecosse ». XVe siècle, 2e moitié. — L'unique peinture de ce manuscrit (fol. 1; pl. doc. 45) représente une conférence de diplomates; elle accuse une parenté réelle avec la manière de Vrelant; toutefois, l'exécution s'y révèle très inférieure à celle des *Chroniques de Hainaut*.

2. *Bibliothèque royale*, ms. 11104-11105. « Histoire du fort roy Alexandre ». XVe siècle. — Les deux peintures de ce manuscrit (pl. doc. 46 et 47) représentent, l'une Alexandre chevauchant à travers son empire (fol. 10), l'autre Aristote recevant un lettre d'Alexandre (fol. 66). Ces deux pages ne rappellent en rien la manière de Vrelant : le dessin est médiocre et le coloris terne; il paraît difficile de les attribuer même à des élèves ou à des imitateurs.

DRESDE

3. *Sächsische Landesbibliothek*. Ms. A. 178. Livre d'heures. — Je ne connais ce manuscrit que par la description de M. R. Bruck dans son livre sur les peintures des manuscrits saxons (3) et par les photographies des fol. 19vo, la Pentecôte; 24vo, la

(1). Wurzbach (Alfred von), *Niederländisches Künstler-Lexicon*, 2e part. 1910, p. 826.

(2). Smital (O.), *Die Chronick des Kreuzfahrer Königreiches Jerusalem*, 1924, p. 21 sq.

(3). Bruck (Prof. Dr. R.), *Die Malereien in den Handschriften des Königreichs Sachsen*, 1906, p. 335-336 et fig. 215.

Vierge et l'enfant Jésus; 55vo, l'Annonciation; 71vo, la Visitation; 81vo, la Nativité et 86vo, l'Annonce aux bergers. La planche documentaire 48 reproduit la deuxième et la quatrième de ces miniatures. Le volume se compose de 171 feuillets mesurant 210 millimètres sur 145. Ce manuscrit date de la seconde moitié du XVe siècle et il est probablement l'œuvre d'élèves ou d'imitateurs de Vrelant.

GENÈVE

4. *Bibliothèque publique et universitaire.* Ms. fr. 64. *La fleur des histoires* de Jean Mansel. — C'est le manuscrit déjà décrit (p. 158); certaines pages, de qualité inférieure, seraient l'œuvre d'élèves ou d'imitateurs de Vrelant.

LA HAYE

5. *Bibliothèque royale*, ms. 76 E. 21 (Anc. Y. 418, et non : G. 418). *Virgile.* XVe siècle. — Cet exemplaire des œuvres de Virgile se compose de trois volumes. I. *Les Bucoliques.* Dix miniatures d'exécution assez faible; entre autres celle du fol. 27vo qui représente Silène endormi (pl. doc. 49). II. *Les Géorgiques.* Trois miniatures d'exécution médiocre; celle du fol. 42vo représente un rucher. III. *L'Enéide.* Onze miniature de bonne exécution, dont les fonds sont occupés par des paysages ou par des intérieurs; fol. 231, la mort de Turnus (pl. doc. 50). Ces peintures ont été attribuées par Winkler à des élèves ou à des imitateurs de Vrelant. Cette attribution est fondée. La plupart des miniatures, notamment les scènes de bataille, rappellent sa manière et son style : c'est sa façon de peindre les ciels, son coloris brutal et criard, son abus de l'outremer, etc. Toutefois, il ne saurait être question du maître lui-même, mais d'élèves ou d'imitateurs plus ou moins habiles.

LONDRES

6. *British Museum.* Royal manuscripts, 14 E IV. — Ce manuscrit est le tome III de la *Chronique d'Angleterre* par Jean de Wavrin. D'après la notice du « Catalogue of royal and king's manuscripts » (t. II, p. 140), il a probablement été exécuté à Bruges pour Edouard IV. Plusieurs artistes ont travaillé à sa décoration et les trente-huit miniatures qui la composent présentent des différences et des inégalités notoires. Fr. Winkler a pensé que plusieurs de ces miniatures et particulièrement celle du fol. 10 qui représente Richard II entouré de sa cour (*Cat.*, t. IV, pl. 86), pouvaient être attribuées à quelque imitateur de Vrelant. S'il en était ainsi, il faudrait dire que l'imitateur est resté fort éloigné de son modèle, notamment dans le choix de ses types, lesquels diffèrent de ceux de Vrelant sous plus d'un rapport.

MUNICH

7. *Bayerische Staatsbibliothek.* Cod. gall. 28. — Ce manuscrit contient une série de traités : 1° sur la doctrine du disciple de Sapience (fol. 1 à 50); 2° sur la manière de vivre en état de grâce (fol. 51 à 59); 3° sur la confession (fol. 59 à 64); 4° sur la science de bien mourir (fol. 64 à 130). Quant à la décoration, je ne puis en juger que par les trois planches documentaires énumérées ci-après : 1° la Sagesse divine et le disciple (fol. 1; pl. doc. 51); 2° un malade à son lit de mort (fol. 5vo; pl. doc. 52); 3° la pénitence (fol. 51; pl. doc. 52bis). Winkler a parlé à ce propos d'un disciple de Vrelant. J'avoue que la parenté avec l'œuvre authentique du maître me semble fort douteuse : ni dans l'ensemble des compositions ni dans le détail je ne retrouve la manière de notre miniaturiste. Il n'est pas jusqu'aux encadrements qui ne diffèrent complètement.

PARIS

8. *Bibliothèque nationale.* Ms. fr., 191 (anc. 6851). — *Le Livre du Trésor* de Brunetto Latini, traduit en français et copié par Jean du Quesne, calligraphe lillois. Ce manuscrit a été illustré pour Louis de Bruges, seigneur de la Gruthuyse, dont les armes ont été couvertes par celles de Louis XII (fol. 1, 119 et 239), mais dont l'emblême (la bombarde) est demeuré intact dans les encadrements. La décoration se compose de trois peintures à demi-page : fol. 1, présentation d'un manuscrit à un chevalier de la Toison d'or, la création du monde; fol. 119, les quatre vertus cardinales : la Force, la Justice, la Tempérance et la Prudence; fol. 239, aménagement d'une place forte en vue d'un siège. La première a été reproduite par le comte Paul Durrieu dans son étude sur la miniature flamande (pl. 52). Je ne vois rien, dans cette décoration, qui rappelle la manière de Vrelant. Les types diffèrent totalement : presque tous ont les pommettes saillantes; ils sont joufflus et petits de taille; beaucoup ont tendance à loucher et quelques-uns louchent complètement; rien de cet air étonné qui caractérise les personnages de notre miniaturiste. Le coloris présente lui aussi de notables différences : les couleurs sont moins vives, les tons moins criards; les ciels sont traités d'une autre façon; j'en dis autant des paysages et en particulier des arbres.

9. *Bibliothèque de l'Arsenal,* ms. 5196. *Valère Maxime.* XVe siècle. — Ce manuscrit est une traduction française de *Valère Maxime,* par Simon de Hesdin et Nicolas de Gonesse. La décoration se compose de neuf grandes peintures et de quatre-vingt et une petites. L'influence de Vrelant, ou, du moins, son imitation, n'apparaît qu'à partir du VIIe livre et surtout à partir du VIe chapitre, mais elle est frappante. La miniature du fol. 310 représente l'enrôlement des esclaves après la bataille de Cannes, celle du fol. 357vo, un vieillard bêchant son jardin (pl. doc. 53).

VENISE

10. *Museo civico.* V. 7. Livre d'heures. — D'après Winkler, il est peu probable que ce manuscrit soit sorti de l'atelier de Guillaume Vrelant. Le style de Vrelant s'y mélange avec celui de Mazerolles, les bordures et maintes compositions rappellent plutôt la manière de ce dernier miniaturiste. En somme, il s'agit ici d'un imitateur de Vrelant beaucoup plus que d'un de ses élèves.

VIENNE

11. *Bibliothèque nationale. Fidei-Kommiss-Bibliothek.* Ms. 7978. Livre d'heures de Guillaume de Montfort. — Ce manuscrit a fait l'objet d'une savante étude de Fr. Freiherrn von Hess-Diller (1). C'est un livre d'heures de Guillaume de Montfort dont les armes se voient à maintes reprises dans le manuscrit. D'après Winkler, seules quelques miniatures pourraient être attribuées à Vrelant : celles des fol. 25vo, 48vo et 76vo. La composition de ces pages rappelle en effet la manière de notre miniaturiste : il est facile d'en juger par la planche documentaire 44 qui reproduit les deux premières : l'Annonciation (fol. 25vo) et l'annonce aux bergers (fol. 48vo).

MANUSCRITS AVEC IMAGES D'IMITATEURS DE VRELANT

BRUXELLES

1. *Bibliothèque royale*, ms. 9297-9302. *Méditations de saint Augustin.* XVe siècle, 2e moitié. — Les deux miniatures de ce manuscrit (pl. doc. 54 et 55) représentent, l'une saint Augustin (fol. 5), l'autre un personnage assis devant un pupitre (fol. 73). Toutes les deux accusent l'influence de Vrelant; l'exécution très faible fait songer à quelque imitateur maladroit.

MÜNSTER

2. *Provinzial Museum.* Livre d'heures.

PARIS

3. *Bibliothèque de l'Arsenal*, ms. 652. — Ce manuscrit est un livre d'heures à l'usage de Rome; il date du XVe siècle. Il est orné de douze miniatures d'exécution assez médiocre. La décoration est nettement française et rien n'indique une influence

(1). Freiherrn von Hess-Diller (Fr.), *Das officium beatae Mariae virginis in der k. und k. Familien-Fideicommiss-Bibliothek*, dans *Jahrbuch der kunsthistorischen Sammlungen des allerhöchsten Kaiserhauses...*, 1891, p. 279 à 296, fig. 1 à 7 et pl. XXVI à XXXII.

flamande. Ce qui a sans doute fait songer à Vrelant, ce sont les deux miniatures (pl. doc. 56) représentant un seigneur et une dame en adoration devant le Saint-Sacrement (fol. 49vo) et la mort de la Vierge (fol. 131vo). La ressemblance avec les deux miniatures du bréviaire de Philippe le Bon (ms. 9026, fol. 258 et 365; pl. XII et XIII) est incontestable; mais elle se dégage beaucoup plus de la composition que du dessin et du coloris. Ceux-ci ne rappellent aucunement la manière de Vrelant. De simples photographies autorisent des illusions qui s'envolent immédiatement à la vue du manuscrit.

UTRECHT

4. *Musée archiépiscopal.* Ms. n° 18. Heures à l'usage d'Utrecht. XVe siècle. — Ce manuscrit est un livre d'heures en langue hollandaise. Je ne sache pas qu'il ait jamais été décrit : c'est donc l'occasion de lui consacrer une courte notice. Le volume, de petit format (148 millimètres sur 103), compte 221 feuillets à longues lignes. Il se compose du calendrier (2 à 13), des heures de la Vierge (21 à 60), de l'office de la Passion (63 à 107), de l'office du Saint-Esprit (109 à 127), d'un office très rare dans les livres d'heures : celui de la Sagesse éternelle (131 à 155), des psaumes de la pénitence suivis des litanies (157 à 177), et, en dernier lieu, de l'office des morts (180 à 220). Ni le calendrier ni les litanies ne contiennent de noms spéciaux à Utrecht; les saints qui les composent indiquent le nord-ouest de l'Europe, sans qu'il semble possible de préciser. Il n'en va pas de même de l'office de la Vierge et de celui des morts : l'un et l'autre désignent clairement l'usage d'Utrecht. D'après une note du feuillet préliminaire, le manuscrit provient d'Abstee, ancien village des environs d'Utrecht qui fait aujourd'hui partie de l'agglomération urbaine. Cette note est en écriture moderne.

La décoration comprend six miniatures à pleine page dont les fonds sont occupés par des paysages ou par des intérieurs : fol. 21vo, la salutation angélique; 62vo, la crucifixion; 108vo, la Pentecôte; 130vo, le couronnement de la Vierge; 156vo, la résurrection des morts; 179vo, service funèbre. La planche documentaire 57 reproduit la première, la troisième, la quatrième et la sixième. Toutes ces miniatures, de style assez banal, sont encadrées de rinceaux de couleurs, de fleurs et de fruits peints au naturel. Des initiales dont le champ est occupé par des feuilles stylisées sur fond d'or, de jolies bordures de fleurs et de fruits complètent cette décoration. Les miniatures ont été attribuées à quelque élève ou imitateur de Guillaume Vrelant (1). J'avoue n'y retrouver ni son style ni son coloris. Qu'il s'agisse d'un imitateur? Soit; mais il ne peut être question que d'un imitateur bien peu fidèle.

(1). Winkler (Fr.), *Die Flämische Buchmalerei,* p. 74.

Cette longue liste de manucrits témoigne de l'activité de Guillaume Vrelant et surtout de son influence. Sans doute, il n'a pas illustré tous ces volumes de sa main et plusieurs n'accusent qu'une vague affinité avec les *Chroniques de Hainaut.* A maintes reprises, le maître s'est fait aider par des élèves et des collaborateurs qui ont travaillé sous sa direction. Il est possible également que la découverte de nouvelles pièces d'archives modifie certaines attributions. Même en tenant compte de ces restrictions, il n'en est pas moins vrai que Vrelant tient une place très honorable dans l'histoire de la miniature. A coup sûr, il n'a pas été un novateur, un de ces artistes puissants qui dominent une époque et qui s'élèvent vers les sommets où rayonne le génie, mais il a été un excellent illustrateur de manuscrits, un des meilleurs qui aient travaillé pour les ducs de Bourgogne; il a été un chef d'atelier habile et consciencieux qui n'a pas hésité, quand l'intérêt de son œuvre le demandait, à s'adresser à des talents qui dépassaient le sien. Avouerai-je, en terminant, toute la satisfaction et tout le profit que m'a procuré l'étude de l'œuvre du vieux maître brugeois, de celui qui fonda la gilde de Saint-Jean l'évangéliste et qui fut l'ami de Hans Memling?

Textes et Documents

Les pages qui suivent sont un résumé du Bréviaire de Philippe le Bon : c'est un bréviaire de ce bréviaire. A défaut d'une édition intégrale, le lecteur qui osera s'y aventurer y trouvera une analyse détaillée du texte : titres, divisions et subdivisions, incipit *des différentes pièces de l'office (hymnes, leçons, répons et rubriques), etc. J'ai dû renoncer à donner les* incipit *de toutes les antiennes : elles sont trop.*

Les chiffres entre crochets [ ] renvoient au Repertorium hymnologicum *d'Ulysse Chevalier. Toutes les abréviations ont été résolues; mais l'orthographe, parfois déconcertante, du manuscrit a été respectée. Je me suis contenté d'infliger des* sic *aux transcriptions particulièrement fautives.*

I. — TEMPUS HIEMALE (Ms. 9511)

Fol. 1 à 13vo. *Ordo officii* pour le temps de l'Avent.

Fol. 1 « In anno quo Nativitas Domini die dominica evenerit, prima dominica Adventus celebrabitur quinto kalendas decembris. Sabbato ergo in vigilia Adventus erit festum sancte Genofeve. *Ad vesperas super psalmos. Ant.* Tunc surrexerunt... »

Fol. 4vo. « In anno quo Nativitas Domini die lune evenerit. *Sabbato Adventus. Ad vesperas. Ant.* Benedictus... »

Fol. 6vo. « In anno quo Nativitas Domini die Martis evenerit, in vigilia Adventus erit festum beati Eligii, et dicetur sabbato illo ad vesperas, super psalmos. *Ant.* Serve bone, et mutabitur ad capitulum et fiet totum sequens de Adventu... »

Fol. 7vo. « In anno quo Nativitas Domini erit die Mercurii, sabbato in vigilia Adventus erit festum sancti Andree. *Ad vesperas super psalmos. Ant.* Cum pervenisset... »

Fol. 9. « In anno quo Nativitas Domini feria V^{a} evenerit, festum sancti Andree erit prima dominica Adventus et transferetur usque ad diem Martis. *Sabbato precedenti. Ad vesperas super psalmos. Ant.* Benedictus... »

Fol. 10vo. « In anno quo Nativitas Domini feria VI^{a} evenerit, prima dominica Adventus erit in vigilia sancti Andree. *Sabbato precedente. Ad vesperas super psalmos. Ant. feriales scilicet.* Benedictus.. »

Fol. 12. « In anno quo Nativitas Domini sabbato evenerit, prima dominica Adventus erit crastino sanctorum Agricole et Vitalis. *Sabbato, ad vesperas super psalmos. Ant.* Benedictus... »

Le fol. 14 est blanc.

Fol. 15 à 242vo. Propre du temps de l'Avent à la Pentecôte.

Fol. 15. « SABBATO IN ADVENTU DOMINI. *Ad vesperas super psalmos. Ant.* Benedictus. *Ps.* Ipsum *Cum ceteris antiphonis et psalmis infra. Capitulum* Ecce dies veniunt... » — 15vo. *Ymnus.* Conditor alme syderum... » [3734].

Fol. 16. [DOM. I^{a} ADVENTUS]. « *Invitatorium.* Ecce venit rex : occuramus obviam Salvatori nostro. *Ps.* Venite. *Ymnus.* Verbum supernum prodiens... [21391]. — *Lectio I.* Visio Ysaie, filii Amos... — 16vo. *Resp.* Aspiciens a longe... — *Lectio II.* Cognovit bos possessorem suum... — *Res.* Aspiciebam in visu noctis.. — *Lectio III.* Super quo percutiam vos... — *R.* Missus est Gabriel angelus... — 17. *Lectio IV.* Terra vestra deserta... *Resp.* Ave, Maria, gracia plena... — *Lectio V.* Nisi Dominus exercituum... — 17vo. *Resp.* Salvatorem expectamus... — *Lectio VI.* Cum veniretis ante conspectum meum... — *Resp.* Audite verbum Domini... — *Lectio VII sec. Matheum.* In illo tempore : Cum appropinquasset Ihesus Iherosolimis... — 18. *Omelia beati Iohannis Constantinopolis ep.* Asina et pullus quibus sedens Dominus... — *R.* Ecce virgo concipiet... — *Lectio VIII.* Et bene cum ad montem Oliveti venisset Dominus... — *R.* Obsecro, Domine, mitte... — *Lectio IX.* Mons namque Oliveti... — 18vo. *R.* Letentur celi... — *In laudibus... Hymnus.* Vox clara ecce intonat... » [22.199].

Fol. 20. « Feria II et per totas ferias Adventus. *Inv.* Regem venturum Dominum, venite adoremus... — Feria secunda. *Lectio prima.* Lavamini, mundi estote... — Feria III. *Lectio I.* Omnes diligunt munera... — 20vo. Feria V. *Lectio I.* Verbum quod vidit Ysaias, filius Amos super Iudam... — 21. Feria VI. *Lectio prima.* Et repleta est terra eius equis... — Sabbato. *Lectio I.* — 21vo. Et super omnes montes excelsos... — *Lectio III.* ...quia excelsus reputatus est ipse. Hec dicit ».

Fol. 22vo. [DOMINICA II ADVENTUS]. « *Invit.* Rex noster adveniet Christus, quem Iohannes predicavit agnum esse venturum... — *Lectio prima.*

Et factus est sermo Domini ad me dicens : Sume tibi librum grandem... — *R.* Iherusalem, cito veniet salus tua... — *Lectio II.* Et dixit Dominus ad me... — *R.* Ecce Dominus veniet... — 23. *Lectio III.* Et adiecit Dominus... — *R.* Docebit nos Dominus... — *Lectio IV.* Congregamini populi... — *R.* Civitas Iherusalem, noli flere... *Lectio V.* Omnia enim que loquitur populus iste... — 23vo. *R.* Ecce veniet Dominus... — *Lectio VI.* Liga testimonium... — *R.* Sicut mater consolatur filios suos... — *Lectio VII sec. Lucam.* In illo tempore... Erunt signa in sole... *Omelia beati Gregorii pape.* Dominus ac redemptor noster paratos nos invenire desiderans... 24. *R.* Iherusalem, plantabis vineam — *Lectio VIII.* Huic etenim leccioni sancti evangelii... — *R.* Egredietur Dominus de Samaria... — *Lectio IX.* Ex quibus profecto omnibus... 24vo. *R.* Rex noster adveniet Christus... »

Fol. 25. Lecciones per ebdomadam... Feria secunda. *Lectio I.* Ecce dominator dominus exercituum confringet laguncnlam... — Feria III. *Lect. I.* Non nocebunt et non occident... — 25vo. Feria IV. *Lectio I.* Ululate, quia prope est dies Domini... — Feria quinta. *Lectio I.* Preciosior erit vir auro... — 26. Feria VI. *Lectio I.* Et preparabitur in misericordia... — Sabbato. *Lectio I.* Ve, multitudo populorum multorum... — 26vo. *Lectio III.* ... et que derelicta fuerint abscidentur ».

Fol. 27. « Dominica III. *Invit.* Surgite, vigilemus, venite adoremus, quia nescitis horam quando veniet Dominus... — *Lectio I.* Hec dicit Dominus : Egeni et pauperes querunt aquas... — *Resp.* Ecce apparebit Dominus... — 27vo. *Lectio II.* Dabo in solitudine cedrum... — *R.* Bethleem, civitas Dei summi... — *Lectio III.* Prope faciet iudicium vestrum... — *R.* Qui venturus est, veniet... — *Lectio IV.* Bene quoque aut male... — 28. *R.* Suscipe verbum, virgo Maria... *Lectio V.* Primus ad Syon dicet... — *R.* Egypte, noli flere... — *Lectio VI.* Dedi spiritum meum super eum... — 28vo. *R.* Prope est ut veniat tempus eius... — *Lectio VII. sec. Matheum.* In illo tempore : Cum audisset Iohannes... *Omelia beati Gregorii pape.* Querendum nobis est, fratres karissimi, Iohannes propheta... — *R.* Descendet Dominus... — *Lect. VIII.* Cur in carcere positus... — 29. *R.* Veni, Domine, et noli tardare... — *Lectio IX.* Missus vero in carcerem... — *R.* Ecce radix Iesse ascendit in salutem populorum... »

Fol. 29vo. Lectiones per ebdomadam. Feria II. *Lectio I.* Hec dicit Dominus Deus creans celos et extendens eos... — 30. Feria III. *Lectio I.* Que prima fuerunt, ecce venerunt... — Feria IV. *Lectio I.* Dedi propitiationem tuam Egyptum... — 30vo. Feria V. *Lectio I.* Omnes gentes congregate sunt simul... — Feria VI. *Lectio I.* Ego annunciavi et salvavi... — Sabbato. *Lect. I.* Hec dixit Dominus : Qui dedit in mari viam... »

Fol. 31vo. *Ista responsoria que secuntur cantanda sunt per sex dies propinquiores vigilie natalis Domini... R.* Clama in fortitudine... — *R.* Octava decima die decimi mensis ieiunabitis... — *R.* Orietur stella ex Iacob... — *R.* Egredietur Dominus et preliabitur contra gentem... — *R.* Precursor pro nobis ingreditur... — *R.* Festina, ne tardaveris, Domine... »

Fol. 31vo. « *Feria IV in ieiuniis, legitur tota exposicio evangelii* — 32vo — Missus est *a dyacono induto dalmatica cum subdiacono induto tunica alba cum duobus pueris portantibus cereos et uno puero portante sine cruce thuribulum. Eo die et feria sexta et sabbato dicitur oratio ieiunii ad matutinum et ad missam tantummodo.* — Feria IV. *Lectio I. sec. Lucam.* In illo tempore : Missus est angelus Gabriel... *Omelia venerabilis Bede presb.* Exordium nostre redemptionis, fratres karissimi... *Resp.* Missus est... *Lectio II.* Ut ergo ad promisse salutis... — 32vo. *Resp.* Ave, Maria... *Lectio III.* Quia ergo mors intravit per feminam... — *Resp.* Suscipe verbum... »

Fol. 32vo. Feria VI. *Lectio I sec. Lucam.* In illo tempore : Exurgens Maria abiit in montana... *Omelia venerabilis Bede presb.* Lectio sancti evangelii quam audistis et redemptionis vestre nobis semper veneranda primordia predicat... — Fol. 33. Sabbato. *Lectio I sec. Lucam.* Anno quintodecimo imperii Tyberii Cesaris... *Omelia beati Gregorii pape.* Redemptoris precursor quo tempore verbum predicationis accepit... »

Fol. 33vo. [*Responsoria*]. « *Resp.* Modo veniet dominator Dominus... — *R.* Videbunt gentes iustum tuum... — *R.* Montes Israël, ramos vestros expandite... — 34. *Alia responsoria.* Emitte agnum, Domine, dominatorem terre... — *R.* Germinaverunt campi heremi germen odoris Israël... — *R.* Paratus esto, Israël, in occursum Domini... — *Alia responsoria. R.* Rorate, celi, desuper... — *R.* Nascetur nobis parvulus... *R.* Annunciatum est per Gabrielem archangelum... »

Fol. 36. « *Notandum est quod antiphone iste*

que secuntur dicende sunt per novem dies propinquiores vigilie natalis Domini ad Magnificat... *Ant.* O sapientia que ex ore Altissimi prodisti... — ... ad docendum nos viam prudencie. *Ps.* Magnificat... — *Ant.* O Adonay et dux domus Israël... in brachio extento. *Ps.* Magnificat... — *Ant.* O radix Iesse, qui stas in signum populorum... — ... iam noli tardare *Ps.* Magnificat... — 36vo. *Ant.* O clavis David... — in tenebris et umbra mortis. *Ps.* Mag. » — *Ant.* O oriens, splendor lucis eterne... in tenebris et umbra mortis. *Ps.* Mag. *A.* O Thoma Didime, per Christum quem meruisti tangere, te precibus rogamus altissonis, succurre nobis miseris ne dampnemur cum impiis in adventu iudicis. *Ps.* Mag... — *Ant.* O rex gentium... — ... quem de limo de formasti. *Ps.* Mag. — *Ant.* O Emanuel *(sic)*... — Domine Deus noster. *Ps.* Mag. *Ant.* O virgo virginum, quomodo fiet istud quia nec primam similem visa est nec habere sequentem ? Filie Ihcrusalem, quid me admiramini ? Divinum est misterium hoc quod cernitis. *Ps.* Magnificat. »

Fol. 36vo. « Dominica IV. *Invit.* Ecce venit plenitudo temporis in quo misit Deus Filium suum natum de virgine, factum sub lege. Venite, adoremus... — *Lect. I.* Et nunc audi, Iacob... — 37. *R.* Canite tuba in Syon... — *Lectio II.* Effundam spiritum meum... — *R.* Radix Yesse qui exurget... — *Lectio III.* Hec dicit Dominus rex Israël... — *R.* Non auferetur sceptrum de Iuda ». — *Lectio IV.* Noli *(sic)* timere neque — 37vo — conturbemini : ex tunc audire te feci... — *R.* Me oportet minui... — *Lectio V.* Ipsi testes eorum sunt... — *R.* Ecce iam venit plenitudo temporis... — *Lectio VI.* Cum venient omnes... — *R.* Virgo Israël, revertere in civitates tuas... — 38. *Lectio VII sec. Iohannem.* In illo tempore : Miserunt Iudei... *Omelia beati Gregorii pape.* Ex huius nobis lectionis verbis, fratres karissimi... — *R.* Iuravi, dicit Dominus... — *Lectio VIII.* Sed quia dixit : Non sum... — *R.* Non discedimus a te... — *Lectio IX.* Alio quippe in loco... — 38vo. *R.* Intuemini quantus sit iste... »

Fol. 39. « Lectiones per ebdomadam. Feria sec. *Lectio prima.* Artifex lignarius extendit normam... — Feria III. *Lectio I.* Reliquum autem eius Deum fecit... — 39vo. Feria IV. *Lectio I.* Memento horum Iacob et Israël... »

Fol. 39vo. « *In vigilia natalis Domini totum officium matutinale faciunt sacerdotes preter primam lectionem quam legit dyaconus ebdomarius* (sic) *vel aliquis cui a cantore precipitur. Due ultime lectiones* — 40 — *leguntur a sacerdotibus.* — In vigilia natalis Domini. *Invitator.* Hodie scietis quia veniet Dominus... — *Tres lectiones debent fieri de expositione* Cum esset desponsata, *et legitur tota. Lectio I sec. Matheum.* In illo tempore : Cum esset desponsata... *Omelia Origenis.* Cum esset desponsata mater Ihesu Maria Ioseph... — *R.* Sanctificamini hodie... — *Lectio II.* Sed ideo fuerat desponsata Ioseph... — *Resp.* Constantes estote... — 40vo. *Lectio III.* Ioseph autem vir eius cum esset homo iustus... — *R.* Iudea et Iherusalem, nolite timere... »

Fol. 41vo. « In vigilia natalis Domini. *Ad vesperas. Ant.* Levate capita vestra... — *Cap.* Populus gentium qui ambulabat in tenebris... — 42. *Hymnus.* A solis ortus ordine (*sic*) et usque terre limitem... [32]. — *Ad completorium... Ymnus.* Virgo Deo genitrix, quem totus non capit orbis, in tua se clausit... » [21767].

Fol. 42vo. [*Ad matutinas*]. « *Inv.* Christus natus est nobis... *Ymnus.* Christe, redemptor omnium... [2960] — 43. *Nota quod tres prime lectiones fiunt de prophetis, et finiuntur per* Hec dicit Dominus. *Lectio IV, sermo beati Augustini qui sic incipit* : Legimus sanctum Moysen, *et legitur totus. Lectio V de sermone beati Augustini qui sic incipit :* Vos, inquam, convenio, *et leguntur versus Sibille, et legitur totus sermo. Lectio VI de sermone beati Fulgentii de nativitate Domini qui sic incipit :* Cupientes, *et legitur totus. Tres ultime lectiones de tribus evangeliis. Prima :* Exiit edictum. *Secunda :* Pastores. *Tercia* : In principio erat verbum... »

Fol. 43vo. [In die natalis Domini]. « *Lectio I.* Primo tempore, alleviata est... — 44. *R.* Hodie nobis celorum rex... — *Lectio II.* Consolamini, consolamini... 44vo *R.* Hodie nobis de celis pax vera descendit... — *Lectio III.* Consurge, consurge, induere fortitudine tua... — *R.* Descendit de celis... — 45. *Prosa.* Fac, Deus, munda corpora nostra... — *Lectio IV.* Legemus sanctum Moysen populo Dei precepta dantem... — 45vo. *R.* Quem vidistis, pastores... — *Lectio V.* Vos, inquam, convenio, o Iudei... — 46vo. *R.* O magnum misterium... — *Lectio VI.* Cupientes aliquid... — 47. *R.* Beata Dei genitrix, Maria... — *Lectio VII sec. Lucam.* In illo tempore : Exiit edictum... *Omelia venerabilis Bede presb.* Quia largiente Domino... 47vo. *R.* Sancta et immaculata virginitas.. — *Lectio VIII sec. Lucam.*

In illo tempore : Pastores loquebantur... *Omelia venerab. Bede presb.* Nato in Bethleem Domino... — 48. *R.* In principio erat Verbum...— *Lect. IX sec. Iohannem.* In principio erat Verbum... *Omelia venerabilis Bede presb.* Quia temporalem... — *R.* Verbum caro factum est... »

Fol. 48vo. [Chant de la généalogie]. « Domiminus vobiscum... Initium sancti evangelii... Liber generationis Ihesu Christi... — 49. ... de qua natus est Ihesus qui vocatur Christus. Omnes autem generationes ab Abraham usque ad David generationes quatuordecim. Et a David usque ad transmigrationem Babilonis generationes quatuordecim. Et a transmigratione Babilonis usque ad Christum generationes quatuordecim. Christi autem generatio sic erat : cum esset desponsata mater Ihesu Maria Ioseph, antequam convenirent, inventa est in utero habens de Spiritu sancto. — *Sequitur* Te Deum. *Quo finito, incipitur missa* ».

Fol. 49. « *Post orationem communionis, sequuntur Laudes. Ant.* Quem vidistis, pastores... — 49vo. *Non dicitur hymnus neque versus; sed finita antiphona* [Parvulus filius...], *statim incipit sacerdos ad altare hanc antiphonam ad* Benedictus. *Ant.* Gloria in excelsis Deo, et in terra pax hominibus bone voluntatis, alleluya, alleluya. *Ps.* Benedictus. *Oratio.* Da nobis, quesumus, Domine Deus noster...pertingere consorcium. Qui. *Statim debet incipi secunda missa.* Lux fulgebit ».

Fol. 49vo. « *Ad primam hymnus.* Iam lucis. *Ant.* Virgo hodie fidelis... — 50. *Ad tertiam hymnus.* Nunc sancte nobis Spiritus. *Ant.* Hodie intacta virgo... — *Ad processionem. R.* Descendit. *Et organizatur. V.* Tanquam sponsus. *V.* Notum fecit. *In reditu processionis circa choream cantantur ant.* Alma... — *Ad sextam. Ant.* Gaudeamus, omnes fideles... — *Ad nonam. Ant.* Nesciens mater virgo virum... — 50vo. *Ad vesperas... Loco hymni.* Hac clara die turma festiva... [7494] — *Ad* Magnificat. — 51 — *Ant.* Lux orta est super nos... »

Fol. 52. « DOMINICA INFRA OCTAVAM. *Invit.* Christus natus. *Ps.* Venite. *Hymnus.* Christe, redemptor omnium... — *Lectio I.* Natalis Domini dies ea de causa... — *R.* Hodie Dominus ex utero virginis.... — *Lectio II.* Cuius suscepte carnis... — *R.* Benedictus qui — 52vo — venit... *Lectio III.* Volens ergo Deus... — *R.* Descendit de celis Deus verus... — *Lectio IV.* Salvator noster, dilectissimi... — *R.* Ecce agnus Dei... — 53. *Lectio V.* Nemo ab huius alacritatis... — *R.* Congratulamini michi... — *Lectio VI.* Exultet sanctus... — *R.* Beata viscera Marie virginis... — 53vo. *Lectio VII sec. Lucam.* In illo tempore : Erant pater et mater Ihesu mirantes... *Omelia Origenis de ead. lectione.* Congregemus in unum... — *R.* Beata et venerabilis virgo... — *Lectio VIII.* Quenam ergo sunt que de parvulo Ihesu... — *R.* O regem celi... — 54. *Lect. IX.* Necdum angelus verba finierat... — *R.* In Patre manet eternitas... » — « [*Ad Laudes*]... *Hymnus.* Veni, redemptor gencium... » [21234].

Fol. 55. « IN VIGILIA NATALIS CIRCUMCISIONIS. *Ad vesp. Ant.* Tecum principium... — [IN DIE]. *Invit.* Natum sub lege Christum, venite cuncti ad collaudandum quos eius incarnatio redemit et passio. *Ps.* Venite... *Hymnus.* Christe redemptor omnium, Ex Patre Patris unice... [2960]. — 55. *Lectio prima.* Quamquam non dubitem vos, karissimi, per paternam sollicitudinem... — *R.* Hodie Dominus ex utero virginis... — *Lectio II.* Necessarium, dilectissimi — 55vo — nec superfluum... — *R.* Benedictus qui venit in nomine Domini... — *Lectio III.* Nec enim habet fidelis anima... — *R.* Descendit de celis Deus verus... — *Lectio IV.* Quicumque ergo credentium... — 56. *R.* Ecce agnus Dei... — *Lectio V.* Itaque qui sperat in Deum... — *R.* Congratulamini michi omnes... — *Lectio VI.* Quod mortuus est Christus peccato mortuus est... — 56vo. *R.* Beata viscera Maria (*sic*) virginis... — *Lectio VII sec. Lucam.* Cum consummati essent dies... Et reliqua. *Omelia venerabilis Bede presb.* Sanctam venerandamque diei presentis memoriam... — 57. *R.* Beata et venerabilis virgo... — *Lectio VIII.* Hec sunt festivitatis hodierne gaudia... — *R.* O regem celi... — *Lectio IX.* Magna namque dispensatione pietatis... — 57vo. *R.* Gaude, Marie virgo, cunctas hereses... — *Ps.* Te Deum... »

Fol. 58. « *De vigilia Epiphanie ita faciendum est si privato die evenerit. Tres lectiones fient de sancto Symeone et totum officium, preter missam que est de vigilia. Si autem die dominica evenerit ita fiet...* — 58vo. *Lectio prima.* Iustissime, fratres, festivitatem presentis diei... — 59. *Lectio VII sec. Matheum.* In illo tempore : Defuncto Herode... — 59vo. *Omelia venerabilis Bede presb.* Pretermisit hoc loco Lucas... »

Fol. 60. « IN VIGILIA EPIPHANIE. *Ad vesperas. Ant.* Tecum... — *Cap.* Surge, illuminare... *Hym-*

nus. Hostis Herodis (*sic*) impie... [8073] — *Ad completorium. Ant.* Alleluia. Alleluia. Alleluia. Alleluia. *Ps.* Cum invocarem... *Hymnus.* Nuntium vobis fero de supernis... » [12625] — 60vo. « *Ad* Nunc dimittis *Ant.* Alleluia. Adorate Dominum. Alleluia. In aula sancta eius. Alleluia. Alleluia. *Ps.* Nunc dimittis... »

Fol. 60vo. [IN DIE] « *Non dicitur invitatorium. Hymnus.* A patre unigenitus... [14]. — 61. *Lectio prima.* Hec est hereditas servorum Domini... —61vo. *R.* Hodie in Iordane... — *Lectio II.* Surge et illuminare Iherusalem... — *R.* In columbe specie... — *Lectio III.* Gaudens gaudebo... — 62. *R.* Illuminare, illuminare, Iherusalem... — *Lect. IV.* Celebrato proximo die... — 62vo. *R.* Omnes de Saba venient... — *Lectio V.* Gaudete in Domino, dilectissimi... — *R.* Magi veniunt... — *Lectio VI.* Nostis, fratres karissimi... — 63. *R.* Interrogabat Magos Herodes... — *Lectio VII sec. Matheum.* Cum natus esset Ihesus... — 63vo. *Omelia venerabilis Bede presb.* Sicut ex lectione evangelica... *R.* Stella quam viderant... — *Lectio VIII.* Iudeis videlicet tanquam ratione utentibus... — *R.* Videntes stellam... — 64. *Lectio IX.* Et notandum quod redemptorem nostrum... — *R.* Rex magnus natus est in Israël... — *Sequitur evangelium* Factum est. *Sequitur* Te Deum... — 64vo. *Evangelium.* Dominus vobiscum... Factum est cum baptizaretur omnis populus... — ... ut putabatur filius Ioseph. Qui fuit Hely. Qui fuit Mathat... — 65 — ... Qui fuit Dei. Ihesus autem plenus Spiritu sancto egressus est a Iordane. *Ps.* Te Deum... — *In Laudibus. Ant.* Ante luciferum... — 65vo. *Cap.* Super te, Iherusalem... *Hymnus.* Hostis Herodes... *Ad* Benedictus. *Ant.* Ab Oriente venerunt Magi... »

Fol. 66. « IN CRASTINO EPIPHANIE, *nisi dominica fuerit, et per octavam, nisi fuerit festum. Invit.* Christus apparuit nobis... — 66vo. *Lectio prima sec. Iohannem.* In illo tempore : Vidit Iohannes Ihesum venientem ad se... *Omelia venerabilis Bede presb.* Iohannes Baptista et precursor Domini... »

Fol. 67. « Secunda die octabarum. *Lectio prima.* Quamvis sciam, dilectissimi, quod sanctitatem vestram... — 67vo. Tercia die. *Lectio I.* Audistis, fratres, lectionem evangelii salutaria presentis diei... — 68. *Die quarta octabarum fiet totum de sancto Guillermo et semiduplum* ».

Fol. 68. « *Notandum si Epiphania die dominica evenerit, feria quinta sequenti fient ea que ad dominicam primam octabarum pertinent, scilicet tres lectiones de expositione evangelii.* Cum factus esset Ihesus annorum duodecim... — *R.* Stella quam viderant... »

Fol. 68. « DOMINICA. — 68vo — INFRA OCTAVAM *sine invitatorio. Hymnus.* A Patre unigenitus... *Ant. ps. et vers. sicut in die octavarum...* — *Lectio I.* Ad partum virginis adorandum... — 69 — ... et exultate ei cum tremore. — *Lectio VII sec. Lucam.* In illo tempore : Cum factus esset Ihesus annorum duodecim... *Omelia venerabilis Bede presb.* Aperta est nobis, fratres karissimi, sancti evangelii lectio recitata... »

Fol. 70. « In oct. Epiphanie. *Ad vesperas ant.* Tecum, etc... — 70vo. *In matutinis sine invitatorio. Hymnus.* A Patre... — *Lectio prima.* Hodiernam festivitatem, dilectissimi, apparatio *(sic)* Domini... — 71vo. *Lectio VII sec. Matheum.* In illo tempore : Venit Ihesus a Galylee (*sic*)... *Omelia venerabilis Bede presb.* Lectio sancti evangelii, quam modo, fratres, audivimus, magnum nobis et in Domino... »

Fol. 72. « *Notandum quod ab octava Epyphanie usque ad Purificationem facienda est memoria beate Marie dominicis diebus et festivis novem lectionum per ant.* O admirabile *et sequentes per ordinem ad vesperas et ad matutinas. Aliis vero diebus, cantande sunt hore beate Marie et dicentur ad* Benedictus *et ad* Magnificat *ant.* O admirabile commercium *et sequentes per ordinem, nec fit officium mortuorum nisi pro anniversario vel pro presenti corpore. Nec fit prostrata ad horas* — 72vo — *usque ad Purificationem, eciam vacante Alleluia* ».

Fol. 73. « *Ista psalmodia legenda est quando fiet de tempore usque ad Septuagesimam.* Feria II. *Lectio I.* Beatus vir qui non abiit in consilio impiorum... — 73vo. Feria III. *Lectio I.* Abiit enim ille cum recessisset... — Feria IV. *Lectio I.* Abraham diem meum vidit... — 74. Fera V. *Lectio I.* In tempore suo... — 74vo. Feria VI. *Lectio I.* Sustine Dominum... — Sabbato. *Lectio prima.* Et inde superbia hominem... »

Fol. 75. « DOMINICA I POST OCT. *Lectio prima.* Impii non resurgunt in iuditio... — 75vo. Dominica secunda post oct. Epyphanie. *Lectio I.* Ut quid fremuerunt gentes ? — 77. Dominica prima post oct. Epyphanie. *Invitatorium.* Preoccupemus faciem Domini... — *Hymnus.* Nocte surgentes... [12035]. — 79vo. *Lectio VII sec. Iohannem.* In illo tempore : Nuptie facte sunt... *Omelia venera-*

bilis Bede presb. Quod Ihesus Dominus noster atque salvator ad nuptias... »

Fol. 80. « Dominica secunda post oct. Epyphanie *Expositio. Lectio VII sec. Matheum.* — 80vo — In illo tempore : Cum descendisset Ihesus de monte... *Omelia Origenis.* Docente in monte Domino, discipuli venerunt ad eum... — 81. Dominica III. *Lectio VII sec. Matheum.* In illo tempore : Ascendente Ihesu in naviculam... *Omelia Origenis.* Ingrediente Domino in naviculam... »

Fol. 82. Dominica IV. *Lect. VII sec. Matheum.* In illo tempore : Dixit Ihesus discipulis suis... Simile est regnum celorum homini qui seminavit bonum semen in agro suo. Et reliqua. *Omelia beati Augustini ep.* Dominus et redemptor noster in evangelio suo loquitur dicens : Cum domirent homines venit inimicus... »

Fol. 88 et 89. Série de prescriptions pour le temps qui suit l'octave de l'Epiphanie et celui qui va de la Septuagésime au mercredi des Cendres.

Fol. 89vo. « Dominica in LXX. *Invit.* Quoniam Deus magnus Dominus et rex magnus super omnes Deos. *Ps.* Venite... *Hymnus.* Primo dierum omnium... [15450]. — 90. *Lectio I.* In principio creavit Deus celum et terram... — *R.* In principio fecit Deus celum et terram... *Lectio II.* Dixit quoque Deus : fiat firmamentum... *R.* In principio Deus creavit celum et terram... — *Lectio III.* Dixit quoque Deus : congregentur aque... — 90vo. *R.* Igitur perfecti sunt celi et terra... — *Lectio IV.* Et protulit terra herbam... — *R.* Formavit igitur Dominus hominem... — *Lectio V.* Dixit autem Deus : Fiant luminaria... — 91. *R.* Tulit ergo Dominus hominem... — *Lectio VI.* Fecitque Deus duo magna luminaria... — *R.* Dixit Dominus Deus : Non est bonum esse hominem solum... — *Lectio septima secund. Matheum.* In illo tempore... Simile est regnum celorum homini — 91vo — patrifamilias qui exiit primo mane... *Omelia beati Gregorii pape.* Regnum celorum patrifamilias simile dicitur... — *R.* Immisit Dominus soporem... — *Lectio VIII.* Qui habet vineam... — *R.* Dum deambularet Dominus in paradiso... — 92. *Lectio IX.* Mane etenim mundi fuit... — *R.* Ubi est Abel frater tuus... ? »

Fol. 92vo. « *In laudibus. Ant.* Miserere mei, Deus... *Ymnus.* Eterne rerum conditor... [647]. — 93. [*Post Primam*]. *Ad processionem. Responsorium.* Ecce, karissimi, dies illa iuditii magna et terribilis instat; pretereunt dies nostri et velociter advenit preclarus adventus Domini; iam crebro sono vos hortatur, et dicit priusquam ostium paradisi claudatur : unusquisque vestrum cito properet ut introiens in eternum cum Domino regnet. Preparate — 93vo — vosmetipsos ut videatis immortalem sponsum et possideatis regna celorum. *Vers.* Ecce mater nostra Iherusalem cum magno affectu clamat ad nos et dicit : Venite, filii mei dilectissimi, venite ad me. Preparate. — *Ad Terciam...* »

Fol. 94. « Lectiones per hebdomadam. Feria secunda. *Lectio I.* Dixit eciam Deus : Producant aque... — Feria III. *Lectio prima.* Et fecit Deus bestias terre... — Feria IV. *Lectio I.* Benedixitque illis Deus... — 94vo. Feria V. *Lectio I.* Igitur perfecti sunt celi et terra... — Feria VI. *Lectio I.* Non enim pluerat... — 95. Sabbato. *Lectio I.* Produxit Dominus Deus de humo omne lignum pulchrum visu... »

Fol. 95vo. « Dominica in LX. *Invitatorium etc ut supra. Lectio I.* Tulit igitur Dominus Deus hominem... — 96vo. *Lectio VI...* et aperti sunt oculi amborum. *Lect. VII. sec. Lucam.* In illo tempore : Cum turba plurima conveniret... *Omelia beati Gregorii pape.* Lectio sancti evangelii quam modo, fratres karissimi, audivistis, expostione non indiget, sed ammonitione... »

Fol. 97vo. « Lectiones per hebdomadam. Feria II. *Lectio I.* Cumque cognovissent se esse nudos... — Feria III. *Lectio I.* Dixitque Adam : Mulier quam dedisti michi... — 98. Feria IV. *Lectio I.* Mulieri quoque dixit Deus... — Feria V. *Lectio I.* Et vocavit Adam nomen uxoris sue Evam... — 98vo. Feria VI. *Lectio I.* Rursumque peperit... — Sabbato. *Lectio I.* Si autem male, statim peccatum tuum... — 99. *Responsoria de hystoria precedenti ad dies pertinencia, nota quod antiphone que secuntur dicentur per ebdomadam...* »

Fol. 99. « Dominica in Quinquagesima. *Invit.* In manu tua, Domine, omnes fines terre. *Ps.* Venite. *Ymnus.* Primo dierum... *Lectio I.* Noe vero cum quingentorum esset annorum... — 99vo. *R.* Quadraginta dies et noctes aperti sunt celi... — *Lectio II.* Gygantes autem erant super terram... — *R.* Noe vir iustus atque perfectus... — *Lectio III.* — 100 — Noe vero invenit gratiam... — *R.* Edificavit Noe altare Domino... — *Lectio IV.* Cumque vidisset Deus terram esse corruptam... — *R.* Ponam arcum meum in nubibus celi... *Lectio V.* Trecentorum cubitorum erit longitudo arche... —

100vo. *R.* Per memetipsum iuravi... — *Lectio VI.* Ponamque fedus meum tecum... — *R.* Locutus est Dominus ad Abraham... — *Lect. VII sec. Lucam.* — 101... Assumpsit Ihesus duodecim discipulos suos secreto... *Omelia b. Gregorii pape.* Redemptor noster, fratres karissimi, previdens ex passione sua... — *R.* Dum staret Abraham ad radicem Mambre... — *Lectio VIII.* Ante eorum oculos cecus lumen recipit... — *R.* Angelus Domini vocavit Abraham... — 101vo. *Lectio IX.* Ecce enim quis iuxta hystoriam... — *R.* Cecus sedebat secus viam... »

Fol. 102. « Feria II. *Lectio I.* Apparuit Abrahe Dominus in convalle Mambre... — 102vo. [Feria III]. *Lectio I.* Cumque comedissent, dixerunt ad eum... — 103. Feria IV. *Lectio I.* — 103vo. Exordium sancte quadragesimalis observantie, fratres karissimi, hodie aggredientes... — *R.* Temptavit. — *Lectio III.* Accedite cito per confessionem peccatorum... — 103vo. *R.* Deus Domini. — *Lectio III.* Omnia enim mala, fratres karissimi... — 104. *R.* Venit hodie ».

Fol. 104vo. « Feria V. *Lectio I.* Observantiam quadragesime sollemni reditu presentatam... — 105. *R.* Quadraginta dies et noctes aperti sunt celi... — *Lectio II.* Congruit enim nostre devotioni... *R.* Noe, vir iustus atque perfectus... — *Lectio III.* In illo tempore : Cum introisset Ihesus Capharnaum. Et reliqua. *Omelia Origenis.* Capharnaum, civitas Galilee... — 105vo. *R.* Edificavit Noe altare Domino... »

Fol. 105vo. « Feria VI. *Lectio I.* Quoniam ieiunium et vernum tempus... — 106. *R.* Ponam arcum meum in nubibus... — *Lectio II.* Vivamus Deo paululum seculo... *R.* Per memetipsum iuravi... — *Lect. III.* Cibus partus de celesti sumatur... — 106vo. *R.* Locutus est Dominus ad Abraham dicens : Egredere... »

Fol. 106vo. « Sabbato. *Lectio I.* Ego vos ammoneo, fratres karissimi... — 107. *R.* Temptavit Deus Abraham... — *Lectio II.* In quadragesima, qui potest ieiunare... — *R.* Deus Domini mei Abraham... — *Lectio III.* Quod opus est unicuique infirmo... — 107vo. *R.* Veni hodie ad fontem aque... — *Ad vesperas... Hymnus.* Iam ter quaternus trahitur Horis dies ad vesperum... [9408] — 108. Ad complectorium per totam quadragesimam. *Hymnus.* Christe qui lux es et dies... » [2934].

Fol. 108vo. « DOMINICA QUADRAGESIMA. *Inv.* Non sit vobis vanum surgere ante lucem, quia promisit Dominus coronam vigilantibus. *Ps.* Venite. *Hymnus.* Summe largitor premii... [19679]. *Lectio I.* Hortamur vos ne in vacuum gratiam Dei recipiatis. Et reliqua. Ingressuri igitur, dilectissimi, dies misticos... — 109. *R.* Ecce nunc tempus acceptabile... — *Lectio II.* Hortamur, inquit, vos apostolus... — *R.* In omnibus exhibeamus nos... — *Lectio III.* Acceptum tempus nunc est... — *R.* Emendemus in melius... — 109vo. *Lectio IV.* Ecce nunc tempus acceptabile... — *R.* Paradisi portas aperuit... — *Lectio V.* Dies autem hec vita ideo dicitur... — *R.* In ieiunio et fletu... — 110. *Lect. VI.* Caveamus omnimode... — *R.* Abscondite elemosinam in sinu pauperis... — *Lectio VII sec. Matheum.* In illo tempore : Ductus est Ihesus in desertum... *Omelia beati Gregorii pape de eadem lectione.* Dubitari a quibusdam solet... — 110vo. *R.* Tribularer si nescirem misericordias... — *Lectio VIII.* Sed ecce cum dicitur Deus homo... — *R.* Angelis suis mandavit de te... — *Lectio IX.* Quid ergo mirum si se ab illo permisit... — 111. *R.* Ductus est Ihesus in desertum... — In laudibus. *Ant.* Cor mundum... *Hymnus.* Audi benigne conditor... » [1451].

Fol. 112. « Feria II. *Lectio I.* Ad pastores autem Israël sermo dirigitur... — 112vo. *R.* Ecce nunc tempus acceptabile... — *Lect. II.* Inde magno opere cavendum est... *R.* In omnibus exhibeamus nos... — *Lectio III.* — 113. In illo tempore : Cum venerit Filius hominis... Et reliqua. Modo, fratres, cum evangelica lectio legeretur... *R.* Emendemus in melius... — 113vo. *Sequitur memoria beate Marie; postea, memoria de reliquiis et de omnibus sanctis...* »

Fol. 113vo. « *Nota quod singulis diebus per totam quadragesimam XXV psalmi dicuntur ad Primam, exceptis diebus dominicis et festis novem lectionum... Observandum est quod per totam quadragesimam usque ad diem Cene Domini, tam ad maiorem missam quam ad ceteras horas, debent fieri afflictiones nisi festum interveniat novem lectionum aut dominica impediat. In festivis diebus duas missas celebramus, primam de festo, secundam de ieiunio in qua fit afflictio...* »

Fol. 114. « Feria III. *Lectio I.* Querite Dominum dum inveniri potest. Et reliqua. Quia igitur ut ante iam diximus... — 114vo. *R.* Paradisi portas aperuit nobis... — *Lectio II.* Convertimini ad Deum... — *R.* In ieiunio et fletu... — *Lectio III sec. Matheum.* In illo tempore : Cum intrasset Ihesus Iherosolimam... Et reliqua. Introeunte Ihesu cum turba... — 115. *R.* Abscondite elemosinam in sinu pauperis... »

Fol. 115. « Feria IV. — 115vo. *Lectio I.* In diebus illis : Dixit Dominus ad Moysen : Ascende in montem... Et reliqua. Sacri eloquii misticus sensus... *R.* Tribularer si nescirem misericordias tuas... — *Lectio II.* Quid est quod Moyses in montem ascendit... — *R.* Angelis suis mandavit de te... — 116. *Lectio III.* In illo tempore : Accesserunt ad Ihesum ab Iherosolimis scribe et pharisei... Et reliqua. Sic signum postulant... *R.* Scindite corda vestra... »

Fol. 116vo. « Feria V. *Lectio I.* Quando autem, dilectissimi, oportunius... — *R.* Ecce nunc tempus acceptabile... — [*Lectio II*]. Utamur igitur, dilectissimi, saluberrimi temporis... — 117. *R.* In omnibus exhibeamus nos... — *Lectio III sec. Matheum.* In illo tempore : Egressus Ihesus secessit in partes Tyri... Et reliqua. Miratur evangelista inquiens... *R.* Emendemus in melius... »

Fol. 117vo. « Feria VI. *Lectio I.* Semper quidem, dilectissimi, nos sapienter et sancte vivere decet... *R.* Paradisi portas aperuit nobis... — 118. *Lectio II.* Si enim rationabile... *R.* In ieiunio et fletu... — *Lectio III sec. Iohannem.* In illo tempore : Erat dies festus Iudeorum... Et reliqua. Delectatio divinorum eloquiorum... — 118vo. *R.* Abscondite elemosinam in sinu pauperis... »

Fol. 118vo. « Sabbato. *Lectio I.* Fratres, rogamus vos, — 119 — corripite inquietos... Et reliqua. Salubriter nos admonet et docet apostolus... — *R.* Tribularer si nescirem misericordias tuas... — *Lectio II.* Sequitur : suscipite infirmos... *R.* Angelis suis mandavit de te... — *Lectio III secund. Iohannem.* In illo tempore : Assumpsit Ihesus — 119vo — Petrum et Iacobum... Et reliqua. Evangelica lectio, dilectissimi, que per aures corporis... *R.* Scindite corda vestra... »

Fol. 120. « Dominica secunda. *Invit.* Venite, adoremus et procidamus ante Deum; ploremus coram Domino qui fecit nos. *Ps.* Venite... —*Lectio I.* Senuit Ysaac et — 120vo — caligaverunt oculi eius... *R.* Tolle arma tua, pharetram et arcum. — *Lectio II.* Cumque de venatu aliquid apprehenderis... — *R.* Ecce odor filii mei... — *Lectio III.* Nunc ergo, fili mi, acquiesce... — 121. *R.* Det tibi Deus de rore celi... — *Lectio IV.* Abiit et attulit deditque matri... — *R.* Dum iret Iacob de Bersabee... — *Lectio V.* — 121vo — Quibus illatis, dixit : Pater mi... — *R.* Dum exiret Iacob de terra sua... — *Lectio VI.* Dixitque Ysaac : Accede huc ut tangam te... — *R.* Si Dominus Deus meus fuerit mecum... — 122. *Lectio VII sec. Marcum.* In illo tempore : Post dies sex, assumpsit Ihesus Petrum et Iacobum... *Omelia venerabilis Bede presb.* Quia Dominus ac redemptor noster electos suos... — *R.* Erit michi Dominus in Deum... — *Lectio VIII.* Audita rursum dulcedine... — 122vo. *R.* Oravit Iacob et dixit... — *Lectio IX.* Ubi apertissime diem designat... — *Resp.* Vidi Dominum facie ad faciem... »

Fol. 123vo. « Feria II. *Lectio prima.* In diebus illis, oravit Daniel dicens : Domine Deus meus, qui eduxisti populum tuum... Et reliqua. Audivimus, karissimi, cum lectio Danielis prophete legeretur... — *R.* Tolle arma tua, pharetram et arcum... — 124. *Lectio secunda.* Ita enim et ipse propheta... *R.* Ecce odor filii mei... — *Lectio III sec. Iohannem.* In illo tempore : Dixit Ihesus turbis Iudeorum : Ego vado et queretis me... Et reliqua. Ego vado, inquit, et queretis me... — 124vo — *R.* Det tibi Deus de rore celi... »

Fol. 124vo. « Feria III. *Lectio prima.* Sollemne tempus advenit... — 125. *R.* Dum iret Iacob de Bersabee... — *Lectio II.* Tanto autem magis speciali opere funditur... *R.* Dum exiret Iacob de terra sua... — *Lectio III.* In illo tempore : Locutus est Ihesus ad turbas... Super cathedram Moysi... Et reliqua. Omnia ergo quecumque dixerint vobis... — 125vo. *Resp.* Si Dominus Deus meus fuerit mecum... »

Fol. 125vo. « Feria IV. *Lectio I.* Elemosinam novimus... — 126. *R.* Erit michi Dominus in Deum... — *Lectio II.* In eo quippe miseretur homo... — *R.* Oravit Iacob et dixit... — *Lectio III.* In illo tempore : Ascendens Ihesus Iherosolimam, assumpsit duodecim... Et reliqua. Crebro hoc ipsum discipulis dixerat... — 126vo. *R.* Dixit angelus ad Iacob : dimitte me, aurora est... »

Fol. 126vo. « Feria quinta. *Lectio prima.* Intelligere vos credo, fratres karissimi, hec vestra ieiunia... — 127. *R.* Tolle arma tua... — *Lectio II.* Hic ergo et nos propositum nobis... *R.*Ecce odor filii mei... — *Lectio III.* Homo quidam erat dives. Et reliqua. Quoniam dixerat : Nemo servus... — 127vo. *R.* Det tibi Deus de rore celi... »

Fol. 127vo. « Feria VI. *Lectio I.* In diebus illis, dixit Ioseph fratribus suis : Audite sompnium meum. — 128. Et reliqua. Quociens vobis, fratres, lectiones de testamento veteri... — *R.* Dum exiret Iacob de terra sua... — *Lectio II.* Cum enim christianus populus fideliter ad ecclesiam venit... *R.* Dum exiret Iacob de terra sua... — 128vo. *Lect. III.* In illo tempore : Dixit Ihesus discipulis suis : Homo quidam erat paterfamilias qui plantavit vineam... Et reliqua. Hoc est quod Dominus sumptum de proverbio... *Resp.* Si Dominus Deus meus fuerit mecum... »

Fol. 129. « Sabbato. *Lectio I.* In diebus illis : Dixit Rebecca filio suo Iacob... *R.* Erit michi Dominus in Deum... — *Lectio II.* Pro quo etiam ipse — 129vo — homo... *R.* Oravit Iacob et dixit... — *Lectio III.* In illo tempore : Dixit Ihesus discipulis suis : Homo quidam habuit duos filios... Et reliqua. Murmurantibus de peccatorum susceptione... — 130. *R.* Pater, peccavi in celum... »

Fol. 130vo. « DOMINICA III. *Inv.* Dominum qui fecit nos, venite, adoremus. *Ps.* Venite... *Hymnus.* Summe largitor... — *Lectio I.* Ioseph, cum sexdecim esset annorum... — *R.* Videntes Ioseph a longe... — *Lectio II.* Israël autem diligebat Ioseph... — *R.* Dixit Iudas fratribus suis... — 131. *Lectio III.* Accidit quoque ut visum somnium... *R.* Videns Iacob vestimenta Ioseph... — *Lectio IV.* Aliud quoque vidit sompnium... — 131vo. *R.* Ioseph dum intraret in terram Egypti... — *Lectio V.* Cumque fratres illius in pascendis gregibus... — *R.* Memento mei dum bene tibi fuerit... — *Lectio VI.* Missus de valle Ebron... — 132. *R.* Merito hec patimur quia peccavimus... — *Lectio VII sec. Lucam.* In illo tempore : Erat Ihesus eiiciens demonium et illud erat mutum. Et reliqua. *Omelia venerabilis Bede presbiteri de eadem lectione.* Demoniacus iste apud Matheum... — *R.* Dixit Rubem fratribus suis... — *Lectio VIII.* Quidam autem ex eis dixerunt : In Beelzebud... — 132vo. *R.* Tollite hinc vobiscum munera... *Lectio IX.* Nec iuxta quedam mendosa exemplaria... *R.* Loquens Ioseph fratribus suis... »

Fol. 134. « Feria secunda. *Lectio I.* Ecce, fratres dilectissimi, dies quadragesime sancti... *R.* Videntes fratres a longe... — *Lectio II.* Quare hoc dicit : Quia ieiunia... — 134vo.*R.* Dixit Iudas fratribus suis... *Lectio III.* In illo tempore : Dixerunt Pharisei ad Ihesum : Quanta audivimus sancta... Et reliqua. Quorum insana perfidia... *R.* Videns Iacob vestimenta Ioseph... »

Fol. 135. « Feria III. *Lectio prima.* Dominus ac redemptor noster... [Responsorium desideratur]. — *Lectio II.* Quid enim est dies sancte quadragesime... — 135vo. *R.* Memento mei, dum bene tibi fuerit... — *Lectio III.* In illo tempore : Respiciens Ihesus discipulos suos dixit Symoni Petro : Si peccaverit in te frater tuus... Et reliqua. Si peccaverit in nos frater noster... *R.* Merito hec patimur... »

Fol 136. « Feria IV. *Lectio prima.* Hec dicit Dominus Deus : honora patrem tuum... Et reliqua. Omnia igitur precepta veteris legis... *R.* Iste est frater vester minimus... — *Lectio II.* Nam spiritalis pater noster... — 136vo. *R.* Dixit Ioseph undecim fratribus suis... — *Lectio III.* In illo tempore : Accesserunt ad Ihesum ab Iherosolimis scribe et pharisei dicentes : Quare discipuli tui... Et reliqua. Mira phariseorum scribarumque stultitia... *R.* Nunciaverunt Iacob dicentes : Ioseph filius tuus vivit. »

Fol. 137. « Feria V. *Lectio I.* In diebus illis : factus est sermo Domini ad Iheremiam prophetam dicens : Sta in porta... Et reliqua. Quid est quod audivimus in prophetica lectione... ? *R.* Videntes Ioseph a longe loquebantur... — 137vo. *Lectio II.* Unde per Iheremiam... *Resp.* Dixit Iudas fratribus suis... — *Lectio III.* In illo tempore : Surgens Ihesus de synagoga... Et reliqua. Si virum a demonio liberatum... *R.* Videns Iacob vestimenta Ioseph... »

Fol. 138. « Feria VI. *Lectio I.* In adiutorio et misericordia D. n. I. C... — 138vo. *R.* Ioseph dum intraret in terram Egypti... — *Lectio II.* Elemosina quippe grecum misericordia... *R.* Memento mei, dum bene tibi fuerit... — 139. *Lectio III.* In illo tempore : Reliquit Ihesus Iudeam... Et reliqua. Quid est quod reliquit Iudeam... ? *R.* Merito hec patimur... »

Fol. 139vo. « Sabbato. *Lectio I.* In diebus illis erat vir in Babilone... Et reliqua. In presenti lectione quam audistis... *R.* Iste est frater vester minimus... — *Lectio II.* Non enim corporalibus erat ornata monilibus... — 140. *R.* Dixit Ioseph undecim fratribus suis... — *Lectio III.* In illo tempore : Perrexit Ihesus in montem Oliveti... Et reliqua. Presentis sancti evangelii lectionem... *R.* Nunciaverunt Iacob dicentes : Ioseph, filius tuus vivit... »

Fol. 140vo. « DOMINICA IV. *Invit.* Populus Domini et oves pascue eius. Venite, adoremus. *Ps.* Venite... — *Lectio I.* Locutus est Dominus ad Moysen dicens : Ego Dominus. Loquere ad Pharaonem... — *R.* Locutus est Dominus ad Moysen dicens : descende in Egyptum... — 141. *Lect. II.* Dixitque Dominus ad Moysen : Ecce constituit te... — *R.* Stetit Moyses coram Pharaone... — *Lectio III.* Immittam manum meam... — *R.* Cantemus Domino... — *Lectio IV.* Fecit itaque Moyses et Aaron... — 141vo. *R.* In mari via tua... — *Lectio V.* Dixitque Dominus ad Moysen... — *R.* Qui persequebantur populum tuum... — *Lectio VI.* Tulitque Aaron virgam... — *R.* Moyses famulus Domini ieiunavit... — 142. *Lectio VII sec. Iohannem.* In illo tempore : Abiit Ihesus trans mare Galilee... Et reliqua. *Omelia venerabilis Bede presb.* Qui signa et miracula Domini... — *R.* Ecce mitto angelum meum... — *Lectio VIII.* Nam sicut alius evangelista... — 142vo. *R.* Attendite, popule meus... — *Lectio IX.* Quicquid nobis imperitie... — *R.* Adduxi vos per desertum... »

Fol. 143vo. « Feria II. *Lectio I.* In diebus illis, venerunt due mulieres meretrices ad regem Salomonem... Et reliqua. De iudicio Salomonis inter mulieres... *R.* Locutus est Dominus ad Moysen dicens : descende in Egyptum... — 144. *Lectio II.* Nam doctores quidam nimirum scientia vigilantes.. *R.* Stetit Moyses coram Pharaone... — *Lectio III.* In illo tempore : Descendit Ihesus Carphanaum (*sic*)... Et reliqua. Solet movere quosdam quod in exordio... — 144vo. *R.* Cantemus Domino : gloriose enim... »

Fol. 144vo. « Feria III. *Lectio I.* Misericordia, dilectissimi, et iusticia Dei... — 145vo. *R.* In mari via tua... *Lectio II.* Sed ne ultra per ignorantiam veritatis... *R.* Qui persequebantur populum tuum... — *Lect. III.* — 145vo — In illo tempore : Iam die festo mediante... Et reliqua. Ille qui latebat, docebat... *R.* Moyses famulus Domini ieiunavit... »

Fol. 146. « Feria IV. *Lectio I.* Hec dicit Dominus : Lavamini... Et reliqua. In omnibus scripturis divinis, fratres karissimi... *R.* Ecce mitto angelum meum qui precedat te... — *Lectio II.* Lavatur itaque et mundus est... — 146vo. *R.* Attendite, popule meus... — *Lectio III.* In illo tempore : Preteriens Ihesus vidit hominem cecum... Et reliqua. Postquam exiisset Dominus de templo... *R.* Splendida facta est facies Moysi... »

Fol. 147. « Feria V. *Lectio prima.* In diebus illis : Venit mulier Sunamitis... Et cetera. Quanta sit vel fuerit misericordia conditoris... — 147vo. *R.* Locutus est Dominus ad Moysen dicens... — *Lectio II.* Accessitque Gyezi... *R.* Stetit Moyses coram Pharaone... — 148. *Lectio III.* In illo tempore : Ibat Ihesus in civitatem que vocatur Naym. Et reliqua. Naym civitas est Galylee... *R.* Cantemus Domino : gloriose enim... »

Fol. 148vo. « Feria VI. *Lectio I.* Confidenter vos, dilectissimi, ad opera pietatis hortamur... *R.* In mari via tua... — *Lectio II.* Quis enim tot illecebras mundi... — 149. *R.* Qui persequebantur populum tuum... — *Lectio III.* In illo tempore : Erat quidam languens Lazarus... Et reliqua. Plurima vero in hoc miraculo... *R.* Moyses, famulus Domini ieiunavit... »

Fol. 149vo. « Sabbato. *Lectio I.* Hec dicit Dominus : In tempore placito exaudivi te... Et cetera. In presenti lectione per prophetam... *R.* Ecce mitto angelum meum... — 150. *Lectio II.* Ideoque necesse est ut quales in iuditio... *R.* Attendite, popule meus... *Lectio III.* In illo tempore : Dicebat Ihesus... Ego sum lux mundi... Etc. Ubi manifeste docet non solum qua auctoritate... — 150vo. *R.* Splendida facta est facies Moysi... »

Fol. 150vo. « *Nota quod in isto sabbato post Nonam dimittende sunt hore beate Marie usque ad crastinum octavarum Pasche; memoriam vero mortuorum usque ad diem cene facere debemus, sed ex tunc pretermittende sunt usque in crastinum octavarum Penthecostes, nisi fiat pro anniversario vel pro presenti mortuo. Notandum est quod ab isto sabbato ad vesperas super responsoria et super responsoria ceterarum horarum et super* Venite *et super officia usque ad Pascha non dicitur* Gloria Patri. *Feria autem quarta ante cenam Domini post Nonam, super psalmos usque ad Pascha non dicitur* Gloria Patri. *Sabbato ad vesperas...* — 151. *Hymnus.* Vexilla regis prodeunt... » [21481].

Fol. 151vo. « Dominica in passione Domini. *Invit.* Hodie, si vocem eius audieritis, nolite obdurare corda vestra. *Ps.* Venite. *sine* Gloria. *Hymnus.* Pange lingua... [14481]. *Lectio I.* Verba Ieremie, filii Helchie... — 152. *R.* Isti sunt dies quos observare debetis. — *Lectio II.* Et factum est verbum Domini ad me... — *R.* Multiplicati sunt qui tribulant me... — 152vo. *Lectio III.* Et misit Dominus manum suam... — *R.* Deus meus es tu : ne discedas a me... — *Lectio IV.* Et factum est verbum Domini... — *R.* In te iactatus sum ex utero... — *Lectio V.* Et dixit Dominus ad me... — *R.* Tota die contristatus ingrediebar... — *Lectio VI.* Tu ergo accinge lumbos tuos... — *R.* Ne avertas faciem tuam... — 153vo. *Lectio VII secundum Iohannem.* In illo tempore : Dixit Ihesus turbis Iudeorum et principibus sacerdotum : Quis ex vobis arguet me de peccato ?... Et reliqua. *Omelia beati Gregorii pape.* Pensate, fratres karissimi, mansuetudinem Dei... — *R.* Deus meus, eripe me... — *Lectio VIII.* Si enim ipse verba Dei audit... — 153bis. *R.* Qui custodiebant animam meam... — *Lectio IX.* Nam sunt nonnulli precepta Dei... — *R.* Adiutor et susceptor meus... — 153$^{bis\ vo}$. In laudibus... *Hymnus.* Lustra sex... » [10763].

Fol. 154vo. « Feria II. *Lectio prima.* Et factum est verbum Domini ad me dicens : Vade et clama... — 155. *R.* Multiplicati sunt qui tribulant me... — *Lectio II.* Audite verbum Domini, domus Iacob... *R.* Deus meus es tu : ne discedas a me... — *Lect. III.* Et introduxit vos in terram Carmeli... — 155vo. *R.* In te iactatus sum ex utero... »

Fol. 155vo. « Feria tercia. *Lectio prima.* Vulgo dicitur : si dimiserit vir... — 156. *R.* Tota die contristatus ingrediebar... — *Lectio II.* Leva oculos tuos in directum... *R.* Ne avertas faciem tuam... — *Lectio III.* Frons mulieris meretricis facta est tibi... — *R.* Deus meus, eripe me de manu peccatoris... »

Fol. 156vo. « Feria IV. *Lectio I.* Et dixit Dominus ad me in diebus Iosie regis... *R.* Qui custodiebant animam meam... — 157. *Lectio II.* Et vidit prevaricatrix... *R.* Adiutor et susceptor meus... — *Lectio III.* Et dixit Domine ad me : iustificavit... — 157vo. *R.* In proximo est tribulacio mea... »

Fol. 157vo. « Feria V. *Lectio I.* Convertimini, filii, revertentes... *R.* Multiplicati sunt qui tribulant me... — 158. *Lectio II.* Cumque multiplicati fueritis... *R.* Deus meus es tu; ne discedas a me... *Lectio III.* In diebus illis, ibit domus Iuda ad domum Israël... *R.* In te iactatus sum ex utero... »

Fol. 158vo. « Feria VI. *Lectio I.* Si reverteris, Israël, ait Dominus... *R.* Tota die contristatus ingrediebar... — *Lectio II.* Annunciate in Iuda et Iherusalem... — 159. *R.* Ne avertas faciem tuam... — *Lectio III.* Egressus est de loco suo ut ponat terram suam... *R.* Deus meus, eripe me de manu peccatoris... »

Fol. 159vo. « Sabbato. *Lectio I.* Et dixi : heu ! heu ! heu ! Domine Deus... *R.* Qui custodiebant animam meam...— *Lectio II.* Ecce quasi nubes ascendet... — 160. *R.* Adiutor et susceptor meus tu es... — *Lectio III.* Concitate gentes : ecce auditum est... *R.* In proximo est tribulacio mea... »

Fol. 160vo. « DOMINICA IN RAMIS PALMARUM. *Invit.* Ipsi vero non cognoverunt vias meas quibus iuravi in ira mea si introibunt in requiem meam. *Ps.* Venite. *Ymnus.* Pange, lingua... — *Lectio I.* Psalmi vicesimi primi qui lectus est... — 161. *R.* In die qua invocavi te... — *Lectio II.* Nisi fallor, susceptio matutina... — *R.* Fratres mei elongaverunt [se]... — *Lectio III.* Et cum veluti sub una materia tenebrarum... — 161vo. *R.* Attende, Domine, ad me... — *Lectio IV.* Solem iusticie hic arbitror designari... — *R.* Conclusit vias meas inimicus... *Lectio V.* Huius itaque ortu solis... — 162. *R.* Noli esse michi, Domine, alienus... *Lectio VI.* Quare assumpti hominis... — *R.* Dominus mecum est tanquam bellator fortis... — 162vo. *Lectio VII sec. Matheum.* In illo tempore : Cum appropinquasset Ihesus Ihcrosolimis... Et reliqua. *Omelia venerabilis Bede presbiteri.* Mediator Dei et hominum... — *R.* Dixerunt impii apud se.. — 163. *Lectio VIII.* Ante quinque dies Pasche... — *R.* Viri impii dixerunt : opprimamus virum istum... — *Lectio IX.* — 163vo — Quinta demum peracta die... — *R.* Insurrexerunt in me viri iniqui... »

Fol. 164. « Ad primam. *Ymnus.* Iam lucis... — *Ant.* Dominus Deus, etc. — *Ante Terciam facienda est processio ad Sanctam Genovefam. In reditu processionis super parvum pontem. R.* Ingrediente Domino in sanctam civitatem Hebreorum, pueri resurrectionem vite pronunciantes. Cum ramis palmarum osanna clamabant in excelsis. *Vers.* Cumque audisset populus quia Ihesus venit Iherosolimam, exierunt obviam ei. Cum ramis. — Ad terciam. *Ant.* Pueri Hebreorum... — 164vo. Ad vesperas. *Super psalmos. Ant.* Occurrunt turbe... *Ad* Magnificat. *Ant.* Ceperunt omnes turbe descendentium gaudentes... »

Fol. 164vo. « Feria secunda. *Lectio I.* Hec dicit Dominus Deus : Numquid qui cadit non resurget... — 165. *R.* In die qua invocavi... — *Lectio II.* Milvus in celo cognovit tempus suum... *R.* Fratres mei elongaverunt... — *Lectio III.* Confusi sunt sapientes... — *R.* Attende, Domine... — Ad Laudes... — 165vo. *Ad* Benedictus. *Ant.* Non haberes in me potestatem... *Per hos eciam tres dies continuos dicuntur quinquaginta psalmi ad Primam...* Ad vesperas. *Super psalmos Ant.* Magister dicit : Tempus meum prope est... — *Ad* Magnificat. *Ant.* Recordare mei, Domine, et tuere me... »

Fol. 165vo. « Feria tercia. *Lectio I.* Verbum quod factum est ad Iheremiam a Domino dicens : Audite verba pacti huius... — 166. *R.* Conclusit... — *Lectio II*. Et dixit Dominus ad me : Vociferate... — *R*. Noli esse... — 166vo. *Lectio III*. Et induxi super eos omnia verba pacti huius... — *R*. Dominus mecum... — In Laudibus... *Ad* Benedictus. *Ant*. Nemo tollit a me animam meam... — 167. *Ad* Magnificat. *Ant*. Potestatem habeo... »

Fol. 167. « Feria IV. *Lectio I*. Hec dicit Dominus Deus : Quid est quod dilectus meus... — *R*. Dixerunt impii... — 167vo. *Lectio II*. Tu autem, Domine, demonstrasti michi... — *R*. Viri impii... — *Lectio III*. Propter hec dicit Dominus ad viros Anathot... — 168. *R*. Insurrexerunt... — Ad Laudes. *Ad* Benedictus. *Ant*. Symon, dormis... — 168vo. *Notandum quod si festum Annuntiationis tali die evenerit, sollemniter debet fieri. Prime vespere ab episcopo debent cantari de festo, sicut in ipso festo scriptum est. Si autem predictum festum in aliquo dierum sequentium usque ad diem Pasche evenerit, feria tercia post* Quasimodo *celebrabitur...* »

Fol. 169. « Feria V. *In primo nocturno. Ant*. Zelus domus tue... *Lect. prima. Aleph*. Quomodo sedet sola civitas... *R*. In monte Oliveti... — 169vo. *Lectio II. Delech* (sic). Vie Syon lugent... *R*. Tristis est anima mea... — *Lectio III. Vau*. Et egressus est filia Syon... — 170. *R*. Amicus meus osculi me tradidit signo... — *In secundo nocturno...* — *Lectio IV*. Exaudi, Deus, orationem meam cum tribulor; a timore inimici... — *R*. Unus ex discipulis meis tradet me... — 170vo. *Lectio V*. Alii timentes consentiebant... — *R*. Eram quasi agnus innocens... — *Lectio VI*. Non enim absorti vivere potuerunt... — 171. *R*. Una hora non potuistis vigilare mecum... — *In III nocturno... Lectio VII*. Ego enim accepi a Domino... — 171vo. *R*. Seniores populi consilium fecerunt... — *Lectio VIII*. Itaque quicumque manducaverit... *R*. Revelabunt celi iniquitatem Iude... — *Lectio IX*. Itaque, fratres mei, cum venitis ad manducandum... — 172. *R*. O Iuda, qui dereliquisti consilium pacis... — *In laudibus... Ad* Benedictus. *Ant*. Traditor autem... — *Ps*. Benedictus. *Versus isti qui secuntur prima* — 172vo — *nocte dicendi sunt a duobus sacerdotibus, secunda nocte a duobus diaconis, tercia die* (sic) *a duobus subdiaconis quibus cantor preceperit. Vers*. Kirie eleison. [*Chorus* : Kirie eleison]. *Vers*. Domine, miserere... *Post tenebras, debet incipere cantor septem psalmos qui dicendi sunt ad absolutionem cum ant*. Intret oratio *et sine* Gloria. *Oratio*. Respice. — *Ad primam. Ps*. Deus in nomine... — 173. *Incipitur a sacerdote missam celebrante. Ad* Magnificat *ant*. Cenantibus autem... — *Ps*. Magnificat. *Et finiuntur missa et vespere per orationem postcommunionis... Post prandium fit processio ad lavanda altaria* ».

Fol. 173. « Feria sexta. *In primo nocturno. Ant*. Astiterunt reges terre... — *Lectio I. Men*. Cui comparabo te ?... — 173vo — Omnes amici mei dereliquerunt me... — *Lectio II*. Plauserunt super te... — *R*. Vinea mea electa... — *Lectio III*. Fecit Dominus que cogitavit... — 174. *R*. Tanquam ad latronem existis... — *Lectio IV*. Narraverunt ut absconderent... — *R*. Barrabas latro dimittitur... — *Lectio V*. — 174vo — Sed quare videbatur... — *R*. Tradiderunt me in manus impiorum... — *Lectio VI*. Ibi ergo isti defecerunt... — 175. *R*. Ihesum tradidit impius... — *Lect. VII*. Festinemus ingredi... — *R*. Caligaverunt oculi mei... — *Lectio VIII*. Habentes ergo pontificem magnum... — 175vo. *R*. Velum templi scissum est... — *Lectio IX*. Omnis namque pontifex... — *R*. Tenebre facte sunt... »

Fol. 176. « IN VIGILIA PASCHE. *In primo nocturno. Ant*. In pace in idipsum... — *Lectio prima. Thau*. Redde eis vicem, Domine... — 176vo. *R*. Sepulto Domino... — *Lectio II. Gimel*. Sed et lamie nudaverunt mammam... — *R*. Iherusalem, luge... — *Lectio III. Zay (sic)* — 177 — Candidores (*sic*) sunt Nazarei eius nive... — *Resp*. Plange quasi virgo... — 177. *Lectio IV*. Et annuntiaverunt opera Dei... — 177vo. *R*. Recessit pastor noster... — *Lectio V*. Iam Petrus predicat sine timore... — *R*. O vos omnes qui transitis... — *Lectio VI*. Illi autem sciebant quid iuberet Deus... — 178. *R*. Ecce quomodo moritur iustus... — *Lectio VII*. Quapropter intermittentes inchoationis Christi sermonem... — 178vo. *R*. Estimatus sum cum descendentibus in lacum... — *Lectio VIII*. Terra enim sepe venientem... *R*. Agnus Dei Christus immolatus est... — *179*. *Lectio IX*. Cupimus autem in unumquemque vestrum... — *R*. Sicut ovis ad occisionem ductus est... »

Fol. 179. « In Laudibus. *Ant*. O mors, ero mors tua... — 179vo. *Ad* Benedictus. *Ant*. Mulieres sedentes... *Ps*. Benedictus. *Kyrie eleison. A duobus subdiaconis super quatuor horis dicuntur quatuor prima responsoria et oratio* Respice. — 180. In vigilia Pasche. *Ad vesperas super psalmos*.

Ant. Alleluya. Quoniam in eternum. Alleluya. Misericordia eius. Alleluya. Alleluya. *Ps.* Laudate Dominum omnes gentes. *Non dicitur* Gloria, *sed incipitur ab eo qui missam celebrat. Ad* Magnificat. *Ant.* Vespere autem sabbati que lucescit... —180vo. *Ps.* Magnificat... *sine* Gloria. — *Ad Completorium sine antiphona et sine* Gloria Patri. *Ps.* Cum invocarem... »

Fol. 180vo. « In die sancto Pasche. *Invitat.* Alleluya. Surrexit Dominus vere. Venite, adoremus. Alleluya. *Ps.* Venite... — *Lectio I sec. Marcum.* In illo tempore : Maria Magdalene... *Omelia beati Gregorii pape de eadem lectione.* Multis vobis lectionibus, fratres karissimi, per dictatum scribere consuevi... — 181. *R.* Angelus Domini descendit de celo... — *Lectio II.* Et nos ergo in eum qui est mortuus credentes... — 181vo. *R.* Angelus Domini locutus est mulieribus... — *Lectio III.* Quia igitur redemptor noster iam presentis vite... — 182. *R.* Et valde mane una sabbatorum veniunt ad monumentum... »

Fol. 182. — « *Finito responsorio, statim debet fieri representatio sepulchri. Angeli ad mulieres. Ad sepulchrum angeli.* Quem queritis in sepulchro, o Christicole ? *Vers.* Ihesum Nazarenum crucifixum, o celicole. — *Vers.* Non est hic : surrexit sicut predixerat; ite, nuntiate quia surrexit. *Prosa.* Victime paschali laudes immolant christiani. *Vers.* Agnus redemit oves, Christus innocens Patri reconciliavit peccatores. — *Vers.* Mors et vita duello conflixere mirando; dux vite mortuus regnat vivus. — *Vers.* Dic nobis, Maria, quid vidisti in via ? — *Vers.* Sepulchrum Christi viventis, et gloriam vidi resurgentis. — *Vers.* Angelicos testes, sudarium et vestes. — *Vers.* Surrexit Christus, spes nostra; precedet suos in Galileam. — *Vers.* Credendum est magis soli Marie veraci quam Iudeorum turbe fallaci. — *Vers.* Scimus Christum surrexisse a mortuis vere; tu nobis, victor, rex, miserere. — *Ps.* Te Deum. *Vers.* Surrexit Dominus vere. *R.* Et apparuit Simoni ».

Fol. 182vo. « In laudibus. *Ant.* Et respicientes... — Ad Terciam. — *Ps.* Legem pone *cum ceteris... Tunc* [*post orationem*] *fiet processio ad crucem et cantatur respons.* Et valde. *Versus organizatur. Postea, sequitur versus* Noli flere, Maria. — 183. *Oratio.* Presta, quesumus, omnipotens et misericors Deus, ut in resurrectione D. n. I. C. percipiamur veraciter portionem. Qui tecum. *In reditu processionis. Ant.* Alma. *Vers.* Post partum. *Oratio.* Famulorum. — *Ad Sextam. Ps.* Defecit ».

Fol. 183. « *Ad vesperas* [Pasche] *super psalmos. Ant.* Surrexit Christus. *Ps.* Dixit Dominus... — *Pro hymno dicitur.* Alleluia. Agnus redemit oves, etc. *Ad Magnificat. Ant.* Et respicientes. *Oratio.* Deus qui hodierna die... *Sequitur processio ad fontes. Ad processionem. R.* Christus resurgens ex mortuis... *Vers.* Dicant nunc Iudei : quomodo milites custodientes sepulchrum... *Vers.* Surrexit Dominus vere. *R.* Et apparuit Symoni. Alleluya. *Oratio.* Presta, quesumus, omnipotens Deus, ut qui dominice resurrectionis... — *Ad processionem. Ant.* Ego sum alpha et ⊕ primus et novissimus... — 183vo. *Vers.* Gavisi sunt discipuli. *R.* Viso Domino. Alleluya. *Oratio.* Presta, quesumus... *In reditu processionis responsorium.* Sedit angelus ad sepulchrum Domini... *Vers.* Noli flere Maria. [*R.*] Quia surrexit Dominus. Alleluya. *Oratio.* Presta, quesumus... — *Ad completorium. Ps.* Cum invocarem... »

Fol. 184. « *Nota quod per totas octavas ad vesperas fit processio sicut supra dictum est. Sed in die sabbati fiet tantum ante crucem et in eodem sabbato ad vesperas tenentes chorum cappis induentur sericis, ceteris diebus induentur albis nec dicetur vers.* Dicant nunc *ad processionem nisi in die Pasche. Notandum eciam est quod ad horas diei non dicitur hymnus nec capitulum nec versus nec* Kyrie eleison, *sed finitis psalmis dicet chorus :* Alleluya; *sacerdos* Hec dies, *et ita fiet usque in crastinum octave* ».

Fol. 184. « Feria secunda... *Lectio prima sec. Lucam.* In illo tempore : Duo ex discipulis... Et reliqua. *Omelia beati Gregorii pape.* Lectiones evangelice summatim sensum statui... — 184vo. *R.* Maria Magdalene et altera Maria... — *Lectio II.* Hoc ergo egit Dominus foris... — *R.* Tulerunt Dominum meum... — *Lectio III.* Ac scripture sacre misteria... — 185. *R.* Congratulamini michi omnes... — In Laudibus... *Ad* Benedictus. *Ant.* Tu solus peregrinus es... — Ad vesperas... *Ad* Magnificat. *Ant.* Et coegerunt illum... — *Ad processionem ut supra...* »

Fol. 185vo. « Feria III... *Lectio I sec. Lucam.* In illo tempore : Stetit Ihesus in medio discipulorum suorum... *Omelia venerabilis Bede presb.* Gloriam sue resurrectionis... *R.* Virtute magna... — 186. *Lectio II.* Deinde curiosius inquirentibus feminis... — *R.* Surgens Ihesus Dominus noster... *Lectio III.* Primo visus est Marie Magdalene...

186vo. *R.* Surrexit pastor bonus... — In Laudibus... *Ad* Benedictus. *Ant.* Stetit Ihesus in medio discipulorum... — Ad vesperas. *Ad* Magnificat. *Ant.* Obtulerunt discipuli Domino partem piscis... »

Fol. 187. « Feria IV... *Lectio I sec. Iohannem.* In illo tempore : Manifestavit se Ihesus iterum... *Omelia beati Gregorii pape de eadem lectione.* Lectio sancti evangelii que modo in vestris auribus lecta est... — 187vo. *R.* Isti sunt agni novelli... — *Lectio II.* Sed si virtus discretionis inspicitur... — *R.* Ecce vicit leo de tribu Iuda... — *Lect. III.* Sunt enim pleraque negocia... — 188. *R.* Dignus es, Domine, accipere librum... — In Laudibus... *Ad* Benedictus. *Ant.* Mittite in dextram navigii rete... Ad vesperas... *Ad* Magnificat. *Ant.* Hoc iam tercio manifestavit se Ihesus... »

Fol. 188vo. « Feria V. *Lectio prima sec. Iohannem.* In illo tempore : Maria stabat ad monumentum... *Omelia beati Gregorii pape de eadem lectione.* Maria Magdalene que fuerat in civitate peccatrix... — *R.* De ore prudentis procedit mel... — 189. *Lectio II.* Nam postquam venit ad monumentum... *R.* Expurgate vetus fermentum... — *Lectio III.* Maria ergo cum fleret... — 189vo. *R.* Tanto tempore vobiscum sum... — In Laudibus... *Ad* Benedictus. *Ant.* Maria stabat... — Ad vesperas... *Ad* Magnificat. *Ant.* Tulerunt Dominum meum ».

Fol. 190. « Feria sexta... *Lectio I sec. Matheum.* In illo tempore : Undecim discipuli abierunt in Galileam... *Omelia venerabilis Bede presb.* Evangelica lectio, fratres karissimi, quam modo audivimus... — 190vo. *R.* Maria Magdalene... — *Lectio II.* Planum namque est et dulce... *R.* Tulerunt Dominum meum... — *Lectio III.* In monte hoc apparuit... — 191. *R.* Congratulamini michi... — In Laudibus... *Ad* Benedictus. *Ant.* Undecim discipuli in Galileam... — Ad vesperas... *Ad* Magnificat. *Ant.* Data est michi omnis potestas... »

Fol. 191vo. « Sabbato... *Lectio prima sec. Iohannem.* In illo tempore : Una sabbati... *Omelia beati Gregorii pape.* Fractus longa molestia stomacus... — 192. *R.* Virtute magna... — *Lectio II.* Lectio sancti evangelii, fratres karissimi, quam modo audistis... — *R.* Surgens Ihesus... — *Lectio III.* Adhuc ergo erant tenebre... — 192vo. *R.* Surrexit pastor... — In Laudibus... *Ad* Benedictus. *Ant.* Currebant duo simul... — In Vesperis... *Ad* Magnificat. *Ant.* Cum esset sero... — *Nota* — 193 — *quod processio debet egredi tantum ante crucem cum thuribulo et cereis sine cruce cantando* Sedit angelus *et versus debet organizari vel cantari. Finito versu, statim reditur in chorum cantando finem antiphone.* Nolite me. *Vers.* Noli flere, Maria... »

Fol. 193. « Dominica in octavis Pasche... — *Post Primum fit benedictio aque. Qua facta, cantatur ant.* Asperges me *et cetera. Postea, fit processio ad ecclesiam Sancti Iohannis et cantatur resp.* Virtute magna. *Vers.* In omnem terram. *Ant.* Inter natos. *Vers.* Constitues eos... *Oratio.* Presta, quesumus. *Oratio.* Ecclesiam. *Eundo ad Sanctum Dyonisium cantatur resp.* Filie Iherusalem *cum versu* Tradiderunt corpora. *Oratio.* Presta, quesumus. — *In reditu processionis. Ant.* Sedit angelus. *Et organizatur versus* Crucifixum — 193vo — *ante crucem et cantatur a duobus canonicis subdiaconis quibus cantor preceperit. Quo cantato, reincipitur finis antiphone seu :* Noli timere. *Et tunc intratur in chorum...* »

Fol. 193vo. « *In crastino octavarum Pasche de annotino pascha ita fiet. Incipitur festum in matutinis. Et cantantur omnia sicut in die octavarum. Nota quod annotinum Pascha debet semper fieri quando dies Pasche anni precedentis non evenerit in quadragesima anni sequentes* (sic). *Lectio I sec. Iohannem.* In illo tempore : Erat homo ex phariseis Nichodemus nomine... *Omelia venerabilis Bede presb.* Sicut ex lectione evangelii, fratres karissimi, audistis... — *R.* Angelus Domini descendit... — 194. *Lectio II.* Rabbi inquit, scimus... *R.* Angelus Domini locutus est... — *Lectio III.* Sed quia quem magistrum noverat... *R.* Dum transisset... — 194vo. *In ultimis vesperis non cantatur hymnus, sed cantato* Alleluya, *incipitur ad* Magnificat *ant.* Et respicientes. *Completorium ut supra... Debet autem annotinum Pascha semper fieri anno revoluto nisi in quadragesima evenerit...* »

Fol. 194vo. « Et feria secunda post octavas, ita fiet in matutinis. *Invitatorium.* Alleluia, alleluia, alleluia. *Ps.* Venite. *Hymnus.* Aurora lucis rutilat... [1644]. — 195. *Lectio prima sec. Iohannem.* In illo tempore : Cum sero factum esset... Et reliqua. *Omelia beati Gregorii pape.* Prima leccionis huius evangelice questio animum pulsat... — 195vo. In Laudibus... *Hymnus.* Sermone blando angelus... [18831]. — 197. Ad vesperas... *Hymnus.* Ad cenam agni providi... [110]. — 197vo. Ad completorium... *Hymnus.* Ihesu salvator seculi... » [9680].

Fol. 199. « *Nota quod in crastinum illius diei*

in qua prefata dominica, scilicet : Cum esset sero *dicetur, liber Apocalipsis incipietur nisi festum impedierit, et tamdiu in eo legendum erit quamdiu responsorium* Ego sum vitis vera *cantatum erit, seu per tres ebdomadas continuas... Lectiones de Apocalipsi. Ista hystoria debet cantari per tres ebdomadas. Sed prima tria responsoria non debent cantari nisi die dominica et feria secunda et feria quinta...* »

Fol. 199vo. « Feria III prime ebdomade. *Lectio I.* Apocalipsis Ihesu Christi quam dedit ei Deus... — 201. Feria secunda secunde hebdomade. *Lectio I.* Memor esto itaque unde excideris... —202vo. Feria II tercie hebdomade. *Lectio I.* Scio opera tua, quia nomen habes quod vivas... — 205. *Post matutinas beate Marie fit memoria de reliquiis... Officium vero mortuorum usque ad crastinum octavarum Penthecostes pretermittimus nisi fiat pro anniversario vel pro presenti corpore...* »

Fol. 208. « Dominica secunda post octavas Pasche... *Lectio I sec. Iohannem.* In illo tempore : Dixit Ihesus discipulis suis : Ego sum pastor bonus... Et reliqua. *Omelia beati Gregorii pape.* Audistis, fratres mei, ex lectione evangelica erudicionem vestram... — 208vo. *R.* Ego sicut vitis... — *Lectio II.* Fecit quod monuit... *R.* Vivens... — *Lectio III.* A primo autem hoc... — *R.* Audivi... — 209. [Post Primam]. *Ad processionem. R.* Virtute magna... *Vers.* In omnem terram. *Ant.* Inter natos. *Vers.* Constitues eos. *Oratio.* Presta, quesumus. *Oratio.* Ecclesiam. — *Eundo ad Sanctum Dyonisium dicitur resp.* Filie Iherusalem. *Vers.* Tradiderunt. *In reditu processionis. Ant.* Sedit angelus. *Ad memoriam de omnibus sanctis. Ant.* Lux perpetua. *Vers.* Beati qui habitant. — Ad Terciam... »

Fol. 210. « Dominica III... *Lect. I sec. Iohannem.* In illo tempore : Dixit Ihesus discipulis suis : Modicum et iam non videbitis me... Et reliqua. *Omelia beati Gregorii pape.* Leta Domini et Salvatoris nostri promissa... *R.* Ego sicut... — *Lectio II.* Notandum autem... *R.* Veniens... — *Lectio III.* Nam quia hec... — 210vo. *R.* Audivi... — *Ad* Benedictus. *Ant.* Modicum et non videbitis me... — *Ad* Magnificat. *Ant.* Tristicia implevit cor vestrum... »

Fol. 211. « Dominica IV... *Lectio I sec. Iohannem.* In illo tempore : Dixit Ihesus discipulis suis : Vado ad eum... Et reliqua. *Omelia venerabilis Bede presb.* Sicut ex lectione evangelica, fratres karissimi, audivimus.. — *R.* Narrabo nomen tuum fratibus meis. Alleluia... — *Lectio II.* Vado, inquit, ad eum qui me misit... — 211vo. *R.* In ecclesiis benedicite Deo. Alleluia... — *Lectio III.* Bene autem cum de ascensione sua dixisset... — *R.* Viderunt te aque Deus... — *Ad* Benedictus. *Ant.* Vado ad eum qui misit me... — 212. *Ad* Magnificat. *Ant.* Ego veritatem dico vobis... »

Fol. 212. « Feria II... *Lectio prima.* Iacobus, Dei et Domini nostri Ihesu Christi servus... — *R.* Narrabo... — *Lectio II.* Si quis autem vestrum... — *R.* In ecclesiis... — *Lectio III.* Vir duplex... — 212vo. *R.* Viderunt... »

Fol. 212vo. « Feria III... *Lectio I.* Beatus vir qui suffert temptacionem... — *R.* In toto corde meo. Alleluia... — *Lectio II.* Nolite itaque errare... — 213. *R.* Deduc me in semita... — *Lectio III.* Scitis, fratres mei dilectissimi... *R.* Alleluia. Iudica iudicium meum... »

Fol. 213. « Feria IV... *Lectio prima.* Omne quod natum est... — *R.* Si oblitus fuero tui... — 213vo. *Lectio II.* Et Spiritus est qui testificatur... — *R.* Hympnum cantate nobis... — *Lectio III.* Si testimonium hominum accepimus... — *R.* Deus, canticum novum cantabo tibi... »

Fol. 213vo. « Feria V... *Lectio prima.* Karissimi : Christus passus est... — 214. *R.* Narrabo... — *Lectio II.* Tradebat enim se... — *R.* In ecclesiis. — *Lectio III.* In fide autem... — *R.* Viderunt ».

Fol. 214. « Feria VI... *Lectio prima.* Karissimi, obsecro vos tanquam advenas... — 214vo. *R.* In toto corde... — *Lectio II.* Subiecti estote... — *R.* Deduc me... — *Lectio III.* Omnes honorate... — *R.* Alleluya... »

Fol. 214vo. « Sabbato... *Lectio I.* Karissimi : hec scribo vobis... — 215. *R.* Si oblitus fuero tui... — *Lectio II.* Qui dicit se nosse Deum... — *R.* Hympnum [cantate nobis]... — *Letcio III.* Non mandatum novum scribo vobis... *Ad* Magnificat. *Ant.* Cum autem venerit ille Spiritus veritatis... »

Fol. 215. « Dominica V... *Lectio I sec. Iohannem.* In illo tempore : Dixit Ihesus discipulis suis : Amen, amen, dico vobis : Si quid petieritis... — 215vo — Et reliqua. *Omelia beati Gregorii pape.* Potest movere infirmos... — *R.* Narrabo... — *Lectio II.* Sed huius motio questionis... — *R.* In ecclesiis... — *Lectio III.* Quociensumque ergo petentes... — 216. *R.* Viderunt... — *Ad* Benedictus. *Ant.* Usque modo non petistis... — *Ad* Magnificat. *Ant.* Nunc scimus quia scis omnia... »

Fol. 216. « Feria II in rogationibus... — 216vo. *Lectio I sec. Lucam.* In illo tempore : Dixit Ihesus discipulis suis : Quis vestrum habebit amicum... Et reliqua. *Omelia beati Gregorii pape.* Rogatus a discipulis... — *R.* Narrabo... — *Lect. II.* Amicus qui venit de via... — *R.* In ecclesiis... — *Lect. III.* — 217 — Dominus et salvator noster... — *R.* Viderunt... — *Ad* Benedictus. *Ant.* Confitemini alterutrum... — *Eodem die, fit processio ad Montem Martirum cuius ordinem invenies in libro processionali...* — *Ad* Magnificat. *Ant.* Petite et dabitur vobis... »

Fol. 217. « Feria III [in Rogationibus]... *Lectio I.* Quoniam ieiuniorum tempus est... — 217vo. *R.* In toto corde... — *Lectio II.* Quale est enim... *R.* Deduc... — *Lectio III.* Parvum est ieiunium abstinere... — *R.* Alleluya. Iudica... — 218. *Ad* Benedictus. *Ant.* Omnis qui petit... — *Eodem die, fit processio ad beatam Mariam de campis...* — *Ad* Magnificat. *Ant.* Si ergo vos cum sitis mali... »

Fol. 218. « In vigilia Ascensionis... *Lectio prima sec. Iohannem.* In illo tempore : Sublevatis Ihesus oculis... Et reliqua. *Omelia beati Augustini ep.* Glorificatum a patre Filium... — 218vo. *R.* Si oblitus fuero... — *Lect. II.* Apud homines autem... —*R.* Hympnum... — *Lectio III.* Clarifica, inquit, filium tuum... —*R.* Deus canticum... — 219. *Ad* Benedictus. *Ant.* Clarifica me, Pater... — *Eodem die, fit processio ad Sanctum Marcellum, et in reditu, cantatur missa in ecclesia Sancte Genovefe...* — Ad Vesperas... *Hymnus.* Eterne rex altissime... [654]. *Ad* Magnificat. *Ant.* — 219vo — Pater, manifestavi nomen tuum... — Ad complectorium... — *Ymnus.* Ihesu nostra redemptio... » [9582].

Fol. 219vo. [In die Ascensionis]. « *Invitat.* Alleluya. Ascendit Christus in altum. Venite, adoremus. Alleluya... *Hymnus.* Eterne rex altissime... — 220. *Lectio prima sec. Marcum.* In illo tempore : Recumbentibus undecim discipulis... Et reliqua. *Omelia beati Gregorii pape.* Quod resurrectionem dominicam... — 220vo. *R.* Post passionem suam... — *Lectio II.* Ad insinuandam quoque veritatem... — 221. *R.* Omnis pulchritudo Domini. — *Lectio III.* Increpata igitur eorum duritia... *R.* Non conturbetur cor vestrum... — In Laudibus. *Ant.* Videntibus illis... — 221vo. *Cap.* Viri Galilei... *Hymnus.* Tu Christe, nostrum gaudium... [20630]. 221vo. Ad Primam. *Ant.* Videntibus... etc. *Eodem die, fit processio ad Sanctum* — 222 — *Eligium, et cantatur ant.* Dum venerit *et ant.* Cum autem venerit. *In introitu Sancti Eligii incipitur resp.* Sint lumbi *et dicitur alleluya paschale. In reditu processionis extra ecclesiam incipitur resp.* Non conturbetur. *Vers.* Ego rogabo. *Postea R.* Omnis pulcritudo. *Vers.* Nisi ego. *Postea ant.* O rex glorie. — *In introitu ecclesie beate Marie. Ant.* Alma. — Ad Terciam. *Ant...* — Ad Vesperas *Ant.* Elevatis oculis... *Hymnus.* Eterne rex altissime... »

Fol. 222vo. « Feria VI. *Invit.* Alleluya, alleluya, alleluya. *Ps.* Venite... *Hymnus.* Eterne rex altissime... *Sciendum est quod a prima die octabarum Ascensionis usque ad diem Penthecostes nisi festum intervenerit, legentur Actus apostolorum, exceptis tribus diebus, scilicet : dominica infra octavam, et ipsa die octave, et vigilia Penthecostes. Lectio prima.* Viri Israelite, audite verba hec... — *R.* Tempus est ut revertar... — 223. *Lectio II.* Viri fratres, liceat audenter... — *R.* Ascendens in altum... — *Lectio III.* Hunc Ihesum resuscitavit Deus ... — *R.* Ascendit Deus in iubilacione... — 223vo. *Ad* Benedictus. *Ant.* Euntes in mundum universum... — *Ad* Magnificat. *Ant.* Dominus Ihesus, postquam locutus est eis... »

Fol. 223vo. « Sabbato. *Invitatorium, hymnus, versus, ut supra... Lectio I.* Loquentibus autem apostolis ad populum... — 224. *R.* Posuit nubem... — *Lectio II.* Factum est autem in crastinum... — *R.* Exaltare, Domine... — *Lectio III.* Hic est lapis qui reprobatus est... 224vo. *R.* Si enim non abiero... — *Ad* Benedictus. *Ant.* Illi autem profecti... — *Ad* Magnificat. *Ant.* Pater, manifestavi... »

Fol. 224vo. « Dominica infra octavam Ascensionis. *Invitatorium et cetera sicut in die. Lectio prima sec. Iohannem.* In illo tempore : Dixit Ihesus discipulis suis : Cum venerit Paraclitus... Et reliqua. *Omelia venerabilis Bede presb.* Ex multis sancti evangelii locis... 225. *R.* Post passionem... — *Lectio II.* Notandum autem in primis... — *R.* Omnis pulchritudo... — *Lectio III.* Cum enim eiusdem Spiritus gratia... — 225vo. *R.* Non conturbetur... — *Ad* Benedictus. *Ant.* Cum venerit Paraclitus... — *Ad* Magnificat. *Ant.* Hec locutus sum vobis... »

Fol. 225vo. « Feria secunda. *Invit.* Alleluya, alleluya, alleluya... *Lectio I.* Vir autem quidam nomine Ananias... — 226. *R.* Post Passionem... — *Lectio II.* Factum est autem quasi horarum trium... — *R.* Omnis pulchritudo... — *Lect. III.*

Per manus autem — 226vo — apostolorum... — R. Non conturbetur... — *Ad* Benedictus. *Ant.* Nisi ego abiero... — *Ad* Magnificat. *Ant.* Vado parare vobis locum... »

Fol. 226vo. « Feria III... *Lect. prima.* Exurgens autem princeps sacerdotum... — 227. *R.* Tempus est... — *Lectio II.* Adveniens autem princeps sacerdotum... *R.* Ascendens... *Lectio III.* Ut autem audierunt hos sermones... — 227vo. *R.* Ascendit Deus... — *Ad* Benedictus. *Ant.* Sic veniet.... — *Ad* Magnificat. *Ant.* Rogabo Patrem meum... »

Fol. 227vo. « Feria IV... *Lectio I.* In diebus illis autem crescente numero discipulorum... — *R.* Ponit... — *Lect. II.* Considerate ergo, fratres... — 228. *R.* Exaltare... — *Lectio III.* Eos vero statuerunt... — *R.* Si enim... — *Ad* Benedictus. *Ant.* Non vos relinquam orphanos... »

Fol. 228. « *Feria V in octava Ascensionis, legitur sermo iste a tribus subdiaconis ad matutinas quibus cantor iniunxerit. Lectio prima.* Post beatam et gloriosam resurrectionem... *Responsoria et cetera sicut in die.* — *Lect. II.* Mors enim Christi... — 228vo. *Lectio III.* Quam itaque hesitationem ».

Fol. 228vo. « Feria VI in crastino octavarum. *Invit.* Alleluya, alleluya, alleluya. *Hymnus.* Eterne rex altissime... *Lectio I.* Quidam vir Listris... — 229. *R.* Tempus est... — *Lectio II.* Turbe autem cum vidissent... — *R.* Ascendens Christus... — *Lectio III.* Quod ubi audierunt... — 229vo. *R.* Ascendit Ihesus... — *Ad* Benedictus. *Ant.* Audistis quia dixi vobis : Vado... — *Ad* Magnificat. *Ant.* Si diligeretis me... »

Fol. 229vo. « Sabbato in vigilia Penthecostes. *Invitatorium, hymnus et versus ut supra de Ascensione... Lectio prima sec. Iohannem.* In illo tempore : Dixit Ihesus discipulis suis : Si diligitis me... Et reliqua. *Omelia venerabilis Bede presbit.* Quia Spiritus sancti hodie, fratres karissimi... — 230. *R.* Ponit... — *Lect. II.* Unde in exordio lectionis... — *R.* Exaltare... — *Lectio III.* Quod ait : Si diligitis me... — 230vo. *R.* Si enim... — *Ad* Benedictus. *Ant.* Rogabo Patrem... — Ad Vesperas super psalmos. *Ant.* Non vos relinquam... *Ymnus.* Beata nobis gaudia... [2339]. — 231. *Ad* Magnificat. *Ant.* Si diligitis me... »

Fol. 231vo. « In die Penthecostes. *Invit.* Alleluya. Spiritus Domini replevit orbem terrarum : Venite, adoremus, alleluya. *Ps.* Venite... *Hymnus.* Iam Christus astra ascenderat... [9215]. — *Lectio prima sec. Iohannem.* In illo tempore : Dixit Ihesus discipulis suis : Si quis diliget me... — 232 — Et reliqua. *Omelia beati Gregorii pape.* Liber *(sic)*, fratres karissimi... — 232vo. *R.* Dum complerentur... — *Lectio II.* — 233 — Qui ergo mente integra... *R.* Repleti sunt omnes... — *Lectio III.* Et Pater meus diligit eum... — 233vo. *R.* Advenit ignis divinus... — In Laudibus... *Hymnus.* Impleta gaudent viscera... [8505]. — *Ad* Benedictus. *Ant.* Accipite Spiritum sanctum... »

Fol. 234 [In die Penthecostes]. « *Nota quod ad Terciam debet episcopus incipere hympnum.* Veni, creator... *Dum autem cantatur, duo presbiteri induti capis cericis debent* — 234vo — *thurificare altare. Ceteris autem diebus, sacerdos qui celebrat missam debet incipere hympnus* (sic) Veni, creator. *Et tunc non thurificatur altare...* — Ad Terciam. *Hymnus.* Veni, creator, Spiritus... *Cap.* Apparuerunt apostolis dispertite lingue... *Post Terciam, eodem die, fit processio ante crucem et cantatur resp.* Advenit ignis. *Vers.* Invenit — 235 — *et versus organizatur. Sequitur. Vers.* Repleti sunt omnes... *Sequitur. Vers.* Post partum *et oratio* Famulorum. — Ad Sextam. *Hymnus.* Rector potens... *Cap.* Facta autem hac voce... — Ad Nonam. *Hymnus.* Rerum Deus... *Cap.* Repleti sunt omnes. Ad Vesperas... *Hymnus.* Beata nobis gaudia... *Ad* Magnificat. *Ant.* Si quis diligit me... — *Ad completorium, loco hympni dicitur prosa.* — 235vo — Alma chorus Domini... » [822].

Fol 235vo. « Feria secunda. *Invit.* Alleluya, alleluya, alleluya. *Ps.* Venite. *Hymnus.* Iam Christus. *Lectio I sec. Lucam.* In illo tempore : Dixit Ihesus discipulis suis : Sic Deus dilexit mundum... — 236. *Omelia beati Alcuini presb.* Sic enim Deus dilexit mundum... — *R.* Iam non dicam vos servos... — *Lectio II.* Sequitur autem : non enim misit Deus... — 236vo. *R.* Disciplinam et sapientiam docebit eos... — *Lect. III.* Nondum apparuit iuditium... — *R.* Spiritus Sanctus procedens... — 237. *Ad* Benedictus. *Ant.* Sic Deus dilexit mundum... — *Ad* Magnificat. *Ant.* Non enim misit Deus Filium suum... »

Fol. 237. « Feria III. *Invit. et hym. ut supra. Lectio I sec. Iohannem.* In illo tempore : Dixit Ihesus discipulis suis : Amen, amen dico vobis : Qui non intrat per ostium... — 237vo. *Omelia beati Alcuini presb.* Amen, amen dico vobis, fratres karissimi : Qui non intrat... — *R.* Facta autem hac voce... — *Lectio II.* Multi enim sunt pagani... — 238. *R.* Ite in orbem universum... —

Lectio III. Sed hec omnia inaniter faciunt... — *R.* Apparuerunt apostolis dispertite lingue. — 238vo. *Ad* Benedictus. *Ant.* Qui intrat per ostium... — *Ad* Magnificat. *Ant.* Si quis introierit per me... »

Fol. 238vo. « Feria IV. *Invit. hymp. vers. ut supra. Lectio prima sec. Iohannem.* In illo tempore : Dixit I. d. s. Nemo potest venire ad me... *Omelia beati Alcuini presb.* Nolite murmurare invicem... — *R.* Advenit ignis divinus... — 239. *Lectio secunda.* Trahit Pater ad Filium... — *R.* Spiritus Domini replevit orbem... — *Lectio tercia.* Ista revelatio... — 239vo. *R.* Spiritus sanctus replevit totam domum... — *Ad* Benedictus. *Ant.* Nemo potest venire ad me... — *Ad* Magnificat. *Ant.* Ego sum panis vivus... »

Fol. 239vo. « Feria V... *Lectio I.* Hodiernam sollempnitatem, dilectissimi... — 240. *R.* Iam non dicam... — *Lectio II.* Sicut hebreo quondam populo... — *R.* Disciplinam... — *Lectio III.* Nam sicut apostolica testatur hystoria... — 240vo. *R.* Spiritus sanctus... — *Ad* Benedictus. *Ant.* Convocatis Ihesus duodecim apostolis... — *Ad* Magnificat. *Ant.* Egressi duodecim apostoli circuibant per castella... »

Fol. 240vo. « Feria VI... *Lectio I.* Plenissime quidem, dilectissimi, causam atque rationem... — 241. *R.* Facta autem... — *Lectio II.* Fiat ergo per corda omnium... — *R.* Ite in orbem... — *Lect. III.* Sempiternum est Patri... — *R.* Apparuerunt... — *Ad* Benedictus. *Ant.* Factum est in una dierum... — 241vo. *Ad* Magnificat. *Ant.* Audistis quia dixi vobis : Vado et venio ad vos... »

Fol. 241vo. « Sabbato... *Lectio prima sec. Lucam.* In illo tempore : Surgens Ihesus de synagoga... *Omelia venerabilis Bede presb.* Si verum a demonio liberatum... — 242. *R.* Advenit ignis... *Lectio II.* Modo salvator rogatus... — *R.* Spiritus Domini... — *Lectio III.* Naturale est fabricitantibus *(sic)*... — *R.* Spiritus sanctus... — *Ad* Benedictus. *Ant.* Hii qui linguis loquuntur novis... »

Les fol. 243 à 244 sont blancs.

Fol. 244vo à 250. Calendrier à l'usage de Paris; voir planches documentaires 73 à 84.

Les fol. 250vo et 251 sont blancs.

Fol. 251vo à 361vo. Psautier férial suivi des cantiques et des litanies des saints.

Fol. 251vo. « *Hymnus.* Nocte surgentes... [12035]. *In primo nocturno. Ant.* Ecce in nubibus... *Ps. David.* — 252. Beatus vir... — 266vo. Feria II... *Ymnus.* Nocte surgentes... *Ant.* Dominus defensor. *Ps. David.* Dominus illuminatio mea... »

Fol. 278vo. « Feria III. *Invitat.* Iubilemus Deo salutari nostro. *Ps.* Venite. *Hymnus.* Nocte surgentes. *Ant.* Ut non delinquam. *Ps. David* — 279 — Dixi custodiam vias meas... »

Fol. 287. « Fer. IV. *Invitatorium.* In manu tua, Domine, omnes fines terre. *Ps.* Venite. *Hymnus.* Nocte surgentes... *Ant.* Avertet. *Ps. David.* — 287vo. — Dixit insipiens... »

Fol. 295vo. « Fer. V. *Invitatorium.* Adoremus Dominum, quoniam ipse fecit nos. *Ps.* Venite. *Hymn.* Nocte — 296 — surgentes... *Ant.* Dominus Deus. *Psalmus David.* Salvum me fac, Deus, quoniam intraverunt aque usque ad animam meam... »

Fol. 306vo. « Feria VI. *Invitatorium.* Dominum qui fecit nos, venite adoremus. *Ps.* Venite. *Hymnus.* Nocte surgentes... *Ant.* Exultate Deo. *Psalmus David.* — 307 — Exultate Deo, adiutori nostro ».

Fol. 317. « Sabbato. *Invitat.* Dominum Deum nostrum, venite adoremus. *Ps.* Venite. *Hymnus.* Nocte surgentes... *Ant.* Quia mirabilia. *Ps. David.* Cantate Domino canticum novum... »

Fol. 329 à 352. Vêpres et Complies. — 329. Vêpres du dimanche. « *Ant.* Dixit Dominus. — [*Ps.*] Dixit Dominus... — 332vo. Feria secunda. *Ant.* Inclinavit. — *Ps.* Dilexi... — 340. Feria III. *Ant.* In domum. *Ps.* Letatus sum. — 341vo. Feria quarta. *Ant.* Beatus vir. *Ps.* Nisi Dominus edificaverit. — 343. Feria quinta. *Ant.* Et omnis. *Ps.* Memento, Domine, David... — 345vo. Feria VI. *Ant.* In conspectu. *Ps.* Confitebor. — 348vo. Sabbato. *Ant.* Benedictus Dominus Deus meus... » — 352 à 355. Cantiques.

Fol. 355vo à 361vo. Litanies des saints et prières. — 355vo. « Kyrie eleison... Pater de celis Deus; Fili, redemptor mundi, Deus; Spiritus sancte, Deus; Qui es trinus et unus Deus; Sancte sanctorum Deus; sancta Trinitas unus Deus; s. Maria; s. Dei genitrix; s. Virgo virginum; s. Michael; s. Gabriel; s. Raphael; omnes sancti angeli et archangeli; omnes sancti Throni et Dominationes; omnes sancti Principatus et Potestates; omnes sancte Virtutes celorum; s. Iohannes Baptista; omnes sancti patriarche et prophete; s. Petre; s. Paule; s. Andrea; s. Iacobe; s. Iohannes; s. Thoma; s. Philippe; s. Iacobe; s. Bartholomee; s. Thadee; s. Mathee; s. Symon; s. Mathia; — 356 — s. Luca; s. Marce; s. Barnaba; omnes sancti apostoli et evangeliste; omnes sancti Innocentes; omnes sancti discipuli Domini ».

« S. Stephane; s. Line; s. Clete; s. Anaclete; s. Clemens; s. Sixte; s. Corneli; s. Cypriane; s. Laurenti; s. Vincenti; s. Grisogone; s. Iohannes; s. Paule; s. Cosma; s. Damiane; s. Ignaci; s. Alexander; s. Marcelline; s. Petre; s. Dyonisii c. s. t.; s. Fabiane; s. Sebastiane; s. Marcelliane; s. Marce; s. Abdon; s. Sennes; s. Gervasi; s. Prothasi; s. Georgi; s. Aureli; s. Iustine; s. Lucane; s. Victor; s. Christofore; s. Quintine; s. Firmine; s. Crispine; s. Crispiniane; s. Arnulphe; — 356vo — s. Herculane; s. Theodore; s. Marcelle; s. Policarpe; s. Metranne; s. Valentine; s. Gordiane; s. Epimache; s. Donatiane; s. Rogatiane; s. Karanne; s. Carici [= Canci =]; s. Canciane; s. Nicomedes; s. Victe; s. Modeste; s. Clare; s. Nicostrate; s. Simphoriane; s. Appollinaris; s. Panthaleon; s. Felicissime; s. Agapite; s. Donate; s. Romane; s. Quiriace; s. Large; s. Smaragde; s. Timothee; s. Simphoriane; s. Hermes; s. Blasi; s. Georgi; s. Thoma; s. Iuliane; s. Prisce; s. Victorine; s. Prothe; s. Iacincte; s. Lamberte; s. Leodegari; s. Calixte; s. Caprasi; s. Vitalis; s. Maurice c. s. t.; s. Fusciane c. s. t.; — 357 — s. Luciane c. s. t.; s. Ypolite c. s. t.; Eustachi c. s. t.; s. Nichasi c. s. t.; s. Babila c. s. t.; s. Gereon c. s. t.; omnes sancti martires. »

« S. Silvester; s. Leo; s. Ambrosi; s. Ieronime; s. Gregori; s. Remigi; s. Hylari; s. Marcelle; s. Gendulphe; s. Martine; s. Germane; s. Ludovice; s. Regule; s. Sanson; s. Eligi; s. Maglori; s. Brici; s. Exuperi; s. Evurci; s. Audomare; s. Aniane; s. Leobine; s. Audoene; s. Germane; s. Iuliane; s. Nicolae; s. Medarde; s. Gildarde; s. Felix; s. Iohannes; s. Vedaste; s. Amande; s. Landerice; s. Fortunate; s. Maiole; — 357vo — s. Urbane; s. Avite; s. Leonori; s. Eusebi; s. Lupe; s. Benedicte; s. Hylari; s. Mederice; s. Maure; s. Leufrede; s. Launomaure *(sic)*; s. Maximiane; s. Egidi; s. Guillerme; s. Francisce; s. Philiberte; s. Bertine; s. Ludovice; omnes sancti confessores ».

« S. Maria Magdalena; s. Maria Egipciaca; s. Felicitas; s. Perpetua; s. Anna; s. Agatha; s. Lucia; s. Agnes; s. Petronilla; s. Cecilia; s. Katherina; s. Anastasia; s. Filicula; s. Eugenia; s. Eufemia; s. Iuliana; s. Emerenciana; s. Eulalia; s. Genovefa; s. Marina; s. Oportuna; s. Fara; s. Elyzabeth; s. Barbara; s. Scolastica; s. Brigida; s. Aurea; s. Tecla; s. Prothasia; — 358 — s. Fides; s. Spes; s. Caritas; s. Concordia; s. Paciencia; s. Batildis; s. Prisca; s. Potenciana; s. Cristina; s. Auda; s. Radegundis; s. Sapientia; s. Margareta; s. Gertrudis; omnes sancte virgines; omnes sancti et sancte Dei. — Propicius esto... »

Les fol. 362 à 363vo sont blancs.

Fol. 364 à 396vo. Commun des saints.

Fol. 364. « In vigilia unius apostoli vel plurimorum apostolorum. *Ad vesperas. Super psalmos ant.* Beati pacifici... *Cap.* Ibant apostoli gaudentes... *Ymnus.* Annue, Christe, seculorum Domine... [1149]. — 364vo — *Ad* Magnificat. *Ant.* Tradent enim vos... *Invit.* Regem apostolorum Dominum, venite adoremus... *Ymnus.* Annue, Christe... *Ant.* In omnem terram... — 365. *Lectio s. evangelii sec. Iohannem.* In illo tempore... Hoc est preceptum meum... Et reliqua. *Omelia beati Gregorii pape.* Cum cuncta sacra eloquia... — 367vo. — In Laudibus... *Hymnus.* Exultet celum laudibus... [5832]. — 368. *Ad* Benedictus. *Ant.* Vos qui secuti estis me... — 368vo. *Ad* Magnificat. *Ant.* In regeneratione cum sederit Filius hominis... »

Fol. 368vo. « In natali unius martiris... *Ad vesperas ant.* Qui vult venire post me... — 369. *Cap.* Iste sanctus pro lege Dei sui certavit... — *Hymnus.* Deus tuorum militum... [4534]. — 369vo. *Hymnus.* Beate martir, prospera... [2368]. — *Ad* Magnificat. *Ant.* Beatus vir qui suffert temtacionem... — 370. *Invit.* Regem martirum Dominum venite, adoremus... — *Hymnus.* Deus tuorum militum... — *Lectio sancti evangelii sec. Lucam.* In illo tempore... Si quis vult venire post me... Et reliqua. *Omelia beati Gregorii pape.* Quia dominus ac redemptor noster novus homo... » [Suivent plusieurs autres homélies]. — 374vo. « *Hymnus.* Martir Dei, qui unicum... [11228]. *Ad* Benedictus. *Ant.* Nisi granum frumenti... — *Ad* Magnificat. *Ant.* Iste cognovit... »

Fol. 375vo. « In natali plurimorum martirum. *Ad vesperas ant.* Corpora sanctorum... — 376. *Cap.* Sancti et iusti... *Hymnus.* Sanctorum meritis inclita gaudia... [18607]. *Ad* Magnificat. *Ant.* Istorum est enim regnum celorum... — 376vo. *Invit.* Venite, adoremus regem martirum Dominum... — *Hymnus.* Rex gloriose martirum... [17453]. — 377. *Expositio plurimorum martirum de qua fiunt III lectiones vel IX. Lectio sancti evangelii sec. Lucam.* In illo tempore... Cum audieritis prelia et seditiones... Et reliqua. *Omelia beati Gregorii pape.* Quia longius ab urbe digressi sumus... — 379vo.

In Laudibus. *Ant.* Corpora sanctorum... — *Cap.* Sancti per fidem... *Hymnus.* Eterna Christi munera... [598]. — 380. *Ad* Benedictus. *Ant.* Absterget Deus... »

Fol. 381. « De uno confessore ep... *Ad Vesperas. Ant.* Similabo eum... — *Cap.* Ecce sacerdos magnus... — *Hymnus.* Iste confessor Domini sacratus... [9136]. — 381vo. *Ant.* Confessor Domini... — 382. *Invit.* Regem confessorum Dominum, venite, adoremus... *Hymnus.* Ihesu redemptor omnium... [9628]. — 384. *Sec. Matheum. Lectio VII.* In illo tempore... Homo quidam peregre proficiscens... Et reliqua. *Omelia beati Gregorii pape.* Lectio sancti evangelii, fratres karissimi, sollicite considerare nos admonet... — 384vo. In Laudibus... *Cap.* Ecce vir prudens.. *Hymnus.* Iste confessor... — *Ad* Benedictus. *Ant.* Euge, serve bone... — 385vo. *Ad* Magnificat. *Ant.* Amavit eum Dominus...— 388. plurimorum confessorum non episcoporum... *Inv.* Regem confessorum Dominum... *Ps.* Venite. *Hymnus.* Sanctorum meritis inclyta gaudia ». [18607].

Fol. 389. « In festivitate unius virginis. *Ad vesperas.* Qui gloriatur... *Hymnus.* Virginis proles... [21703]. — 389vo. *Invit.* Agnum sponsum virginum, venite, adoremus Dominum Ihesum Christum. *Ps.* Venite... *Hymnus.* Virgines proles... *In primo nocturno. Ant.* Ante thronum huius virginis... — *Lectio sancti evangelii sec. Matheum* — 390 — In illo tempore... Simile est regnum celorum... Et reliqua. *Omelia beati Gregorii pape.* Sepe vos, fratres karissimi, admoneo prava opera fugere... — 392. In Laudibus. *Ant.* Hec est virgo sapiens... — 392vo. *Cap.* Emulor enim vos... *Hymnus.* Ihesu corona virginum... [9507]. — *Ad* Benedictus. *Ant.* Simile erit regnum celorum... »

Le fol. 397 est blanc.

Fol. 398 à 526vo. Sanctoral du bréviaire d'hiver (29 nov. — 25 mai).

Fol. 398. « In vigilia sancti Andree apost. *Lectio prima sec. Iohannem.* In illo tempore : Stabat Iohannes... Et reliqua. *Omelia venerabilis Bede presb.* Stabat Iohannes et ex discipulis eius duo... — 398vo. *Lectio II.* Lex dat testimonium... — *Lectio III.* Testimonium Iohannis fides est discipulorum... — 399. *Ad* Magnificat. *Ant.* Ambulans Ihesus... »

Fol. 399. (30 nov.) [In die s. Andree apost.] « *Invit.* Christum regem regum adoremus Dominum, qui martyrio crucis beatum glorificavit Andream apostolum. *Ps.* Venite... — *Hymnus.* Annue, Christe... — *Lectio prima.* — 399vo. — Passionem sancti Andree apostoli quam coram oculis nostris vidimus, omnes presbiteri et diaconi ecclesiarum Achaie scripsimus... — *R.* Dum perambularet Dominus... — *Lectio II.* Proconsul itaque Egeas... — 400. *R.* Mox ut vocem Domini predicantis... *Lectio III.* Andreas respondit : Romani principes... — *R.* Homo Dei ducebatur... — 400vo. *Lectio IV.* Egeas dixit : Ista superstitiosa... — *R.* Doctor bonus et amicus Dei Andreas... — 401. *Lectio V.* Cum pervenisset beatus Andreas... *R.* O bona crux... — *Lectio VI.* Astantes vero turbe... — 401vo — ... in cruce positus veritatem predicare non cessat. *R.* Oravit sanctus Andreas... — *Lectio VII sec. Matheum.* In illo tempore : Ambulans Ihesus iuxta mare Galylee... Et reliqua. *Omelia beati Gregorii pape.* Audistis, fratres karissimi, — 402 — quia ad unius iussionis vocem... *R.* Expandi manus meas... — *Lectio. VIII* Quanta nos eius miracula videmus... — *R.* Dilexit Andream Dominus... — 402vo. *Lectio IX.* Quis ergo, fratres karissimi... — *R.* Vir iste in populo suo... — In Laudibus. *Ant.* Salve, crux preciosa... — *Cap.* Iam non estis... — 403. *Ad Benedictus.* Domine Ihesu Christe, magister bone... — *Hore sicut de apostolis. Ad* Magnificat. *Ant.* Cum pervenisset beatus Andreas... — Memoria de sancto Eligio ».

Fol. 403vo. (1er déc.). « De s. Eligio. *Lectio prima.* Factum est in diebus illis postquam Eligius cuncta mundi huius adversa... — 404vo. *Lect. IX...* ... inter verba orationis flagitatum a superius *(sic)* emisit spiritum ».

Fol. 404vo. (4 déc.). « In susceptione reliquiarum.*Ad vesperas. Ant.* Corpora sanctorum in pace sepulta sunt... — 405. *Oratio.* Propiciare, quesumus, Domine, nobis famulis tuis per sanctorum tuorum quorum reliquias hodierna die in presenti suscepimus ecclesia merita gloriosa, ut, eorum pia intercessione ab omnibus semper protegamur adversis. Per. — *Facienda est memoria de Adventu.* »

Fol. 405. [In die]. « *Inv.* Adoremus Salvatoris venerantes gratiam qui perhennem sanctis suis largitus est coronam. *Ps.* Venite. — *Hymnus.* Sanctorum meritis... [18607]. — 405vo. *Lectio I.* Adest nobis, dilectissimi, sollempnis dies de inventione sanctarum reliquiarum, in primis gloriose semperque virginis Marie, et sanctorum Iohannis Baptiste, et Andree apostoli, Stephani prothomartyris, necnon et beati Dionysi, Gallorum apostoli. *R.* Missus [est] Gabriel angelus... — *Lect. II.* Maria, virgo virginum, genuit nobis regem regum... — *R.* Ave, Maria, gracia plena... — 406. *Lect. III.* Et ait angelus ad eam : Ave, Maria... — *R.* Suscipe verbum, virgo Maria... — 406vo. *Lectio IV.* Audiamus, fratres, quid ad profectum nostrum Iohannes precursor Domini predicaverit : Parate, inquit, viam Domino... — *R.* Inter natos mulierum non surrexit maior Iohanne Baptista... — *Lectio V.* Erat Andreas frater Symonis Petri... — *R.* Vir iste in populo suo.. — *Lectio VI.* Si quid distare inter martires potest precipuus videtur esse qui primus est. Nam cum beatus Stephanus ab apostolus *(sic)* ordinatus sit diaconus... — 407. *R.* Ecce iam coram te prothomartir Stephane... — *Lectio VII.* Preciosus Dyonisius cum artis romane menibus suis presentiam intulisset, beatum Clementem pontificem... — 407vo. *R.* In hoc ergo loco experiuntur... — *Lectio VIII.* Tandem iubente beato Clemente... — *R.* Per beatum Dyonisium... — *Lectio IX.* Cumque sepissime ab ydolorum pontificibus... — *R.* Vir inclitus Dyonisius, martir Domini... »

Fol. 408vo. (6 déc.). « IN VIGILIA S. NICHOLAI. *Ad vesperas super psalmos ant.* Similabo eum. — 409. *Cap.* Ecce sacerdos... — *Prosa.* Sospitati. *Hymnus.* Iste confessor... — *Ad* Magnificat. *Ant.* O pastor eterne, o clemens et bone custos... — *Sequitur memoria de adventu* ».

Fol. 409. [IN DIE]. « *Invit.* Adoremus regem seculorum in quo vivit Nicholaus, honor sacerdotum. *Ps.* Venite. — *Hymnus.* Ihesu redemptor... — 409vo. *Lectio I.* Beatus Nicholaus, ex illustri prosapia ortus, civis fuit Patere urbis... — *R.* Confessor Dei Nicholaus, nobilis progenie... — *Lectio II.* Et mirum in modum cum in primevo iuventutis flore... — *R.* Operibus sanctis Nicholaus... 410. *Lect. III.* Enim vero cum matris adhuc lacte aleretur... — *R.* Quodam die, tempestate sevissima quassati, naute... — *Lectio IV.* Ubi autem utroque parente orbatus est... — 410vo. *R.* Audiens Christi confessor... — *Lectio V.* Quod ubi vir sanctus comperit, condolet miserrimo homini... — *R.* Qui cum audissent sancti Nicholai nomen... — 411. *Lect. VI.* Circumspiciens ergo undique, per fenestram que competens videbatur... — *R.* Beatus Nicholaus iam triumpho potitus... — *Lectio VII.* Celebratis igitur ex more primogenite filie sue nupciis... — 411vo. *R.* Summe Dei confessor Nicholae... — *Lectio VIII.* Interea paucis admodum evolutis diebus... *R.* Servus Dei Nicholaus auri pondo trium virginum redemit pudorem... — *Lectio IX.* Olim te videre desideravi... — 412. *R.* Ex eius tumba marmorea sacrum resudat oleum... — *Prosa.* Sospitati dedit egros... [19.244]. — *Ps.* Te Deum... — In Laudibus. *Ant.* Beatus Nicholaus adhuc parvulus... — 412vo. *Cap.* Ecce vir prudens. *Hymnus.* Iste confessor... *Ad* Benedictus. *Ant.* Copiose caritatis... — *Ad* Magnificat. *Ant.* O Christi pietas... — *Eodem die, fit memoria Fare virg., postea fit memoria de Adventu* ».

Fol. 412vo. (7 déc.). « VIIo idus, in matutinis fit memoria Fare virg. ».

Fol. 412vo. (8 déc.). « DE CONCEPTIONE BEATE MARIA VIRGINIS. *In festo concepcionis beate virginis, debet fieri sicut fit in Nativitate eiusdem, ita videlicet quod ubicumque fit mencio de Nativitate in ant. R., or. et hor. fiat mencio de Conceptione et non de Nativitate. Lectiones dicentur prout inferius continentur.* — 413. *Lectio prima.* Tempore autem illo quod (*sic*) divine placuit voluntati, Anglorum gentem... — 414vo. *Lectio nona...* — 415 ... et ubique celebrandum predicavit ».

Fol. 415. (10 déc.). « IIIIo idus, fit memoria Eulalie virginis. — DE S. NICHASIO EP. ET MART. LEGENDA. Cetera omnia sicut de uno ep. et mart. *Lectio I.* Igitur post Constantini imperatoris regenerationem, cessante attrotissima *(sic)* persecutione... — 416. *Lectio IX...* — 416vo... aut certare usque ad mortem pro salute ».

Fol. 416vo. (11 déc.). « IN FESTO SANCTORUM MARTIRUM FUSCIANI, GENTIANI ET VICTORICI. *Ad vesperas. Super psalmos antiphone feriales...* — Eodem die, fit memoria Damasci *(sic)* pape... Sanctorum Fusciani, Victorici et Gentiani. *Lectio prima.* Sancti Dei Fuscianus et Victoricus ad Archanensium predia pervenerunt... — 417vo. *Lectio IX...* — 418... et ne derelinquas nos in sempiternum, qui cum Patre et Spiritu sancto regnas in secula seculorum. Amen ».

Fol. 418. (13 déc.). « IN FESTO SANCTE LUCIE VIRG. *Ad vesp. ant. feriales. Hymnus.* Virginis proles... — *Ad* Magnificat. *Ant.* In tua patiencia possedisti animam tuam... — Sequitur memoria de Adventu... »

Fol. 418. [IN DIE]. « *Invit.* Agnum sponsum. *Ps.* Venite. — *Hymnus.* Virginis proles... *Lectio I.* Cumque per universam Sicilie provinciam beatissime virginis Agathe fama crebresceret... — 418vo.

R. Diffusa est... — *Lectio secunda.* Tunc contigit Luciam... — *R.* Dilexisti... — *Lectio III.* Et dum hec lectio recitaretur... — 419. *R.* Lucia virgo, quid a me petis... — *Lect. IV.* Expergefacta surrexit tremens... — *R.* Non eris... — *Lectio quinta.* Tege igitur oculos meos... — *R.* Hec est virgo... — *Lectio sexta.* Sponsus ergo cepit sollicitus inquerere *(sic)*... — 419vo. *R.* Rogavi Dominum meum Ihesum Christum... — *Lect. VII.* Credidit stultus... — *R.* Audivi vocem... — *Lectio VIII.* Tunc Paschasius iussit venire lenones et tradidit eam illis... — 420. *R.* Audi, filia... — *Lectio IX.* Tunc angustiari cepit Paschasius... staret immobilis. — *R.* Grata facta est a Domino... — *Ps.* Te Deum... — In Laudibus. *Ant.* Orante sancta Lucia... — *Cap.* Emulor. — 420vo. *Hymnus.* Ihesu corona... — *Ad* Benedictus. *Ant.* Columpna es immobilis, Lucia... — *Ad* Magnificat. *Ant.* Tanto pondere eam fixit Spiritus sanctus... — Sequitur memoria de Adventu... »

Fol. 420vo. (15 déc.). « XVIII kal. ianuarii fit memoria Maximi abb. — Eodem die, ad vesperas incipitur ant. O sapientia... »

Fol. 420vo. (20 déc.). « In vigilia S. Thome apost. *Ad vesperas super psalmos...* — (21 déc.) De s. Thoma. *Lect. I.* Cum apostolus Thomas, qui et Didimus dicitur, esset apud Cesaream... — 422. *Lectio IX...* — 422vo... et fiebant signa magna et prodigia in loco ubi positum erat... »

Fol. 422vo. (26 déc.). « In die Natalis Domini in vesperis ad memoriam s. Stephani. *Ant.* Ave, senior Stephane... »

Fol. 422vo. [In die s. Stephani]. « *Inv.* Christum natum qui beatum hodie coronavit Stephanum. Venite, adoremus. *Ps.* Venite. — *Hymnus.* Beate martir... [2368]. — 423. *Lectio prima.* Heri celebravimus temporalem — 423vo — sempiterni regis natalem... — *R.* Stephanus autem plenus gratia... — *Lectio III.* Ille sempiterne deitatis maiestate servata... — *R.* Videbant omnes Stephanum... — *Lectio III.* Gloria in excelsis Deo. — 424. *R.* Sancte Dei preciose, prothomartir Stephane... — *Lectio quarta.* Heri presepis angustia... — 424vo. *R.* Lapidabant Stephanum... — *Lectio V.* Necessarium est nobis, fratres, agnoscere... — *R.* Impetum fecerunt unanimiter... — *Lectio VI.* Caritas ergo que de celo ad terram deposuit Christum... — 425. *R.* Caritatis gracia repletus... — *Lectio VII sec. Matheum.* In illo tempore, dicebat Ihesus turbis Iudeorum et principibus sacerdotum : Ecce ego mittam ad vos prophetas...— 425vo. Et reliqua. *Tractatus beati Ieronimi.* Ecce ego mitto ad vos prophetas, etc. Hoc quod ante dixeram... — *R.* Lapides torrentis... — *Lect. VIII.* Simul eciam observandum est... *R.* Intuens in celum... — 426. *Lectio nona.* Et veniat super vos omnis sanguis iustus... — *R.* Patefacte sunt ianue celi... — *Ps.* Te Deum... — 426vo. In Laudibus. *Ant.* Lapidaverunt Stephanum... — *Cap.* Stephanus plenus gratia... — *Ymnus.* Sancte Dei preciose... | 18.461 |. — 427. *Ad* Benedictus. *Ant.* Amen dico vobis, dicit Dominus Ihesus turbis Iudeorum... — 427vo. *Ad* Magnificat. *Ant.* Patefacte sunt ianue celi... »

Fol. 427vo. (27 déc.). « De s. Iohanne ev. *Inv.* Adoremus regem apostolorum qui privilegio amoris Iohannem dilexit apostolum. *Ps.* Venite. — *Hymnus.* Annue, Christe... [1149]. — 428. *Lectio I.* Secundam post Neronem persecutionem christianorum Domicianus exercuit... — *R.* Valde honorandus est... — *Lectio II.* Domitianus autem eodem anno... — 428vo. *R.* Ecce puer meus quem elegi... — *Lectio III.* Hinc factum est ut sanctus Iohannes... — *R.* Qui vicerit, faciam illum columpnam... — 429. *Lectio IV.* Tunc sanctus Iohannes videns flentes... — *R.* In illa die suscipiam te... — *Lectio V.* Tunc beatus Iohannes iussit deponi ferecrum *(sic)*... — *R.* Hic est beatissimus evangelista... — *Lectio VI.* Cum esset apostolus Iohannes — 429vo — annorum nonaginta novem... — *R.* Apparuit caro suo Iohanni Dominus... — 430. *Lectio VII sec. Iohannem.* In illo tempore : Dixit Ihesus Petro : Sequere me... Et reliqua. *Omelia venerabilis Bede presb.* Lectio sancti evangelii que nobis lecta est, fratres karissimi, tanto maiori a nobis intentione... — *R.* Hic est discipulus qui testimonium perhibet... — *Lectio VIII.* Commendat eciam testimonium... — *R.* Iste est Iohannes qui supra pectus Domini... — 430vo. *Lectio IX.* Apparuit Dominus post resurrectionem suam... — *R.* In medio Ecclesie... — *Ps.* Te Deum... — 430vo. In Laudibus. *Ant.* Hic est discipulus ille... *Cap.* Qui timet Deum... — 431. *Hymnus.* Exultet celum laudibus... — *Ad* Benedictus. *Ant.* In medio Ecclesie. — 431vo. *Ad* Magnificat. Iste est Iohannes qui supra pectus Domini... »

Fol. 431vo. (28 déc.). [SS. Innocentium]. « *Inv.* Venite, adoremus Dominum qui in sanctis suis gloriosus est. *Ps.* Venite. *Hymnus.* Rex gloriose martirum... [17.453]. — 432. *Lectio I.* Zelus quo tendat, quo prosiliat livor... — *R.* Sub altare Dei audivi voces occisorum... — *Lectio secunda.* Dolet impietas se esse illusam... — 432vo. *R.* Effuderunt sanguinem sanctorum... — *Lectio III.* Ad sinum matrum... — *R.* O quam gloriosum est regnum... — *Lectio IV.* Sic agit magister — 433 — mali... — *R.* Sub throno Dei omnes sancti clamant... — *Lectio V.* O ambitio quam ceca semper... — *R.* Adoraverunt viventem... — *Lectio VI.* Causas innocentie non requirit... — *R.* O constancia... — 433vo. *Lect. VII sec. Matheum.* In illo tempore : Angelus Domini apparuit in somnis Ioseph... Et reliqua. *Omelia venerabilis Bede presb.* De morte preciosa martirum Christi innocentium... — *R.* Cantabant sancti canticum novum... — *Lectio VIII.* Quod in Bethleem... — 434. *R.* Centum quadraginta quatuor milia... — *Lectio IX.* Quod illi quidem occisi sunt... — *R.* Concede. — *Non dicitur* Te Deum, *sed reincipitur* Concede. — 434vo In Laudibus. *Ant.* Herodes iratus... — 435. *Cap.* Vidi supra montem Syon. — *Hymnus.* Eterna Christi munera... — *Ad* Benedictus. *Ant.* Hii sunt qui cum mulieribus... — 435vo. *Ad* Magnificat. *Ant.* Ambulabunt mecum in albis... »

Fol. 436. (29 déc.). « De sancto Thoma martire. *Lectio I.* Proscriptus beatissimus Thomas Cantuariensis archiepiscopus... — 437. *Lectio IX.* ... et Spiritus sancti victimam solo tenus precipitaverunt ».

Fol. 437. (31 déc.). « De s. Silvestro. *Ad vesperas. Ant.* Tecum principium... — Ad memoriam Columbe virg. *Ant.* Hec virgo... — 437vo. De s. Silvestro. *Lectio I.* Tarquinius urbis Rome prefectus sperans Timotheum... — 438vo. *Lectio nona...* et hunc debere coli ab omni orbe romano ».

Fol. 439. (2 janv). [Oct. s. Stephani]. « *Lectio prima.* Ad aquas Tibilitanas episcopo asserente Preiecto, martiris gloriosissimi Stephani memoriam... — *Lectio III...* — 440... admirantibus atque gaudentibus omnibus baptizatus est. — *Ad capitulum fiet totum de sancta Genovefa* ».

Fol. 440vo. (3 janv.). « De sancta Genovefa. *Lectio I.* Cum beatus Germanus ad basilicam in Nannecheodoro vico sitam orandi gratia se contulisset... — 441vo. *Lectio nona...* a vexatione demonum fatigatus, incolumis redderetur. — 442. Memoria s. Iohannis ».

Fol. 442. (4 janv.). « In octava Innocentium. *Lectio I.* Hodie, fratres karissimi, natale illorum infantium colimus quos ab Herode crudelissimo rege... — 442vo. *Lectio III...* — 443... a bymatu et infra masculini sexus occidite ».

Fol. 443vo. (5 janv.). « Nonas ianuarii. De sancto Symeone... — *Lect. I.* Quadam autem die, cum beatus Symeon in ecclesia fuisset ingressus... — *Lectio III...* — 444... ubit erit fletus et stridor dentium ». — Aucune mention des saints Lucien, Maximien et Julien, mart., ni de saint Rigobert (8 janvier), bien que tous les quatre se trouvent dans le calendrier.

Fol. 444. (10 janv.). « De s. Guillermo. *Lectio prima.* Beatus Guillermus, nobilis genere, longe fuit nobilior... — 445vo. *Lectio nona...* in laudem et gloriam Salvatoris ». — Aucune mention au 13 janvier, des saints Remi et Hilaire, dont les noms se lisent au calendrier.

Fol. 445vo. (14 janv.). « De s. Felice presb. et conf. *Lectio I.* Factum est autem post completionem beatissimi Felicis presbiteri... — 446. *Lectio III...* statim filia eius salvata est ».

Fol. 446. (15 janv.). « De s. Mauro abbate *Lectio I.* Beatus Maurus cum adhuc iunior bonis polleret moribus magistrati... — 447. *Lectio IX...* — 447vo ... et quia super aquas cucurisset agnovit ». — Aucune mention de saint Bonet, évêque.

Fol. 447vo. (16 janv.). « S. Marcelli pape. *Oratio...* Memoria s. Fursei... — De s. Marcello papa. *Lectio I.* Beatus Marcellus episcopus veniens cum Lucina matrona... — 448. *Lectio tercia...* ubi etiam post multos annos serviendo emisit spiritum ».

Fol. 448. (17 janv.). « De s. Sulpitio. *Lectio I.* Beatus igitur Sulpicius, ortus claris parentibus... — 449vo. *Lectio nona...* Erat quippe per hoc beatus Sulpicius carus omnibus et acceptus ». Aucune mention des saints Speusippe, Eleusippe et Meleusippe, ni de saint Antoine ermite, dont les noms se lisent au calendrier.

Fol. 449vo. (18 janv.). « Prisce virg. *Oratio...* — *Tres lectiones fient de expositione que sic incipit.* Simile est regnum celorum thesauro ».

Fol. 449vo (19 janv.). « De s. Launomaro. *Lectio I.* Beatus igitur Launomarus tempore quo Francorum — 450 — exercitus Carnotensium vallabat civitatem... — *Lectio III...* Ante enim hos dies cum pace transibis de mundo ».

Fol. 450. (20 janv.). « SS. Fabiani et Sebastiani. *Ad vesperas...* — 450vo. [In die]... *Lectio prima.* In diebus illis, Sebastianus, vir christianissimus... — 451. *R.* Sebastianus, Dei cultor... — *Lectio II.* Erat enim verus Dei cultor... — *R.* Sebastianus, vir christianissimus... — *Lectio III.* Clarissimis igitur viris Marcelliano et Marco... — 451vo. *R.* Erat namque in sermone verax... — *Lectio IV.* Pater autem illorum erat Tarquilinius nomine... — 452. *R.* Christo cotidie sedulum exhibebat officium... — *Lect. V.* Tunc vero insanabilis dolor... — *R.* Zoe, uxor Nichostrati... — *Lect. VI.* Hec et hiis similia... — 452vo. *R.* Egregie Dei martir Sebastiane... — *Lectio VII.* Beatus igitur Sebastianus ab insidiantibus conventus est... — 453. *R.* Elegit Dominus virum de plebe... — *Lect. VIII.* Tunc iratus Dyoclesianus *(sic)*... — *R.* In loco isto promisso... — 453vo. *Lectio IX.* Cumque ad eum omnes christiani convenirent... — *R.* Beatus es et bene tibi erit... — Ad Laudes. *Ant.* Sebastianus Dei cultor... — 454. *Cap.* Sancti per fidem... *Ymnus.* Eterna Christi munera... — *Ad* Benedictus. *Ant.* Egregie Dei martir Sebastiane... — *Mutabitur ad capitulum et fiet totum de sancta Agnete virg. et mart. Cap.* Qui gloriatur...*Hymnus.* Virginis proles... — *Ad* Magnificat. *Ant.* Beata Agnes in medio flammarum... »

Fol. 454. (21 janv.). [S. Agnetis]. « *Invit.* Agnum sponsum virginum venite adoremus D. I. C. *Ps.* Venite. *Ymnus.* Virginis proles. — 454vo. *Lectio I.* Ambrosius, servus Christi virginibus sacris... — *R.* Diem festum sacratissime virginis... — *Lectio II.* Que dum a scolis reverteretur... — 455. *R.* Dexteram meam et collum meam *(sic)*... — *Lectio III.* Tunc beata Agnes tale fertur responsum... — *R.* Induit me Dominus vestimento salutis... — 455vo. *Lect. IV.* Audiens insanus iuvenis... *R.* Amo Christum in cuius thalamum introivi... — *Lectio V.* Abnegat Agnes beatissima... — *R.* Iam corpus eius corpori meo sociatum est... — 456. *Lectio VI.* Audiens hec prefectus... — *R.* Mel et lac ex eius ore suscepi... — *Lectio VII.* Cumque universi fuissent egressi... — 456vo. *R.* Ipsi sum desponsata... — *Lect. VIII.* Ad hanc vocem omnes auruspices *(sic)*... — *R.* Omnipotens, adorande, colende... — *Lectio IX.* Tunc vicarius Paschasius... — 457. *R.* Pulchra facie sed pulchrior fide... — Ad Laudes. *Ant.* Ingressa Agnes turpitudinis locum... — *Cap.* Emulor. *Hymnus.* Ihesu corona. — *Ad* Benedictus. *Ant.* Ecce quod concupivi... — 457vo. *Ad* Magnificat. *Ant.* Stans beata Agnes in medio flamme... »

Fol. 457vo. (22 janv.). « S. Vincentii mart. *Ad vesperas super psalmos ant.* Qui vult. *Cap.* Iste sanctus. *Resp.* Valerius igitur episcopus et levita Vincentius... — *Cap.* Iste sanctus... *Hymnus.* Beate martir... — *Ad* Magnificat. *Ant.* Sacram huius diei sollempnitatem... »

Fol. 457vo. [In die]. « *Inv.* Vincentem mundum adoremus Dominum, in quo pressuram mundi martir vicit Vincentius. *Ps.* Venite. *Hymn.* Beate martir... — 458. *Lectio prima.* Cum apud Cesaraugustam civitatem Datiano cuidam presidi... — *R.* Sacram presentis diei sollempnitatem... — *Lectio II.* Protinus ergo Valerius episcopus... — 458vo. *R.* Sanctus Vincentius, Christi martir... — *Lectio III.* Qui cum manibus et cervicibus... — *R.* Levita Vincentius dixit beato Valerio... — 459. *Lectio IV.* Assumptus autem ex equuleo levita Vincentius... — *R.* Ecce iam in sublime agor... — 459vo. *Lectio V.* Torquetur, flagellatur... — *R.* Assumptus ex equuleo levita Vincentius... — *Lectio VI.* Et quoniam integri corporis... — 460. *R.* Christi miles preciosius... — *Lectio VII.* Tunc ait Datianus : Vincimur... — 460vo. *R.* Beatus Dei athleta Vincentius... — *Lectio VIII.* Ad hanc renuntiationem... — *R.* Agnosce, o Vincenti... — 461. *Lect. IX.* Verum Datiano inaniter tractante... — *R.* Gloriosus Dei amicus Vincentius... — *Ps.* Te Deum... — In Laudibus. *Ant.* Assumptus ex equuleo levita Vincentius... — 461vo. *Cap.* Beatus vir qui suffert... — *Hympn.* Christi miles pretiosus... [3095]. — *Ad* Benedictus. *Ant.* Egregius Dei martir Vincentius... — 462. *Ad* Magnificat. *Ant.* Ecce iam in sublime agor... »

Fol. 462. (23 janv.). « De beata Emerenciana... — *Lectio prima.* Emerenciana, virgo cathecumina, constanter stabat immobilis... — *Lectio III*... ad sepulchra sanctorum aliquas molestias excitaret ».

Fol. 462. (24 janv.). « Babile sociorumque — 462vo — eius... — *Lectio I.* Martirium sancti Babile episcopi civitatis Antiochene provincie Syrie... — *Lectio III*... — 463... et reus efficerer in conspectu Domini ».

Fol. 463. (25 janv.). «In conversione s. Pauli. *Ad vesperas ant.* Beati pacifici... — 463vo. *Lectio prima.* In diebus illis : Saulus adhuc spirans minarum et cedis... *R.* Qui operatus est... — *Lect. II.* Et subito circumfulsit... — 464. *R.* Gratia Dei sum... — *Lectio III.* Viri autem... *R.* Bonum certamen... — *Lectio IV.* Erat autem quidam —

464vo — discipulus... *R.* Scio cui credidi... — *Lectio V.* Respondens autem Ananias... *R.* Reposita est... — 465. *Lectio VI.* Et confestim ceciderunt... *R.* Damasci prepositus... — 465vo. *Lectio VII sec. Matheum.* In illo tempore : Respondens Symon Petrus... Ecce nos reliquimus... Et reliqua. *Omelia lectionis eiusdem.* Tunc respondens Petrus, dixit... *R.* Sancte Paule apostole... — *Lectio VIII.* Ihesus autem dixit illis : Amen dico vobis... — 466. *R.* Michi vivere... — *Lectio IX.* In regeneratione... *R.* Magnus sanctus Paulus... — 466vo. Sequitur memoria Preiecti martiris, postea de nativitate ».

Fol. 467. (26 janv.). « DE S. POLICARPO. *Lectio I.* Natalis sancti Policarpi qui beati Iohannis apostoli fuit discipulus... 467. *Lectio III...* — 467vo. quod servical capitis sui flammis esset consumptum ».

Fol. 467vo. (27 janv.). « DE S. IULIANO CONF. fit festum duplex. *Ad vesperas super psalmos ant.* Similabo... — *Lectio I.* — 468 — Cum adhuc mundus errorum tenebris involutus... — 469. *Lectio nona...* multaque nobilium — 469vo — turba baptizavit. *Ceterae sicut de uno confessore. In Laudibus fit memoria sancti Iohannis ep. per ant.* Iustum deduxit... »

Fol. 469vo. (28 janv.). « IN FESTO S. KAROLI MAGNI CONF. *Ad primas vesperas ant.* Regali natus de styrpe Deoque probatus... — 470. *Cap.* Egredimini, filie Iherusalem, properate, filie Syon... *Ymnus.* O rex, orbis triumphator... [13645]. — *Ad* Magnificat. *Ant.* O spes afflictis, timor hostibus, hostia victis, regula virtutis, viris via, forma salutis, Karole, servorum pia suscipe vota tuorum. *Ps.* Magnificat. *Oratio.* — 470vo. Deus qui superhabundanti fecunditate bonitatis tue beatum Karolum magnum imperatorem et confessorem tuum, deposito carnis velamine, beata immortalitatis trabea sublimasti, concede propicius ut quem [ad] laudem et gloriam nominis tui honore imperii exaltasti in terris, pium ac propicium intercessorem mereamur habere in celis. Per... »

Fol. 470vo. [IN DIE]. « Ad matutinas. *Inv.* Suplex exora Dominum devotio pura, qui quem dilexit Karolum super ethera vexit. *Ps.* Venite. *Lectio I.* Piissimus Karolus in solio regni Francorum gloriose sublimatus... — 471. *R.* Francorum gemma, Karolus... — *Lectio secunda.* Unde nutu Dei qui sperantes in se non deserit... — *R.* Tota poscente Francia... — *Lectio tercia.* Spiritus enim primus ex genere rex Francorum extitit... — *R.* Secularis potencie... — 471vo. *Lectio IV.* Quia vero virtutum eius et meritorum insignia... — *R.* Fusa prece mentis bone... — *Lect. V.* Quis ergo ignorat quanta omnium Romanorum et Francorum acclamatione... — *R.* De petrarum duricia... — 472. *Lectio VI.* Iam enim pagani Christi fidelibus insultare... — *R.* Divino clipei... — *Lectio septima sec. Lucam.* In illo tempore... Nemo lucernam accendit... Et reliqua. *Omelia lectionis eiusdem.* De seipso Dominus hic loquitur... — 472vo. *R.* O quam felicis imperatorem memorie... — *Lectio VIII.* Quoniam profecto lucerna... — *R.* Letare, pia mater Aquensis ecclesia... — *Lectio IX.* Candelabrum ecclesiam dicit... 473. *R.* Gloriose Christi confessor, Karole... — In Laudibus. *Ant.* Precinctus fortitudine... — *Cap.* Fulgebit quasi splendor firmamenti... — *Ad* Benedictus. *Ant.* Sol defectu... — 474. *Ad* Magnificat. *Ant.* O Dei sacer athleta, Karole ! O Saxce gentis apostole... — 474vo. In octabis. *Ant.* Dissolutus in corpore, gaudet cum Christo vivere Christi confessor Karolus... — *Ad memoriam beate Agnetis secundo...* »

Fol. 474vo. (28 janv.). [AGNETIS SECUNDO]. — « *Lectio prima.* Cum in toto mundo virgineus flos Marie immarcescibiles coronas innectat... — 475. *Lectio tercia...* et ad gaudia eterna pertingant... »

Fol. 475vo. (29 janv.). « DE SANCTA PAULA. *Lectio prima.* Si cuncta mei corporis membra verterentur in linguam... *Lectio tercia...* — 476. ... et locum habitationis glorie tue. *Cetera sicut de sancta Batilda* ».

Fol. 476. (30 janv.). « IN FESTO SANCTE BATILDIS REGINE. *Ad vesperas antiphone feriales super psalmos. Cap.* Mulierem fortem... *Lectio prima.* Appropinquante domine Batildis obitu, visio preclara et ei conveniens fuit ostensa... — 477vo. *Lectio III.* [au lieu de *nona*] ... et ut beata Batildis postulaverat, ad tumulum eam precessit ». Aucune mention de saint Metran, au 31 janvier.

Fol. 477vo. (1er févr.). « DE S. IGNATIO. *Lect. I.* Natalis sancti Ignacii episcopi et martiris qui tercius post Petrum apostolum Antiochenam rexit ecclesiam... — 478. *Lectio III ...* Paulus decollatus, Honesimus lapidatus. *Cetera fient de uno martire.* — 478vo — *Eodem die, fit memoria Brigide virginis* — 478vo. In vigilia Purificationis. *Ad vesperas. Ant.* Tecum principium... — 479. *Ad complecto-*

rium. Super psalm. ant. Alleluia. *Ps.* Cum invocarem... »

Fol. 479vo. (2 févr.). [In die Purificationis]. « *Inv.* Ecce venit ad templum sanctum suum... — *Ps.* Venite... — *Hymnus.* Quod chorus... [1688]. *Lectio I.* Si subtiliter a fidelibus que sit huius diei festivitas perpendatur... — 480. *R.* Adorna thalamum tuum... — *Lectio II.* Huius quippe diei sollempnitas... — *R.* Optulerunt pro eo Domino... — 480vo. *Lectio III.* Hodie namque iuxta legem et evangelium... — *R.* Symeon iustus et timoratus... — 480vo. *Lectio IV.* Suscipitur hinc parvulus virginis filius... — 481. *R.* Responsum acceperat Symeon... — *Lect. V.* Denique Lucas evangelista... *R.* Cum inducerunt puerum Ihesum... — 481vo. *Lectio VI.* Et ecce homo erat in Iherusalem... — *R.* Suscipiens Ihesum in ulnas suas... — 482. *Lectio VII sec. Lucam.* In illo tempore, postquam impleti sunt dies purgationis Marie... — Et reliqua. *Omelia venerabilis Bede presb.* Sollempnitatem nobis hodierne celebritatis... — *R.* Senex puerum portabat... — 482vo. *Lectio VIII.* Precepit namque lex... *R.* Videte miraculum matris Domini... — *Lectio IX.* Exultent virgines... — 483. *R.* Gaude, Maria... — *Prosa.* Inviolata. — *Ps.* Te Deum... — Ad Laudes. *Ant.* Responsum accepit Symeon... — *Cap.* Symeon iustus et timoratus... — *Hymnus.* Virgo Dei genitrix... — *Ad* Benedictus. *Ant.* Senex puerum portabat... »

Fol. 483vo. « *Tercia cantata, conveniunt clerici in ecclesia Sancti Iohannis. Ibi ab episcopo vel ab alio sacerdote fit benedictio cereorum sicut in libro processionum continetur in hunc modum. Cereos positos super altare benedicit episcopus vel alius per has orationes :* Omnipotens sempiterne Deus qui hodierna die... *Oratio.* Domine Deus creator... *Oratio.* Domine Ihesu Christe... *Quibus finitis incipit cantor. Ant.* Ave Maria. *Et tunc accenduntur cerei et dividuntur clericis. Post dicitur a pueris. Vers.* Responsum accepit Symeon a Spiritu sancto. *Sequitur oratio.* Quaesumus, omnipotens Deus. — 484 — *Postea incipit cantor ant.* Adorna. *Sequitur. Vers. puerorum.* Accipiens Symeon puerum in manibus. *Oratio.* Deus lumen. *Qua finita incipit cantor ant.* Responsum. *Tunc redditur processionaliter ad ecclesiam beate Marie et fit statio ante crucem et organizatur vel cantatur ant.* Hodie. *Sequitur. Vers. puerorum.* Symeon in manibus. *Oratio.* Intercessio. *Sequitur ant.* Alma redemptoris mater... *Oratio.* Deus qui salutis eterne... — *Ad Sextam. Ant.* Accipiens Symeon... »

Fol. 484vo. (3 févr.). « De s. Blasio. *Lect. I.* Sanctus vero Blasius omni tempore vite sue innocentem vitam agens... — 485vo. *Lectio IX...* — 486... sed demones qui in sempiterno igne sunt arsuri cum credentibus in eis ».

Fol. 486. (5 févr.). « De s. Agatha. *Ad vesperas super psalmos antiphone feriales...* — 486vo. *Lectio I.* Quincianus consularis Sicilie audiens opinionem sanctam virginis Deo dicate Agathe... *R.* Agathes letissime... — *Lectio II.* Fecit ergo eam comprehendi... *R.* Dum ingrederetur... — 487. *Lectio III.* Flebat autem cotidie... *R.* Quis es tu qui venisti... — *Lectio IV.* Tunc iratus Quintianus... — 487vo. *R.* Ego autem adiuvata... — *Lectio V.* Quintianus dixit... *R.* Qui me dignatus est... — *Lectio VI.* — 488 — Quintianus audiens hec... *R.* Ipse me coronavit... — 488vo. Tunc iratus Quintianus... *R.* Vidisti, Domine... — *Lectio VIII.* Cumque esset inclusa... — 489. *R.* Beata Agnes ingressa carcerem... — *Lectio IX.* Factum est autem post quatuor dies... *R.* Gaudeamus omnes... — 489vo. *Ps.* Te Deum... — 489vo. Eodem die fit memoria Vedasti et Amandi episcoporum... »

Fol. 490. (6 févr.). « De s. Amando. *Lectio I.* Amandus igitur sanctissimus atque religiosissimus Aquitanie partibus... — *Lectio III...* — 490vo... et ipsum ab imminenti liberavit periculo. *Cetera plurimorum confessorum* ».

Fol. 490vo. (10 févr.). « Scolastice virg. *Lectio I.* Quodam vero die, venerabilis Benedictus venit cum discipulis suis ad Scolasticam sororem suam... — 491. *Lectio III...* eiusque obitum fratribus denunciavit ». — Aucune mention de sainte Eulalie, dont le nom se trouve dans le calendrier au 12 février.

Fol. 491. (14 févr.). « S. Valentini martiris fiunt tres lectiones de communi unius martiris. *Sequitur oratio.* Presta, quesumus, omnipotens Deus... »

Fol. 491vo. (22 févr.). « In cathedra s. Petri. *Ad vesperas...* — *Lectio prima.* Institutio sollempnitatis hodierne a senioribus nostris cathedre nomen accepit... — 492vo. *Lectio VI...* fide viventium impleatur. — *Lectio septima sec. Matheum.* In illo tempore, venit Ihesus in partes Cesaree Philippi... Et reliqua. *Omelia venerabilis Bede presb.* Lectio sancti evangelii — 493 — quam modo, fratres, audistis, tanto intentius cogitanda... — 493vo. *Lectio IX*. ... digna mercede remuneret ».

Fol. 493vo. (24 févr.). « In festo s. Mathie apost. *Ad Vesperas*... — De s. Mathia. *Lect. I.* Mathia hebraice latine dicitur donatus... — 495. *Lectio IX*... — 495vo... et episcopatum eius accipiat alter ». — Aucune mention de sainte Honorine, dont le nom est indiqué au 27 février dans le calendrier. Il en est de même de saint Aubin, évêque d'Angers, au 1er mars, des saintes Perpétue et Félicité au 7 mars.

Fol. 495vo. (12 mars). « De s. Gregorio papa. 496. *Lectio prima*. Gregorius urbe romana patre Gordiano, matre vero Sylvia editus... — 497. *Lectio nona*... ut infirmato stomaco vix consistere posset. *Cetera de communi* ».

Fol. 497. (21 mars). « De s. Benedicto. *Ad vesperas*... — 497vo. [In die]. *Lectio I.* Fuit vir vite venerabilis gratia Benedictus et nomine... — 498vo. *Lectio IX*... — 499 ... et ad ultimum spiritum inter verba orationis efflavit ».

Fol. 499. « In vig. Annuntiationis b. Marie virg. *Ad vesperas super psalmos. Ant.* Ecce veniet Deus et homo... — *Cap.* Ecce virgo concipiet... — 499vo. *Hymnus*. Ave, maris stella... *Ad* Magnificat. *Ant.* Orietur sicut sol salvator mundi... »

Fol 500. (25 mars). [In die]. « *Inv.* Ave, Maria, gracia plena, Dominus tecum. *Ps.* Venite. *Hymnus*. Ave, Maris stella... — 500vo. *Lectio I.* Ecce ex qua tribu nasciturus erat Christus ex lectione prophetica docemur... — *R.* Non auferetur sceptrum de Iuda... — *Lectio II.* Ita in libro Paralipomenon... 501. *R.* Orietur stella ex Iacob... — *Lectio III.* Hec omnia quicumque in Salomone... — *R.* Missus est Gabriel angelus... — 501vo. *Lectio IV.* Ergo quis iste cuius domus... — *R.* Descendit Dominus sicut pluvia in vellus... — 502. *Lectio V.* In diebus illis salvabitur Iuda... — *R.* Virgo Israël avertere... *Lectio VI.* Et iam locus ipse choruscans miraculis... — 502vo. *R.* Ave, Maria... — *Lectio VII et lectio VIII et IX de expositione* Missus est Gabriel angelus... — *R.* Ecce virgo concipiet... *R.* Annuntiatum est per Gabrielem archangelum... — 503. *R.* Nascetur vobis parvulus... — *Ps.* Te Deum... — 503. In Laudibus. *Ant.* Benedicta tu in mulieribus... — *Cap.* Qui venturus est... — *Hymnus.* Virgo Dei genitrix... — *Ad* Benedictus. *Ant.* Missus est Gabriel angelus... — 503vo. *Ad* Magnificat. *Ant.* O virgo virginum, quomodo fiet istud ?... »

Fol. 503vo. (2 avr.). « In festo Marie Egyptiace. *Ad primas vesperas super psalmos ant.* Que est ista que ascendit... — 504. *Cap.* Mulierem fortem... — *R.* Maria cui dimissa sunt peccata multa... *Hymnus.* Ad sacrum cuius... [255]. — *Ad* Magnificat. *Ant.* Sicut malum inter ligna silvarum... »

Fol. 504vo. [In die]. « *Inv.* Deum cuius mira clementia in Maria claret Egypcia, venite adoremus. *Ps.* Venite. — *Hymn.* Ad sacrum cuius... [255]. — *Lectio prima.* Abbas Zosimas dum per quinquaginta tres annos in quodam Palestine monasterio... — 505. *R.* Diffusa est gratia... — *Lect. II.* Et quia fratrum talis fuit consuetudo... — *R.* Dilexisti iusticiam... — 505vo. *Lectio III.* Aditaque instar regule heremita fit Zosimas... — *R.* Regnum mundi... — *Lectio IV.* Post memoratum sacri presbiteri honorem... — 506. *R.* Propter veritatem... — *Lect. V.* Que fari insipiens vereor, inquit... *R.* Vidi speciosam... — *Lectio VI.* Et quia dies instabat... 506vo. *R.* Maria cui dimissa sunt peccata multa... — 507. *Lectio VII.* Hec dixi, et spe concepta meliori... — *R.* Venite, electa mea... — *R. Lect. VIII.* Tunc exiens atrium... — *R.* Ista est speciosa... — 507vo. *Lectio IX.* Serie igitur tocius vite mee tibi exposita... — ... quia sexaginta anni sunt, ut estimo, ex quo Domini corpus non accepi. — *R.* Audi filia... — *Ps.* Te Deum... — In Laudibus. *Ant.* Emissiones... — *Cap.* Accinxit fortitudine... — *Hymnus.* Huius obtentu... — *Ad* Benedictus. *Ant.* In procellis huius naufragii... — 508. *Ad* Magnificat. *Ant.* Quam pulcra est et quam decora... »

Fol. 508vo. (4 avr.). « Nonas aprilis, fit duplum de beato Ambrosio. *Ad vesperas... Ant.* Similabo *cum ceteris*... »

Fol. 508vo. (11 avr.). « Leonis pape fit memoria, nisi infra dominicum terminum evenerit ».

Fol. 508vo. (13 avr.). « Eufemie virg. memoria, nisi infra dominicum terminum evenerit... »

Fol. 508vo. (14 avr.). « Tyburcii et Valeriani et Maximi... — 509. *Lectio I.* Tenti Tyburcius et Valerianus ab apparatoribus Almachio prefecto presentantur... — *Lectio III*... — 509vo... capite detruncati Christo spiritum reddiderunt ».

Fol. 509vo. (22 avr.). « De inventione sanctorum corporum Dyonisii, Rustici et Eleutherii. *Quasi semid. Ad vesperas super psalmos ant.* Alleluia... — *Cap.* Sancti et iusti. — *R.* Preciosus Domini Dyonisius... — *Ymnus.* Sanctorum meritis... — *Ad* Magnificat. *Ant.* Filie Iherusalem, venite. — 510. *Eodem die, fit memoria Oportune virg...* »

Fol. 510. [IN DIE]. « *Inv.* Alleluia. Alleluia. *Ps.* Venite. — *Hymnus.* Rex glorie... — In primo nocturno. *Ant.* Alleluia, alleluia, alleluia. *Ps.* Beatus vir... — *Lectio prima.* Quartus a Clodoveo qui primus regum Francorum... — 510vo. *R.* Tristicia vestra. Alleluia... — *Lectio II.* Huic fuit filius nomine Dagobertus... — *R.* Preciosa in conspectu Domini. Alleluia... — 511. *Lectio III.* Siquidem in ea urbe reges Francorum maxime vitam degere consueverant... — ... plurima et ingentia predia addidit. *R.* Filie Iherusalem... — *Ps.* Te Deum... — 511vo. In Laudibus. *Ant.* Alleluia, alleluia, alleluia, alleluia. *Ps.* Dominus regnavit... — *Cap.* Sancti per fidem... — *Hymnus.* Eterna Christi... — *Ad* Benedictus. *Ant.* Lux perpetua... — *Ad* Magnificat. *Ant.* Sancti tui, Domine, florebunt... — Ad memoriam — 512 — s. Georgii... Memoria s. Reguli ep. et conf. ».

Fol. 512. (23 avr.). [DE S. GEORGIO MART.] — « *Lectio prima.* Dacianus dixit ad sanctum Georgium : Que te tam infrenata ac furiosa incitavit presumptionis audacia... — 512vo. *Lectio III.* — 513... que dum volveretur comminuta est ».

Fol. 513. (25 avr.). « S. MARCI EV. *Ad vesperas...* — 513vo. *Lectio I.* Cum ergo venerabilis Marchus evangelista ingressus esset terram Egypti... — 514. *Lectio III...* Et hec dicens, beatissimus Marchus tradidit spiritum. — 514vo. *Notandum vero est quod totum officium diei faciendum erit de sancto [Marcho], excepta processione que statim post Sextam incipietur et facienda erit processio sicut in libro processionali continetur...* » — Rien à la date du 26 avril.

Fol. 516. (28 avr.). « DE S. VITALI MART. *Oratio.* Presta, quesumus... — *Lectio I.* Sanctus Vitalis cum fuisset cum Paulino iudice Ravennam ingressus... — 516vo. *Lectio III...* ut per nimia tormenta potuisset eius animum ad sacrificandum convertere ».

Fol. 516vo. (29 avr.). « DE S. PETRO MARTIRE, fiunt tres lectiones de communi unius martiris ». — Aucune mention de saint Eutrope, dont le nom est indiqué au calendrier, le 30 avril.

Fol. 516vo. (1er mai). « IN FESTO APOSTOLORUM PHILIPPI ET IACOBI. *Ad vesperas...* — 517. Eodem die, fit memoria Amatoris ep. et confes. — [IN DIE]. — *Duas primas lectiones legant duo subdiaconi, primam de vita sancti Philippi, secundam de passione sancti Iacobi, terciam legit diaconus ebdomadarius de expositione evangelii* ... — *Lectio I.* Post Ascensionem Domini salvatoris, per annos viginti, sanctus Philippus predicavit... — 517vo. *R.* Virtute magna reddebant apostoli... — *Lectio secunda.* Tempore illo, suscepit ecclesiam Iherosolimorum frater Domini Iacobus... — 518. *R.* Isti sunt agni novelli... — *Lectio III.* In illo tempore... Non turbetur cor vestrum... Et reliqua. *Omelia beat. Augustini ep.* Ne mortem tanquam homines timerent... — 518vo. *R.* Tanto tempore vobiscum sum... — *Ps.* Te Deum... — Memoria Amatoris ep. et conf... »

Fol. 518vo. (3 mai). « IN INVENTIONE SANCTE CRUCIS. *Ad vesperas. Ant.* Alleluia... — *Cap.* Michi autem absit... — 519. *Hymnus.* Signum crucis mirabile... [18986]. — *Ad* Magnificat. *Ant.* O crux benedicta... — Ipso die, fit memoria Alexandri, Eventii et Theodoli... — 519vo. Eodem die, Iuvenalis conf... »

Fol. 519vo. [IN DIE]. « *Inv.* Alleluia, alleluia. *Ps.* Venite. *Ymnus.* Signum crucis... — *Lectio I.* Anno ducentesimo tricesimo tercio, regnante Dei cultore magno viro Constantino imperatore... — *R.* Crux fidelis... — *Lectio II.* — 520 — Ea vero nocte venit vir splendidus... — *R.* Dulce lignum... — *Lectio III.* Timuerunt barbari... — *R.* Per tuam... — 520vo. Ad Laudes. *Ant.* Helena, Constantini mater... — *Cap.* Christus factus est... — *Ymnus.* Crux fidelis... [4018]. — *Ad* Benedictus. *Ant.* Ecce crucem Domini... — *Ad mem. martirum. Ant.* Sancti et iusti... »

Fol. 521. (4 mai). « DE S. QUIRIACO. *Cap.* Iste sanctus... — 521vo. *Lectio I.* Impiissimus Iulianus sanctam Iherosolimam civitatem perveniens... — 522. *R.* Celebranda est nobis diei huius festivitas... — *Lectio II.* Iulianus dixit : Nega tantum crucifixum et dimittam te ire... *R.* Divino moderante iuvamine... — 522vo. — *Lectio III.* Tunc faciens Dei sanctus signum crucis in fronte sua... — *R.* Martir Christi preciosus Quiriacus... *Ps.* Te Deum. — Ad Laudes... — 523. *Hymnus.* Martir Dei preciosus Quiriacus... » [?].

Fol.523. (5 mai). « Sequitur — 523vo — memoria FORTUNATI ep. et conf. ».

Fol. 523vo. (6 mai). « IN FESTO S. IOANNIS ANTE PORTAM LATINAM. *Ad vesperas...* — *Lectio I.* Natalis sancti Iohannis ante Portam latinam... —

Lectio III... — 524... pridie nonas maii usque hodie faciunt ».

Fol. 524. (9 mai). «In translatione s. Nicholai. *Ad primas vesperas*... — 524vo. *Lectio I.* Factum est divina providentia ut quidam Barrenses... — 525. *Lectio III*... mille octoginta et septem annis sub indictione decima »

Fol. 525. (10 mai). « SS. mart. Gordiani et Epimachi... — 525vo. *Lectio I.* Iulianus imperator apostata inter multos christianos... — *Lectio III.* — 526... ubi iam pridem corpus beati Epymachi martiris sepultum fuerat ». — Aucune mention de saint Maturin, dont le nom se lit au calendrier. — Aucune mémoire de saint Mamert, évêque de Vienne, ni de saint Maieul, abbé de Cluny, inscrits au calendrier à la date du 11 mai.

Fol. 526. (12 mai). « SS. mart. Nerei et Achillei et Panchracii. *Oratio*... — *Lectio I.* Nereus et Achilleus perrexerunt ad sanctum Clementem episcopum... — *Lectio III*... cum quo in eternis deliciis et gloriis perseveret perpetuis ». — Aucune mention de saint Honoré (16 mai), de saint Pierre Célestin (19 mai), de sainte Pudentienne (19 mai), ni des saints Donatien et Rogatien (25 mai), dont les noms sont indiqués au calendrier.

Fol. 526vo. (25 mai). « De s. Urbano papa, *totum require sicut in festo s. Georgii. Oratio*... Da, quesumus, omnipotens Deus... *Tres lectiones fient de communi unius martiris; cetera sunt de sancto Georgio* ». — Les folios 527 et 528 sont blancs.

II. — TEMPUS ÆSTIVALE (Ms. 9026)

Fol. 1 à 100. Propre du temps du bréviaire d'été; il s'étend du dimanche de la Trinité au dernier dimanche après la Pentecôte.

Fol. 1. « Sabbato in octabis Penthecosten. De sancta Trinitate. *Ant.* Gloria tibi, Trinitas... — 1vo. *Hymnus* Beata nobis gaudia... [2339]. — 2. *Ad* Magnificat. *Ant.* Gratias tibi Deus... — Ad completorium... *Hymnus.* Ihesu, nostra redemptio... » [9582].

Fol. 2vo. [In die sancte Trinitatis]. — « *Hymn.* Iam Christus astra ascenderat... [9215]. — *Lectio prima.* Credimus sanctam Trinitatem... 3. *R.* Benedicat nos Deus... — *Lectio II.* Credimus Patrem a semetipso... — *R.* Benedictus Dominus Deus Israël... — *Lectio III.* Pater est plenus Deus in se... — *R.* Quis Deus magnus... — 3vo. *Lectio IV.* Qui totus ubique est... — *R.* Magnus Dominus... — *Lectio V.* Et idem Deus et Dominus... — 4. *R.* Gloria Patri genitæque proli... — *Lectio VI.* Nec aliud est Pater in natura... — *R.* Honor, virtus et potestas... — 4vo. *Lectio VII.* In Patre manet eternitas... — *R.* Summe Trinitati... — *Lectio octava.* Teneamus igitur firmissime... — 5. *R.* Benedicamus Patrem et Filium... — *Lectio IX.* Quod nobis maxime... —*R.* O beata Trinitas, te laudamus... — *Ps.* Te Deum... — In Laudibus. *Ant.* O beata et benedicta... — 5vo. *Hymnus.* Impleta gaudent viscera... [8505]. — *Eodem die, ad processionem debet fieri stacio ante crucem et cantari resp.* Per tuam crucem. *Vers.* Hoc signum crucis... — 6. *Eundo ad sanctum Dyonisium* [= *Iohannem* =]. *R.* In visione, *vel aliud de eadem hystoria. Sequitur R.* Inter natos. *Vers.* In omnem terram. *Oratio.* Presta quesumus. *Oratio.* Ecclesiam. — *Eundo ad sanctum Dyonisium. R.* Preciosus *vel aliud de hystoria. Vers.* Tradiderunt corpora. *Oratio.* Presta quesumus. *In reditu processionis. R.* O beata. *Sequitur ant.* Salvator *vel* Sancti Dei omnes. *Vers.* Beati qui habitant. *Oratio.* Omnipotens. — *Ad Tertiam*... »

Fol. 7. « *Ordo servicii de tempore post octavas Penthecostes usque ad Adventum. Notandum est quod prima die post oct. Pent... incipienda est historia, scilicet* Deus omnium *nisi festum impediat, quia propter festum differetur hystoria usque in primum diem sequentem in quo non erit festum... Sciendum est eciam quod singulis diebus, exceptis IX lectionum, memoria crucis et reliquiarum et omnium sanctorum facienda est, hore beate Marie cantande sunt et officium mortuorum faciendum, ab eodem die afflictiones faciende sunt per singulas horas, et septem psalmi ad primam dicendi* — 7vo — *sunt per ebdomadas*... »

Fol. 8. « Feria secunda. [*Lectio prima*] *sec.*

Lucam. In illo tempore, dixit Ihesus discipulis parabolam hanc : Homo quidam erat dives... Et reliqua. *Omelia beati Gregorii pape.* In verbis sacri eloquii, fratres karissimi, prius servanda est veritas hystorie... — 8vo. *Lectio III...* quod in nobis latebat aperimus... — Feria III. *Lectio I.* Fuit vir unus de Ramathaym... — 9. *Lectio III...* quia Annam diligebat. — Feria IV. *Lectio prima.* Dominus autem concluserat vulvam eius... — *Lectio III...* quam decem felii *(sic)* ? — *Non hic debet celebrari festum sacramenti. Require illud* — 9vo — *quinta die iunii post festum sancti Marcelli* — Feria V. *Lectio I.* Surrexit autem Anna... — *Lectio tercia...* sed effudi animam meam in conspectu Domini. — Feria VI. *Lectio I.* Tunc Hely ait ei : Vade in pace... — 10. *Lectio III...* et maneat ibi iugiter. — Sabbato. *Lectio I.* Et ait Helcana vir suus... — *Lectio III...* — 10vo... tollebat sibi sacerdos. — Sabbato. *Ad vesperas. Ant.* Benedictus Dominus Deus meus... »

Fol. 11. « DOMINICA SECUNDA. *Lectio I.* Puer autem Samuel ministrabat... — *R.* Deus omnium exauditor est... — *Lectio II.* Et vocavit Dominus Samuel... — *R.* Dominus qui eripuit me... — 11vo. *Lectio III.* Et adiecit Dominus rursum vocare Samuel... — *R.* Montes Gelboë... — *Lectio IV.* Porro necdum Samuel sciebat... — *R.* Doleo super te, frater mi, Ionatha... — *Lectio V.* Abiit ergo Samuel et dormivit... — 12. *R.* Peccavi super numerum harene maris... — *Lectio VI.* Et dixit Dominus ad Samuel... — *R.* Ego te tuli de domo patris tui... — In tercio nocturno. *R.* Recordare, Domine, testamenti tui... — *R.* Preparate corda vestra... — 12vo. *R.* Factum est dum tolleret Dominus Helyam... »

Fol. 14vo. « Feria II. *Lectio I.* Crevit autem Samuel... — *Lectio tercia...* hodie Dominus coram Philistiim. — Feria III. *Lectio I.* Afferamus ad nos archam... — 15. *Lectio III...* et ululavit omnis civitas. — Feria III. *Lectio I.* Et audivit Hely sonitum clamoris... *Lectio III...* et archa Domini capta est. — Feria V. *Lectio I.* Factum est autem ex qua die... — 15vo. *Lectio III...* ut orem pro vobis Dominum. — Feria VI. *Lectio I.* Et venerunt in Masphat... — *Lectio tercia...* et exaudivit eum Dominus. — Sabbato. *Lectio I.* Factum est autem cum senuisset Samuel... — 16. *Lectio tercia...* usque ad diem hanc ».

Fol. 16. « DOMINICA TERCIA. *Lectio I.* Sicut dereliquerunt me... — 16vo. *R.* Deus omnium... » — A partir de ce dimanche, les répons ne sont plus indiqués qu'exceptionnellement. — « *Lectio sexta...* — 17 — et sursum eminebat super populum. — Feria II. *Lectio I.* Dominus autem revelaverat... — *Lect. III...* qui in circuitu eius sunt. — Feria III. *Lectio I.* Et vocavit Samuel populum... — 17vo. *Lectio tercia...* usque ad Saul filium Cys. — Feria quarta. *Lectio I.* Quesierunt ergo eum... — *Lectio III...* singulos in domum suam. — Feria quinta. — 18 — *Lectio I.* Sed et Samuel abiit in domum suam... — *Lectio III...* duo pariter. — Feria sexta. *Lect. I.* Et ait populus ad Samuelem... — *Lectio III...* — 18vo ... porro filii mei vobiscum sunt. — Sabbato. *Lectio I.* Factum est verbum Domini ad Samuelem... — *Lectio tercia...* implevit verbum Domini ».

Fol. 18vo. « DOMINICA IV. *Lectio I.* Dixitque Samuel. Et que est hec vox gregum... — 19. *Lectio VI...* abiecit te Dominus ne sis rex. — 19vo. Feria II. *Lectio I.* Dixit ergo Saul ad Samuelem... — *Lectio III...* ut agat penitenciam. — Feria III. *Lectio I.* Et ille ait : Peccavi... — 20. *Lectio III...* Providi enim in filiis eius michi regem. — Fer. IV. *Lectio I.* Et ait Samuel ad Dominum... — *Lectio tercia...* ante se ad sacrificium. — Feria quinta. *Lectio I.* Cumque ingressi essent... — 20vo. *Lectio III...* non elegit Dominus ex istis. — Feria VI. *Lect. I.* Dixitque Samuel ad Ysai... — *Lect. III...* spiritus nequam a Domino. — Sabbato. *Lectio I.* Misit ergo Saul — 21 — nuntios... — *Lectio III.* ... et factus est eius armiger ».

Fol. 21. « *Parabole Salomonis leguntur per XV dies* [*iulii*]. *Et per alios dies legitur Ecclesiastes. Et responsoria que* — 21vo — *secuntur dicuntur a kalendis iulii usque ad kalendas augusti.* [DOMINICA V.] *Lectio prima.* Parabole Salomonis filii David... — *R.* In principio Deus antequam terram faceret... — *Lectio II.* Audiens sapiens sapientior erit... — *R.* Girum celi circuivi sola... — 22. *Lectio III.* Audi, fili mi, disciplinam patris tui... — *R.* Emitte, Domine, sapientiam de sede... — *Lectio IV.* Omnem preciosam substanciam... — *R.* Da michi, Domine, sedium tuarum assistricem sapientiam... — 22vo. *Lectio V.* Frustra enim iacitur rethe... — *R.* Super salutem... — *Lectio VI.* Sapiencia foris predicat... — *R.* Verbum iniquum et dolosum... — In tercio nocturno. *R.* Domine Pater et Deus vite mee... — 23. *R.* Ne derelinquas me, Domine Pater... — *R.* Magna enim sunt iudicia tua, Domine... »

Fol. 23. « Feria II. *Lectio I.* Convertimini ad correptionem meam... — 23vo. *Lectio tercia...* suisque consiliis saturabuntur. — Feria III. *Lectio I.* Fili mi, si susceperis... — *Lectio III...* et omnem semitam bonam. — Feria IV. *Lectio I.* Si intraverit sapientia... — 24. *Lectio III...* et ad inferos semite ipsius. — Feria quinta. *Lectio I.* Fili mi, ne obliviscaris... — *Lectio III* ... et irrigatio ossium tuorum. — Feria VI. *Lect. I.* Honora Dominum... — 24vo. *Lectio III...* divitie et gloria. — Sabbato. *Lectio I.* Vie eius, vie pulchre... — *Lectio III...* — 25 ... potencias impiorum ».

Fol. 25. « Dominica VI. *Lectio I.* Fili mi, noli prohibere... — 25vo. *Lectio VI...* et corona inclita proteget te. — Feria II. *Lectio I.* Audi, fili mi... — *Lectio III...* nisi supplantaverint. — Feria III. *Lectio I.* Comedunt panem impietatis ...— 26. *Lect. tercia...* precedant gressus tuos. — Feria IV. *Lectio I.* Dirige semitam... — *Lectio tercia...* labia tua conservent. — Feria quinta. *Lectio I.* Sapiencia clamitat... — 26vo. *Lectio III...* neque perversum. — Feria VI. *Lectio I.* Recti sunt intelligentibus... — *Lectio III...* mea est fortitudo. — Sabbato. *Lectio I.* Per me reges regnant... — 27. *Lectio tercia...* et ego iam concepta eram ».

Fol. 27. « *Hic incipit liber Ecclesiastes qui legitur per quindecim dies.* Dominica VII. *Lectio I.* Verba Ecclesiastes... — 27vo. *Lectio VI...* ut occuparentur in ea. — Feria secunda. *Lectio I.* Vidi cuncta que fiunt sub sole... — *Lectio III...* addit et laborem. — Feria III. *Lectio* . Dixi ergo in corde meo... — 28. *Lectio tercia...* pauci sint sermones tui. — Feria IV. *Lectio I.* Ne dederis os tuum... — *Lectio III...* videntibus solem. — Feria quinta *Lectio prima.* — 28vo. Sicut enim protegit sapiencia... — *Lectio tercia...* in tempore non tuo. — Feria sexta. *Lectio prima.* Bonum est te... — *Lectio III...* quis inveniet eam. — 29. Sabbato. *Lectio prima.* Lustravi universa... — *Lectio III...* cor sapientis intelligit ».

Fol. 29. « Dominica IX [= VIII =]. *Lectio I.* Diligite iusticiam... — 29vo *Lectio sexta...* non abscondetur. — Feria II. *Lectio I.* Custodite ergo vos... — 30. *Lectio tercia...* regnum in terra. — Feria III. *Lectio I.* Iusticia enim perpetua est... — *Lect. III...* animarum sanctarum. — Feria quinta *(sic). Lectio I.* Audite reges... — 30vo. *Lectio III.* ... tormenta patientur. — Feria quinta. *Lectio I.* Non enim subtrahet... — *Lectio III* ... ab his qui querunt illam. — Sabbato. *Lectio I.* Preoccupat... — 31. *Lectio III...* proximum esse Deo ». — La *feria sexta* a été omise.

Fol. 31vo. « *Hic incipit liber Iob qui legitur a kalendis augusti usque ad kalendas septembris.* Dominica IX. *Lectio I.* Vir erat in terra Hus... — *R.* Si bona suscepimus... — *Lectio secunda.* Eratque vir ille magnus... — 32. *R.* Antequam comedam... — *Lectio III.* Cumque in orbem transissent... — *Resp.* Utinam appenderentur peccata... — *Lectio IV.* Quadam autem die... — *R.* Quare detraxistis... — 32vo. *Lectio V.* Dixit Dominus ad Sathan... — *R.* Induta est caro mea... — *Lectio VI.* Nonne tu vallasti eum... —*R.* Memento mei, Deus... — In tercio nocturno. *R.* Paucitas dierum meorum... — *R.* Ne abscondas me, Domine... — 33. *R.* Nocte os meum perforatur doloribus... »

Fol. 33. « Feria secunda. *Lectio I.* Dixit ergo Dominus ad Sathan... — *Lectio III...* ut nunciarem tibi. — Feria III. *Lectio I.* Sed adhuc illo loquente... — 33vo *Lectio III...* nudus revertar illuc. — Feria IV. *Lectio I.* Dominus dedit... — 34. *Lectio III...* retinens innocentiam. — Feria V. *Lectio I.* Tu autem commovisti me... — *Lect. III.* ... et morere. — Feria sexta. *Lectio I.* Qui ait ad illam... — 34vo. *Lectio III...* loquebatur ei verbum. — Sabbato. *Lectio I.* Videbant enim dolorem ... — *Lectio III...* in mensibus anni ».

Fol. 34vo. « Dominica X. *Lectio I.* Sit illa nox solitaria... — 35. *Lectio sexta...* Et turbatus es. — Feria II. *Lectio I.* Respondens Iob dixit... — 35vo. *Lectio tercia...* dulcia esse videntur. — Feria III. *Lectio I.* Que prius tangere volebat... — *Lectio tercia...* et pudore cooperti sunt. — Feria quarta. *Lectio I.* Ecce non est auxilium... — 36. *Lectio tercia...* et pudore cooperti sunt. — Feria quinta. *Lectio I.* Nunc venistis... — *Lectio III...* quod cepistis explete. — Feria sexta. *Lectio I.* Prebete aurem... — 36vo. *Lectio III...* et contracta est. — Sabbato. *Lectio I.* Dies mei velocius... — *Lectio III...* anime mee ».

Fol. 36vo. « Dominica XI. *Lectio I.* Numquid mare sum ego ... — 37. *Lectio VI.* — 37vo ... alii germinentur. — Feria II. *Lectio I.* Deus non proitiet *(sic)*... — *Lectio III...* quos subvertit in furore suo. — Feria tercia. *Lectio I.* Qui commovet terram... — *Lectio III...* — 38... cur ita facis ? — Feria IV. *Lectio I.* Deus cuius ire... — *Lectio III...* amaritudinibus. — Feria quinta. *Lect.I.* Si fortitudo queritur... — *Lectio III...* — 38vo...

que nostis ignorat ? — Feria VI. *Lectio I.* Qui deridetur... — *Lectio III...* comedentis saporem. — Sabbato. *Lectio I.* In antiquis... — *Lectio III...* 39 ... fune renes eorum ».

Fol. 39. « DOMINICA XII. *Lectio I.* Ducit sacerdotes... — 39vo. *Lectio VI...* percipite auribus vestris. — Feria secunda. *Lectio I.* Si fuero iudicatus... *Lectio III...* inimicum tuum. — Feria tercia. *Lectio I.* Contra solium... — *Lectio III...* — 40... in eodem statu permanet. — Feria quarta. *Lectio I.* Et dignum ducis... — *Lectio III...* plantatum est. — Feria quinta. *Lectio I.* Homo vero cum mortuus fuerit... — 40vo. *Lectio tercia...* sed parce peccatis meis. — Feria VI. *Lectio I.* Signasti... — *Lectio III...* coram Domino. — Sabbato. *Lect. I.* Docuit enim... — 41. *Lect. III.* ... hoc prohibent ».

Fol. 41. « DOMINICA XIII. *Incipit liber Thobie qui legitur per primos quindecim dies mensis septembris. Lectio prima.* Tobias ex tribu et civitate Neptali... — 41vo. *R.* Peto, Domine, ut de vinculo... — *Lectio secunda.* Cumque esset iunior... — *R.* Omni tempore benedic Deum... — *Lectio tercia.* Omnia primitiva sua... — 42. *R.* Memor esto, fili ... — *Lectio IV.* Cum vero factus fuisset vir... *R.* Sufficiebat nobis paupertas vestra... — *Lectio V.* Igitur cum per captivitatem... — *R.* Benedicite Deum celi... — *Lectio sexta.* — 42vo — Et dedit ei potestatem... — *R.* Tempus est ut revertar... — [In tercio nocturno]. *R.* Tribulationes civitatum... — *R.* Nos alium Deum nescimus... — *R.* Domine Deus qui conteris bella... »

Fol. 43. « Feria secunda. *Lectio prima.* Post multum vero temporis... — *Lectio III...* diligebant eum. — Feria tercia. *Lectio prima.* Post dies vero... — 43vo. *Lectio III...* pervenit ad corpus. Feria IV. *Lect. I.* Tollensque illud... — *Lect. III.* ... sepeliebat ea. — Feria V. *Lectio I.* Contigit autem... — 44. *Lectio tercia...* et sepulturam faciebas. — Feria V. *Lectio I.* Tobias vero... — 44vo. *Lectio tercia...* exprobrabat ei. — Sabbato. *Lectio I.* Tunc Tobias ingemuit... — *Lectio tercia.* ... magis quam vivere ».

Fol. 44vo. « DOMINICA XIV. *Lectio I.* — 45. Eadem itaque die... — 45vo. *Lectio sexta...* participem me prebui.. — Feria II. *Lectio I.* Virum autem... — *Lectio III...* benedictum in secula. — Feria III. *Lectio I.* In illo tempore... — 46 *Lectio III...* in utero suo. — Feria IV. *Lectio I.* Cum autem et ipsa... — *Lectio III...* ire in tenebris. — Feria quinta. *Lectio I.* Fiducia magna... — 46vo. ... *Lectio III...* nudos tege. — Feria VI. *Lectio I.* Panem tuum... — *Lectio III...* — 47... et fecerimus bene. — Sabbato. *Lectio prima.* Egressus Tobias... — *Lectio tercia...* ut introiret ad eum ».

Fol. 47vo. « *Hic incipit liber Iudith qui legitur per octo dies.* DOMINICA XV. *Lectio prima.* Arphaxath itaque rex Medorum... — *R.* Tribulationes... — *Lectio secunda.* Turres vero eius posuit. *R.* Nos alium Deum... — *Lectio III.* Anno igitur duodecimo... — 48. *R.* Domine Deus... — *Lectio IV.* Tunc exaltatum est... — *R.* Dominator Domine celorum... *Lectio quinta.* Ad hos omnes missit nuncios... — *R.* Vos qui in turribus estis... — *Lectio sexta.* — 48vo — Anno terciodecimo... — *R.* Laudate Dominum... — [In tercio nocturno]. *R.* Benedixit te Dominus... — *R.* Adonay, Domine Deus... — *R.* Conforta me, rex sanctorum... »

Fol. 48vo. Feria II. *Lectio I.* Tunc Holofernes... — 49. *Lectio tercia...* sicut locuste. — Feria tercia. *Lectio prima.* Et cum transisset... — *Lectio tercia...* quo perveniatur ad mare. — Feria IIII in ieiuniis IV temporum. *Lectio I.* Observantiam quidem... — 49vo. *Lectio III...* in delicias eternas. — 50. Feria quinta. *Lectio prima.* Tunc audientes... — *Lectio III...* in pollutionem. — Feria VI in ieunio. *Lectio prima.* Hec dicit Dominus Deus : Convertere... — 50vo. *Lectio III...* redi ad Deum et vive. — Sabbato. *Lectio I.* Hec dicit Dominus exercituum... — 51. *Lectio II...* defensores veritates... *Lectio III sec. Lucam.* In illo tempore : Dicebat Ihesus turbis similitudinem hanc : Arborem fici... *Omelia beati Ieronimi de eadem lectione.* Dominus ac redemptor noster... — ... et impensa ».

Fol. 51vo. « *Hic incipit liber Hester qui legitur per octo dies.* DOM. XVI. *Lect. I.* In diebus Assueri regis... *Responsoria de predicta hystoria...* — 52. *Lectio VI...* unusquisque quod vellet. — Feria secunda. *Lectio I.* Vasti quoque regina... — 52vo. *Lectio III...* facere noluisset. — Feria tercia. *Lectio I.* Responditque Manucha... — 53. *Lectio III.* ... eam accipiat. — Feria IV. *Lectio prima.* Placuit consilium... — *Lect. III...* feminarum regiarum. — Feria quinta. *Lectio I.* Et accipiant... — 53vo. *Lectio III...* in numero feminarum. — Feria VI. *Lectio I.* Que placuit ei... — 54. *Lectio III...* et aromatibus uterentur. — Sabbato. *Lectio I.* Ingredientesque ad regem... — *Lectio III*... 54vo... super omnes mulieres »

Fol. 54vo. « *Hic incipit liber Machabeorum qui legitur a kalendis octobris usque ad kalendas novembris* [Dom. XVII]. *Lect. prima.* Et factum est postquam percussit... — 55. *R.* Adaperiat Dominus cor vestrum... — *Lectio secunda.* Et accepit... — *R.* Exaudiat Dominus orationes vestras... — *Lectio III.* Et post hec decidit in lectum... — *R.* Tua est potencia... — 55vo. *Lectio quarta.* Et optinuerunt pueri eius... — *R.* Congregate sunt gentes... — *Lectio V.* Et regnavit... — *R.* Impetum inimicorum... — *Lectio VI.* Et bonus visus est sermo... — 56. *R.* Congregati sunt inimici nostri... — *In tercio nocturno. R.* Ornaverunt faciem templi... — *R.* In hymnis et confessionibus... — *R.* Refulsit sol in clipeos aureos... »

Fol. 56. « Feria secunda. *Lectio I.* Et post annos duos... — 56vo. *Lectio III*... et convaluerunt in ea. — Feria III. *Lectio I.* Et posuerunt arma... — *Lectio tercia*... — 57... honores eius in nichilum. Feria IV. *Lectio prima.* Secundum gloriam eius... — *Lectio III*... et sanctum populum Israël. — Feria quinta. *Lectio prima.* Et iussit edificari aras... — 57vo. *Lectio tercia*... in monte Modyn. — Feria VI. *Lectio I.* Et habebat filios quinque... — *Lectio tercia.* — 58... in gladio inimicorum. — Sabbato. *Lectio I.* Que gens non hereditavit... — *Lectio III*... constanter steterunt ».

Fol. 58. « Dominica XVII [au lieu de : XVIII]. *Lectio I.* Et respondentes... — 58vo. *Lectio VI*... filio Salomi. — Feria II. *Lectio I.* Et exclamavit... — 59. *Lectio III*... post illos multi. — Feria tercia *Lectio I.* Et statim perrexerunt... — 59vo. *Lectio III*... super eos valde. — Feria IV. *Lectio I.* Et dixit vir... — *Lectio III*... in indignatione sua. — Feria quinta. *Lectio I.* Et ceteri fugerunt... — 60. *Lectio III*... et nomen eternum. — Feria sexta. *Lectio I.* Abraham nonne in temptacione... — *Lectio III*... liberati sunt de flamma. — Sabbato. *Lectio I.* Daniel in sua simplicitate... — 66vo. *Lectio III*... et ipse aget bellum populi ».

Fol. 60vo. « Dominica XIX. *Lectio prima.* Et adducetis... — 61. *Lectio VI*... et congregavit pereuntes. — Feria II. *Lectio I.* Et congregavit Appolonius... — 61vo... *Lectio III*... verbum regis. — Feria III. *Lectio I.* Et preparaverunt se... — *Lectio III*... fortitudo est. — Feria IV. *Lectio I.* Cecidit ergo timor... — 62. Lectio III... animo valde. — Feria V. *Lectio I.* Et cogitavit ire... — *Lectio III*... — 62vo... et consummationem. — Feria VI. *Lectio I.* Et dixerunt... — *Lectio tercia*... ante in Israël... — Sabbato. *Lectio I.* Et ieiunaverunt... — 63. *Lectio III*... et decuriones ».

Fol. 63. « Dominica XX. *Lectio I.* Anno centesimo... — 63vo. *Lectio sexta*... non decipiet nos. — Feria secunda. *Lectio I.* Et locutus est...— 64. *Lectio III*... et in puteum magnum proiecit. — Feria tercia. *Lectio I.* Et abiit Bachides... — *Lectio III*... — 64vo... facies vestras cum pace. — Feria IV. *Lectio I.* Et venit ad Iudam... — *Lectio III*... pro rege offerebantur. — Feria V. *Lectio I.* Et irridens... — *Lectio III*... — 65... secundum malitiam illius. — Feria VI. *Lectio I.* Et commiserunt... — *Lectio III*... contra Iherusalem. — Sabbato. *Lectio I.* Et letatus est... — 65vo. *Lectio tercia*... electi cum eo ».

Fol. 66. « *Hic incipit liber Ezechielis prophete, qui legendus est usque ad adventum Domini si fiat de tempore.* Dominica vicesima prima. *Lectio I.* Et factum est in tricesimo anno... — *R.* Vidi Dominum sedentem... — 66. *Lectio secunda.* Et facta est super eum... — *R.* Aspice, Domine, de sede sancta tua... — *Lectio III.* Et ex medio eorum... — 66vo. *R.* Aspice, Domine, quia facta est desolata civitas... — 66vo. *Lectio IV.* Et scintille... — *R.* Super muros tuos Iherusalem... — *Lect. V.* Similitudo autem vultus eorum... — 67. *R.* Muro tuo inexpugnabili... — *Lectio VI.* Et similitudo animalium... — *R.* Sustinuimus pacem... *In tercio nocturno. R.* Redemit Dominus populum suum... — *R.* Laudabilis populus... — 67vo. *R.* A facie furoris tui, Deus... »

Fol. 67vo. « Feria II. *Lectio prima.* Cumque aspicerem... — *Lectio tercia*... erat in rotis. Hec dicit. — Feria III. *Lectio I.* Cum euntibus... — 68. *Lectio tercia*... et submittebant alas suas. — Feria IV. *Lectio I.* Et super firmamentum... — *Lectio III*... —68vo... et loquar tecum. — Feria V. *Lectio I.* Et ingressus est... — *Lectio tercia*... exasperans est. — Feria VI. *Lectio I.* Loqueris ergo... — 69. *Lectio tercia*... quod ego do tibi. — Sabbato. *Lectio I.* Et comedi illud ... — *Lectio tercia*... — 69vo... et quiescant ».

Fol. 69vo. «Dominica XXII. *Lectio I.* Et assumpsit me... — 70. *Lectio sexta*... et ibi loquar ad te. — Feria II. *Lectio I.* Et surgens... — *Lectio tercia.* ... exasperans est. — Feria III. *Lectio I.* Et tu, fili hominis... — 70vo... *Lectio III*... iniquitates eorum. — Feria IV. *Lect. I.* Ego autem dedi tibi... — 71. *Lectio tercia*... comedes illud. — Feria V. *Lectio I.* Cibus autem tuus... — *Lectio III*... ante ydola vestra. — Feria VI. *Lectio I.* Et dabo cadavera... — 71ᵛᵒ. *Lectio tercia*... ut facerem eis malum hoc. — Sabbato. *Lectio I.* Hoc dicit Dominus Deus... — 72. *Lectio tercia*... capitis mei ».

Fol. 72. « Dominica XXIII. *Lectio I.* Et adduxit in Iherusalem... — 72ᵛᵒ. *Lectio sexta*... quas isti faciunt. — Feria secunda. *Lectio I.* Et introduxit me... — 73. *Lect. III*... non exaudiam eos. Feria III. *Lectio I.* Hec dicit Dominus... — *Lectio tercia*... 73ᵛᵒ... que fiunt in medio eius. — Feria IV. *Lectio I.* Et dixit illis... — *Lectio III*... plena est aversione. — Feria V. *Lect. I.* Dixerunt enim... — 74 — *Lectio III*... super civitatem. — Feria VI. *Lectio prima.* Ingressusque est... — 74. *Lectio II.* ... qui indutus erat lineis. — Sabbato. *Lectio prima.* Et vidi et ecce... — 74ᵛᵒ. *Lectio III*... iuxta fluvium Chobar ».

Fol. 74ᵛᵒ. « Dominica XXIV. *Lectio I.* Cumque ambularent... — 75... mortuus est. — Feria secunda. *Lectio I.* Et cecidi... — 75ᵛᵒ... *Lectio III.* ... in die Domini. — Feria III. *Lectio I.* Vident vana... — 76. *Lectio III*... et non est pax. — Feria IV. *Lectio I.* Et ipse edificabat... — *Lectio III*... quia ego Dominus. — Feria V. *Lect. I.* Et complebo... — 76ᵛᵒ. *Lectio III*... credenti mendatiis. — Feria VI. *Lectio I.* Et factum est... — 77. *Lectio III*... noluerunt me audire. — Sabbato. *Lectio I.* Unusquisque... — 77ᵛᵒ. *Lectio III*... ita anima filii mea est. *Sciendum est quod omnes lectiones istius mensis que sunt de Ezechiele propheta terminantur per :* Hec dicit Dominus Deus : Convertimini ad me et salvi eritis ».

Fol. 77ᵛᵒ. « *Hic incipiunt expositiones de dominicis que leguntur ab octavis Penthecostes usque ad Adventum Domini, excepta prima expositione :* Homo quidam erat dives *que legitur in crastino Trinitatis nisi festum impediat.* Dominica II post Trinitatem. *Lectio VII sec. Lucam.* In illo tempore. Dixit Ihesus discipulis suis parabolam hanc : Homo quidam fecit cenam magnam... Et reliqua. *Omelia beati Gregorii pape.* Hoc distare, fratres karissimi... — 78. *Lectio IX*... quod presto est pereat ».

Fol. 78. « Dominica III. [*Lectio VII*] *secundum Lucam.* In illo tempore : Accesserunt ad Ihesum publicani et peccatores... Et reliqua. *Omelia beati Gregorii pape.* Audistis in lectione evangelica, fratres mei, quia peccatores et publicani... — 78ᵛᵒ. *Lectio IX*... eo deterius peccatores fiunt ».

Fol. 79. « Dominica quarta [*Lectio VII*] *secundum Lucam.* In illo tempore : Dixit Ihesus discipulis suis : Estote misericordes... Et reliqua. *Omelia venerabilis Bede presbiteri.* Hoc loco nichil aliud nobis precipi existimo... — 79. *Lect. IX.* ... — 79ᵛᵒ... et manifestabit cogitaciones cordis ».

Fol. 79ᵛᵒ. « Dominica V. *Lectio VII sec. Lucam.* In illo tempore : Cum turbe irruerent... Et reliqua. *Omelia venerabilis Bede presbyteri.* Stagnum Genesareth idem dicunt esse quod mare Galilee... — 80. *Lectio nona*... ascendamus ad montem Domini ».

Fol. 80. « Dominica VI. *Lectio VII sec. Matheum.* In illo tempore, dixit Ihesus discipulis : Amen, dico vobis : Nisi habundaverit iusticia vestra... Et reliqua. *Omelia* — 80ᵛᵒ — *beati Augustini ep.* Amen quippe dico vobis : Donec transeat celum et terra... — *Lectio nona*... minimus vocabitur in regno celorum ».

Fol. 81. « Dominica VII. *Lectio VII sec. Marcum.* In illo tempore : Cum turba multa esset... Et reliqua. *Omelia venerabilis Bede presbiteri.* In hac quidem lectione consideranda in uno eodemque redemptore... — *Lectio IX*... — 81ᵛᵒ... fidelibus ministranda ».

Fol. 81ᵛᵒ. « Dominica VIII. [*Lectio VII*] *sec. Matheum.* In illo tempore : Dixit Ihesus discipulis suis : Attendite a falsis prophetis... Et reliqua. *Omelia beati Augustini ep.* Sed isti non fallunt oculum simplicem... — 82. *Lectio nona*... fructus vero opera hominis ».

Fol. 82ᵛᵒ. « Dominica IX [*Lectio VII*] *sec. Lucam.* In illo tempore. Dixit Ihesus discipulis suis parabolam hanc : Homo quidam erat dives... Et reliqua. *Omelia beati Gregorii pape.* In villico quem Dominus eiciebat... — 83... *Lectio nona*... prospicere curabunt ».

Fol. 83ᵛᵒ. « Dominica X. *Lectio VII sec. Lucam.* In illo tempore. Cum appropinquaret Ihesus Iherosolimam, videns civitatem flevit super illam... Et reliqua. *Omelia beati Gregorii pape.* Lectionem brevem sancti evangelii brevi, si possum, volo sermone percurrere... — *Lectio nona*... — 84... recordata non est ».

Fol. 84. « Dominica XI. [*Lectio VII*] *sec. Lucam.* In illo tempore. Dixit Ihesus ad quosdam qui in se confidebant... Et reliqua. *Omelia venerabilis Bede presbiteri.* Quia parabolam Dominus quae semper orare... — 84vo... *Lectio nona*... et alter publicanus ».

Fol. 84vo. « DOMINICA XII. *Lectio VII sec. Marcum*. — 85. In illo tempore. Exiens Ihesus de finibus Tyri... Et reliqua. *Omelia venerabilis Bede presbiteri*. Decapolis est, ut ipso nomine probatur... — *Lectio IX*... misit digitos suos in auriculas ».

Fol. 85vo. « DOMINICA XIII. [*Lectio VII*] *sec. Lucam*. In illo tempore. Dixit Ihesus discipulis suis : Beati oculi qui vident... Et reliqua. *Omelia venerabilis Bede presbiteri*. Non oculi scribarum et phariseorum... — *Lectio IX*... — 86... sed regendo preesse noverunt ».

Fol. 86. « DOMINICA XIV. [*Lectio VII*] *sec. Lucam*. In illo tempore. Cum iret Ihesus in Iherusalem, transibat per mediam Samariam... Et reliqua. *Omelia venerabilis Bede presbiteri*. Leprosi non absurde intelligi possunt... — 86vo... *Lectio IX*... dum irent, mundati sunt ».

Fol. 87. « DOMINICA XV. [*Lectio VII*] *sec. Matheum*. In illo tempore : Dixit Ihesus discipulis suis : Nemo potest duobus dominis servire... Et reliqua. *Omelia beati Gregorii pape*. Que verba diligenter consideranda sunt... — *Lectio IX*... — 87vo... cuius ancillam diligit ».

Fol. 87vo. « DOMINICA XVI. [*Lectio VII*] *sec. Lucam*. In illo tempore : Ibat Ihesus in civitatem que vocatur Naym... Et reliqua. *Omelia venerabilis Bede presbiteri*. Naym civitas est Galilee... — *Lectio IX*. — 88... donec formetur Christus in vobis ».

Fol. 88. « DOMINICA XVII. *Lectio VII sec. Lucam*. In illo tempore. Cum intraret Ihesus in dominum cuiusdam principis Phariseorum... Et reliqua. *Omelia venerabilis Bede presbiteri*. Ydropis morbus ab aquoso humore... — 88vo. *Lectio IX*... sanavit eum ac dimisit ».

Fol. 89. « DOMINICA XVIII. [*Lectio VII*] *sec. Matheum*. In illo tempore. Accesserunt ad Ihesum Saducei... Et reliqua. *Omelia beati Ieronimi presbiteri*. Due erant hereses in Iudeis... — *Lectio IX*. — 89vo... ut resurrectionis denegent veritatem ».

Fol. 89vo. « DOMINICA XIX. *Lectio VII sec. Matheum*. In illo tempore. Ascendens Ihesus in naviculam transfrecavit (*sic*)... Et reliqua. *Omelia beati Iheronimi presbiteri*. Civitatem eius non aliam intelligamus... — 90. *Lectio nona*... arguunt eum blasphemie ».

Fol. 90vo. « DOMINICA XX [*Lectio VII*] *secundum Matheum*. In illo tempore. Dicebat Ihesus turbis parabolam hanc : Simile est regnum celorum homini regi qui fecit nupcias... Et reliqua *Omelia beati Gregorii pape*. Textum lectionis evangelice, fratres karissimi, volo, si possum, sub brevitate transcurrere... — *Lectio nona*... Matheus dixit ».

Fol. 91 « DOMINICA XXI. [*Lectio VII*] *sec. Iohannem*. In illo tempore. Erat quidam regulus... *Omelia beati Gregorii pape*. Lectio sancti evangelii quam modo, fratres karissimi, audistis, expositione non indiget, sed ammonitione... — 91vo. *Lectio IX*... ubi non esset Deus ».

Fol. 91vo. « DOMINICA XXII. [*Lectio VII*] *sec. Matheum*. In illo tempore. Dixit Ihesus discipulis suis parabolam hanc : Simile est regnum celorum homini regi qui voluit rationem ponere cum servis suis... Et reliqua. *Omelia beati Ieronimi presbiteri*. Familiare est Syris... — 92. *Lect. IX*. ... dyabolum interpretari ».

Fol. 92vo. « DOMINICA XXIII. *Lectio VII sec. Matheum*. In illo tempore : Abeuntes Pharisei consilium inierunt... Et reliqua. *Omelia venerabilis Bede presbiteri*. Et observantes miserunt insidiatores ... — *Lectio nona*... — 93... Quid me temptatis ypocrite ? »

Fol. 93. « DOMINICA XXIV. [*Lectio VII*] *sec. Matheum*. In illo tempore. Loquente Ihesu ad turbas, ecce princeps unus accessit... Et reliqua. *Omelia beati Ieronimi presbiteri*. Octavum signum est in quo princeps postulat... — 93vo. *Lectio nona*... ut intraret domum eius ».

Fol. 93vo. « DOMINICA XXV. *Lectio VII sec. Iohannes*. In illo tempore. Cum sublevasset oculos Ihesus et vidisset quia multitudo... Et reliqua. *Omelia beati Augustini ep*. Miracula que fecit Dominus noster... — 94. *Lectio IX*... — 94vo... ubi excerceretur intellectus ».

Fol. 94vo. « IN DEDICATIONE ECCLESIE. Ad vesperas. *Super psalmos ant*. Hec est domus Domini. — *Hympnus*. Urbs beata Iherusalem. [20.918]. — 95vo. Ad completorium... »

Fol. 95vo. [IN DIE]. *Invit*. Filie Syon, currite; adsunt enim celebria matris vestre sollempnia... — *Hympnus*. Christe, cunctorum dominator alme... [2854]. — 96vo. *Lect. I*. Stetit autem Salomon... — *R*. In dedicatione templi... — *Lectio II*. Ergo ne putandum est... — 97. *R*. Fundata est domus Domini... — *Lectio III*. Si fugerit populus tuus... — *R*. Domus mea domus orationis... — 97vo. *Lectio IV*. Natalem templi huius... — *R*. Vidi civitatem sanctam... — *Lectio V.* Et iam, fratres, videte... — 98. *R.* Benedic, Domine, domum istam. — *Lectio VI.* Fratres, quia Dominus voluit... — *R.* Oranti in loco isto... — *Lectio VII sec. Iohannem.* In illo tempore, dixit Ihesus discipulis suis : Non est arbor bona... — 98vo. Et reliqua. *Omelia venerabilis Bede presb.* Quia propitia divinitate... — *R.* Lapides preciosi... — *Lectio VIII.* Semper in nobis flamma... — *R.* Mane surgens... — 99. *Lectio IX.* Quod enim nobis mistica... — *R.* Terribilis est locus iste... »

Fol. 101 à 106vo. Calendrier de Paris: même texte que celui du manuscrit 9511.

Fol. 107vo à 218. Psautier férial suivi des cantiques et des litanies.

Fol. 107vo. « *Hymnus.* Nocte surgentes... [12035]. *In primo nocturno. Ant.* Ecce in nubibus... — *Ps. David.* — 108 — Beatus vir... — 122vo Feria II. *Inv.* Venite, exultemus Domino... *Ymnus.* Nocte surgentes... *Ant.* Dominus defensor. *Ps.* Dominus illuminatio mea... »

Fol. 135. « Feria III. *Inv.* Iubilemus Deo... — *Hymnus.* Nocte surgentes... *Ant.* Ut non delinquam. *Ps. David.* Dixi : custodiam vias meas... — 143vo. Feria IV. *Inv.* In manu tua, Domine... *Ps.* Venite... *Hymnus.* Nocte surgentes. *Ant.* Avertet. *Ps. David.* Dixit insipiens... »

Fol. 152. « Feria V. *Invit.* Adoremus Dominum... *Ps.* Venite. *Hymnus.* Nocte surgentes. *Ant.* Domine Deus. *Ps. David.* — 152vo. — Salvum me fac, Deus, quoniam intraverunt aque... — 163vo. FeriaVI. *Invit.* Dominum qui fecit nos... *Ps.* Venite. *Hymnus.* Nocte surgentes. *Ant.* Exultate Deo. *Ps. David.* Exultate Deo... — 174. Sabbato. *Inv.* Dominum Deum nostrum...*Ps.* Venite. *Hymnus.* Nocte surgentes. *Ant.* Quia mirabilia. *Ps. David.* Cantate Domino... »

Fol. 186 à 209 Vêpres et complies. — 186. Vêpres du Dimanche. *Ant.* Dixit Dominus. *Psalmus. David.* — 186vo. Dixit Dominus... — 189vo. Feria secunda. *Ant.* Inclinavit. *Ps. David.* Dilexi quoniam... — 197vo. Feria III. *Ant.* In domum. *Ps. David.* Letatus sum... — 200. Feria V. [*Ant.*] Et omnis... — *Ps. David.* Memento, Domine, David... — 202vo. Feria VI. *Ant.* In conspectu. *Ps. David.* Confitebor tibi, Domine... — 205vo. Sabbato. *Ant.* Benedictus. *Ps. David.* Benedictus Dominus Deus meus ». — 209 à 212. Cantiques. — 212 à 218. Litanies et prières; mêmes saints caractéristiques que dans le manuscrit 9511. (Mêmes transcriptions fautives : fol. 213vo, « s. Carici », au lieu de : « s. Canci»; fol. 214 : « s. Launomaure », au lieu de « s. Launomare »).

Fol. 220 à 252. Commun des saints.

Fol. 220. « In vigilia unius apostoli vel plurimorum apostolorum. *Ad vesperas super psalmos. Ant.* Beati pacifici... — 224vo. In natali unius martiris... — 231. In natali plurimorum martirum... — 236vo. De uno confessore ep... — 241vo. De uno conf. non ep. vel de uno abbate... — 243vo. Plurimorum confessorum... — 244vo. In festivitate unius virginis. *Ad vesperas...* — 249. Oratio plurimarum virginum ».

Fol. 253 à 526. Propre des saints du bréviaire d'été. Lacune entre 252 et 253. Le feuillet qui manque contenait le commencement de l'office de saint Germain de Paris (28 mai). Si j'en juge par le manuscrit latin 15182 de la Bibliothèque nationale, fol. CXC et CXC^{vo} (Bréviaire d'été à l'usage de Paris; XVe siècle), cet office débutait par le texte imprimé ci-après entre crochets.

(28 mai). [In festo s. Germani ep. et conf. *Ad vesperas ant.* Similabo *cum ceteris que secuntur. Psalmi diei. Cap.* Ecce sacerdos. *R.* Laudemus Dominum in beati antistitis Germani meritis gloriosi. Ad sepulchrum eius egri veniunt et sanantur. — *Vers.* Vere mirabilis Deus in sanctis suis quis *(sic)* assiduis beatum Germanum episcopum miraculis choruscare facit. Ad. — *Hymnus.* Iste confessor. *Vers.* Ora pro nobis, beate Germane. *Ad* Magnificat. *Ant.* Suscipiamus ergo tantam sollempnitatem devotione humili qua beatus Germanus carnis nexibus absolutus meruit penetrare secreta celi habitacula. Alleluya. Alleluya. *Euouae. Ps.* Magnificat. *Oratio.* Deus qui es sanctorum tuorum splendor mirabilis, quique hunc beati Germani confessoris tui atque pontificis deposicione consecrasti, da Ecclesie tue de eius natalicio semper gaudere ut apud misericordiam tuam exemplis eius protegamur et meritis. Per. — *Eodem die, fit memoria Carauni mart. per ant.* Hic est vere martyr. *Compl. ut supra.*

[In die.] *Invit.* Christum omnes. *Ps.* Venite. *Hymnus.* Ihesu, redemptor omnium. *In primo nocturno. Ant.* Beatus Germanus, Parisiorum pontifex, prius fecit virtutem quam ex matris utero nasceretur. *Euouae. Psalmi sicut de uno conf. non ep. Ant.* Certabat mater cum parvulo, renitebatur infans ab utero; erat ergo conflictus inter mulierem et viscera. *Euouae. Ant.* Ledebatur matrona, nec nocebatur infantia; obluctabatur sarcina ne genitrix fleret patricida. *Euouae. Vers.* Iustum deduxit Dominus per vias rectas. Et ostendit illi regnum Dei. — *Lectio I.* Beatus igitur Germanus, Parisiorum pontifex, territorii Augustudunensis indigena, patre Eleutherio, matre Eusebia, honestis honoratisque parentibus procreatus est. Cuius genitrix pro eo]. — 253. « *R.* Beatus Germanus Parisiorum pontifex... — *Lectio secunda.* Certabat mater cum parvulo... — *R.* Ledebatur matrona... — *Lectio III.* Deinde dum Avallone castro... — 253vo. *R.* Dum palpitantem puerum... — *Lectio IV.* Quo mater eius cognito... — 254. *R.* Cumque sanctus Germanus in omnibus Christi mandatis hanelaret *(sic)*... — *Lectio V.* Igitur dominus Germanus intra terni lustri... — *R.* Dum patroni festa instaurantur... — 254vo. *Lectio VI.* Inter hec autem ipso orante... — *R.* In conspectu potentium... — 255. *Lectio VII.* Hiis itaque celeber... — *R.* Inter regem et sacerdotem... — *Lectio VIII.* Nec illud omitti convenit... — *R.* Miseratus doloribus... — 255vo. *Lectio nona.* Consternataque mirabatur mulier... — ... duplici pro causa honoris pariter et terroris. — *R.* Beatissimus vir Germanus, pontifex summus, per supernam gratiam... — 256. Eodem die, fit memoria Carauni mart. »

Fol. 256vo. (31 mai). « In natali ss. mart. Cancii, Canciani et Cancianille. *Lectio prima.* Beatissimos martires Cantianum et Cantianillam legimus... — 257. *Lectio III*... ad gloriam nominis sui coronaret » —Aucune mention de sainte Pétronille, vierge, dont la fête est indiquée au calendrier à la date du 31 mai.

Fol. 257. (1er juin). « S. Nichomedis mart. *fient III lectiones de expositione :* Si quis vult. *Quere communi unius martiris* ».

Fol. 257. (2 juin). « Marcellini et Petri mart. *Oratio*... — 257vo. *Lectio I.* Factum est autem cum separatim essent in custodiis... — *Lectio tercia*... — 258... ad celos per auras ferri gaudentes ».

Fol. 258. (5 juin). « Incipit officium de corpore Christi Domini. *Ad vesperas. Ant.* Sacerdos in eternum... — *Cap.* Dominus Ihesus Christus in qua nocte tradebatur accepit panem... *R.* Homo quidam fecit cenam magnam... — 258vo. *Hymnus.* Pange, lingua... — *Ad* Magnificat. *Ant.* O quam suavis est, Domine... »

Fol. 259. [In die]. « *Inv.* Christum regem adoremus... — *Hymnus.* Sacris sollempniis... — 259vo. *Lectio prima.* Immensa divine largitatis beneficia... — 260. *R.* Immolabit hedum... — *Lectio II.* Manducatur itaque a fidelibus... — 260vo. *R.* Comedetis carnes... —*Lectio III.* Suavitatem denique huius sacramenti... — *R.* Respexit Helyas... — 261. *Lect. IV.* Convenit itaque devotioni fidelium... — 261vo. *R.* Panis quem ego dabo... — *Lectio V.* Ut autem predicta feria quinta... — 262. *R.* Cenantibus illis... — *Lectio VI.* Huius sacramenti figura precessit... — 262vo. *R.* Accepit Ihesus calicem... — *Lectio VII.* In illo tempore, dixit Ihesus discipulis suis... — 263 — Et reliqua. *Omelia beati Augustini ep.* Cum enim cibo et potu appetant homines... — *R.* Qui manducat meam carnem... — *Lectio VIII.* Denique iam exponit quomodo it fiat... — 263vo. *R.* Misit me Pater vivens... — *Lectio nona.* Sicut me misit, inquit, vivens Pater... — 264. *R.* Unus panis et unum corpus multi sumus... — *Ps.* Te Deum... »

Fol. 265. « Feria VI. *Lectio I.* Credendum est quod in verbis Christi... — 265vo. *Lectio III*... sed exactorem moneat timere. — Sabbato. *Lectio prima.* Christus panis est... — 266. *Lectio III*... — 266vo... peccata relaxet ».

Fol. 266vo. « Dominica infra octavas sacramenti. *Ad vesperas, ut supra*... — In die. *Lect. I.* Iteratur eciam hoc sacramentum... — 267vo. *Lectio VI*... — 268... ut cotidie merearis accipere. — *Lectio VII. Evangelium.* Homo quidam fecit cenam *ut supra.* — Feria II. *Lectio I.* In Christo semel oblata est hostia... — 268vo. *Lectio III*... — 269... quod aqua significatur. — Feria III. *Lectio I.* Huius sacramenti ritum... — 269vo. *Lect. III.* ... in odorem suavitatis. — Feria IV... *Lectio I.* De veritate carnis... — 270. *Lectio III*... — 270vo. ... qua vivit ille per Patrem. — In octavis sacramenti... *Lectio prima.* Manducatur Christus... — 272vo. *Lectio IX*... — 273... qui est fons et origo tocius gracie ».

Fol. 273. (8 juin). « Medardi et Gildardi conf. Inter multa et preclara beati Medardi miracula... — *Lectio tercia*... — 273vo... ita ut plueret multum calida aqua de nubilo ».

Fol. 273vo. (9 juin). « SS. Primi et Feliciani ... *Lectio prima.* Temporibus Dyocletiani et Maximiani imperatorum seva fuerat Christianis orta tempestas... — 274. *Lectio III*... quorum natalis est sexto idus iunii, regnante D. n. I. C. cui honor est et gloria in secula seculorum. Amen ». — Aucune mention de sainte Syre.

Fol. 274. (10 juin). « De s. Landerico conf. et ep. *fiunt IX lectiones de expositione* : Homo quidam peregre... *Cetera fiunt de uno conf. ep.* ».

Fol. 274vo. (11 juin). « De s. Barnaba... *Lectio prima*. Eo tempore quo sancta Ecclesia gratiam Spiritus sancti suscepit... — 276. *Lectio IX*... — 276vo... pro Christi amore passus migravit ad gaudia sempiterna ».

Fol. 276vo. (12 juin). « SS. Basilidis — 277 — Cirini, Naboris, Nazarii et Celsi martirum. — *Lectio prima*. Nazarius dum verbum Dei imperterritus Rome predicaret... — 277vo. *Lect. III*. ... —277vo... aut Cesari vinctum dirige occidendum ».

Fol. 277vo. (14 juin). « In vigilia s. Basilii. *Ad vesperas*... — *Lectio prima*. Basilius itaque solus, ut sic dicam, in terra equalem et decentem ostendit vitam... — 278vo. *Lectio nona*... — 279 ... et consecratus gubernat ecclesiam Dei providencia ». — Aucune mention des saints Ruf et Valère, dont les noms sont indiqués au calendrier.

Fol. 279. (15 juin). « SS. martirum Viti et Modesti... *Lectio I*. Maximianus imperator precepit militibus suis ut catastas prepararent... — 279vo. *Lectio III*... qui sanctos suos coronavit in celis. Qui vivit... »

Fol. 280. (16 juin). « SS. mart. Cirici et Iulite... — *Lectio I*. Sanctorum Christi martirum pia certamina veneracione debita recolentes... 280vo. *Lectio tercia*... et non erat qui sepeliret ». — Aucune mention des saints Ferréol et Ferjeux.

Fol. 280vo. (17 juin). « Aviti abb. *Lectio I*. Postquam infancie rudimenta beatus Avicus *(sic)* transisset... — *Lectio tercia*... a fratribus iactare videretur ».

Fol. 280vo. (18 juin). « De ss. martiribus Marcho et Marcelliano. *Ad vesperas*... — 281. *Lectio prima*. Tenti Marcellianus et Marchus et ambo ligati ad stipitem... — *Lect. III*... — 281vo. ... ex quibus urbis menia struebantur ». — Aucune mémoire de saint Fortunat, ni de sainte Marine, dont les noms sont indiqués au calendrier à la date du 18 juin.

Fol. 281vo. (19 juin). « Gervasii et Prothasii martirum. *Ad vesperas*... — *Lectio prima*. Intelligens sanctus Nazarius que acta fuerant... — 282vo. *Lectio IX*... in domo Ceracii viri religiosi. *Cetera sicut plurimorum martirum* ».

Fol. 282vo. (21 juin). « De s. Leufredo abbate... — *Lectio I*. Beatus vir Leufredus infra Gallias pago Ebroicensi exortus est... — 284. *Lectio nona*... valedicens fratribus ultimum diem clausit ».

Fol. 284. (22 juin). « De s. Paulino ep. *Lectio I*. Dum sevientium Wandalorum tempore fuisset Ytalia... — 284vo. *Lectio III*... me vice illius in servitium trade ».

Fol. 284vo. 23 juin). « In vig. s. Iohannis Baptiste. *Lectio I sec. Lucam*. Fuit in diebus Herodis regis Iudee sacerdos... Et reliqua. *Omelia venerabilis Bede presb*. Venturus in carne Dominus et redemptor noster... — 285. *Lectio III*... Erant autem ambo iusti ante Deum. — 286. Sequitur memoria Agoaldi et Gilberti *(sic)*. *Ad processionem, eundo ad sanctum Iohannem. R.* Descendit. *In reditu processionis. Ant.* Anima mea. *Cap. ut supra* ».

Fol. 286. (24 juin). [In die s. Ioh. Bapt.]. — *Ymnus*. Ut queant laxis... [21.039]. — 286vo. *Lectio prima*. Iam Domino propiciante, fratres karissimi, non parum desiderata advenit festivitas... *R*. Fuit homo missus a Deo... — *Lectio II*. Natalem quoque sancti Iohannis... — 287. *R*. Descendit angelus Domini ad Zachariam... — *Lectio III*. Concepit Elizabeth hominem... *R*. Gabriel angelus apparuit Zacharie... — 287vo. *Lectio IV*. Quia se quoque... *R*. Elizabeth Zacharie... — *Lectio V*. Iohannes decrescente die natus est... — 288. *R*. Innuebant patri eius... — *Lect. VI*. Premissus est enim Iohannes... *R*. Priusquam te formarem... — 288vo. *Lectio VII sec. Lucam*. In illo tempore, Elisabeth impletum est tempus... Et reliqua. *Omemelia ven. Bede presb. de ead. lect.* Precursoris Domini nativitas... — 289. *R*. Precursor Domini venit... — *Lectio VIII*. Excitati fama... — 289vo. *R*. Hic est precursor... — *Lectio IX*. Iure igitur utriusque nativitas... *R*. Inter natos mulierum... — 290. *Ad processionem* [*eundo ad sanctum Iohannem*]. *R*. Hic precursor. *Ps*. Benedictus. *Ant*. Erat Iohannes. *In reditu processionis. Ant*. Tota pulchra es. — *Ad horas, antiphone de laudibus*... — 289vo. Ad memoriam s. Eligii ep. et conf. *Ant*. Confessor Domini... »

Fol. 290vo. (25 juin). « In translat. s. Eligii. *Lectio prima*. Cum adhuc beatus Eligius superstes esset in corpore... — 291vo. *Lectio IX*... eumque rursus liberum coram omnibus astare fecit.

— Memoria ss. Iohannis et Pauli. *Ant.* Astiterunt iusti... »

Fol. 292. (26 juin). « De ss. Iohanne et Paulo. *Lectio I.* Sub Constantino Augusto ac Gallicano duce romani exercitus, Persarum gens... — 294. *Lectio IX*... cum nullum signum interfectionis eorum inventum esset super terram. — 294vo. *Legenda infra octavam s. Iohannis.* Sollempnitates nobis diversorum martirum, fratres karissimi... — 296vo... unum Dei vivi cultum et fidem veritatis inquirit. — *In vig. apost. Petri et Pauli.* — 297 — *Lect. sec. Iohannem.* In illo tempore : Dixit Ihesus Symoni Petro : Symon Iohannis *Omelia venerabilis Bede presbiteri de eadem lectione.* Virtutem nobis perfecte dilectionis... curam solliciti exercere laboris ».

Fol. 297. (29 juin). « *In vigilia apost. Petri et Pauli. Ad vesp. super psalmos ant.* Quem dicunt homines... — 297vo. *Ymnus.* Aurea luce et decore roseo... [1596]. — 298. [In die.] *Invit.* Pastori summo iubilemus corde iocundo, qui claves Petro celorum contulit almo... *Ps.* Venite... — 298vo. *Lectio I.* Tempore igitur Neronis Cesaris erant Rome salutiferi doctores christianorum Petrus et Paulus... *R.* Symon Petrus, antequam... — *Lectio II.* Symon vero magus diem statuit... — 299. *R.* Si diligis me... — *Lectio III.* Tunc Petrus in medio stans... *R.* Cornelius centurio... — 299vo. *Lectio IV.* Denique dato a Nerone precepto... *R.* Domine, si tu es... — 300. *Lect. V.* Ingens subito concursus... *R.* Surge, Petre... — *Lect. VI.* Tunc restitit in medium Petrus... — 300vo. *R.* Petre, amas me ?... — *Lectio VII sec. Matheum.* In illo tempore, venit Ihesus in partes Cesaree Philippi... Et reliqua. *Omelia ven. Bede presb. de ead. lect.* Lectio sancti evangelii, quam modo, fratres, audistis, tanto intencius cogitanda... — 301. *R.* Tu es pastor ovium... — *Lectio VIII.* Si enim scire volumus... *R.* Quem dicunt homines... — *Lectio IX.* Venit, inquit, Ihesus in partes Cesaree Philippi... — 301vo. *R.* Dum esset Petrus in cruce... — 302. [In laudibus]. *Ymnus.* Exultet celum... [5832]. — 302vo. *Eodem die, fit memoria Marcialis ep. et conf. Postea fit processio ad altare s. Pauli et cantatur. R.* Sancte Paule... *In reditu processionis. Ant.* Alma redemptoris... »

Fol. 302vo. (30 juin). [Commemor. s. Pauli]. — 303. « *Lectio I.* Cum venissent Romam Lucas a Galatia... *R.* Qui operatus est Petro... — *Lectio II.* Quadam denique die, cum Paulus... — 303vo. *R.* Gracia Dei sum... — *Lectio III.* Quod cum mox Neroni... *R.* Bonum certamen... — 304. *Lectio IV.* Mirabantur autem turbe... *R.* Scio cui credidi... — *Lect. V.* Cumque beatus Paulus ad locum... — 304vo. *R.* Reposita est michi... — *Lect. VI.* Postea pervenit ad passionis locum... 305. *R.* Damasci prepositus... — *Lectio VII sec. Matheum* — 305vo — In illo tempore, respondens Symon... Ecce nos reliquimus omnia... Et reliqua. *Omelia lectionis eiusdem.* Tunc respondens Symon Petrus dixit... *R.* Sancte Paule apostole... — *Lectio VIII.* Ihesus autem dixit illis... *R.* Michi vivere Christus est... — 306. *Lectio IX.* In regeneratione. *R.* Isti sunt due olive... — 306vo. Ad memoriam s. Marcialis. *Ant.* Serve bone... — *Postea* [*post* Magnificat], fit memoria Leonorii ep. et conf. »

Fol. 306vo. (1er juillet). « Kalendis iulii. *In matutinis fiet de oct. s. Iohannis... Sequitur memoria Leonorii. Postea memoria* — 307 — *apostolorum per ant.* Hoc est... — *Ad ultimas vesperas, totum de oct. s. Iohannis.* — *Memoria s. Theobaldi.* — *Memoria Processi et Martiniani per ant.* Istorum est... — Lectiones per octavas. *Lectio prima.* Beatissimorum apostolorum Petri et Pauli inseparabilem fidem... — *Lect. tercia*... —307vo. ... videre posset aspectum. — *Lectio I.* Beatissimorum apostolorum passio... — *Lectio III*... unda pascebat ».

Fol. 308. (4 juil.). « In translatione s. Martini ep. et conf. *Ad vesp. Ant.* Iuravit... — *Lectio I.* Quodam itaque tempore ad episcopatum Turonice ecclesie petebatur beatus Martinus... — 309. *Lectio nona...* sortitus est dignitatis ».

Fol. 309. (6 juil.). « In oct. apostolorum. *Ad vesperas. Ant.* Iuravit Dominus... — 309vo. *Lectio I.* Omnium quidem sanctarum sollempnitatum, dilectissimi, totus mundus est particeps... — 310vo. *Lectio nona*... scientie iste, ille potencie. — 311. *Et finiuntur octave ad nonam propter translationem s. Thome mart...* »

Fol. 311. (7 juil.). [Translatio s. Thome mart]. « *Ad vesperas super psalmos. Ant.* Qui vult venire... — *Cetera sicut unius martiris* ».

Fol. 311 (8 juil.). « SS. mart. Claudii, Nichostrati, Symphoriani, Castorii et Victorini... — *Lectio I.* Nichostratus et Claudius una cum Castorino et Simphoriano... — 311vo. *Lectio III*... coronam martirii celebrarent ». — Aucune mention de saint Non, dont la fête est indiquée au calendrier à la date du 8 juillet.

Fol. 311vo. (9 juil.). « DE S. THEOBALDO CONF. ET HEREMITA. *Lectio prima.* Sanctus igitur Theobaldus ante mundi constitutionem prescientia Dei electus... — 313... *Lectio IX...* ad stratum proprium regrediebatur... » — Aucune mention de saint Zénon, martyr, dont le nom est indiqué au 9 juillet par le calendrier.

Fol. 313 (10 juil.). « SEPTEM FRATRUM.*Lect. I sec. Matheum.* In illo tempore. Loquente Ihesu ad turbas : Ecce mater eius... Et reliqua. *Omelia beati Gregorii pape.* Sancti evangelii, fratres karissimi, brevis est lectio recitata... — 313vo. *Lectio tercia...* qui Christi frater et soror est credendo, mater efficitur predicando ».

Fol. 313vo. (11 juil.). « IN TRANSLATIONE S. BENEDICTI ABBATIS. *Ad vesperas super ps. ant.* Compassus nutrici sue... — 314vo. *Lectio I.* Cum diu gens. Longobardorum infidelitatis sue tenbris carere noluisset... *R.* Fuit vir vite venerabilis... — *Lectio II.* Que gens longe lateque... *R.* Sanctus Benedictus plus appeciit mala... — *Lect. III.* Unde inter cetera facinora... — 315. *R.* Inito consilio... — *Lectio IV.* Hac ita patrata eversione... — *R.* Pater sanctus dum — 315vo — intentam... — *Lectio V.* Idem eciam rex... *R.* Cumque sanctus Benedictus in cella... — *Lectio VI.* Namque idem ager Floriacensis... — 316. *R.* In tempesta noctis hora... — *Lectio VII.* Quod testamentum... *R.* Erat vultu placido... — *Lectio VIII.* Edificans autem basilicam... — 316vo. *R.* Sanctissime confessor Christi... — *Lectio IX.* Recordansque quia idem venerabilis pater... — 317. *R.* Pater insignis confessor Benedicte... »

Fol. 317vo. (13 juil.). « DE S. TURIANO EP. ET CONF. *Lectio I.* Sanctus igitur Turianus Dolensis ecclesie archiepiscopus Britannie minoris... — 318vo. *Lect. IX...* ubi tam conspicua visione honoratus exstitit ».

Fol. 318vo. (18 juil.). « S. ARNULPHI MART... *Lectio I.* Igitur beatissimus Arnulphus nobilissimis Francorum parentibus ortus... — 319vo. *Lectio IX.* ... et suos coetaneos tam meritis quam studiis longe preibat ».

Fol. 319vo. (20 juil.). « DE S. MARGARETA fiunt tres lectiones et III responsoria de communi unius virginis et martiris ».

Fol. 319vo. (21 juil.). « DE S. VICTORE. *Oratio...* — 320. Ipso die, Praxedis virg. memoria. *Oratio...* — De s. Victore. *Lectio prima.* Cum sub Dyocleciano et Maximiano imperatoribus... — 321. *Lectio nona...* — 321vo... verum eciam et anime detrimenta acquirit ».

Fol. 321vo. (22 juil.). « DE S. MARIA MAGDALENA. *Ad vesperas super psalmos. Ant.* Surgens Ihesus mane prima sabbati... — *Memoria Vandregisili abb. per ant.* Sanctissime... — 322. [IN DIE]. *Inv.* Eternum trinumque Deum laudemus et unum qui sibi Mariam Magdalenam transvexit in ethera sanctam. *Ps.* Venite. *Hymnus.* Ad sacrum cuius... [255]. *Lectio prima.* Fuit igitur secundum seculi fastum clarissimis exorta natalibus beatissima Maria Magdalena... *R.* Maria Magdalene et altera Maria... — *Lectio II.* Sed quia rerum affluenciam... — 322vo. *R.* Tulerunt Dominum meum... — *Lectio III.* Hec autem postmodum... — 323. *R.* Dum transisset sabbatum... — *Lectio IV.* Mox denique compunctionis... — 323vo. *R.* Congratulamini michi... — *Lectio V.* Quid enim ex huiuscemodi professione... — 324. *R.* Veni, electa mea... — *Lectio VI.* Hec sancta mulier Dominum secuta... — 324vo. Maria cui dimissa sunt... — *Lectio VII. sec. Iohannem.* In illo tempore : Maria stabat... Et reliqua. *Omelia lectionis eiusdem.* Considerandum est, fratres karissimi, in hoc loco... 325. *R.* Audi, filia, et vide... — *Lectio VIII.* Quid est quod iterum se inclinat... *R.* Regnum mundi... — *Lectio IX.* Vidit duos angelos in albis... — 325vo. *R.* Et valde una sabbatorum... — Ad memoriam Vandregisili abb. — *Ad vesperas... Prosa.* Victime paschali laudes... » [21505].

Fol. 325vo. (23 juil.). « DE S. APPOLLINARI... — 326. *Lectio prima.* In diebus illis : Taurus iudex dixit sancto Appollinari... — *Lectio III...* Qui statim aperiens oculos recepit lumen ».

Fol. 326. (24 juil.). « DE S. CRISTINA. *Lect. I.* In diebus illis Iulianus iudex sanctam Christinam... — 326vo... *Lectio tercia...* et excecavit lumen oculorum tuorum ».

Fol. 326vo. (25 juil.). « IN VIG. S. IACOBI APOST. *Ad vesperas. Ant.* Beati pacifici... — Ad memoriam ss. mart. Christofori et Cucufatis. *Ant.* Istorum est... — Sequitur memoria ss. conf. Germani et Iuliani per ant. Sint lumbi... — 327. *Eodem die, fit processio ad Sanctum Christoforum. Et cantatur resp.* Gloriosi... — *Postea redeundum est ad ecclesiam beate Marie cum silentio. In introitu ecclesie incipitur ant.* Tota... [IN DIE.] — *Lectio I.* Iacobus apostolus D. n. I. C. frater beati Iohannis... — 327vo. *Lectio VI...* et benedicere nomen Domini Ihesu. — *Lectio VII sec. Mathe-*

um. In illo tempore : Accessit ad Ihesum mater filiorum Zebedei... Et reliqua. *Omelia beati Ieronimi presb.* Unde opinionem regni habet mater filiorum Zebedei... — 328. *Lectio IX...* nesciens quid peteret. *Cetera sicut de uno apostolo* ».

Fol. 328vo. (26 juil.). « IN TRANSLATIONE S. MARCELLI. *Ad vesperas.* Similabo... — 329. *Lectio I.* Beatissimus igitur Marcellus antistes, natus Parisii, sed civis paradisi in terris... *R.* Beatissimus Marcellus antistes, natus Parisii... — *Lect. II.* Intra se suos thesauros... — 329vo. *R.* In cordis secreto... — *Lectio III.* Calcata mundi pompa... *R.* Tunc vir beatissimus, non ignarus... — 330. *Lect. IV.* Denique cum adhuc clericali tyrocinio... *R.* Vere beatum Marcellum... — *Lectio V.* Itaque cum subdiaconali ministerio... — 330vo. *R.* Cum vir sanctissimus quadam vice... — *Lectio VI.* Veniamus namque ad miraculum tercium... — 331. *R.* O meritum subdiaconi... — *Lectio VII.* Exequamur et illud triumphale misterium... *R.* Venerabilis confessor Christi Marcellus... — 331vo. *Lectio VIII.* Quo condita, horresco referens... *R.* Beatus Marcellus, sanctis operibus... — *Lect. IX.* Beatus Marcellus, intelligens se de cruento hoste... *R.* Sancte Marcelle. *Quere in communi.* — 332. *Ad* Magnificat. *Ant.* O dulce decus Parisiorum, Marcelle, confessorque Christi... »

Fol. 332vo. (27 juil.). [DE TRANSFIGURATIONE DOMINI]. « *Lectio prima sec. Matheum.* In illo tempore, assumpsit Ihesus Petrum... Et reliqua. *Omelia venerabilis Bede presb.* Ostensurus gloriam suam discipulis... — 333. *Lectio III...* percipite regnum preparatum vobis a constitutione mundi ».

Fol. 333vo. (28 juil.). « DE SANCTA ANNA fit duplex. *Ad vesperas. Ant.* Que est ista que ascendit ? — 334. *Cap.* Mulierem fortem... — *Ymnus.* Clara diei gaudia... [3305]. — 334vo. *Ad* Magnificat. *Ant.* Inclita stirps Iesse virgam produxit amenam... »

Fol. 334vo. [IN DIE]. « Ad matutinas. *Inv.* In honore beate Anne, pie matris Marie, iubilemus et cantemus Domino. *Ps* Venite. — *Ymnus.* Lucis huius festa... [10698]. — 385. *Lectio I.* Igitur in hystoriis duodecim tribuum Israël legitur... *R.* Anna florens ...*Lectio secunda.* Nam cum Bethleem domum panis... *R.* Styrps Aaron... — 335vo. *Lectio III.* Quod factum est panis angelorum ... — *R.* Te felix domina... — *Lectio IV.* Non enim incognitum fuit... — *R.* Anna nupta Ioachim... — *Lectio V.* Nazareth enim interpretatur mundicia... — 336. *R.* Oriunda ex Bethleem... — *Lectio VI.* Legitur enim in prefata hystoria... — *R.* Anna floret ut lilium... — *Lectio VII.* Beatus Ieronimus refert quod angelus Domini... — 336vo. *R.* Felix Anna cuius tres filie... — *Lectio VIII. Hec post* tres oblationes... — *R.* O mater Anna, nobilis oliva, pulcra... — *Lectio IX.* Virum nunquam cognosceet... — *R.* Sicut sol oriens in mundo... — 337. *Ps.* Te Deum... — In Laudibus. *Ant.* Anna Christi thalamum intrans... — *Cap.* Accinxit fortitudine lumbos suos... — *Hympnus.* Orbis exultans celebret... [14223]. — 337vo. *Ad* Benedictus. *Ant.* Celeste beneficium introivit in Anna... — In secundis vesperis... *Ymnus.* Salve, sancta parens... [18201]. — *Ad* Magnificat. *Ant.* Felix Anna quedam matrona legitima... — Sequitur memoria ss. mart. Felicis, Simplicii, Faustini et Beatricis. *Oratio...* » — Rien de saint Pantaléon, ni de saint Samson, dont les noms sont indiqués au calendrier au 28 juillet..

Fol. 338. (29 juil.). [SS. MART. FELICIS, SIMPLICII, FAUSTINI ET BEATRICIS]. — *Lectio prima.* Rome, via Aurelia, natalis beati Felicis pontificis... — 338vo. *Lectio tercia...* anno uno, menses tres diebus duobus ». — Rien de saint Loup, évêque de Troyes, dont le nom se lit au calendrier.

Fol. 338vo. (30 juil.). « ABDON ET SENNEN... — *Lectio prima.* In diebus illis : Valerianus dixit ad Abdon et Sennen... — *Lectio III...* — 339... propter impetum ferarum ».

Fol. 339. (31 juil.). « DE S. GERMANO. *Lectio prima.* Igitur Germanus Antissiodorensis oppidi indigena fuit... — 340. *Lectio nona...* cilicio semper interius inherente. — Memoria de s. Petro... — Eodem die, memoria ss. Machabeorum mart... — 340vo. Sequitur memoria Eusebii ep. et mart. — Deinde memoria Exuperii ep. et conf. — Ad ultimum, fit memoria ss. virg. Fidei, Spei et Caritatis et Sapientie... »

Fol. 340vo (1er août). [AD VINCULA S. PETRI]. « *Lectio prima.* Huius diei observantiam a ritibus gentilium iniciavit ecclesia fidelium... — 341. *Lectio sexta...* — 341vo... romane sedis presuli. *Tres ultime lectiones erunt de expositione :* Venit Ihesus in partes Cesaree... — Postea fient memorie de Machabeis, de s. Eusebio mart. et ep., de s. Exuperio ep. et conf. ad ultimum ss. Fidei, Spei et Caritatis et Sapiencie. — Eodem die [ad vesperas], fit memoria Stephani pape et mart ».

Fol. 341vo. (2 août). [STEPHANI EP. ET MART.].

Lectio prima. Temporibus Valeriani et Galieni multi christianorum cruciabantur... — 342. *Lectio III*... in sua sede decollatus est, sub die quarto nonas augusti ».

Fol. 342. (3 août). « In inventione s. Stephani sanctorumque sociorum eius. *Ad vesperas. Ant.* Corpora sanctorum... — 342vo. *Lectio I.* Lucianus misericordia indigens et omnium hominum minimus — 343 — presbiter ecclesie Dei que est in villa Caphargamala... — 345vo. *Lectio IX*... Translate sunt autem reliquie ipsius martiris septimo kalendas ianuarias ».

Fol. 346vo. [Susceptio sancte crucis]. « *Sciendum est quod prima dominica augusti faciendum est duplex festum in ecclesia Sancte Marie Parisiensis de susceptione sancte crucis, sicut infra in festo Exaltationis scriptum est, preter orationes et lectiones que in hoc loco continentur*... — *Lectio I.* Inter cetera Dei magnalia, illud eciam posterorum mandare curavimus memorie... — 348. *Lectio IX.* ... per quas eis significavit certitudinem illam quam de ea habebat ».

Fol. 348. (5 août). « Yonii martiris, III lectiones de communi ». — Rien de saint Memmie dont le nom est mentionné au calendrier.

Fol. 348. (6 août). « Sixti pape et mart. *Oratio*... — 348vo... *Lectio prima.* Temporibus Decii Cesaris et Valeriani prefecti, beatus Sixtus ducebatur ad interludem ut audiretur... — *Lectio III*... in eodem loco capite truncentur. — Eodem die, fit memoria Felicissimi et Agapiti ».

Fol. 348vo. (7 août). « Donati ep. *Oratio*... — *Lectio I.* Temporibus Iuliani — 349 — imperatoris, cum die quadam beatus Donatus missas celebraret... — *Lectio III*... iuxta civitatem cum veneratione sepelierunt ».

Fol. 349. (8 août). « De Iustino mart... *Ad matutinas, fient novem lectiones de expositione* Si quis vult... — Eodem die, fit memoria Ciriaci, Largi et Smaragdi martirum... — 349vo. Eodem die, fit memoria Romani mart... »

Fol. 349vo. (9 août). [Romani mart.] « *Lectio prima.* Temporibus Decii Cesaris et Valeriani prefecti, dum beatus Laurentius crederetur... — 350. *Lectio tercia*... et sepelierunt eum in cripta in agro Verano. — Eodem die, fit missa de vigilia s. Laurencii ».

Fol. 350. (10 août). [De s. Laurentio]. « *Ad vesperas. Ant.* Qui vult venire... — 350vo. *Lect. I.* In diebus illis, milites tenuerunt beatum Laurentium... — 351. *R.* Levita Laurentius bonum [opus] operatus est... — *Lectio secunda.* Eodem die, Decius Cesar tradidit eum... — *R.* Quo progrederis... — *Lectio III.* Adducitur noctu ante Decium Cesarem... — 351vo. *R.* Noli me derelinquere, pater sancte... — *Lectio IV.* Decius Cesar dixit : Vere divinam... — *R.* Strinxerunt corporis membra... — 352. *Lectio V.* Tunc iussit Decius ut os suum cederetur lapidibus... — *R.* Beatus Laurentius clamavit... — *Lectio VI.* Carnifices vero urgentes ministrabant carbones... — 352vo. *R.* Puer meus, noli timere... — *Lectio VII.* Et ceperunt omnes qui aderant mirari... — *R.* In craticula. — 353. *Lect. VIII.* Eadem nocte, Decius una cum Valeriano ambulavit... — *R.* Meruit esse hostia levita Laurentius... — *Lectio nona.* Tunc beatus Iustinus presbiter cum Ypolito plorantes... — 353vo. *R.* Beatus vir Laurentius qui post aurum non abiit... *Ps.* Te Deum... — 354. *Terminabitur festum ad Nonam, propter translationem corone Domini*... »

Fol. 354. (11 août). « In translatione sancte corone Domini. *Semiduplum.* Ad vesperas. *Super ps. Ant.* Adest nona *(sic)* sollempnitas... — *Cap.* Egredimini et videte... — *Ymnus.* Eterne rex altissime... [652]. — 354vo. *Ad* Magnificat. *Ant.* Consecrator spinee corone... »

Fol. 354vo. [In die]. « *Inv.* Iubilemus hodie, Christo regi glorie, qui post coronam spineam, coronam confert auream. *Ps.* Venite. — *Hympnus.* Sacre Christi celebramus corone sollempnia... [17.656]. — 355. *Lectio prima.* Hodierne festivitatis gaudia, fratres karissimi, annue celebritatis obsequio devotissime recolente... — 355vo. *R.* Occidentem illustrat oriens... — *Lectio secunda.* Gratias tibi, Deus, cuius immensa bonitas... — *R.* De torrente bibens miserie... — *Lectio III.* Commune igitur sit omnibus gaudium... — 356. *R.* Felix spina... — *Lectio IV.* Beatus Iohannes qui supra pectus Domini... — *R.* De coronis exodi mistice canamus... — *Lectio V.* De ipsa eciam longi precedenti tempore... — 356vo. *R.* Ut coronam spineam... — *Lectio sexta.* Dabunt alapas Deo... — *R.* Ista corona fidei decet Christi militem... — 357. *Lectio VII.* Sicut igitur Dominus Ihesus Christus ad sue redempcionis exhibenda misteria... — *R.* Altare thimiamatis... *Lect. VIII.* Honoratum enim gestis insignibus... — 357vo. *R.* Mensa sacra pagina de corona gemina... — *Lectio IX.* Hiis itaque sollempniter peractus Parisius...

— *R.* Si virtutum gradus isti... — *Ps.* Te Deum... — In laudibus. *Ant.* Spina pungens acumine... — 358. *Cap.* Vidi et ecce equus albus... — *Ymnus.* Deus tuorum militum sors et corone *(sic)* premium, tue corone meritum... [4536]. — *Ad* Benedictus. *Ant.* Tu, Christe, nostrum gaudium... — 358vo. *Ad* Magnificat. *Ant.* O rex clementie, salvator hominum... — *Postea fit memoria Tiburcii mart...* »

Fol. 358vo. (12 août). [TIBURCII MART.] .— 359. « *Lectio prima.* Cum Fabianus prefectus teneret beatum Tyburcium... — 359. *Lectio III...* — 359vo... usque in presentem diem ».

Fol. 359vo. (13 août). « S. YPOLITI SOCIORUMQUE EIUS. *Ad vesperas super psalmos. Antiphone feriales...* — *Lectio I.* Regressus itaque Ypolitus post tercium diem in domum suam... — 362. *Lectio IX...* — 362vo... et filia eius Tirilla ut baptizarentur. — 363. *Postea* [= *post* Magnificat =] *fit memoria de s. Eusebio conf.*

Fol. 363. (14 août). [EUSEBII CONF.]. *Lectio prima.* Eodem tempore quo Liberius de exilio revocatus fuerat... — 363. *Lectio III...* — 363vo... dormitionem accepit septimo decimo kalendas septembris ».

Fol. 363vo. (15 août). « IN ASSUMPTIONE BEATE MARIE VIRGINIS. *Ad vesperas. Ant.* Virgo prudentissima, quo progrederis ?... — *Cap.* In omnibus requiem quesivi... — 364. *R.* Stirps Iesse virgam produxit virgaque florem, et super hunc florem requiescit Spiritus almus. *Vers.* Virgo Dei genitrix virga est, flos filius eius. Et super. Gloria Patri. Et super. — *Ymnus.* Quem terra, ponthus. [16347]. — *Ymnus.* O gloriosa domina... [13042]. — *Ad* Magnificat. *Ant.* Paradisi porta... »

Fol. 364vo. [IN DIE]. « *Inv.* Venite, adoremus regem regum cuius hodie ad ethereum... — *Ymnus.* O quam glorifica luce... [13516]. — *Lectio prima.* Cogitis me, o Paula et Eustochium... — 356vo. *R.* Vidi speciosam... — *Lectio secunda.* Monstratur autem sepulchrum eius... — 366. *R.* Sicut cedrus exaltata sum... — *Lectio III.* Quomodo autem vel quo tempore... — *R.* Veni, electa mea... — 366vo... *Lectio quarta.* Hodie gloriosa virgo Maria celos ascendit... — *R.* Que est ista que processit... — *Lect. V.* Exultate, inquam, ac gaudete... — 367. *R.* Ista est speciosa... — *Lect. VI.* Nulli dubium quin totum ad gloriam laudis eius pertineat... — *R.* Corde et animo Christo canamus gloriam... 367vo. *Lectio VII.* In illo tempore, intravit Ihesus in quoddam castellum... Et reliqua. *Omelia venerabilis Bede presb.* Textus *(sci)* istius lectionis heret superioribus verbis... — 368. *R.* Super salutem et omnem pulchritudinem... — *Lectio VIII.* Hec due namque mulieres... — *R.* Beata es, virgo Maria... — *Lectio IX.* Dicendum ergo sigillatim... — 368vo. *R.* Felix namque es... *Ps.* Te Deum... — 369. Ad terciam. *Ant.* Maria virgo... — *Oratio.* Veneranda. *Tunc facienda est processio in cappis per ecclesiam et cantatur resp.* Stirps Iesse. *Versus organizatur vel cantatur a sex. Versus puerorum . Vers.* Diffusa est. *Oratio.* Concede... — *In reditu processionis. Ant.* Alma. *Vers.* Post partum. *Oratio.* Famulorum. *Et statim incipitur missa.* — *Ad sextam...* »

Fol. 369vo. « *Per octavas legendum est in Canticis canticorum...* — 370. *Lectiones per octavas.* Feria secunda. *Lectio prima.* — 370vo. Osculetur me osculo oris sui... — *Lectio tercia...* et pasce edos iuxta tabernacula pastorum. — Feria III. *Lectio I.* Equitatui meo... — 371. *Lect. III...* sic amica mea inter spinas. — *Dominica infra octavam. Lectio I.* Sicut malus inter ligna silvarum... — 372. *Lectio IX...* ferculum fecit sibi rex Salomon de lignis Libani. — Feria IV. *Lectio prima.* Columpnas eius fecit sibi argenteas... — *Lectio III...* — 372vo... absque eo quod intrinsecus latet. — Feria quinta. *Lectio I.* Sicut turris David... — *Lectio III.* ... super omnia aromata. — Feria VI. *Lectio prima.* Favus distillans labia tua... — 373. *Lectio tercia...* et fluant aromata illius. — Sabbato. *Lectio prima.* Veniat dilectus meus in ortum suum... — *Lectio III...* surrexi ut aperirem dilecto meo ».

Fol. 373. (17 août). « IN OCTAVIS BEATI LAURENCII. *Ad vesperas. Memoria per ant.* Beatus Laurencius... *In matutinis. Memoria per ant.* In craticula ».

Fol. 373vo. (18 août). « AGAPITI MARTIRIS. *Oratio.* Letetur Ecclesia ».

Fol 373vo. (19 août). « OFFICIUM B. LUDOVICI EP. ET CONF. DE ORDINE FRATRUM MINORUM. *In primis vesperis. Ant.* Tecum fuit principium, beate Ludovice, virtutum Christus... — *Cap.* Iuvenis et acutus... — *Hympnus.* Vergente mundi vespere... [21420]. — 374. *Ad* Magnificat. *Ant.* O quam magnus pontifex... »

Fol. 374. [IN DIE]. « *Inv.* Regem qui regit omnia chorus laudet — 374vo — sacratus, cum quo regnat in gloria Ludovicus beatus. *Ps.* Venite. — *Hympnus.* Dum medium silencium noctis...

[4965]. — 375. *Lectio I.* Hic beatus Ludovicus felix, sanctus, ex regali prosapia... — *R.* Regis summi potentia... — *Lectio secunda.* Sanctus iste, sicut probatum est... — 375vo. *R.* Dum sub tenello pectore... — *Lectio III.* In orationibus autem sedulis... 376. *R.* Ad perfectam scientiam... — *Lectio IV.* Castitatis amor a puero affecerat... — 376vo. *R.* Degens in Aragonia multiplicat ieiunia... — *Lectio V.* Cum apostolo Paulo sobrietate cibi et potus... — *R.* Mundi contempta specie... — 377. *Lect. VI.* Et quia voventibus preceptum... — *R.* Francisci canis filius augens bonum... — 377vo. *Lectio septima.* Et quicquam de iussu eiusdem Bonifacii... — *R.* Leprosis prebet oscula... — *Lectio VIII.* Mira vero compassione ad pauperes ferebatur... — 378. *R.* Gradu functus autentico... — *Lect. nona.* Cum autem Parisius iret... — *R.* Multis vernans miraculis... — 378vo. In Laudibus. *Ant.* Tua nunc testimonia... — *Cap.* Iuvenis et acutus... — *Hymnus.* Ut lux aurora rutilat... [21.006]. — 379. *Ad* Benedictus. *Ant.* O vas omnis gracie... — Ad secundas vesperas... *Hymnus.* Ludovicus ut amicus Christi... [10721]. — 379vo. *Ad* Magnificat. *Ant.* O quam ad regnum superum... »

Fol. 379vo. (20 août). « Philiberti abb. *Oratio.* Intercessio... »

Fol. 379vo. (22 août). « In oct. beate Marie. *Ad vesperas. Ant.* Virgo prudentissima... — Ipso die, Tymothei et Simphoriani... — *Lectio I.* Legimus iam sepe ad funera quorumlibet sanctorum angelos advenisse... — 381vo. *Lectio nona...* ac deinde inquit : Veni de Libano, veni. — Eodem die, memoria ss. mart. Tymothei et Appollinaris ».

Fol. 381vo. (23 août). « In festo ss. mart. Tymothei et Appollinaris *fiunt tres lectiones que sic incipiunt.* Cum audieritis prelia... — 382. In illo die, fit missa de vig. s. Bartholomei apost. nisi sit dominica... »

Fol. 382 « In festo s. Bartholomei apost. *Ad vesperas. Ant.* Beati pacifici... — Ipso die, Audoeni ep. et conf. memoria... — De s. Bartholomeo. *Lectio prima.* Indie tres esse ab hystoriographis asseruntur... — 383. *Lectio IX...* quod fecerunt collegе meo Astaroth. — 383vo. Ipso die, fit memoria Audoeni ep .et conf... — Ad nonam finitur festum s. Bartholomei ».

Fol. 383vo. (25 août). « De s. Ludovico rege et confessore. *Ad vesperas super psalmos ant.* Ludovicus, decus regnancium... — *Cap.* Benedictus Dominus Deus patrum nostrorum... — 384. *Hymnus.* Gaude, mater Ecclesia... [6858]. *Ad* Magnificat. *Ant.* Magnificet gesta clarissima sancti Ludovici... »

Fol. 384vo. [In die]. « Ad matutinas. *Inv.* Ludovici leta sollemnia... — *Ps.* Venite. — *Hymnus.* Nova regis preconia... [12326]. — 385. Incipit vita b. Ludovici. *Lectio I.* Beatus Ludovicus, quondam rex Francorum illustris, patrem habuit... — 385vo. *R.* Rex regum regi filio... *Lectio II.* Denu *(sic)* a Providencia matris et procerum... — *R.* Felix terra... — *Lectio III.* Et quia sciebat quod in deliciis castitas... — 386. *R.* Hunc natura genuit... — 386vo. *Lectio quarta.* Omnium virtutum decor humilitas... — 387. *R.* Gloriosus apparuit... — *Lectio quinta.* Dilatationem vero fidei... — 388. *R.* Coram rege conspicitur liber... — *Lectio VI.* Reversus itaque in Franciam... — 389. *R.* Cum esset in accubitu rex... — 389vo. *Lectio VII.* Precipua vero devotione sanctas venerabatur reliquias... — 390vo. *R.* Fulget signis rex insignis... — *Lectio VIII.* In tantam eciam reverenciam habebat signaculum sancte crucis — 391vo. *R.* Pro se suisque subiectis orans Deum... — 391vo. *Lectio nona.* Tandem post multorum annorum curricula... — 392vo. *R.* Regnum mundi supergressus... — *Ps.* Te Deum... — In Laudibus. *Ant.* Ludovicus hodie decorem indutus est... — 393. *Cap.* Dedit Dominus illi fortitudinem... — *Hymnus.* Hymnum nove leticie... [8290]. — 393vo. *Ad* Magnificat. *Ant.* Magnificet Ludovicum divinitas... »

Fol. 394. « Per octavas, de miraculis beati Ludovici infra scriptis per ordinem. *Primum miraculum.* In die sepulture beati Ludovici, quedam mulier Sagiensis dyocesis... — 396. *Quartum decimum miraculum, et est primum post canonizationem.* Publicata vero in Francia canonizatione beati Ludovici... — 398. *Decimum nonum.* Eodem modo, quidam serviens armorum nomine Henricus de Bituris... — De s. Bernardo. *Ad vesperas. Ant.* Similabo... — 398vo. Eodem die, fit memoria Genesii mart. »

Fol. 398vo. (26 août). « De s. Bernardo. *Lectio I.* Anno igitur ab incarnatione Domini millesimo centesimo tresdecimo *(sic)*... — 339vo. *Lectio nona...* et humilem pauperis sue familie salutationem. — 400. Eodem die, memoria Genesii mart. — Eodem die, ad vesperas, fit memoria ss. mart. Hyrenei et Habundi... — *Lectio I.* Die tercio decimo post passionem beati Ypoliti venit quidam miles... *Lectio III*... — 400vo... et perduxerunt ad beatum Iustinum presbiterum ».

Fol. 400vo. (27 août). « Georgii et Aurelii. *Oratio*... — Eodem die, Ruffi mart. *Oratio*... — Georgii et Aurelii. *Lectio prima*. Igitur cum prolatam adversus Dei sanctos... — 401vo. *Lectio IX*. ... nec unquam corde perpenditur... — *Terminabitur festum ad nonam* ».

Fol. 401vo. (28 août). De s. Augustino ep. et conf. *Ad vesperas. Ant.* Letare, mater nostra Iherusalem... — 402. Eodem die, Hermetis et Iuliani. *Oratio*... — 402vo. *Lectio I*. Beatum Augustinum magnum fuisse doctorem et per cuncta laudabilem... — 405. *Lectio IX*... et demones ab hominibus recessisse. — 405vo. Memoria Hermetis et Iuliani. — 406. Ad memoriam s. Ioh. Bapt... — Ipso die, s. Mederici abb. memoria... — Postea fit memoria beate Sabine virg. et mart. »

Fol. 406. (29 août). « In decollatione s. Ioh. Bapt... *Lectio I*. Die autem natalis Herodis, saltavit filia Herodiadis... — 407. *Lectio VI*... *tali* periurio contraxisse doluit. — *Lectio VII sec. Matheum*. In illo tempore. Misit Herodes rex manus... Et reliqua. *Omelia venerabilis Bede presbit*. Natalem, fratres karissimi, beati Iohannis diem celebrantes... — 407vo. *Lectio IX*... mortalis fragilitas capit futuros esse prospexit. — Memoria Mederici abb. — Postea, memoria Sabine virg. »

Fol. 408. (30 août). « Felicis et Adaucti. *Oratio*... — 408vo. Eodem die, fit memoria Agili abb. — [Felicis et Adaucti]. *Lectio I*. Rome, via Hostiensi, miliario secundo ab urbe... *Lectio III*... lupis et canibus derelinqui. — Eodem die, memoria Agili abb ». — Rien de saint Fiacre.

Fol. 408vo. (1er sept.). «In festo s. Egidii abb. *Ad vesperas. Ant.* Similabo... — Eodem die, ad memoriam Prisci mart. — 409. *Lectio prima*. Sanctus igitur Egidius, natione Grecus, a preclaris parentibus originem duxit... — 411. *Lectio IX*... spei sue munere frustrabantur. — 411vo. Ad memoriam Prisci mart. — Eodem die, fit memoria Antonini mart. »

Fol. 411vo. (2 sept.). [Antonini mart.]. «*Lectio I*. Cum sanctus Antoninus in tenebris mundi... — *Lectio III*... — 412... qui eum sanctum speculabantur ».

Fol. 412. (3 sept.). « S. Lupi ep. et conf. *Lectio I*. Sanctus igitur Lupus, parentibus inclitis... — 413vo. *Lectio IX*... ad proprium convivium perduxit. — Ipso die, fit memoria Godograndi ep. et mart ».

Fol. 413vo. (4 sept.). « Marcelli mart. *Memoria per orationem*. Presta, quesumus... »

Fol. 413vo. (5 sept.). « Victorini mart... — *Lectio I*. In suburbio Rome, beati Victorini martiris... — 414. *Lectio tercia*... unius tantum noctis hospes ero. — Eodem die, fit memoria s. Bertini abb. »

Fol. 414. (7 sept.). « De s. Clodoaldo conf. *Ad vesperas super psalmos ant. feriales*... — Memoria de s. Evurcio. — *Lectio I*. Dies leticie et gaudii adest precipue nostre urbi... — 415vo. *Lectio nona*... — 416... quod ipsi de pueris instituerant agere. — Eodem die, fit memoria Evurcii ep. et conf. — *Et terminabitur festum ad nonam* ».

Fol. 416. (8 sept.). «In nativitate beate Marie. *Ad vesperas. Super psalmos ant.* Hec est regina virginum... — *Cap.* Ego quasi vitis... — 416vo. *Ymnus*. O quam glorifica... — *Ad* Magnificat. *Ant.* Sancta Maria, succurre miseris... — Ipso die, memoria Adriani mart. »

Fol. 416vo. [In die]. « *Inv.* Venerantes sacram beate genitricis Dei Marie nativitatem hodiernam, eternum adoremus Dominum. *Ps.* Venite. *Ymnus*. O quam glorifica... — 417. *Lectio I*. Approbate consuetudinis est apud christianos sanctorum patrum dies natalitios observare diligenter... — *R.* Hodie nata est beata virgo Maria... — 417vo. *Lectio secunda*. Hac itaque die peculialiter in ecclesia... — *R.* Beatissime virginis Marie nativitatem... *Lectio III*. Propositionem sequatur ordine suo narratio... — 418. *R.* Ad nutum... — *Lectio quarta*. Et si interrogetur in quo caput serpentis... — *R.* Gloriose virginis Marie ortum... — *Lectio V*. — 418vo. Non tamen hoc solo... — *R.* Corde et animo... — *Lect. VI*. Expedito itaque paucis oraculo... — *R.* Stirps Yesse... — *Lectio VII sec. Matheum*. — 419. Liber generationis... etc. Expositionem itaque scripturis super evangelium beati Mathei... — *R.* Nativitas gloriose virginis Marie... — *Lectio VIII*. Verum cum pararet transire ad gentes... — 419vo. *R.* Solem iusticie... — *Lectio IX*. Nam et Matheus suscepisse intelligitur... — *R.* Felix namque... — 420. Sequitur memoria Adriani... — Ad Terciam. *Ant.* Nativitas est... — *Oratio*. Supplicationem. — Ad processionem. *R.* Solem *et organizatur versus ante crucem. Sequitur vers.* Diffusa est. *Oratio*. Supplicationem. — *In reditu processionis. Ant.* Alma. *Vers.* Post partum. *Oratio.* Famulorum. *Tunc incipitur missa...* — Ipso die, fit memoria Gorgonii mart. ».

Fol. 420vo. (11 sept.). « PROTHI ET IACINCTI MARTIRUM MEMORIA. *Oratio.* Sanctorum martirum tuorum Prothi et Iacincti... »

Fol. 421. « PER OCTAVAM [NATIVIT. B. M. V.] ET DOMINICA INFRA OCTAVAM. Igitur Matheus corrupto humani generis initio per prevaricationem... — 424... ut Ecclesia sine macula et ruga Salvatori proprio sponsa copuletur ».

Fol. 424. (14 sept.). « IN EXALTATIONE SANCTE CRUCIS. *Ad vesperas. Ant.* O crux admirabilis... — 424vo. Eodem die, fit memoria Cornelii et Cypriani... — Memoria de octava... — 425. *Lectio I.* Tempore illo, postquam Constantino Augusto contra Maxentium tyrannum... — 425vo. *R.* Crux fidelis... — *Lect. II.* Multorum itaque temporum labente curriculo... *R.* Dulce lignum... — *Lectio III.* Neque hoc ei solum sufficit... 426. *R.* Hoc signum crucis erit in celo... — *Lectio IV.* Ad sepulchrum ergo Domini... *R.* O crux benedicta... — *Lectio V.* Ibi ergo solis quadrigam... — 426vo. *R.* Tuam crucem adoramus... — *Lectio VI.* In hoc itaque loco sedem paraverat... *R.* Per tuam... — *Lectio VII.* — 427 — Pergens igitur filius Cosroe... *R.* Adoramus te, Christe... — *Lectio VIII.* Cumque utriusque populo... *R.* Nos autem gloriari oportet... — *Lectio IX.* — 427vo —Tanta autem mentis mutacio... *R.* O crux, viride lignum... — In Laudibus...*Ymnus.* — 428. — Crux fidelis, inter omnes... [4018]. — 428. Memoria ss. Cornelii et Cypriani mart... — Sequitur memoria beata Marie... — 428vo. *Terminabuntur* (sic) *festum ad nonam et fiunt vespere de octava beate Marie...* »

Fol. 428vo. (15 sept.). « IN OCTAVA BEATE MARIE. *Ad vesperas super ps. Ant.* Hec est regina. — *Lectio I.* Est enim forma pre filiis hominum speciosus... — 430. *Lectio nona* ...cum audire sit opere precium. — *Eodem die, fit memoria Nichomedis mart. per ant.* Volo, pater... — Eodem die, fit memoria Eufemie virg. — Eodem die, Lucie et Geminiani ».

Fol. 430. (16 sept.). « DE SANCTA EUFEMIA. *Lectio I.* Priscus autem proconsul in civitate Calcedonia... — 430vo. *Lectio tercia...* et libera animam meam orationibus sanctorum. — *In matutinis, fit memoria Lucie et Geminiani ut supra* ».

Fol. 430vo. (17 sept.). « DE S. AUDOMARO. *Lectio prima.* Agius igitur pontifex Audomarus ex nobilibus et inclitis secundum seculi dignitatem... — 432. *Lectio IX...* divina sibi suffragante gratia ». — Rien de saint Lambert ni de saint Signe (19 sept.), dont les noms se lisent au calendrier.

Fol. 432vo. (20 sept.). « DE VIGIL. S. MATHEI APOST. cantatur missa... »

Fol. 432vo. (21 sept.). [S. MATHEI EVANG.]. 433. « *Lectio prima.* Quoniam Deo cura est de hominibus ut plus animarum curam gerat quam corporum... *R.* In visione Dei... — *Lectio II.* Cura ergo ut inchoavimus loqui... — 433vo. *R.* Quatuor facies uni... — *Lectio III.* Faciebant enim subito... *R.* Similitudo vultus... — 434. *Lectio IV.* Iam ergo ut sepe dictum est... *R.* Facies et pennas... — *Lectio V.* Tunc cum vidisset Ethiops. — 434vo. *R.* Similitudo aspectus... — *Lectio VI.* Ideo enim illi vulnerabant... *R.* Quatuor animalia. — 435. *Lectio VII.* Tunc Candacis eunuchus... *R.* Cum aspicerem animalia. — *Lect. VIII.* Apostolus respondit... — 435vo. *R.* Statura erat rotarum... — *Lectio IX.* Hec et hiis similia... *R.* Audiebam sonum alarum... — 436vo. Ad memoriam martirum Mauricii sociorumque eius. *Ant.* Triumphantes... »

Fol. 436vo. (22 sept.). [MAURICII SOCIORUMQUE EIUS]. — 437. « *Lectio I.* Passionem sanctorum qui hunc locum gloriose sanguine illustrant... *R.* Sanctus Mauricius legionem sanctam... — *Lectio II.* Sub Maximiano... — 437vo. *R.* Viri sancti... — *Lectio III.* Erat in eodem tempore... *R.* O quam gloriosum est... — *Lectio IV.* Maximianus non longe aberat... — 438. *R.* Sancta legio... — *Lectio V.* Igitur cognito Maximianus Thebeorum responso... *R.* Verbera carnificum... — *Lect. VI.* Ubi vero ad Thebeos... — 438vo *R.* O constancia. — *Lectio VII.* Hiis deinceps coopertis... *R.* Sanctorum corporum... — *Lectio VIII.* Tunc sicut traditur... — 439. *R.* Deus innocentie verus amator... —*Lectio IX.* Hiis itaque primoribus... *R.* Concede. — 440. Eodem die, fit memoria Paterni ep . et conf. — Ipso die, fit memoria Tecle virg. et mart. ».

Fol. 440. (23 sept.). « DE S. TECLA. *Lectio I.* Sub Nerone, Romanorum principe, Paulus apostolus verbum Dei evangelizando... — *Lectio III.* ... quam contra propositum suum maritum accipere. — 440vo. Eodem die, fit memoria Paterni ep. et conf... »

Fol. 440vo. (24 sept.). « ANDOCHII, THYRSI ET

Felicis memoria. *Oratio.* Deus qui nos concedis..»

Fol. 440ᵛᵒ. (25 sept.). S. Firmini ep. et mart. memoria. *Oratio.* Infirmitatem. *In matutinis fient III lectiones de expositione.* Si quis venit... »

Fol. 440ᵛᵒ. (26 sept.). « Senatoris ep. et conf. memoria. *Oratio.* Exaudi, Domine, preces nostras.

Fol. 440ᵛᵒ. (27 sept.). « SS. mart. Cosme et Damiani. Ad vesperas. *Ant.* Corpora sanctorum... — Eodem die, fit memoria Cerauni ep. et conf. — *Lectio prima.* Licet omnium sanctorum veneranda acta reverenter piis animis legantur... — 441ᵛᵒ... — *Lect. IX*... — 442... recedunt a sacratissimis immolationibus eorum magis consentientes ».

Fol. 442. (29 sept.). « In festo s. Michaelis archangeli. *Ad vesperas super psalmos ant..* Dum commiteret bellum... — 443. *Lect. prima.* Memoriam beati Michaelis archangeli toto orbe venerandam... — 443ᵛᵒ. *R.* Factum est silentium... — *Lectio II.* Est autem locus... *R.*Fidelis sermo... — *Lectio III.* Erat igitur in ea civitate... — 444. *R.* Stetit angelus... — *Lectio IV.* Illum Dominus... — 444ᵛᵒ. *R.* In conspectu gentium... — *Lect. V.* Hoc peracto, sanctus... *R.* In conspectu angelorum... — *Lectio VI.* Hac revelacione comperta... 445. *R.* Venit Michael archangelus... — *Lectio VII.* Inter hec Neapolite... *R.* Hic est Michael... — *Lectio VIII.* — 445ᵛᵒ — Ecce autem nocte ipsa... *R.* Numquid scis... — *Lectio IX.* Fugiunt pagani... — 446. *R.* Te sanctum Dominum... — 446ᵛᵒ. Eodem die, fit memoria Ieronimi conf. *Ant.* Confessor... »

Fol. 446ᵛᵒ. (30 sept.). [Ieronimi conf.]. « *Lectio I.* Apud Bethleem Iude, depositio sancti Ieronimi presbiteri. Hic natus in oppido Stridonis... — 448. *Lectio IX*... et asinus solitum perficeret opus consuetis horis semper cum eo domum redibat ».

Fol. 448. (1ᵉʳ oct.). « De s. Remigio ep. et conf... — Eodem die, fit memoria Piati mart... — Postea — 448ᵛᵒ — memoria ss. conf. Germani et Bavonis... — *Lectio prima.* Beatissimi Remigii antistitis translatio sancta nobis hodie mistice festa sollempnitatis exhibuit... — 449ᵛᵒ. *Lectio IX*... per os quod fuerat intus missus abscessit. — Eodem die, in matutinis fit memoria Piati martiris; postea, memoria Germani et Bavonis... Eodem die, fit memoria Leodegarii ep. et mart... — Ipso die, memoria Sereni conf... »

Fol. 450. (2 oct.). « Leodegarii. *Lectio prima.* Igitur beatus Leodegarius ex progenie celsa Francorum ac nobilissima exortus... — *Lectio tercia*... paratus ad eum interimendum. — Eodem die, fit memoria Sereni ep. per ant. Serve bone... »

Fol. 450. (3 oct.). « De sancto Francisco fiunt IX lectiones, sicut de uno confessore non episcopo. *Quere in communi.* —Candidi mart. per ant. Hic est vir... — Auree virg. *Oratio.* Exaudi nos... »

Fol. 450. (4 oct.). « De sancta — 450ᵛᵒ — Aurea. *Lectio prima.* In diebus Dagoberti regis excellentissimi, erat quedam puella christianissima nomine Aurea... — 451ᵛᵒ. *Lectio IX*... retro altare dedicatum in honore eiusdem predicatoris gentium ».

Fol. 451ᵛᵒ. (6 oct.). « *Fidis virg. et mart.* memoria. *Oratio.* Exaudi nos, Deus salutaris noster... — De s. Marcho papa et conf. *Oratio*... — Ipso die, fit memoria Sergii, Bachi, Marcelli et Apulei mart. *Oratio*... »

Fol. 452. (7 oct.). « De s. Marcho papa et conf. fiunt III lectiones de expositione evangelica : Homo quidam peregre... Cetera fiunt de una *(sic)* conf. ep. — Eodem die, in matutinis, fit memoria ss. mart. Sergii et Bachi, Marcelli et Apulei... » — 452ᵛᵒ. *In reditu processionis. R.* Stirps Iesse. *IX lectiones* de communi... — Demecrii *(sic)* fiunt tres lectiones de communi... — De vigil. s. Dyonisii fit missa. — In vig. s. Dyonisii. *Ad vesperas. Ant.* Corpora sanctorum. *Ad processionem que fit* [*post* Magnificat] *ad Sanctum Dyonisium de passu cantatur. R.* O constancia... — 452ᵛᵒ. In reditu *processionis. R.* Stirps Iesse. *Vers.* Post partum. *Oratio.* Famulorum... »

Fol. 452ᵛᵒ. (9 oct.). [In die ss. Dyonisii, Rustici et Eleutherii]. « *Inv.* Adoremus. *Ps.* Venite. — *Hymnus.* Rex gloriose. — *Lectio prima.* Post beatam hac salutiferam D. n. I. C. passionem et adorandam eius ab inferis resurrectionem... — 453. *R.* Post passionem Domini... — *Lectio II.* Unde ubi gratias agimus... — *R.* Gratias ago tibi, Domine... — 453ᵛᵒ. *Lectio III.* De quorum collegio beatus Paulus... — *R.* Beatissimus Dyonisius, Christi martir... — 454. *Lectio IV.* Hiis itaque gestis, cum vocis novitate permoti Athenienses... — *R.* Adest namque beate Dyonisii sacratissima dies... —*Lectio V.* Hic namque annos etatis quinque et viginti agens... — 454ᵛᵒ. *R.* In hoc ergo loco experiuntur firmi... — *Lect. VI.* Unde expletis pro quibus perrexerat... — *R.* Vir inditus*(sic)* Dyonisius... — 455. *Lectio septima.* Hunc siquidem vatem... — 455vo. *R.* Per beatum Dyonisium fiunt hic divina misteria... — *Lectio VIII.* Cum vero Paulus singula altaria... — *R.* Hii sancti viri a beati Dyonisii... — *Lect. IX.* Subiungens itaque Paulus ait... — 456. *R.* Beatus Dyonisius, Rusticus et Eleutherius... — In laudibus.*Ant.* Hii sancti viri... — 456vo. *Cap.* Sancti per fidem... — *Ymnus.* Eterna Christi munera... — *Ad* Benedictus. *Ant.* Adest namque beati Dyonisii sacratissima dies... — *Ad processionem. Resp.* Per beatum. *Vers.* Peccatorum. *Sequitur oratio. In reditu per ant.* Tota pulcra es. *Vers.* Post partum. *Oratio.* Famulorum. — Eodem die, fit memoria ss. mart. Gereonis sociorumque eius ».

Fol. 457. « Nota quod per octavas non dicuntur hore beate Marie, nec fit memoria de reliquiis vel de omnibus sanctis et tacetur memoria de cruce. Dominica prima octavarum, totum fiet sicut in die festi. *In reditu processionis. R.* O constancia ».

Fol. 457. « Incipiunt legenda per octavas et dominicam infra octavas. Feria secunda. *Lectio prima.* Sancti simul properantes et circumcirca Dominum predicantes applicuerunt portui civitatis Arelatensium... — 457vo. *Lectio III...* quos a devio cultu revocaverat creature. — Feria III. *Lectio I.* Cinctus ergo fide et devotione populi... — 458. *Lectio III...* et territi a presencia eius aufugerent. — Dominica infra octavam. *Lectio I.* Miroque modo inhermi *(sic)* viro non valebat plebs armata resistere... — 460. *Lectio IX...* et invictissimi statuta contempnis. — Feria quarta. *Lectio prima.* Cui beatus Dionisius ait : Senex quidem sum corpore... — 460vo. *Lectio III...* et flagellati Domino gracias referebant. — Feria V. *Lectio I.* Tunc beatissimus et accepta a Christo hostia Dyonisius... — 461. *Lectio III...* Dionisius vexillo sancte crucis armatus proicitur. — Fer. VI. *Lectio I.* Et hic inquiens : Michi non deeris, Domine Ihesu Christe... — 461vo. *Lectio tercia...* et hiis qui adierunt te salus in regno meo. — Sabbato. *Lectio I.* Hiis quoque explicitis... — 462. *Lectio III...* beatus celo animas intulerunt ».

Fol. 462. (14 oct.). « Calixti pape et mart. *Oratio.* Deus qui nos conspicis... »

Fol. 462. (15 oct.). « In vig. oct. s. Dyonisii. *Ad vesperas Ant...* Corpora sanctorum... — 462vo. SS. mart. Luciani, Maximiani et Iuliani memoria ».

Fol. 462vo. (16 oct.). « In oct. s. Dyonisii, faciendum et *(sic)* sicut in die festi. *Lectio I.* Sanctus Ariopagites Dionisius egregia Pauli apostolis predicatione fidei veritate illuminatus... — 464. *Lectio nona...* — 464vo... et statim Antoninus stercore involutus surrexit. — Eodem die, fit memoria predictorum martirum... — Ad vesperas sicut in die festi. — Eodem die, fit memoria Cerbonii ep. et conf. ».

Fol. 464vo. (17 oct.). « De s. Cerbonio. *Lectio I.* Beatus itaque Cerbonius ex Africana regione oriundus exstitit... — *Lectio tercia...* — 465... ubi sequestrati ab hominibus heremeticam ducerent vitam ».

Fol. 465. (18 oct.). « De s. Luca ev. *Ad vesperas ant.* Beati pacifici... — Eodem die, fit memoria Herblandi abb... — *Lectio I.* Lucas, natione Sirus, Anthiocensis arce medicus, discipulus apostolorum... — 466. *Lectio IX.* — 466vo... et revertebantur in similitudinem fulguris choruscantis. — Eodem die, fit memoria Herblandi abb. ».

Fol. 466vo. (19 oct.). « De ss. Potenciano et Saviniano. *Lect. I.* Igitur assistente et cooperante Ihesu Christo, salvatore nostro... — 468. *Lect. IX.* ... in carcerem obscurissimum obtrudi iussit. » — Le 20 octobre, aucune mention de saint Caprais, dont le nom se lit au calendrier.

Fol. 468. (21 oct.). « Undecim milium virginum. *Ad primas vesperas. Ant...* — 468vo. *Lectio prima.* Fuit in Britannie partibus rex quidam Deo notus... *R.* Dextram nostram et collum nostrum... 469. *Lectio II.* Is ergo cum sub iugo Christi... *R.* Induit nos Dominus... — *Lectio III.* Hec itaque quia exemplo David... — 469vo. *R.* Mel et lac... — *Lectio IV.* Cumque tanta nobilissime... *R.* Virgines prudentes... — 470. *Lectio V.* Itaque filius non minus... *R.* Quinque prudentes... — *Lect. VI.* In hoc ergo rerum cardine... — 470vo. *R.* Simile est regnum celorum... — *Lectio VII.* Cumque noctem dici... — 471. *R.* Audivi vocem... — *Lect. IX.* Conditio autem conjugii... — 471vo. *R.* Audivi. — 472. S. Hylarionis monachi. *Lectio I.* Sancti patris nostri Hylarionis vitam... — *Lect. III.* — 472vo... partem pauperibus largitus est nichil sibi omnino reservans ».

Fol. 472vo. (22 oct.). « De s. Mellono ep. *Lectio I.* Fuit vir quidam in maiori Britannia non infimis parentibus ortus... — 473. *Lectio IX...* — 473vo... sub umbra alarum tuarum proteget te Ihesus Christus ».

Fol. 473vo. (23 oct.). « De s. Severino ep.

COLONIENSI fiunt III lectiones que hic incipiunt : Beatus Severinus Coloniensis ep. ».

Fol. 473vo. (24 oct.). « DE S. MAGLORIO EP. ET CONF. *Lectio I.* Beatissimus igitur Maglorius post excessum gloriosissimi confessoris Christi Sansonis... — 475. *Lectio IX*... in ordine vicis sue Dolensis ecclesie episcopum consecravit ».

Fol. 475. (25 oct.). DE SS. MART. CRISPINO ET CRISPINIANO... — *Lectio I.* Temporibus Diocleciani et Maximiani, Crispinus et Crispinianus... — 476. *Lectio IX*... — 476vo... ac confessionis sue premium triumphatores incliti reciperent a Domino. — Eodem die, Lupi ep. et conf. memoria ».

Fol. 476vo. (27 oct.). « IN VIGILIA APOSTOLORUM SYMONIS ET IUDE fit missa de vigilia nisi sit dominica. *Ad vesperas. Ant.* Beati pacifici... — Eodem die, fit memoria s. Pharonis ep. et conf... — Ipso die, fit memoria sancte Genovefe virg. per ant. O felix ancilla... »

Fol. 476vo. (28 oct.). « DE SS. SYMONE ET IUDA. *Lectio I.* Symon Chananeus — 477 — et Iudas Zelotes... — 478. *Lect. nona*... ingressos ad deprecationem et mortem. — Eodem die, fit memoria Pharonis ep. et conf. Postea, fit memoria Genovefe virg. ».

Fol. 478. (30 oct.). « S. LUCIANI [= LUCANI =] MART. *Ad vesperas ant.* Qui vult venire... *Lectio I.* Igitur cum Antoninus imperator romani imperii apicem gubernans... — 479vo... *Lectio nona*... et regni tui heredem fieri sempiternum. — Eodem die, fit memoria de s. Quintino... »

Fol. 480. (31 oct.). « DE S. QUINTINO MART. *Ad vesperas. Super ps. ant.* Beatus Quintinus... — 480vo. *Lectio I.* Beatus Quintinus Rome senatorum germine editus... — 482vo. *Lectio nona*... — 483... et ab eadem incorruptum repperitur. — 483vo. *Eodem die, non dicuntur vespere beate Marie post nonam* ».

Fol. 483vo. (1er nov.). « IN FESTO OMNIUM SANCTORUM. *Ad vesperas super ps. Ant.* Corpora sanctorum... — 484. *Cap.* Sancti et iusti... — *Hymnus.* Ihesu salvator seculi... [9677]. — 484vo. *Ad* Magnificat. *Ant.* Beati estis, sancti Dei omnes... »

Fol. 484vo. [IN DIE]. « *Inv.* Adoremus salvatoris venerantes gratiam qui perhennem sanctis suis largitus est coronam. *Ps.* Venite. — *Hymnus.* Ihesu salvator seculi... [9677]. — 485. *Lectio prima.* Legimus in ecclesiasticis hystoriis quod beatus Bonifatius qui quartus a beato Gregorio... — 485vo. *R.* Benedicat nos Deus... — *Lect. secunda.* Beata quoque Dei genitrix... — 486. *R.* Felix namque es sacra virgo Maria... — *Lectio tercia.* Omnipotentem igitur Dominum... — 486vo. *R.* Te sanctum Dominum in excelsis... — *Lectio IV.* Nunc vero revertamur ad eos... — 487. *R.* Inter natos mulierum... — *Lectio V.* Huic athlete Dei electo... — *R.* Cives apostolorum et domestici Dei... — 487vo. *Lectio VI.* Hiis subiectum est triumphale martirum nomen... — *R.* O constancia martirum laudabilis... — 488. *Lectio VII.* Christi vero sacerdotibus... — *R.* Sint lumbi vestri precincti... — *Lectio VIII.* Hodie, dilectissimi, omnium sanctorum... — 488vo. *R.* Audivi vocem de celo... — *Lectio nona.* De rege autem qui horum medius residet... — 489. *R.* Concede nobis, Domine, quesumus, veniam delictorum... — *Ps.* Te Deum... — In laudibus. *Ant.* Angeli, archangeli... — *Cap.* Sancti per fidem... — *Hymnus.* — 489vo. Christe, redemptor omnium... [2959]. — *Ad* Benedictus. *Ant.* Laudem dicite Deo nostro... — 490vo. *Ad* Magnificat. *Ant.* Beati eritis cum vos oderint homines... »

Fol. 490vo. « *Facta processione que illo die ad vesperas debet fieri, incipiende sunt vespere mortuorum. Quibus finitis, debent cantari completoria sicut in vigilia precedenti. Eodem die, in ecclesia Sancti Eustachii Parisiensis, fiunt vespere secunde de sancto Eustachio*... »

Fol. 490vo. (2 nov.). « IN COMMEMORATIONE FIDELIUM DEFUNCTORUM in ecclesia Parisiensi. *Ad vesperas. Ant.* — 491 — Placebo Domino... »

Fol. 495vo. (3 nov.). « DE S. MARCELLO. *Ad vesperas ant.* Similabo eum... *cum ceteris. Totum require sicut in festo translationis.* — Eodem die, fit memoria Guinaili abb... — De s. Marcello ep. et conf. per octavas... — 496. Ipso die festi, in matitunis fit memoria Guinaili abb. »

Fol. 496. (5 nov.). « Nonas novembris fit semiduplum CLARI EP. ET MART... — *Lectio prima.* Postquam Dominus ac Salvator noster devicto mundi principe... — 497. *Lectio IX*... — 497vo. ... festinantius suscipite. — Leti presb. et conf. *Oratio.* Presta, quesumus... »

Fol. 497vo. (7 nov.). « HERCULANI EP. ET MART. *Oratio.* Presta, quesumus... *Quere in communi* ».

Fol. 497vo. (8 nov.). « DE OCT. S. MARCELLI faciendum est totum. Super ps. *Ant.* Tunc beatus. *Cetera sicut in festo.* Eodem die, fit memoria Quatuor coronatorum mart... — Eodem die, ad vesperas fit memoria s. Maturini conf... — Postea fit memoria Theodori mart... »

Fol. 497vo. (9 nov.). « S. MATURINI CONF. *Lectio I.* Maturinus igitur, Christi famulus, dyocescos — 498 — civitatis Senonice que Galliarum nobilissima est civitatum... — 499. *Lectio nona...* et Dominum creatorem et redemptorem nostrum. — Eodem die, in matutinis fit memoria Theodori mart. — Eodem die, ad vesperas fit memoria Martini et Veranni ep... »

Fol. 499. (10 nov.). « In matutinis fiunt III lectiones de eisdem [Martino et Verano] sicut plurimorum confessorum ».

Fol. 499. (11 nov.). « S. MARTINI EP. ET CONF. *Ad vesper. ant.* Amavit eum Dominus... — 490vo. *Cap.* Ecce sacerdos magnus. — *Ymnus.* Iste confessor... — *Ad* Magnificat. *Ant.* Martinus Abrahe sinu letus excipitur... — Eodem die, fit memoria Menne mart... »

Fol. 499vo. [IN DIE]. « *Inv.* Martinus ecce migrat pauper celo dives, quem sanctorum concentus Christo psallens deducit; nos celestibus hymnis laudemus in hunc Deum. *Ps.* Venite. — *Ymnus.* Ihesu redemptor... — 500. *Lectio prima.* Igitur Martinus Sabbarie, Pannomorum opido, oriundus fuit... — *R.* Hic est Martinus, electus Dei pontifex... — *Lectio II.* Nam ergo cum esset annorum decem... — 500vo. *R.* Dum sacramenta offerret beatus Martinus... — *Lectio III.* Sed cum edictum esset a regibus... — *R.* Beatus Martinus obitum suum longe ante prescivit... — 501. *Lectio IV.* Triennium fere ante baptisma in armis fuit... — *R.* Dixerunt discipuli... — *Lect. quinta.* Quodam itaque tempore, cum iam nichil preter arma... — 501vo. *R.* Domine, si adhuc populo tuo sum necessarius... — *Lectio VI.* Interea de circumstantibus risere nonnulli... — *R.* O beatum virum Martinum antistitem... — 502. *Lectio septima.* Martinus igitur obitum suum longe ante prescivit... — *R.* Oculis ac manibus in celum... — *Lectio VIII.* Ita profectus cum suo illo... — 502vo. *R.* O quantus erat luctus omnium... — *Lectio IX.* Imperat deinde potenti virtute verborum... — 503. *R.* Martinus Abrahe sinu letus excipitur... — *Ps.* Te Deum... — In Laudibus. *Ant.* Dixerunt discipuli... — *Cap.* Ecce vir prudens... — *Ymnus* Iste confessor... — *Ad* Benedictus. *Ant.* O quantus luctus omnium... — Eodem die, fit memoria Menne mart. — 503vo. *Ad* Magnificat. *Ant.* O beatum virum... — Eodem die, fit memoria Leonii conf. *Oratio.* Da, quesumus, omnipotens Deus. *Quere in communi* ».

Fol. 504. « Legenda per octavas [s. Martini] et dominica infra oct. *Lectiones.* Sed ut reliquas eius virtutes quas in episcopatu egit... — 506... ignis operatus est ubi iussus est ».

Fol. 506. (13 nov.). « DE S. GENDULFO. *Ad vesperas. Ant.* Sacerdotum diadema, Gendulfe piissime... — 506vo. Ad memoriam sancti Britii ep. et conf... — Sequitur memoria s. Martini... — 507. [IN DIE S. GENDULFI]. — *Lectio I.* Temporibus Decii imperatoris, persecutio christianorum acriter in urbe grassabatur romana... *R.* Letemur omnes... — *Lectio II.* Qui multas pauperibus... — 507vo. *R.* Transacto quinquennio... —*Lectio III.* Ambo autem erant iusti... *R.* Nonne vides... — 508. *Lectio IV.* Cum autem crevisset... *R.* Videns mater filium... — 508vo. *Lectio V.* Ipse autem puer, divina fultus clemencia... *R.* Nisi gentem revocaveritis... — *Lectio VI.* Cum autem ipse in scolaribus... — 509. *R.* Cum viri sanctissimi... — *Lectio VII.* Audiens autem hec quidam homo... — 509vo. *R.* Summa Dei forma... — *Lectio VIII.* Audientes itaque multi infirmi... *R.* Ecce viri insigne miraculum... — 510. *Lectio IX.* Nec audiens comes... *R.* O Gendulfe. *Ps.* Te Deum ».

Fol. 510vo. (15 nov.). « In crastino ad vesperas fit memoria EUGENII MART... — Postea fit memoria Macuti ep. et conf. — Postea fit memoria s. Aniani ep. et conf... »

Fol. 510vo. (17 nov.). « DE S. ANIANO. *Lect. I.* Beatus Evurcius Aurelianensis episcopus sentiens se iam ad celestia regna vocandum... — 512. *Lectio nona...* carcere vacuo remanente ».

Fol. 512. (18 nov.). « IN OCTAVA S. MARTINI. *Lect. I.* Postquam Dominus Ihesus Christus triumphator ad alta celorum ascendit... — 513. *Lectio nona...* — 513vo... factus est ei in salutem. — Postea [in ultimis vesperis], fit memoria Helisabeth ».

Fol. 513vo. (19 nov.). « In crastino fiunt IX lectiones de SANCTA HELISABETH de expositione : Simile est regnum celorum. Cetera fiunt de non virgine ».

Fol. 513vo. (22 nov.). « DE SANCTA CECILIA. *Ad vesperas super psalmos...* — *Lectio prima.* — 514. Cecilia, virgo clarissima, absconditum semper evangelium Christi gerebat in pectore... *R.* Virgo gloriosa... — *Lectio II.* Parentum enim tanta vis...

R. Cantantibus organis... — *Lectio III.* — 514vo. Hec autem biduanis... *R.* Cilicio Cecilio *(sic)*... — *Lectio IV.* Et cum hec agerentur... *R.* Cecilia me misit... — 515. *Lectio V.* Tunc illa ait : Angelum Dei... *R.* Domine Ihesu Christe, pastor bone... — *Lectio VI.* Tunc Valerianus nutu Dei... *R.* Ceciliam intra cubiculum... — 515vo. *Lectio VII.* Dixit ei Valerianus : Et quis est... *R.* Beata Cecilia dixit ad Tiburcium... *Lectio VIII.* Hos tu dum videris... — 516. *R.* O beata Cecilia que duos fratres... — *Lectio IX.* Tunc Valerianus perrexit... *R.* Dum aurora finem daret... *Ps.* Te Deum ».

Fol. 516vo. (23 nov.). « Mutabitur ad capitulum et fiet totum de s. Clemente... — Eodem die, Felicitatis mart. fit memoria... — De s. Clemente. *Lectio I.* Tercius romane Ecclesie fuit episcopus Clemens... — 517. *R.* Oremus omnes... — *Lectio II.* Vere apud Iudeos... *R.* Orante — 517vo — sancto Clemente... — *Lectio III.* Christianus vero ideo maxime... *R.* Domine, prevenisti eum... — *Lectio IV.* Hiis et pluribus... *R.* Dedisti, Domine, habitaculum... — *Lectio V.* Tantam denique Dominus graciam... — 518. *R.* Ora pro nobis... — *Lectio VI.* Quos cum cognovisset... *R.* Stola iocunditatis... — [*Lectio VII.*] Tunc sanctus Clemens dixit... — 518vo. *R.* Phebus et Cornelius... — *Lectio VIII.* Tunc sanctus Clemens intelligens... *R.* Invenerunt in modum templi... — *Lectio IX.* Tunc universis gentibus... *R.* Gloriosi. *Ps.* Te Deum... — 519. Eodem die, fit Felicitatis martiris memoria... — Terminabitur festum s. Clementis ad Nonam. — Eodem die, ad vesperas de s. Severino monacho... — Eodem die, fit memoria Grisogoni mart ».

Fol. 519. (24 nov.). « De s. Severino fiunt IX lectiones de expositione : Sint lumbi. Cetera sicut de uno conf. non ep... — Eodem die, fit memoria Grisogoni mart. ».

Fol. 519. (25 nov.). « In vig. s. Katherine. *Ad vesperas super ps. Ant.* — 519vo — Virginis eximie Katherine... *Cap.* Qui gloriatur... *Ymnus.* Katerine collaudemus... [2693]. — 520. [In die]. *Inv.* Adoretur virginum rex... *Ps.* Venite. *Hymnus.* Pange, lingua, gloriose virginis ... [14457]. — 520vo. *Lectio I.* In urbe Alexandrinorum erat quedam puella... *R.* Nobilis et pulchra... *Lectio II.* Hec itaque custos... — 521. *R.* Martirium sitiens... — *Lectio III.* Hunc temeritas humana... *R.* Hec quinquagenos... — 521vo. *Lectio IV.* Cumque hec puella loqueretur... *R.* O quam felices... — *Lectio V.* Respondens autem puella... — 522. *R.* Impius hanc Cesar... — *Lectio VI.* Servabatur interea virgo... *R.* Virgo flagellatur... — 522vo. *Lectio VII.* Adesto michi famule tue... *R.* Horrendo subdenda... — 523. *Lect. VIII.* Sedens itaque pro tribunali... *R.* Percussa gladio... — *Lectio IX.* Hinc unus qui et natu prior... — 523vo. *R.* O mater nostra... — 524. Ad memoriam Genovefe. *Ant.* O felix ancilla Dei... — Ad memoriam sancti Marcelli. *Ant.* Gloriosum... — Eodem die, fit memoria Lini pape et mart... »

Fol. 524. (26 nov.). « In matutinus de sancta Genovefa, fit totum sicut de una virgine preter lectiones. *Lectio prima.* Regnante Ludovico, fortissimo Francorum rege, Philippi regis filio... — 525vo. *Lectio nona*... — 526... et sollempniter reducatur. — Ad memoriam s. Marcelli... — Eodem die, Lini pape et mart. fit memoria... *Ad vesperas.* Ad memoriam s. Marcelli... — Eodem die, fit memoria Agricole et Vitalis mart...»

Fol. 526. (27 nov.). « Et in crastino, in matutinis fit memoria eorumdem martirum [Agricole et Vitalis] tercio kalendas decembris ».

Fol. 526. (29 nov.). « Ad vesperas, fit memoria Saturnini ep. et mart. et in matutinis similiter. *Oratio.* Deus qui nos beati Saturnini... »

Fol. 526vo et 527 : Bénédictions. — 526vo. « Incipiunt benedictiones per totum annum. *Benedictio.* Benedictione perpetua... — 527. Benedictiones de beata Marie. [*Benedictio*]. Alma virgo virginum... »

§ I. LES STATIONS DE CARÊME DANS L'ANCIENNE LITURGIE PARISIENNE

Les stations de carême ne sont pas indiquées dans le bréviaire de Philippe le Bon. Elles sont décrites en détail dans le processionnal manuscrit de la Bibliothèque royale de Belgique (ms. 1799, fol. 13 à 26). Le volume date de la fin du XIIIe siècle, et non du XVe comme l'affirme le catalogue (t. Ier, p. 403) : la note relative à Guillaume Chartier, évêque de Paris (1447-1472), et à la procession instituée par lui, le jour de l'octave de l'Epiphanie (fol. 146), est d'une autre écriture que le reste du manuscrit et a été ajoutée beaucoup plus tard. Il faut en dire autant de la note du début (fol. 2 à 5) qui règle le cérémonial de la « procession ou descente de la châsse de madame saincte Geneviève ».

A l'époque où le processionnal a été rédigé, les stations de carême avaient lieu les lundi, mercredi et vendredi de chaque semaine. Le cérémonial était sensiblement le même pour toutes, à part les pièces de chant et les oraisons. Au départ de Notre-Dame, le chœur exécutait une antienne qui était suivie d'un verset et d'une oraison. Aussitôt sorti de la cathédrale, le clergé psalmodiait un certain nombre de psaumes jusqu'à l'église de la station. Dès l'entrée, une antienne était chantée avec le verset et l'oraison en l'honneur du saint titulaire. Aussitôt avait lieu ce que le processionnal appelle : « prostrata et preces et oratio », c'est-à-dire une série d'invocations et de prières récitées par le célébrant prosterné devant l'autel. Après le chant d'un répons, la procession reprenait le chemin de Notre-Dame. La psalmodie reprenait jusqu'à la porte du cloître où elle se terminait. De nombreuses invocations et oraisons venaient ensuite et la procession rentrait à la cathédrale en chantant une antienne appropriée. Il suffira d'énumérer les différentes stations. Pour les lecteurs qui ne sont pas familiarisés avec la topographie de l'ancien Paris, les noms des églises sont indiqués entre crochets; ils sont suivis de l'indication de la planche documentaire.

Fol. 13. « Feria secunda prime ebdomade quadragesime, fit processio ad Sanctum Dyonisium de carcere... » [Premier lundi de carême : procession à Saint-Denis de la Chartre; pl. doc. 87].

Fol. 18vo. « Quarta feria prime septimane, fit processio ad Sanctum Eligium... » [Premier mercredi de carême : Saint-Eloi en la Cité, entre la Sainte-Chapelle et la Madeleine-en-la-Juiverie; pl. doc. 87].

Fol. 19. « Sexta feria prime septimane, processio fit ad Sanctum Bartholomeum... » [Premier vendredi de carême : Saint-Barthélemy; planche doc. 87].

Fol. 19. « Secunde septimane. Feria secunda... Et vadit processio ad Sanctum Benedictum... » [Deuxième lundi de carême : Saint-Benoît-le-Bétourné; pl. doc. 90].

Fol. 19vo. « Feria IIII secunde septimane.... Et vadit processio psallendo ad Sanctum Stephanum... » [Deuxième mercredi de carême : Saint-Etienne-des-Grès; pl. doc. 90].

Fol. 20. « Sexta feria secunde septimane... Et vadit processio psallendo ad ecclesiam beate Marie de Campis... » [Deuxième vendredi de carême : Notre-Dame-des-Champs, à l'extrémité du faubourg Saint-Jacques; pl. doc. 90].

Fol. 20vo. « Tercie septimane feria secunda... Et vadit processio psallendo ad Sanctam Genovefam... » [Troisième lundi de carême : Sainte-Geneviève-du-Mont; pl. doc. 90].

Fol. 21vo. « Feria IIII tercie septimane... Et vadit processio psallendo ad Sanctum Victorem... » [Troisième mercredi de carême : Saint-Victor; pl. doc. 90].

Fol. 21vo. « Feria VI [tercie septimane]... Et vadit processio ad Sanctum Marcellum... » [Troisième vendredi de carême : Saint-Marcel; pl. document. 90].

Fol. 22. « Quarte septimane. Feria II... Et vadit processio psallendo ad Sanctum Germanum Antisiodorum... » [Quatrième lundi de carême : Saint-Germain l'Auxerrois; pl. doc. 92].

Fol. 22vo. « Feria IIII quarte septimane.... Et vadit processio psallendo ad Sanctum Oportunam... » [Quatrième mercredi de carême : Sainte-Opportune; pl. doc. 92].

Fol. 23. « Feria VI quarte septimane... Et vadit processio [psallendo] ad Sanctum Medericum... » [Quatrième vendredi de carême : Saint-Merry; pl. doc. 89].

Fol. 23vo. « Quinte septimane feria II... Et vadit processio ad Sanctum Maglorium... Et nota quod quando venitur iuxta cimiterium de Campellis, dicitur ps. *Miserere*... » [Cinquième lundi de carême : Saint-Magloire; pl. doc. 92].

Fol. 24. « Feria IIII quinte septimane... Et vadit processio psallendo ad Sanctum Martinum de Campis... » [Cinquième mercredi de carême : Saint-Martin-des-Champs; pl. doc. 88].

Fol. 24vo et 25. « Feria VI quinte septimane... Et sic eundum est psallendo usque ad ecclesiam Sancti Dyonisii ad radicem montis. Ante cuius portam cantatur ant. *Et facta est...* Statim reincipitur psalterium ubi prius dimissum est, et sic venitur usque ad superiorem ecclesiam... » [Cinquième vendredi de carême : chapelle du Saint-Martyre et église abbatiale de Saint-Pierre de Montmartre; pl. doc. 91].

§ II. LES ACCLAMATIONS LITURGIQUES A LA MESSE PONTIFICALE DU JOUR DE PAQUES

Les acclamations sont un des plus curieux vestiges de la liturgie antique. D'après le processionnal manuscrit de Paris (Bruxelles, Bibl. royale, ms. 1799, pl. 62 à 63vo), elles avaient lieu le jour de Pâques à la messe pontificale. Avant l'épître, trois chanoines désignés par le chantre s'avançaient vers la stalle de l'évêque, et les acclamations commençaient chantées alternativement par les chanoines et par les enfants de la *schola*.

« *In maiori missa* [Pasche], *si dominus episcopus missam celebraverit, antequam epistola incipiatur, dicatur ter a tribus canonicis a cantore ordinatis intra chorum ante stallum episcopi, et ter respondeatur idem a pueris :*
Christus vincit, Christus regnat, Christus imperat.
Canonici predicti : Exaudi, Christe.

Pueri. Versus : Illi summo pontifici et universali salus et vita.

Canonici :	*Pueri et sic deinceps :*
Salvator mundi,	Tu illum adiuva;
Sancte Petre,	Tu illum adiuva;
Sancte Paule,	Tu illum adiuva;
Sancte Andrea,	Tu illum adiuva;
Exaudi, Christe.	

Pueri, ut supra : Illi serenissimo a Deo coronato magno et pacifico regi *N.* vita et victoria.

Canonici predicti :	*Pueri predicti, ut supra :*
Redemptor mundi,	Tu illum adiuva;
Sancte Michael,	Tu illum adiuva;
Sancte Gabriel,	Tu illum adiuva;
Sancte Raphael,	Tu illum adiuva;
Sancte Iohannes,	Tu illum adiuva;
Exaudi, Christe.	

Pueri predicti : Illi episcopo et congregationi sancte Marie salus et vita.

Canonici :	*Pueri predicti :*
Sancte Stephane,	Tu illum adiuva;
Sancte Dyonisi,	Tu illum adiuva;
Sancte Iustine,	Tu illum adiuva;
Sancte Lucane,	Tu illum adiuva;
Exaudi, Christe.	

Pueri predicti : Illi regine salus et vita.

Sancta Maria,	Tu illam adiuva;
Sancta Petronilla,	Tu illam adiuva;
Sancta Agnes,	Tu illam adiuva;
Sancta Genovefa,	Tu illam adiuva;
Exaudi, Christe.	

Pueri predicti : Omnibus iudicibus et cuncto exercitui Francorum vita et victoria.

Sancte Silvester,	Tu illos adiuva;
Sancte Marcelle,	Tu illos adiuva;
Sancte Germane,	Tu illos adiuva;

Christus vincit, Christus regnat, Christus imperat.

Canonici primi :	*Pueri predicti :*
Rex regum,	Christus vincit;
Gloria nostra,	Christus vincit;
Misericordia nostra,	Christus vincit;

Ipsi soli imperium, gloria et potestas per immortalia secula seculorum. Amen.
Ipsi soli virtus, fortitudo et victoria per omnia secula seculorum. Amen.
Ipsi soli honor, laus et iubilatio per infinita secula seculorum. Amen.
Kyrie eleison. Christe eleison. Kyrie eleison ».

Qu'il me soit permis d'adresser mes plus sincères remercîments à MM. les Conservateurs des bibliothèques et des musées, à l'obligeance desquels j'ai dû faire appel au cours de ce travail. Et d'abord à M. Camille Gaspar, conservateur des manuscrits à la Bibliothèque royale de Belgique et secrétaire de l'Œuvre Nationale pour la Reproduction de Manuscrits à Miniatures de Belgique. Je le nomme en premier lieu, non seulement parce que Bruxelles vient en tête par ordre alphabétique, mais aussi et surtout parce qu'il s'est acquis des titres spéciaux à ma reconnaissance. J'ai trouvé en lui un guide au goût délicat, un conseiller très sûr, un collaborateur aussi dévoué qu'oublieux de soi. Texte et illustration, le Bréviaire de Philippe le Bon lui doit beaucoup.

Je dois ensuite remercier :

† M. Georges Leboyer, conservateur de la Bibliothèque municipale de Cambrai;

Mlle Ellen Jörgensen, conservateur des manuscrits à la Bibliothèque royale de Copenhague;

M. le Dr. Martin Bollert, directeur de la Sächsische Landesbibliothek, à Dresde;

Le R. P. G. Antolin, premier bibliothécaire de la Bibliothèque royale de l'Escurial;

M. Vanwerveke, conservateur du Musée d'archéologie et des monuments historiques de Gand;

M. F. Aubert, sous-conservateur des manuscrits à la Bibliothèque publique et universitaire de Genève;

M. P.-C. Molhuysen, directeur en chef de la Bibliothèque royale de La Haye;

M. Eric G. Millar, bibliothécaire au département des manuscrits du British Museum, à Londres;

M. G. H. Palmer, conservateur de la Bibliothèque du Victoria and Albert Museum, à Londres;

Mme Henry Yates Thompson, à Londres;

M. le lieutenant-colonel John Murray, D. S. O., à Londres;

M. Henry Joly, conservateur en chef des Bibliothèques et des Archives de la ville de Lyon;

M. Arthur Morgand, archiviste du département de Saône-et-Loire, à Mâcon;

M. Lucien Laurencin, conservateur de la Bibliothèque municipale, à Mâcon;

M. Fernando Alvarez de Sotomayor, conservateur du Musée du Prado, à Madrid;

M. le Dr. Georg Leidinger, directeur de la Bayerische Staatsbibliothek, à Munich;

M. le Comm. Giulio Cesare Orgera, directeur du R. Archivio di Stato, à Naples;

Mlle Belle da Costa Greene, directrice de la Bibliothèque Pierpont Morgan, à New-York;

M. Henri Omont, conservateur des manuscrits de la Bibliothèque nationale, à Paris;

M. Louis Batiffol, administrateur de la Bibliothèque de l'Arsenal, à Paris;

M. Marcel Aubert, professeur à l'Ecole nationale des Chartes, à Paris;

M. Jean Guiffrey, conservateur des peintures du Musée du Louvre, à Paris;

M. Camille Gronkowski, conservateur du Palais des Beaux-Arts (Petit Palais), à Paris;

M. le Dr. Fabio Jacometti, directeur de la Bibliothèque communale de Sienne;

M. J.-E. Brom, conservateur du Musée archiépiscopal d'Utrecht;

M. Maurice Hénault, conservateur de la Bibliothèque municipale de Valenciennes;

M. le Dr. O. Smital, conservateur des manuscrits de la Bibliothèque nationale, à Vienne;

M. Ernest Ledrus, professeur à l'Ecole militaire de Bruxelles, et M. le Prof. Dr. Lichtenberg, professeur d'histoire de l'art à l'Université d'Utrecht, ont bien voulu suppléer à mon égale ignorance des langues danoise et néerlandaise : qu'ils trouvent ici l'expression de ma vive reconnaissance.

Je tiens également à remercier mon ami, M. Louis Brochard, premier vicaire de Saint-Martin des Champs, à Paris, qui a eu la patience de lire mon manuscrit en entier, de l'annoter et de corriger toutes les épreuves. A lui aussi le Bréviaire de Philippe le Bon *doit beaucoup. Heureux l'auteur qui peut compter sur un ami de cette qualité, toujours prêt à critiquer avec une entière franchise et sans aucune pitié, qui a le courage d'écrire en face d'une bévue : « Tu dis une sottise », ou bien en regard d'une page mal venue : « Mon pauvre vieux ! tu patauges complètement : il faut me recommencer tout ce passage ».*

*Mes plus vifs remerciements s'adressent encore à M. le président de l'*Œuvre Nationale pour la Reproduction de Manuscrits à Miniatures de Belgique, *le général Jacques Willems, qui m'a fait l'honneur de me confier ce travail, et qui l'a suivi avec sa hauteur de vues et ses goûts de bibliophile délicat. Ils sont rares les directeurs de Sociétés de publications qui disent à l'auteur : « Faites ce que vous voudrez : nous vous l'imprimons ». Puissé-je n'avoir pas abusé de la permission ! Je tiens aussi à remercier les RR. PP. Bollandistes de m'avoir ouvert, si généreusement, leur belle bibliothèque hagiographique. Je serais bien ingrat si, enfin, je ne disais pas à M. le chanoine De Nayer toute ma reconnaissance pour l'hospitalité si cordiale de l'Institut Saint-Louis. Chaque voyage à Bruxelles était une fête pour le cœur autant que pour l'esprit; l'érudition est une terre de dur labeur, mais il n'y pousse pas que des épines.*

Table alphabétique générale

Les anciens bréviaires manuscrits répartissaient les leçons de l'office (textes scripturaires, légendes des saints et homélies) sans s'astreindre à des règles déterminées, les allongeant ou les abrégeant à leur gré. Il est rare que deux manuscrits à l'usage d'une même église concordent sur ce point. Je n'ai donc relevé, dans la table générale, que l'incipit *de la première leçon (et de la septième, lorsque l'office comporte une homélie); ceux des autres leçons ont été délibérément négligés.*

Pour faciliter les recherches, j'ai adopté, du moins pour les noms de saints, l'orthographe usuelle de préférence à celle du manuscrit. Au lieu de : Egidius, Katherina, Karolus, Ypolitus *qui se lisent couramment dans le Bréviaire de Philippe le Bon, il faudra donc chercher :* Aegidius, Catharina, Hippolytus. *Pour la même raison, j'ai substitué, la plupart du temps, la forme latine des noms de saints à la forme française :* Aegidius (s.) *au lieu de :* Gilles (s.). *Dans l'un et l'autre cas, un renvoi avertit le lecteur.*

Table alphabétique générale

Table des Matières

CHAPITRE VI

LE MAÎTRE DU BRÉVIAIRE DE PHILIPPE LE BON

NIHIL OBSTAT :

Parisiis, die V^{a} iulii 1928

A. Villien, *cens. dep.*

IMPRIMATUR :

Lutetiae Parisiorum, die XIII^{a} iulii 1928

V. Dupin, *vic. gen.*

Achevé d'imprimer le 31 mai 1929,
sur les presses de J.-E. Goossens, société anonyme,
rue Haberman, 27, à Bruxelles,
sous la direction de M. Henri Gregoir.

Les clichés en quadrichromie et en noir
ont été exécutés par les Établissements Jean Malvaux,
société anonyme de photogravure.

www.ingramcontent.com/pod-product-compliance
Ingram Content Group UK Ltd.
Pitfield, Milton Keynes, MK11 3LW, UK
UKHW031835260826
14628UKWH00001B/405

9 782329 368146